2019年度国家社会科学基金重大项目

"中国西北科学考查团文献史料整理与研究"

（批准号：19ZDA215）阶段性成果

2024年度新疆哲学社会科学创新团队

"中国现代西北科学考察文献整理与研究"项目成果

新疆师范大学黄文弼中心丛刊

西域鸿爪录

王炳华新疆考古历史论丛

王炳华 著

凤凰出版社

图书在版编目（CIP）数据

西域鸿爪录：王炳华新疆考古历史论丛 / 王炳华著.
南京：凤凰出版社，2025.7. --（新疆师范大学黄文弼
中心丛刊）. -- ISBN 978-7-5506-4562-2

Ⅰ. K872.45-53；K294.5-53

中国国家版本馆CIP数据核字第20259AR917号

书　　　　名	西域鸿爪录：王炳华新疆考古历史论丛	
著　　　　者	王炳华	
责 任 编 辑	张永堃	
装 帧 设 计	陈贵子	
责 任 监 制	程明娇	
出 版 发 行	凤凰出版社	
	发行部电话 025-83223462	
出版社地址	江苏省南京市中央路165号，邮编：210009	
照　　　　排	南京凯建文化发展有限公司	
印　　　　刷	江苏苏中印刷有限公司	
	江苏省泰州市经济开发区鲍徐镇，邮编：225315	
开　　　　本	787毫米×1092毫米　1/16	
印　　　　张	16	
字　　　　数	360千字	
版　　　　次	2025年7月第1版	
印　　　　次	2025年7月第1次印刷	
标 准 书 号	ISBN 978-7-5506-4562-2	
定　　　　价	188.00元	
	（本书凡印装错误可向承印厂调换，电话：0523-82099008）	

Snowy Trails in the Western Regions

Collected Works on Xinjiang Archaeology
and History by Wang Binghua

Wang Binghua

PHOENIX PUBLISHING HOUSE

本书作者（2015年摄于香港）

难忘李征

《难忘李征》手稿

目　　录

【学人情愫】

Contents

The Bronze Age of theKongquehe

New Exploration of Silk Road

Fragmentary Thoughts on the Western Regions

Scholarly Sentiment

深心托豪素　倏忽六十年

——黄文弼先生一封谈新疆考古的长信

（代序）

今年是黄文弼先生诞辰 130 周年。

在新疆考古界、西北史地学界，黄文弼先生筚路蓝缕的开创之功，已是人尽皆知的里程碑。自从 1927 年他参加中国西北科学考查团以来，新疆考古事业就与他的一生相伴，可谓"鞠躬尽瘁，死而后已"！他留下的以"三记两集"（《罗布淖尔考古记》、《塔里木盆地考古记》、《吐鲁番考古记》、《高昌陶集》、《高昌砖集》）为代表的新疆考古成果，毫无疑问是这一领域的奠基之作。

十年前，在黄文弼先生诞辰 120 周年、新疆师范大学黄文弼中心成立的时候，我曾经写过《筚路蓝缕，拓出考古新境界——黄文弼与新疆考古》，缅怀这位考古前辈："黄文弼先生有厚重的历史文化素养，有广阔的欧亚文化视野，有爱国情怀，更有不畏艰难、奉献个人于民族振兴大业的志向。他将自己的生命与新疆文物考古事业融合在了一起。这是新疆文物考古事业的幸事，也是黄文弼先生个人的幸事。"[1]

多年来，我内心深处总难忘曾收存过一封黄文弼先生的长信，于是不止一次地翻找，却一直不见着落。2023 年夏，我去了已经久别、但还有一处旧居的乌鲁木齐。穷搜以后，在记忆力比我好的夫人的帮助下，在卧床下的暗柜中，我觅得几个纸箱，打开之后，终于见到了久寻不见的黄老手书，还有长期工作中不少师友与我讨论新疆考古、中亚文明的相关函札。当时的兴奋之情，难以言表。

此前，玉麒兄关注并重视中瑞西北科学考查团在新疆近代发展进程中不可轻忽的贡献，而作为考查团中方考古成员的黄老在西域考古开拓过程中艰难、辛苦的经历，都是不应淡忘的故事。知道他也关心我手边有黄先生的早年信函，于是立即微信向他报告。玉麒兴奋、感动之情，见于我即刻收到的复函之中，他让我就此写点相关文字，与函文一道在《西域文史》上与关心的友人共享。我一口答应。

---

① 王炳华《筚路蓝缕，拓出考古新境界——黄文弼与新疆考古》，荣新江、朱玉麒主编《西域考古·史地·语言研究新视野：黄文弼与中瑞西北科学考查团国际学术研讨会论文集》，北京：科学出版社，2014 年，2 页。此文已收入本集。

这封密密麻麻 6 张纸、数千言的长信(图 1),摆在面前已多天,我细读、品味、求索。老人对新疆、对新疆考古、对后来的新疆考古人的关爱之情,依然清楚、浓烈地涌现在眼前。但就是无法记起曾经存在过的与黄函"有关的文字",遗憾、烦恼之情油然而生。

一

我想首先将这封珍贵的信件原文录出(个别文字有所补正,标以"[ ]"),与读者分享如下:

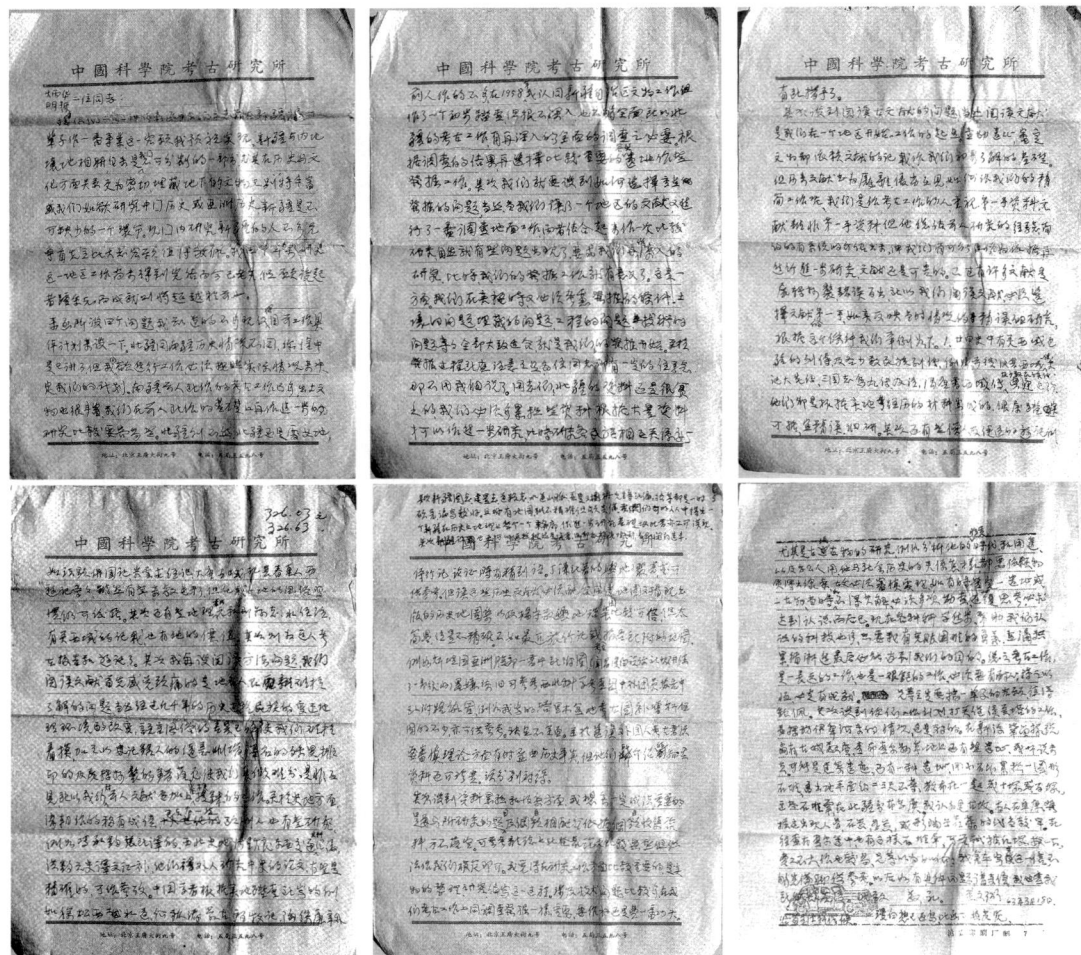

图 1 黄文弼致王炳华、王明哲的信

炳华、明哲二位同志：

接你们二月二十日的来函，你们立志要在新疆搞一辈子、作一番事业，这一宏愿我预祝实现。新疆与内地壤地相联，自来是我国不可分割的一部分，尤其在历史与文化方面关系更为密切，埋藏地下的文物又特别丰富，我们如欲研究中国历史或亚洲历史，新疆是不可缺少的一个环节。现国内研究新疆的人不多，兄等首先立此大志宏愿，值得敬佩。我四十年来研究这一地区工作，尚未得到完结，而今已老矣，但愿后起者踵余志，而成就则将超越于前也。

来函所谈四个问题，我知道的不多。现仅将目前工作具体计划来谈一下。北疆同南疆历史情况不同，你信中是已讲了，但我们欲进行工作，必须按照实际情况来决定我们的计划。南疆前人所作的考古工作已多，出土文物也很丰富。我们在前人所作的基础上再作进一步的研究，比较要容易些。北疆则不然，北疆还是处女地，前人作的不多。在 1958 年，我队同新疆自治区文物工作组作了一个初步踏查，但很不深入，也不够全面。所以，北疆的考古工作，有再深入的、全面的调查之必要。根据调查的结果，再选择比较重要的典型遗址作些发掘工作。其次，我们就要谈到如何选择重点的发掘的问题。当然，当我们读了一个地区的文献，又进行了一番调查地面工作，两者结合起来，作一次比较研究，自然就有些问题出现了，要求我们再作深入的研究。此时，我们的发掘工作就有意义了。这是一方面。我们在实施时，又必须考虑发掘的条件、土壤的问题、埋藏的问题、工程的问题、技术的问题等等，全部大致适合，就是我们的发掘开始。至于发掘过程所应注意之点，各位同志都有一定的经验，那不用我细说了。同志们！北疆的资料还是很贫乏的，我们必须多累积些资料，根据大量资料才可以作进一步研究，此时研究各民族相互关系，就有所措手了。

其次谈到阅读古文献的问题。当然阅读文献是我们在一个地区开始工作的起点。查勘遗址，审定文物，都依赖文献的记载，作我们初步了解的基础。但历来文献甚为庞杂、优劣互见，如何作我们的精简工作呢？我们是作考古工作的人，重视第一手资料，文献虽非第一手资料，但他总结前人研究的经验，简约的、有系统的介绍出来，俾我们有可能作为依据，再进行进一步研究，文献还是可贵的。不过有许多文献是展转抄袭、错误百出。所以我们阅读文献，必须选择文献的第一手、如实反映当时情况的精读、细研。根据这个条件，我们举例如下：廿四史中有关西域边疆的列传及各少数民族列传。例如前后《汉书·西域传》，《史记·大宛传》，《三国志·乌丸传》及注，《隋》、《唐书》西域传及少数民族传，《通典·边防》，他们都是根据实地经历的材料写成的，俱属踏实可据，宜精读、细研。其次，还有些僧人及使臣的游记，例如法显《佛国记》、宋云《求经记》、《大唐西域记》、《长春真人西游记》等等，虽然有些宗教色彩，但记载一地的风俗习惯，仍可依据。其次还有些地理书，如《元和郡县志》、《水经注》，有关西域的记载，也有他的价值。其次则如近人考古报告和游记了。

其次我再谈阅读方法问题。我们阅读文献，首先感觉头痛的是地名、人名难于了解的问题。当然,经过几千年的历史过程,民族的变迁,地理环境的改变,语言风俗的差异,已经使我们难于(着)[捉]摸,加之以记录人的随意删增,译名的殊异,排印的及展转抄袭的错落,更使我们真假难分、是非互见。所以我们对前人文献要加上审核、提炼的工作。关于史地方面,清朝作的稍有成绩,过去有一些欧洲人也有些研究,例如冯承钧所译的西北史地、张星烺《东西交通史料汇编》、洪钧《元史译文证补》。他们译外人研究中史的论文,有些是精确的,可作参考。中国学者根据实地踏查所写的例如徐松《西域水道》、[张穆撰、]何秋涛[补辑]《蒙古游牧记》、陶保廉《辛卯侍行记》,论证时有精到语。丁谦所著的《舆地丛书》,亦可供参考。但读这些历史文献,必须配合历史地图对看。现出版的历史地图集以及杨守敬《舆地沿革图》比较可信,但太简略,位置不精确。不如最近旅行记或考古报告所附的地图。例如斯坦因《亚洲腹部》一书中所附图(闻易漫白说你所现购(值)[置]了一部,很好)略嫌陈旧,可参考。西北科学考查团中外团员报告中所附路线图,例如我写的《塔里木盆地考古图》,补增斯坦因的不少,亦可供参考。缺点[是]不全面。至于选读外国人考古书,须要审慎,理论方面有时歪曲历史事实,但他们所介绍的物质资料,还可珍贵,须分别对待。

其次①,《新疆图志·建置志》、《道路志》、《水道》、《山脉》,并是王树枏先生等所编。彼等都是一时硕究,编写较好,且附有地图,虽不精确,但颇完备。我们可以从中得出一个新疆在历史上、地理上整个一个轮廓,作进一步研究基础,故此书亦不可漠视。其次,《新疆识略》也还可以点检,虽然是官书,但都根据实地材[料],并不闭门造车。

其次谈到资料累积和收集方面,我想无一定成法,重要的是要与所研究的题目及纲目相配合,依据纲目收集资料,方不落空。可参考杂志上所发表论文比较典型组织法作我们模范即可。我觉得在研究工作方面比较重要的,是实物的整理、研究、编写这一过程,涉及技术问题比较多,在我们考古工作上,同调查挖掘一样重要,要作好还是费一番功夫。尤其是古址、古物的研究,例如分析他的性质、时代和用途,以及什么人用、他与社会历史的关系怎样,都要依赖物质得出线索,故必须审慎处理。如有时鉴定一遗址或一古物,当时如不得其解,必须多次勘查,(返)[反]复思考,必求达到认识而后已。现在各种科学进步,帮助我们认识的科技也多,只要我[们]有克服困难的勇气,点滴积累,循[序]渐进,最后必能达到我们的目的。

总之,考古工作是一长远的工作,也是一艰巨的工作,必须要有耐心,持之以恒,必定有成就。兄等立(定)[志]要搞一辈子的宏愿,值得钦佩。其次谈到你们工作计划,打算继续夏塔的工作,并探访伊犁河东的情况,这是对的。在新源、巩留,据说尚有古城数重,察布查尔县草地上还有些遗址,我听说,未去。可能是建筑遗迹。还有一种遗址,用小石堆累积一圆形石堆,高出地平面约二三尺不等,散布在一起或十冢、

---

① 此段原本书写在上一段文字的信笺的天头,据文义置此。

或百冢,这些石堆群在北疆分布甚广。我认为是古坟,有人在阜康发掘过,出现人骨、石器、骨器或彩陶缶罐等,时代当较早。在往察布查尔途中,也有这样石堆群,可否试掘几冢探一下? 费工不大,作也较易。兄等以为如何?

　　我仓卒写完这一信,不够完备,聊供参考。以后如有具体问题,请来信,我必尽我所能知答复。

　　此致

敬礼!

黄文弼　63 年 3 月 18 日

谷苞主任祈代候。漫白想已返乌,此函可与共览。

二

　　黄先生来信,写在去今 60 年前的 1963 年 3 月 18 日,开头即说明是对我与明哲兄 1963 年 2 月 20 日去函的回复。从 2 月 20 日至 3 月 18 日,近一个月时间,按邮程分析,黄老看到我们信后,差不多是立即提笔作复的。但我再三回忆,真是想不起来在 1963 年初,为什么会向黄老提出那么多具体问题,引发了老人就新疆考古说了那么多具体、真诚、有切身体验的感受。

　　1963 年,是我和王明哲在伊犁河流域进行乌孙考古的第二年。我是 1955 年 9 月进入北京大学历史系考古专业学习的,1960 年秋毕业就奔赴新疆,加入了新成立的中国科学院新疆分院考古研究所工作。明哲兄早我一年入北大,毕业后先是在中国科学院考古研究所工作,1961 年调至新疆,我们成为同事。

　　当时有什么事需要惊动黄老,我在当年日记中应该会留下说明的。但珍藏的日记,在那个特殊的年代,经由我手,早已化成了纸灰。当时矛盾、痛苦、无奈,心情极为复杂,今天想起,还难以平复。这是一个无法原谅自己的错误。本可以通过日记,找出当年给黄老写信的具体原因,现在也难有可能了。

　　我步入新疆后,实事求是地说,在考古业务一环,没有受到什么阻难、委屈。领导们还真把一个其实对新疆没有一点了解、只是来自北大的学生,当成了一块可用的料。培训班讲课、带学生实习,真忙得不敢稍作停息。当时只是苦恼找不到亟需的、认识新疆的学习资料,没有可以求教、讨论的小环境。就以去伊犁河流域考古乌孙为例,还记得导因之一是:我们 1960 年和 1961 年在吐鲁番对古城、古墓、古寺进行调查、试掘,似乎有了一点儿心得后,就听到了一个提醒:吐鲁番是新疆博物馆筹备处已经工作过、准备进一步工作的地区,考古所最好另觅舞台。我们听后,觉得虽然并不合情,但也有说得过去的道理。于是我们就决定走向同样十分陌生的伊犁河流域,觅求乌孙文明。这自然可以成为向黄文弼先生请益、求教的具体原因。但究竟为何,真是已经说不清楚了。

三

弹指一挥 60 年,新疆考古面对的已是一个全新的舞台。今天的新疆考古,队伍大了,条件好了,取得相关研究信息,似乎不太困难:只要是你自己可以说清楚的问题,动动电脑,都可以有多少不等的电子数据,将情况呈现在眼前;随着科技进步,60 年前根本无法想到的种种测年手段、微观的研究方法等,可助研究者们进入另一个探索、认识古代文明的世界。考古可以取得的诸多成果,已经远远超出了以黄文弼先生为代表的,使用古典的、传统的研究方法的老一辈学者的想象,也使我们这些 20 世纪 60 年代才步入新疆考古舞台、对新技术跟进困难的考古人感到力不从心。别是一番新景象,已经具体呈现在面前。

但不论科学技术手段如何日新月异,通过考古认识古代世界物质、精神文明,为祖国甚至人类的健康前行贡献有益的历史文化营养,这一精神是一脉相通的。细品黄文弼先生 60 年前手书的长信,他吐露过内心的追求:认识新疆,对认识古代中国甚至亚欧历史,是不可轻忽的环节。他担心现实中研究新疆的人不多,于是,对我们这几个刚出校门、愿意在新疆工作一生的年轻人就关爱有加,希望我们这些后来人,能踵其志,甚至可以超越他;于是,他提醒我们:新疆辽阔,天山南北,自然地理不同,历史、民族有别;北疆,从考古看,还基本是"处女地",是应该进入的舞台。他十分详尽地告诉我们:要关注先贤留下的有关西域的各类文献,认真研读,吸收其中的有益成分;对前贤译存的国外研究成果也不能放过;即使对当年人们贬斥颇多的斯坦因,他考察中测绘的地图有用,也要拿来为我所用。尤其,他特别提醒:实际田野工作重要,而对所获资料的及时整理,绝不能疏忽,一定要及时整理(在这几十年新疆工作中,我们因为无法及时完成资料整理而造成的损失,实在无法细表)。他还不忘提醒:对新的考古发现,取得的新资料,如一时不能得其确解,不要急,再勘查,反复思考,必求达到认识其内涵而后已⋯⋯这些都给过我重要启示,曾助益我前行!我可以清楚地感受到,这封信中有着他 40 多年新疆考古研究过程中的不少教训,弥足珍贵。

信,是写给我和明哲兄的。但他不忘提醒,信文也要给漫白兄看。易漫白是湖南人,1957 年考入科学院考古所,师从著名学者夏鼐和黄文弼读研究生,1961 年毕业后也被分配来新疆从事考古工作,在新疆考古战线上奋斗了十年之久。黄先生希望我们通过他的来信,共同分享这些宝贵的考古经验。

黄先生还嘱我们向当年中国科学院新疆分院的业务领导谷苞教授代转问候。内中一层意思,大概也是希望让谷苞先生知道他对新疆考古深深的关切之情。他太了解,20 世纪 60 年代,经费十分紧张,要投入相当力量进行考古,困难太多。没有主管领导支持,将寸步难行。这些,是完全没有显之于文的深意,我们当事人自然会利用这宝贵机会,营造氛围,为展开工作去争取一些条件了。

20 世纪 60 年代的新疆考古,曾面临的困难,真不是今天的新疆考古同行可以了解的!

四

我在新疆从事考古工作40多年,有意无意间,也曾听到有人高谈阔论,品评黄文弼先生十分艰难的新疆考古生涯。他们的中心论调,多是对黄先生的工作方法、取得成果的不以为意。这总会让人苦笑。我对这类议论无法制止,也不愿、不想与之争短说长。

有一些涉世不深却总希望显示自己才能的年轻人,已习惯了以自己所处的不错环境和所有的不错条件去分析半个世纪前筚路蓝缕艰难前行的先辈,其认知的不足,是错乱了时空。

理解、认识黄文弼先生在新疆考古、西域历史文化研究中不可低估的贡献,首要一环,是必须将黄先生送回20世纪初的新疆。那是一个家国危亡迫在眉睫的时代,"中国人种西来"、"中国文化西来"之类的殖民主义谬论泛滥。以英国、沙俄为主,众多西方列强,都企图煽动新疆动乱,梦想着英国可取天山以南,沙皇可得天山以北。黄老孤身只影,努力用一切可能的办法,启迪民智,让人们认识新疆是中国的西部边疆,是祖国大地不可分割的一部分。这才可以理解他单枪匹马行走在戈壁、荒漠,希望可以进入楼兰,以证明相关历史的追求,是怎样一个不能低估、闪闪发光的英雄行为!

2012年5月,为了纪念黄文弼先生在新疆这片热土上奉献的一生心血,黄先生的哲孙黄纪苏代表家属,将黄文弼生前使用和珍藏的图书文献,无偿捐赠给新疆师范大学。以此为契机,新疆师范大学决定成立"黄文弼中心",下设"黄文弼特藏馆",并筹建"中国西北科学考查团博物馆",以纪念西域研究的开创者们。十年来,新疆师大的种种努力,使得黄文弼中心成为中国唯一的西北科学考查团纪念馆,成为中国西北考察史研究的重镇。我十分钦佩新疆师大,她慧眼识珠,抓住了新时代的机遇,将"黄文弼中心"高高建设在了天山北麓。这一中心,历史主义地将黄文弼及与黄文弼先生一道艰苦努力前行的科学英才们,放在特定的时代、环境中,彰显他们不畏困难、不怕牺牲,为祖国奉献一切的精神。如是,西北科学考查团的先行者们,就与那个特定时代融合在了一起,具体、生动地与时代同放光辉了。换句话说,这就化成了不朽、永恒。我们从这一中心的建设中,是可以汲取到这一文化营养的。

手边还有一封黄老哲嗣黄烈先生写在1990年的手书,朴素地介绍了几位日本学者对黄文弼新疆考古生涯的关心,这是黄老当年的工作在东邻大地产生的影响,合理合情。

还听说,在纪苏兄整理黄老遗稿时,发现过几封20世纪60年代我向黄先生报告他曾十分关心的阿勒泰考古情况的信(图2)。1964年,我们真是很努力地在阿勒泰地区工作过。也有不少发现,但知识准备不足,对相关发现难以准确介绍。黄老曾告诫过,没有准确认识,可以先放放,再做工作,认识清楚一点,再刊布不迟(我们当年的发掘资料,至今仍没能全部发表)。只是形势不由人,此后接踵而来的政治运动,一个接一个,我们竟再也未能进入阿勒泰,做一点验证、深化的工作。没有想到我们的过分谨慎,竟为后来者摘取其中一些点滴后,大肆宣扬"克尔木齐考古文化"提供了条件,真让人有点不知说什么好。希望这次刊布的黄老对新疆考古的箴言,可以助益扭转浮躁之风,倡导严谨对待考古资料的研究之风。

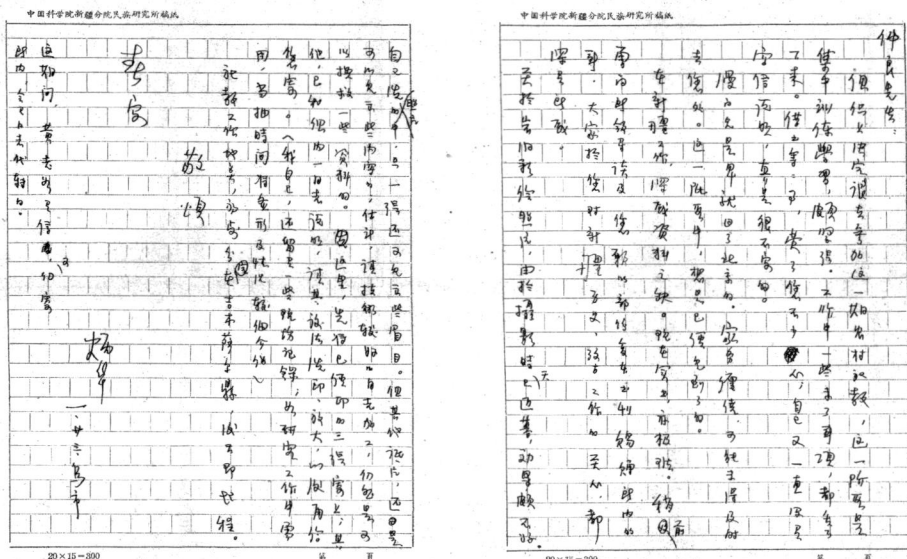

图 2　王炳华致黄文弼信(部分)

五

　　黄文弼先生在驾鹤西行前留给我们新疆考古人的长信,文字朴实,感情真切,细细品味,我受到的教育,真是不少。

　　听纪苏说,整理文弼先生遗稿,如是长的信,说新疆考古的方方面面,可以说是仅见的,甚至"解放后祖父的书信原稿,这大概是最长的一篇了"。我想,这其实是黄老对新疆考古这一事业难以形容的深厚感情的寄托、流露。想及此,真感到别有一番滋味满溢心头!

　　因为与黄文弼先生的新疆考古事业有关,与黄文弼先生在新疆考古开拓、研究中不可磨灭的贡献有关,商之于玉麒兄,将我自己在 1963—1965 年间给黄老的信(图 2)、黄烈先生介绍的黄老的工作在东邻日本学界产生深远影响的信(图 3、4),一并借《西域文史》,公之于关注和从事西域、中亚研究的同道面前。可以看到:西域研究,确实可以算得上是一项重要的、不应轻忽的学术事业。它不仅可以深化我们对祖国西部大地的认识,也可以助益对亚欧大陆历史、文化的进一步了解，这是值得我们投入力量的美好舞台。

60 年前，那封寄托着对新疆考古事业殷殷厚望的长信飞越关山，鼓舞了我们这些年轻人。60 年后，谨以此文，作为一瓣心香，感念黄文弼先生，纪念他老人家诞辰 130 周年。

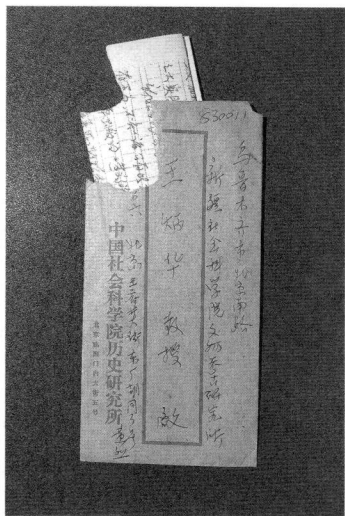

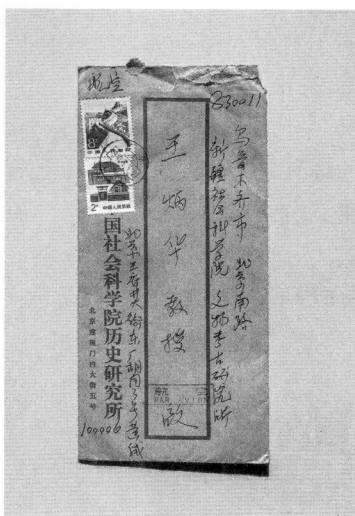

图 3　黄烈致王炳华信的信封

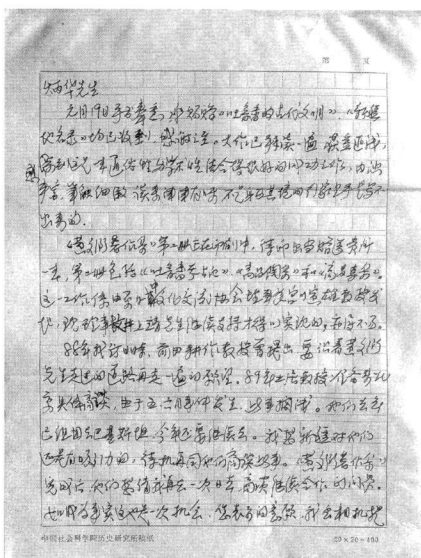

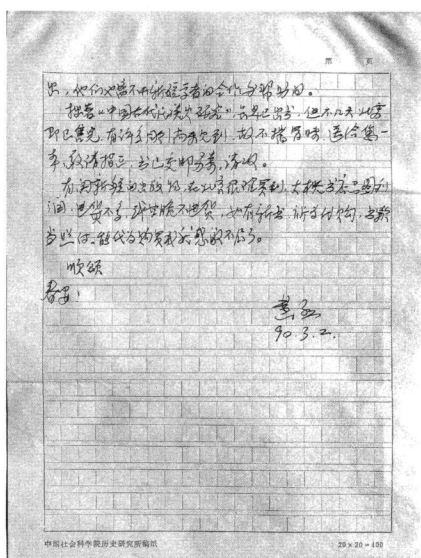

图 4　黄烈致王炳华信

9

附录一：王炳华致黄文弼信

仲良先生：

去了阿尔太四个月，回来后也一个多月了，一直未给您写信说明情况，感到非常不安。

阿尔太工作，漫白同志可能断续有过消息。工作的前半段，主要是在阿尔太县克尔木齐进行发掘，继后，在全专区范围（只有福海未到）作了调查。

在克尔木齐，先后共发掘了墓葬 32 座（得墓室 41）。有三种类型。一系方形石棺，棺以四块平整花岗岩板并成。长、宽一般都在二米，长在一米五左右，其前（一般在东）立有石人（其形象亦均是八字胡、右手抚剑、左手持物上举胸前）。棺内人骨甚夥，以头骨计，最多室 21 人（阿尔太雨水多，腐烂严重，不少已成白粉一片）。从保存较好之数墓观察，棺内，每每一人全身，仰身屈肢（头向不定，西、东、北均见），其他骨架每每身首分离，纵横狼藉，彼此叠压，有深达一米的。细辨之，可见出跪蹲、上身近于直立的姿势等，疑为人殉，但未见显明、确凿的刀剑砍痕。这种墓，殉物主要有石质容器，有罐、碗、盘、灯之属，陶器虽见却少，火候不高。此外，有石镞、铜镞、匕、针等，不见铁器。再是一种矩形石棺，东西向，棺壁系以多块石板并成，棺内北部或有小室，这类石棺，人骨一般一或两具，棺、室均见。随殉器物与方形棺基本类同，不见铁器。三是石堆墓，石堆系封土，墓室土穴，单人或夫妇合葬，或见木质葬具残迹（形制不清），随殉马、马具、小铁刀、骨饰牌、铜□镜（见一面），小金片（残碎）等。这类石堆，值得注意之点有二，一是石堆前或竖条石，颇疑为石人之象征物，再是在一土穴中见有四块石板构成之象征性石棺，人骨架却又并不全在石棺范围之中，似乎透示出来这类土穴主人与石棺葬曾有历史的关系。

三种墓，克尔木齐均称集中。我们的发掘，只能算是动了其中一个点。

发掘后，随在全专区走了一遍，最后自青河穿将军戈壁，返抵奇台（去阿尔太时，系经克拉玛依、布尔津），基本转了准噶尔盆地一周，足迹及于额尔齐斯河、布尔津河、哈巴河、青格里河一带，自然，只能算是走过场，调查是难称细致的。现在的初步印象，觉得可以结论的是：① 石人、石棺、石堆墓，在阿尔太全区系普遍性分布的，自海拔四千米以上的高山至额尔齐斯河南、准噶尔盆地中均见，以牧场性质分，冬、夏、春、秋四季牧场都有。今天水草优佳之牧业点，亦每每是遗址集中所在。② 石棺类型尚有变化，如富蕴吐尔浑谷地，可见出一种八座、五座、三座等不同数量的方石棺并列一起、南北的（彼此紧密贴连），东面立二石人，与我们之发掘，即明显不同。

在青河县的海子（高山湖泊），见过一巨型石冢，底周达 263 米，高达 18 米，其北，立石标，□刻奔鹿图案。形制宏巨，在全专区调查中仅见的一个。那里地势高，海拔四千米以上，我们九月上旬去，阴地积雪已数寸。调查时，正又遇一场漫天大雪，所在地区毡房、羊群也都转移将尽,致未能在该处细作踏勘,颇以为憾。

返来后,主要整理了田野记录,工作期间接触的种种问题,又都被强烈的唤了起来。有关资料,在游牧民族史研究上的意义,确是不小的,但问题也确不少。过去一直觉得将石人墓与突厥联系,是无可怀疑的。现在却觉得颇有疑问。现在个人的想法是:1. 石人石棺葬,延续发展的时间颇长;2. 从不知铁器、石制容器、不□□□看,这种生产水平与隋唐时期的突厥似颇难联系。自然,这也还只是现在的一些想法,认真深入的考虑、认识是没有的。

石棺中的□葬现象,也提出了极有价值的社会关系现象。从一人全身,众多者骨架错乱的情况,初步觉得后者可能是人殉,但其他可能性并不能完全排除。

总之,问题不少。现在的工作,算是初步接触了问题,距其解决,还差得不小的距离。在这些方面,不论是于现有资料的认识,还是今后工作的(按)[安]排,都确实希望听到您的意见。

在您《新疆考古的发现——伊犁的调查》一文中,论及伊犁地区石人遗址时,曾转引过《苏联考古学资料和研究》第 22 号(第 20 号?)的有关资料,新疆地区找过几处,均无此刊物。不知苏联的发掘,是些什么情况? 我们这里,如果通过组织途径向考古所联系,借阅有关资料,有可能不?

信写得很啰嗦,又草率,要费去您不少时间。

便中,得可能,请向夏所长转告阿尔太情况,我们同样希望听到他的意见。

敬烦

冬安

　　　　　　　　　　　　　　　　　　　　　　　　　　炳华

　　　　　　　　　　　　　　　　　　　　　　　　　1965. 11. 2

仲良先生:

在调查中,还接触到另外一些遗迹现象,前面的信忽略了,再写上一些。

在哈巴河县,发现三处岩洞彩绘。最多的一处,多阿提,见有彩绘岩洞六七个。洞均系花岗岩,彩绘一律朱红色。内容有单个的兽类如大角羊、鹿、牛、马等,有人物,个别人物可以看出戴尖帽、配剑的形象。在多阿提,还可以见出马车、真人的手印等。那里岩洞绘彩者颇多,由于去时已下午五时多,附近地区无人,野猪、狼之足迹犹新,故只工作了两三个小时,断黑后即匆匆折返,未得可能细致搜寻,从那片花岗岩分布至广看,其他彩绘岩洞当仍然会有。

附近地区,见有小石堆,类古冢,此外,再无其他遗址迹象。

有关时代种种,目前一无认识可言。

在调查中,这次见到岩刻也很多,其中颇有场面极大,表现了狩猎、牧放生活情状的。

由于自己无暗室,博物馆又忙于展览中的事,照片资料到现在还没有出来。有关资料出来后,当将照片奉上,许会了解得较真切些。

彩绘壁画,新疆过去工作似未接触到,不知苏联邻近地区工作情况如何?

顺烦

撰安

炳华

11.3 晨

仲良先生:

组织上决定让去参加这一期农村社教,这一阶段是集中训练学习,颇紧张。工作中一些未了事项,都丢了下来。借书等等事,费了您不少心;自己又一直没有写信说明,真是很不安的。

漫白兄是早就回了北京的。家务缠绕,可能未得及时去您处。这一阶段中,想是已经见到了的。

在新疆工作,深感资料之缺。现在买书亦极难,稍前曾向所领导谈及您愿以部分复本书刊赐赠所内的事,大家于您对新疆历史、考古工作的关心,都深有所感。

关于岩洞彩绘照片,由于摄影时天已近暮,效果颇不好,自己洗的照片中,只一张还可见出些眉目,其他底片,还是可以见出些内容的,估计,请技术较好的同志加工,仍然是可以抢救一些资料的。这里,先将已经印的三张寄上。其他,已和组内的一同志说明,请其设法洗印、放大,以后再给您寄。(我自己,还留有一些现场记录,如研究工作需要,当抽时间将图形及情况,较细介绍。)

社教工作地点,初步分在吉木萨尔县,后天即起程。

敬颂

春安

炳华

一.廿三.乌市

这期间,黄老师如写信,可仍寄所内,会有同志代转的。

附录二:黄烈先生致王炳华信

炳华先生:

去秋蒙赐赠《尼雅考古资料》,十分感谢。此书极□□价值①,为研究者提供了很大方便,你们做了一件大□□。

---

① 此封信件□代替处,原信被集邮爱好者撕去信封邮票时一并撕除。

新疆之学，本极重要，要研究古代东西文化的交流和影响，舍此莫由。但国人对此尚重视不够，无论就人力物力，投入都太微薄了。88 年秋我去日本，在一个月内即参观了三处有关丝绸之路的展览和多种活动。奈良展览规模之大，实属惊人。参观人数超过六百多万，盛况空前。

新疆为振兴学术，如抓住这一优势搞点活动，似大有可为，不知诸公有此意否？

□本出版的《黄文弼著作集》第一册，我早就请恒文社□□舜英同志转赠贵所，但一直未接到回信，想必早寄□□新书没有给稿费，只赠送给我十本书。我转赠贵所一本，略表黄老昔日对新疆同志的爱重之情。现该书正在陆续翻译出版中，如贵所尚有此需要，我当陆续赠送。此书的出版由我协助工作，现在的困难是新疆□□的拼音不太弄得准。不知先生能否设法帮我弄□□《新疆地名录》，有汉、维、拉丁语拼音的对照，有助□决这一难题。

文物出版社新出《黄文弼历史考古论集》另由邮［局］寄赠给先生一本，请指正。

顺祝

春节好

黄烈

90.元月九日^①

炳华先生：

元月 19 日手书奉悉。承赐赠《吐鲁番古代文明》、《新疆地名录》均已收到，感谢之至。大作已拜读一遍，获益匪浅。感到这是一本通俗性与学术性结合得很好的成功之作，内涵丰富，笔触细致，读来津津有味，不是身历其境的行家里手是写不出来的。

《黄文弼著作集》第二册正在印刷中，待印出，当赠送贵所一本。第二册包括《吐鲁番考古记》、《高昌陶集》和《高昌砖集》。这一工作系由原日中交流协会理事长宫川寅雄教授发起，现理事长井上靖先生继续支持才得以实现的，亦属不易。

88 年我访日时，前田耕作教授曾提出要沿着黄文弼先生走过的道路再走一遍的愿望。89 年土居教授准备来北京具体商谈，由于五、六月事件发生，此事搁浅。他们去年已组团去巴基斯坦，今年还要继续去。我想新疆对他们还是有吸引力的，待机再同他们商谈此事。《黄文弼著作集》完成后，他们想请我再去一次日本，商谈继续合作的问题。如成为事实，这也是一次机会，您表示的意愿，我会相机提出，他们也离不开新疆学者的合作与帮助的。

拙著《中国古代民族史研究》虽早已出书，但不几天北京即已售完，有许多同行尚未见到。故不揣冒昧，送给您一本，敬请指正。书已交邮另寄，请收。

---

① 此封信件系本文在《西域文史》发表后检出，为第一次发表。

有关新疆的出版物，在北京很难买到，大概书店只图利润，进货不多，或（甘）［干］脆不进货。如有新书，祈为代购，书款当照付，能代为购买，我就感激不尽了。

顺颂

春安

黄烈

90.3.2

附记：本文草成于 2023 年 11 月 28 日，同年 12 月 25 日发表于《光明日报》第 11 版"光明学人"，由于篇幅所限，有所删节。兹发全稿，并附录相关信札及图版，以存资料。感谢《光明日报》编辑杜羽先生此前的修订、编辑工作，感谢摄影家尔冬强先生拍摄黄文弼、黄烈先生信函。

（原刊《西域文史》第 18 辑，北京：科学出版社，2023 年，1—13 页）

【孔雀河青铜时代】

一种考古研究现象的文化哲学思考
——透视所谓"吐火罗"与孔雀河青铜时代考古文化研究

新疆大地,地处亚欧大陆腹心,古代居民成分复杂。既有蒙古人种,也有印欧人种。具体到民族,仅见诸文献记录者为限,就有二十多种。对多少关注古代新疆民族历史、语言、文字、宗教、艺术等学科研究的学人,已是一个常识性概念。因为这一背景,涉及古代新疆历史文化研究,往往会有一些看似简单的问题,但在分析中却呈现十分纷繁、复杂的面貌。民族、语言的互相渗透,王国与民族之交错,文化的传承与发展,研究者自身主观的追求,翻译中一字一词的改易等等,矛盾丛集,头绪纷乱,让人一时间难得要领,不得确解。一个多世纪以来,聚讼、争论不已的所谓"吐火罗"问题,堪谓其中显例之一。涉及吐火罗,原本主要只是从事印欧语比较研究的学者关心,与中亚、新疆大地古代民族或有关联。但最近 30 年来,不少研究者又因为一个"假说",将"吐火罗"问题与新疆早期青铜时代文明(如孔雀河流域古墓沟、小河遗存)关联起来,实际是将公元 5—10 世纪前后的古代文本与公元前 2000 年的青铜时代考古联系到了一起,这使得在本就纷乱的研究中又增加了一个必须厘清的问题。与此直接相关的考古学者不得不面对这一新的问题。否则,会使离此遥远、不知新疆早期考古尤其是新疆孔雀河流域青铜时代考古遗存实际情况的广大读者和相关研究者,陷入又一团迷雾之中。

隔行如隔山,笔者对印欧语起源、发展,向少知识;对"吐火罗语"、"吐火罗人"研究,因欠缺语言学素养,更是不敢涉足。对 20 世纪初欧洲语言学界提出的新疆存在"吐火罗语"、"部分居民为徙居的吐火罗人"一说,因事涉古代新疆居民及其文化,是认识古代新疆必须关注的基础知识,与个人研究存在关联,也曾深怀顶礼膜拜之情,对相关著述,苦读再三,但终不敢说已明其真谛;而且,与自己从事的新疆考古研究,总还是相隔一层,所以,研究中从不主动涉及。但事物之发展,总有出乎预料的事情发生。进入 1986 年,有研究吐火罗语的学者,认为笔者发现并发掘的古墓沟,"可能"就是那十分遥远的吐火罗人之遗存。在面对古远、不见文字的考古文化遗存,考古工作者在一般情况下,是不涉及遗存主人之民族身份分析的。因为,"民族"本来就是一个晚出的概念。在没有古代文字根据的佐证下,是不太可能做出明确判定的,其核心是,原始社会时期,遗存之主人还根本没有"民族"认同的自觉。现在,面对语言学者直指它"可能"就是"吐火罗人"遗存,就回避无方了。古墓沟,是我 1979 年发现的遗址,发掘、整理也主要经我完成。所有这些,使我即使十分不愿,但也不能不步入这极为陌生的早期"吐火罗"文化的讨论之中。

一

19 世纪末至 20 世纪初,西方探险队进入新疆考古,在塔里木盆地北缘之库车、焉耆、吐鲁番等地佛教寺院遗址中,曾掘获大量古代佛经文本。其中有用北印度婆罗迷字母变体书写的不少写本,除库车见少部分世俗生活资料,主要为佛教文献。初见相关写本,十分残破,人们一时还不能识读。但事涉古代新疆居民之语言、文字,它们深为印欧语研究界尤其是德、法语言学家所关注。

1907 年,德国突厥语学家缪勒(F. W. K. Müller)根据德国探险队在吐鲁番胜金口掘获的回鹘文本《弥勒会见记》,其中见一则跋文有"Toχri"(Togri)一词,于是大胆推测,相关文本与"吐火罗语"存在关联。1908 年,德国梵语学家西格(E. Sieg)与西格林(W. Siegling)发文,完全同意缪勒对相关文字为"吐火罗语"之定名。并据更多回鹘文《弥勒会见记》写本进一步提出:相关语言在新疆土地上有两种变体、两种方言。通行在焉耆—吐鲁番者为"吐火罗语 A",通行在库车绿洲者为"吐火罗语 B",两者并不相同。作为突厥语、梵语研究大家,缪勒、西格、西格林的语言学素养,是印欧语研究界普遍尊崇的。他们在这一研究中的互相发明、互相唱和,在印欧语研究界产生了巨大的影响。1913 年,法国学者烈维(Sylvain Levi)对"吐火罗语 B"之定名提出了驳难。他在《所谓乙种吐火罗语即龟兹语考》中,据库车盐水沟所见用婆罗迷字母书写之龟兹王国过所,参证伯希和在都勒杜尔·阿胡尔所见相关语言文字残片,揭明所谓"吐火罗语 B"实为龟兹王国之用语。"缪莱君暂名此种语言为乙种吐火罗语。吾人就其来源而定其名曰龟兹语,盖此语文件几尽出于库车一带。此种语言不惟 Douldour-Aqour 之寺观用之,官厅通行证中亦用之。故吾人定名为龟兹语。"[①]至于龟兹王国何以使用这样一种语文,烈维也曾关注。他据梅耶(Meillet)之分析,这一语言,既与意大利、凯尔特、斯拉夫、希腊语有关联,但又不同于其中任何一类,而且它与印度伊兰语"也不相类"。要根据这有限的文字资料,更进一步细析龟兹古代语言、居民人种,还存在难度[②]。

烈维主张"吐火罗语 B"应称"龟兹语"刊发后,未见西格、西格林之回应。在 1933 年,又刊《吐火罗语》,进一步申述,在法国学者"所整理的文籍中,迄今尚未见有吐火罗人的名称"。所谓吐火罗地方,"要在乌浒(Oxus)水上流,南抵印度库什山,北接乌浒水之阿富汗地带";在梵语、希腊语、汉语"吐火罗"一词之发音中,都显示一种很重的送气声(aspirées);而在库车、焉耆、吐鲁番发现的所谓吐火罗语文书中,却"绝对无此送气声"。因而目前资

---

① 伯希和,烈维著;冯承钧译《吐火罗语考》,北京:中华书局,1957 年,13 页。

② 伯希和,烈维著;冯承钧译《吐火罗语考》,39 页。

料,只能说明已获《弥勒会见记》确"系从吐火罗语原本译出,毫无足异",具体点说,回鹘文之《弥勒会见记》"先从印度语译为吐火罗语,又从吐火罗语译为突厥语"。实际否定这所谓"吐火罗语"等资料与龟兹民族相关①。

法藏龟兹语文献,主要来自知名语言学家伯希和在库车盐水沟内古代烽堡及都勒杜尔·阿胡尔遗址之发掘收获,伯希和对相关古文字碎片自然也是十分关注的。在他于 1934 年发表的《吐火罗语与库车语》中广征博引,认为所谓"吐火罗语 B"定名确误。它是古代龟兹王国行用过的语文,应更称为"库车语"。"Tokhrï 在突厥语中之实在意义,必定是一地名,犹言吐火罗国。有一回纥语摩尼教经文言及 tokhrï-daqï ulugh možak(Le Coq, Manichaica Ⅰ.27),人尽同意而解作'在吐火罗国的大慕阇',同中国载籍著录七一九年来,自吐火罗国信奉摩尼教的大慕阇。"因此,"Tokhrï 在突厥语中应训为'吐火罗国之语言'"②。

伯希和作为优秀语言学家,对汉语也有相当深的造诣。在他于 20 世纪 30 年代刊发的《吐火罗语与库车语》《说吐火罗语》中,针对当年聚讼不已的各种观点认为,每种观点从语言学角度似都持之有据,但往往忽视相关材料各自不同的、特定的时间和空间环境,以及语言主人的民族身份、活动的年代和地域。他在《说吐火罗语》一文中,起首就说:"吐火罗语(tokharien)问题是一种必须深知中亚历史始能答解的问题。"③他和贝利(H. W. Bailey)都曾强调,研究吐火罗"必须就七世纪至九世纪时代间研究此项问题,不可引证纪元初年的希腊语或拉丁语文件"④。根据这一精神,他强调:"总之,我以为有两点我是脚踏实地的:那些回纥题识中的吐火罗语,应是玄奘在吐火罗地方所识的晚代吐火罗语,而同一题识中的苦先语,就是龟兹(库车)语。"⑤伯希和的分析,是合理的。

关于"吐火罗语"分析、研究的文字,涉及多个语种,获见不易,限于个人学识及资料之局限,不少专文并未直接识读。烈维、伯希和之文字,借冯承钧之译介,早曾入目。通过上引相关论述,对聚讼一个多世纪的有关吐火罗语文献的解析、研究,可识其大概。我国知名中亚史学者张广达、突厥语研究专家耿世民,在 1980 年联名刊布的大作《唆里迷考》中,对西方学者在"吐火罗语"讨论中的相关主要论文、资料,又有更具体、概略的介绍。他们的这篇重要论文,虽重点在于解析古代史籍中流传了五六个世纪之久的"唆里迷",确定唆里迷实为 10—13 世纪时段内"焉耆"的又一称谓,但也十分有益地澄清了所谓"吐火罗"甲种语言定名中存在的一个关注点。应该说,迄于 20 世纪 80 年代,主流的观点已很清楚,当年缪勒、西格、西格林将新疆所见相关写本定名为吐火罗语 A、吐火罗语 B,是不准确的。"Toχri"之发音、无送气声,这不同于吐火罗语之梵名 Tukhara、希腊语 Tokhoroi、汉语的

---

① 伯希和,烈维著;冯承钧译《吐火罗语考》,43—63 页。
② 伯希和,烈维著;冯承钧译《吐火罗语考》,77 页。
③ 伯希和,烈维著;冯承钧译《吐火罗语考》,136 页。
④ 伯希和,烈维著;冯承钧译《吐火罗语考》,136—137 页。
⑤ 伯希和,烈维著;冯承钧译《吐火罗语考》,135 页。

吐火罗和睹货罗的发音特点；新疆所见相关文本，译师、翻译的实际也都与龟兹、焉耆相关，而与传统概念中位居阿富汗北部的"吐火罗"并无关联。再者，第二次世界大战后，法国考古队在阿富汗北部发现了"大苏尔赫—阿塔勒碑"，学术界研究结论：碑文是用希腊字母书写的一种伊兰语，有学者称其为"真吐火罗语"。碑文表明，贵霜王国时期大夏地区之语言（真吐火罗语）与在我国新疆库车、吐鲁番地区曾经存在的所谓 Toχri\Togri 语，实际是完全不同的。虽然，缪勒、西格等语言学家并不同意改变对吐火罗语 A\吐火罗语 B 的定名，但印欧语研究学界，一般均同意，所谓"吐火罗语 B"应正名为龟兹（库车）语；所谓"吐火罗语 A"应正名为焉耆语①。在展开如是分析后，《唆里迷考》再一次强调"时至今日，尽管不少学者一再提出这一定名是一种误会，但是人们狃于常习，仍然时时把古代曾经一度流行于我国新疆焉耆和库车等地这两种语言称为吐火罗甲乙方言"②，是不对的。

张广达、耿世民在 1980 年发出的澄清吐火罗语甲乙定名误会，将相关古文书中语言、文字称为龟兹语、焉耆语的呼吁，本应引起人们尤其是中国学术界的注意，因为如是定名、称谓，在新疆古代历史、语言研究中，会引发混乱，它使人们难以看清厚积在所谓"吐火罗语甲、乙"定名问题上的雾团，会产生消极影响。

1986 年，徐文堪在苏州举行的中亚文化研究会议上，面对这样的研究背景，赞扬了张广达等研究的贡献，同时提出了他的个人观点：早在近 4000 年前就已生活在塔里木盆地的高加索种（白种）人居民，就是后来的吐火罗人③。从研究角度讲，这实际是个极难甚至无法得到证实的"假说"，但还是激起了西方学术界对新疆早期印欧人种居民与吐火罗存在关联的研究热潮。其"假说"思路，主要植根于对新疆罗布淖尔荒原青铜时代墓地古墓沟居民遗骸的体质人类学解析。古墓沟墓地及与其邻近的铁板河古墓中出土的古尸，出土时保存完好，具有比较清楚的印欧人种体貌特征④。古墓沟墓地出土的大量人骨，当年曾委请体质人类学专家韩康信进行测量分析。1986 年，韩康信发表了《新疆古墓沟墓地人骨研究》，揭示古墓沟墓地人骨，具有古典欧洲人种特点⑤。古代新疆居民中曾见白种人存在，并不是新的发现。20 世纪 30 年代前，斯坦因、贝格曼、黄文弼的考古报告中，对此均有过报道。但把白种人具体为此前已经从语言学角度聚讼、讨论近半个多世纪的吐火罗人，也就是将种族上的欧洲人种，指称为具有"民族"内涵的吐火罗人，而且认为其生存年代为不见任何文字记录的公元前 2000 年前，二者的时空距离实在太遥远，并没有具体根据。

① 张广达、耿世民《唆里迷考》，《历史研究》1990 年第 2 期，147—159 页；后收入张广达《文书、典籍与西域史地》，桂林：广西师范大学出版社，2008 年，25—41 页。

② 张广达、耿世民《唆里迷考》，《历史研究》1990 年第 2 期；后收入张广达《文书、典籍与西域史地》，28—29 页。

③ 徐文堪《吐火罗人起源研究》，北京：昆仑出版社，2005 年，36 页。

④ 王炳华《孔雀河古墓沟发掘及其初步研究》，新疆社会科学院《首届学术报告会论文选集》，1982 年，327—349 页。

⑤ 韩康信《新疆古墓沟墓地人骨研究》，《考古学报》1986 年第 3 期，361—384 页、图版拾柒—贰拾。

吐火罗语(实际关联着所谓吐火罗人)之定名、讨论已有半个多世纪。进至 20 世纪后期,应该说,学术界已经几无异词,"吐火罗"这个概念,是属于中世纪活动在阿富汗斯坦的一个古代王国的专称;虽曾有假想,公元 5—10 世纪,新疆塔里木盆地北缘有过"吐火罗"居民的存在,但基本也已被否定。现在,在去今近 4000 年前的孔雀河水系,仅仅根据出土有白种人遗体、遗骸,就将其具体化为"吐火罗人"遗存,是让人费解的。

徐文堪在稍后发表的《新疆古尸的新发现与吐火罗人起源之谜》一文中,进一步表明了观点:"我们不能肯定新疆干尸所代表的生活在三四千年前的古代居民究竟是什么人,但他们与吐火罗人和吐火罗语有某种渊源关系,则是非常可能的。"①

1996 年,美国宾夕法尼亚大学梅维恒(Victor H. Mair)教授在费城宾大召集了一个国际学术讨论会,有 15 个国家近 300 位学者参加,讨论涉及中亚地区青铜时代的考古、民族、冶金、语言等诸多领域的问题②。讨论会上,徐文堪认为新疆所见古尸、人骨资料,证明新疆古代居民人种类型以欧洲人种为主,"这些新的发现和研究为解决吐火罗人的起源问题带来了新的希望"③。

2010 年,在吐鲁番举办的"西域古典语言学高峰论坛"上,徐文堪在提交会议的论文《略论古代西域的语言与文字》中继续说:"小河墓地与古墓沟的居民应来自西方和北方,他们与后来说吐火罗语的吐火罗人可能有某种渊源关系。"④

应该说,古墓沟与所谓"吐火罗语"之间唯一的相似性只在于二者的古老性。换言之,"古墓沟是吐火罗"这一观点的逻辑在于:几千年前已存在所谓"吐火罗语",是西方来的;几千年前存在的古墓沟人,体貌上又有西方人特征;所以,吐火罗语即为古墓沟人说的语言。然而,它们之间实际并不存在必然联系。我们既无法得知所谓"吐火罗语"在哪里出现和流传,更无法知道古墓沟人说的是什么语言;而古墓沟人和公元 5—10 世纪通行"吐火罗语"的焉耆、龟兹地区居民之间更是毫无关联性可言。虽然在徐文中,主要论述一直是"假说"或"可能",但不断地重复,还是产生了巨大的、不可忽视的影响。

继徐文之后,将古墓沟、小河青铜时代墓地遗存与吐火罗密切联系在一起的,还有一些专著、文章,这里不一一征引。其中,最值得关注的当推马洛瑞和梅维恒合著的《塔里木古尸——古代中国和最早的西来者的秘密》(以下简称《塔里木古尸》)⑤。这本在美国、欧洲引发广泛关注的著作,其中有关吐火罗语之介绍,是对一个世纪以来印欧语言研究学界

---

① 徐文堪《新疆古尸的新发现与吐火罗人起源之谜》,《吐火罗人起源研究》,115 页。

② 徐文堪《"中亚东部铜器和早期铁器时代的民族"国际学术讨论会综述》,《西域研究》1996 年第 3 期,77—85 页。

③ 徐文堪《吐火罗人起源研究》,138 页。

④ 徐文堪《略论古代西域的语言与文字》,吐鲁番研究院编《语言背后的历史——西域古典语言学高峰论坛论文集》,上海:上海古籍出版社,2012 年,231 页。

⑤ J. P. Mallory, Victor H. Mair: *The Tarim Mummies —— Ancient China and the Mystery of the Earliest Peoples from the West*, Thames & Hudson, 2000.

相关研究之总结性的通俗化的说明；而涉及古尸之分析、随葬文物之介绍，有些地方却难说学术严谨。在这本书中，青铜时代古墓沟作为吐火罗人的遗存，已经不再是学术的"假说"，而成为历史的定论。同时，由古墓沟而小河、哈密、吐鲁番……所谓"吐火罗人"成了新疆早期居民的主体。英国知名考古学家伦福儒虽然著文推介，但又很认真地说，这本书中的一些观点，只能说是"大胆的、具有煽动性的结论"，而且相关的主要结论"无疑是一个需要在论争中得到检验的看法"[①]。

塔里木盆地、罗布淖尔、吐鲁番盆地、哈密绿洲各处出土的古尸，时代不同，从公元前近2000年至公元后2世纪（尼雅），时代跨度极大，古尸所在的考古文化遗存，内容、特点各异，表现着不同时代、不同地区、不同民族的经济、精神文化生活。但在《塔里木古尸》中，全都简化成为与吐火罗存在关联的实体。书中提到，梅维恒在美国曾多次就新疆塔里木古尸为古代吐火罗人遗体进行公众讲座，听众往往会问："谁是吐火罗人？""吐火罗人像什么？"梅氏回答：这类问题的答案，主要都在古代汉文献记录中。塔里木盆地"绿洲国家龟兹，这是吐火罗人的主要中心"[②]。实际上，中国学者并不陌生的汉文献中，大量关于龟兹、焉耆、高昌绿洲王国的居民、语言、文化、习俗的记录，是难以回答这类问题的。《晋书·四夷·龟兹国》记述，龟兹民俗要点之一是"男女皆剪发垂项"，这是德国学者格伦威德尔所称的"长剑武士"（剪发、穿翻领大衣、束带、佩长剑）形象。在汉语文献中，清楚说明这是龟兹武士供养人的形象。不知何逻辑，在一些西方学者笔下，却被强调成为"吐火罗施主"。

梅维恒认为哈密五堡古墓遗址也是"吐火罗"遗存（这一遗址的发掘报告至今仍未刊布），根据是陈列于哈密博物馆中哈密出土古尸穿着的彩色方格纹毛织物。据说，相同风格的方格纹彩色毛织物，曾在奥地利的哈尔施塔特（Hallstatt）遗址出土过，而哈尔施塔特被认为是古典欧洲人一支凯尔特人（Celts）的领地，而凯尔特人又被认为与原始吐火罗人存在关联。所以，作者的逻辑推论被作为结论推导出来——"最早的印欧人应该已经知道斜纹方格呢，并且它向西进入中欧和西欧，而后在凯尔特人的哈尔施塔特文化中出现。它也被印欧人，这里一般认为是吐火罗人，向东跨越草原带入塔里木盆地。"[③]需要注意的是，没有更多、更有力的证据可以表明，凯尔特人（在此作为吐火罗人）曾到达塔里木甚至新疆东部的哈密。五堡墓地是公元前12世纪的遗存；哈尔施塔特是时代远较此为晚的遗址，晚了至少600年。中间究竟怎么联系？如何发生影响？谁影响谁？这些都是需要认真分析的问题。应该说，在《塔里木古尸》中，不顾时代、空间的差异，随意以"吐火罗"概念而作

---

① 此为英国知名考古学家柯林·伦福儒的评价语，J. P. Mallory，Victor H. Mair：*The Tarim Mummies — Ancient China and the Mystery of the Earliest Peoples from the West*，Thames & Hudson，2000，卷首。

② J. P. Mallory，Victor H. Mair：*The Tarim Mummies —— Ancient China and the Mystery of the Earliest Peoples from the West*，p. 272.

③ J. P. Mallory，Victor H. Mair：*The Tarim Mummies —— Ancient China and the Mystery of the Earliest Peoples from the West*，pp. 218—219.

推断或分析,相当草率。

孔雀河青铜时代遗存也是上述研究中忽视空间与时间统一的例子。瑞典考古学者贝格曼在孔雀河 10 号墓地中发现过一具汉—晋时期男性干尸,穿丝绸织物,高统皮靴过膝①。这是与楼兰—鄯善王国有关的遗存。古楼兰王国时段之居民,从体质人类学分析,应是地中海东支类型,与古墓沟人没有关联。但是古尸穿的高统靴却又被认为与柏孜克里克唐代壁画中人物着靴相近。而柏孜克里克又被视为与吐火罗人有关,于是也成为吐火罗文化存在于楼兰的又一例证②。

柏孜克里克壁画中的高统靴人物,为什么一定得是吐火罗人? 高统靴是古代游牧民族中常见的靴具。以靴具的穿着作为吐火罗人的认定标准,明显是没有科学根据的。塔里木盆地中,随处可见的所谓吐火罗人,他们从哪里来? 怎么来? 书中实际没有任何具体的分析。但对这些所谓的吐火罗人最后的归宿,则轻易做了交代:"新疆古尸中的血流贯在这一地区当今居民的血液中。"③

可以这样说,梅维恒教授在《塔里木古尸》一书中有关"吐火罗"的诸多结论,主要显示的只是他的一种情结、一种感情追求;少见具体、认真、严谨的分析。因此,它与真实的青铜时代新疆地区民族历史,距离是十分遥远的。

二

经过近一个世纪的讨论、辨析,在印欧语研究界已被判定为并不准确的新疆"吐火罗语"文本概念,凭借一个实在难以证明的"假想",突然降落、附着在了去今 4000 年前的罗布淖尔孔雀河水系古墓沟墓地上,重又吸引了西域研究学者们关注的目光。

古墓沟墓地,是我率队在 1979 年找到并全面发掘的一处青铜时代墓地。

墓地位于十分闭塞、荒凉的罗布淖尔荒原上,北倚库鲁克塔格山,南向孔雀河。发现时,它还掩覆在厚厚沙尘下,保存相当完好。墓地面积大概 1600 平方米。经过大范围清除积沙,全面发掘,共见墓葬 42 座。墓葬有两种形式,36 座为竖穴沙室,葬木棺。木棺为左右厢板、前后挡板、上盖多块小木板,木板上覆牛、羊皮或毛线毯。显著特点为没有底板。死者男女老少均见,戴尖顶毡帽,裹毛线毯,穿皮鞋,平卧。木棺上盖沙,棺前后或插木杆,覆沙至平,不见封丘。另有 6 座墓葬,地表见 7 圈圆形列木,列木圆圈外,还有四向散射的列木线,每条线由 7 支木桩构成。木棺只入葬成年男性。两类墓葬,墓穴内均见随葬草篓(内或置小麦粒),麻黄枝,木质盆、杯,牛、羊角,骨、石、贝类手链、项链。少数几座较

① 贝格曼著,王安洪译《新疆考古记》,乌鲁木齐:新疆人民出版社,1997 年,67—69 页。

② J. P. Mallory, Victor H. Mair: *The Tarim Mummies —— Ancient China and the Mystery of the Earliest Peoples from the West*, p. 222.

③ J. P. Mallory, Victor H. Mair: *The Tarim Mummies —— Ancient China and the Mystery of the Earliest Peoples from the West*, p. 272.

丰富的墓葬中,见木雕人像、石雕人像(基本为女性形象)。未见马类遗骸。墓葬均单人,不见合葬。均仰身直肢,安卧在沙室之中,头均向东方。羊毛毯,牛、羊角杯,大角鹿骨骨锥,残破的渔网,可以看出畜牧、渔猎在日常经济生活中占相当重要的地位。这两种墓葬,立木桩有彼此扰乱、叠压的情况,因此,应是同一时段的遗存①。

发掘中,古尸虽只见两具,但人骨却基本保存完好。将相关遗骨委请韩康信观察、测量,结论是具有古典欧洲人种特征②。墓地虽未见金属类生产工具,但胡杨质棺木、木雕人像、木质器皿上,保留了大量只能由锐利金属工具留下的痕迹,表明这是一处青铜时代的遗存。碳14测年资料表明,它是去今4000年前后青铜时代一处墓地。

墓葬虽保存完好,草编器、木器、毛织物、毡制品均基本不朽,但入葬物品总体十分贫乏,显示了原始社会物质财富绝不丰裕,只勉强可以维持生存。曾在一种小块长方形木板上见宽窄、深浅不一的刻痕,似可与原始居民当年记事作联想,但也只是一种形式逻辑的联想,并不能得出肯定的结论。遗存中不见文字,没有发现文字类的痕迹,可判定墓地主人生处没有发明文字、没有步入文明的时代。

认真观察古墓沟青铜时代墓地遗存,可以得到以下几条清晰结论:1. 古墓沟是中国学者在孔雀河水系第一次完整揭露、全面科学发掘的青铜时代墓地;2. 相关遗存的信息,在20世纪30年代前已经为中外考古学者有所获见。斯坦因在孔雀河水系内发掘过的LE、LS、LT、LQ,黄文弼在罗布淖尔湖畔清理的"湖畔古冢",贝格曼在1934年试掘的小河五号墓地,实际都是同类考古文化的遗存,相关发掘、调查报道,都未能准确揭示它们"青铜时代"这一基本属性。

与古墓沟墓地发现紧密关联,1980年4月,又一支考古队在穆舜英率领下,在孔雀河尾闾地段铁板河边一处雅丹土丘上,发现了两座与古墓沟同时代的墓葬遗存。其中一座墓葬中发现了一具保存十分完好的古尸。女尸身裹破毛毯,头戴毛编尖帽,帽边插雁翎两支。足穿翻毛皮鞋,头至胸部覆盖一草编簸箕,头侧置草篓。只身葬于一地,孤立于群落之外。尸体皮肤、指甲、毛发不朽。她40岁左右,身高约150厘米。面部清秀、深目高鼻,深褐色头发散披在肩。头发中、阴部、皮鞋上,见许多虱体、一只臭虫。这就是当年名噪一时的铁板河女尸,被日本媒体称为"楼兰美女"③。

对孔雀河青铜时代考古文化遗存的认识,最重要的收获是2002—2005年间对孔雀河

---

① 对同一墓地内这两种不同形式的墓葬的关系,在1982年刊布的初步报告中,曾说七圈列木墓相对较晚,不确。参见王炳华《孔雀河古墓沟发掘及其初步研究》,新疆社会科学院《首届学术报告会论文选集》,1982年,327—349页。

② 韩康信《新疆古墓沟墓地人骨研究》,《考古学报》1986年第3期。

③ 穆舜英《楼兰古墓地发掘简报》,上海自然博物馆编《考察与研究》第七辑,上海:上海科学技术文献出版社,1987年,76—79页。

支流小河墓地的全面发掘,发掘简报已经问世①。据相关简报,可以得到以下重要的资讯。

4年考古工作中,共发掘墓葬167座,获得文物近千件。墓葬上下叠压,可清楚区分为5层,相对早晚明确。墓葬均单人、竖穴沙室,死者仰身直肢、头基本向东。部分死者头、面部绘红色线条。上层(1—3)保存情况较好,多干尸,头戴尖顶毡帽,身裹毛线毯、着腰衣,足着皮鞋(靴),随身毛毯上有麻黄枝小囊,随葬草篓,内见小麦、黍粒。随葬牛、羊耳尖。颈、腕部配饰骨、石珠。少部分墓葬中,随葬物稍多:男性墓中见人面形、似权杖类的尖头木杆形器、夹条石的蹄状木器、蛇形木杆、羽箭。两座重要大墓中(男、女各一),随葬有黑、红色条绘的方格纹饰牛颅骨。女性墓中,几何格纹为黑地红色线条;男性墓中,格纹图像为红地黑色线条,这是十分值得关注的一个文化现象。

对墓地出土干尸,简报中也有比较具体的介绍。如:2002年M4,墓主人为一具女尸:"女尸头戴浅棕色、顶略尖的圆毡帽。……身长158厘米,皮肤呈灰白色,头面部保存最好。窄额、宽颧骨,眼窝深凹,依稀可见眼睫毛,鼻梁尖而小巧,嘴紧闭。灰棕色头发自然中分,长至颈肩部,头发表面似用胶状物质涂抹过……"②2003年M11,出土女尸:"女尸身长152厘米。……全身均匀涂抹乳白色浆状物。较丰满,眼窝深陷,亚麻色长睫毛,鼻梁高直,嘴微张,唇薄,嘴唇轮廓明显。……浓密的亚麻色头发,自然中分,长至胸部。"③2003年M13,出土女尸:"面型削瘦,高颧骨,眼窝深凹。……亚麻色头发,很短,长不过颈部。……额至鼻部绘有红色的横线,额部的三道最明显,鼻部至上唇的几道断断续续。"④2003年M24,出土男尸:"男尸身长164厘米。……窄额,宽颧骨,眉弓粗壮,眼窝深塌。深褐色眉毛,胡须呈金黄色,上髭修剪整齐。头发浅褐色,其中夹杂少许金黄色、白色头发。头发在脑后自然披散,长至上臂部。头发表面也涂有一些乳白色浆状物。……额至鼻部绘有红色的横线。"⑤

棺具基本形制为长方形,有盖、无底。盖板上覆牛皮。多张牛皮严密封盖,流沙难入。在墓室前再立一根粗大、最高可达4米的立木,地表以上部分涂红。部分木柱至顶端变细,似曾用以悬挂物品。立木柱根部,多见芦苇、骆驼刺、麻黄、甘草等植物组合而成的草束,其中夹羊腿骨、牛粪、冥弓、箭等物,旁侧置草篓。下层(第四、五层)除竖穴木棺葬外,还见少量泥壳木棺葬,多入葬女性(个别为男性)。特点为在木棺上罩盖木板构成的长方

① 新疆文物考古研究所《2002年小河墓地考古调查与发掘简报》,《新疆文物》2003年第2期,8—64页;新疆文物考古研究所《2002年小河墓地考古调查与发掘报告》,吉林大学边疆考古研究中心编《边疆考古研究》第3辑,北京:科学出版社,2004年,338—398页;新疆文物考古研究所《2003年罗布淖尔小河墓地发掘简报》,《新疆文物》2007年第1期,1—54页。

② 新疆文物考古研究所《2002年小河墓地考古调查与发掘简报》,《新疆文物》2003年第2期,22、24页。

③ 新疆文物考古研究所《2003年罗布淖尔小河墓地发掘简报》,《新疆文物》2007年第1期,6—7页。

④ 新疆文物考古研究所《2003年罗布淖尔小河墓地发掘简报》,《新疆文物》2007年第1期,13页。

⑤ 新疆文物考古研究所《2003年罗布淖尔小河墓地发掘简报》,《新疆文物》2007年第1期,22页。

形板室。档头部处，木板室凿孔，孔中楔木。外绕草帘、草绳、抹泥。周围竖高约5米的多棱形涂红木柱，有6根、8根，最多10根，围成圆圈，圆径2—4米。柱体涂红，顶端悬牛头。木柱围圈堆积中，也有大量牛、羊头。

在墓地东北端，为一座木房式墓葬，木房外壁蒙多层牛皮，牛皮上敷杂草。墓室前壁两侧叠放七层牛头。墓室上部扰土中见彩绘木牌、木雕人面像、权杖及百余件牛头、羊头。①

以科学发掘的古墓沟、小河墓地为典型，剖析其上层（晚期）文化，可以看到，青铜时代孔雀河水系居民对麻黄、牛、蛇特别崇拜，赋予它们近乎神圣的地位。如果对这一文化内涵进行剖析，可以看出它们与印度—伊朗早期文化中对牛、蛇、麻黄的崇拜，对数字"七"的尊崇，是存在密切关联的。

小河墓地的绝对年代与古墓沟约略相当。发掘队曾以出土之毛毡、动物耳尖、麦粒等进行碳14测年，可知墓地上层年代约在公元前1650—前1450年之间②，墓地下层测年资料仍未见刊布，较此为早，是可以肯定的。

还有一个重要现象也必须强调，对墓地第四、五层墓葬（最早入葬，多泥壳木棺者）出土人骨，吉林大学边疆考古中心曾经展开体质人类学及分子生物学分析，两种方法的结论一致：墓葬中的人骨，蒙古人种居于主体地位，而1—3层墓葬中的主人，则以欧洲人种居主体。这是一个重要的变化。具体表明，孔雀河青铜时代早期居民实际以蒙古人种为主，这对所谓吐火罗人最先进入这片地区的观点，实为有力的否定③。

鉴于不少著述以古墓沟出土之古尸具欧洲人种形象，而给他们戴上"吐火罗"的帽子，这里，将同处孔雀河水系，与古墓沟、铁板河、小河墓地属同一考古文化的其他相关墓地中曾见的古尸资料，稍予搜集，俾使大家可以获得更完整的印象。

在斯坦因发掘的LF墓地，有多具古尸出土。相关古尸情况是：LF01中，出土一具保存相对完好的古尸，男性，"死者脸型较窄，鹰钩高鼻，深目，头发、胡须波浪形、黑色"。"头部未经测量，就知是长颅型，其头部和脸部特征表明死者为高山白人类型。兴都库什山和帕米尔地区常见这一人种。"④LF02，墓主人为"年轻女子，脸呈卵形"，"额前剪齐，黑发"⑤。LF04，墓主人为"中年男性，鹰钩鼻，须发浓密而呈黑色"⑥。

在斯坦因发掘的LQM3墓葬中，出土一具老年男性干尸，"唇上方长红色胡须，下巴上

① 夏训诚主编《中国罗布泊》，北京：科学出版社，2007年，392—403页。
② 新疆文物考古研究所《2003年罗布淖尔小河墓地发掘简报》，《新疆文物》2007年第1期，46页。
③ 2008年8月，在乌鲁木齐举行的"新疆史前考古学术讨论会"上，新疆文物考古研究所李文瑛、吉林大学边疆考古中心朱泓先后发言，具体介绍过这一分析结论。
④ 斯坦因著，巫新华等译《亚洲腹地考古图记》，桂林：广西师范大学出版社，2004年，393页。
⑤ 斯坦因著，巫新华等译《亚洲腹地考古图记》，394页。
⑥ 斯坦因著，巫新华等译《亚洲腹地考古图记》，394—395页。

则没有胡须"①。

贝格曼试掘的孔雀河支流小河五号墓地，"一些木乃伊有黑色长发和保存完好的面部"②。5A号墓葬，年轻男性，"面部棕黑色的皮肤紧紧地绷在宽颧骨上，长睫毛和眼眉还在，长长的深棕色头发被用一根红线绳系于脑后"③。5D墓葬，尸体已被拖出棺外，贝格曼未予描述。5E墓葬，"尸体腿部有棕色的毛"④。5F墓葬，"木乃伊头部已缺失"。报告还详细介绍了一具女性干尸，"Pl. Ⅵb中是一具女性木乃伊的上身，她的面部保存得惊人地完好……面部肤色仍较白皙。她的棕黑色长发在中间分缝……额部高高隆起，具有一种高贵的气质，她有漂亮的鹰钩鼻，微合的薄嘴唇间显露出牙齿，永远地留下了一个淡淡的微笑"⑤。

斯文·赫定与陈宗器在孔雀河水系曾发现一座单葬墓（贝格曼编号为墓36），这也是一座与古墓沟、小河同类型、同时代的墓葬遗存。墓葬中"保存完好的木乃伊系一老夫人，她的灰色长发在中间分缝。尸体长1.52米，被包裹在柔软细密的深棕色斗篷中……腰部围一条细腰布……尸脚紧紧地裹在一双生皮鞋中……帽子包括一顶深棕色毡内帽和一顶精致的黄毡外帽……外帽与图31中西徐亚人带的帽子极像，另外，波斯波利斯浮雕上面的萨卡人也带这种帽子"⑥。

2000年底，笔者为深入了解在人们视野中已经消失了近七十年的小河墓地，曾在深圳古大唐公司的资助下，偕一些有相同愿望的友人深入罗布淖尔荒原，寻找小河墓地。经过四天的沙漠跋涉，最后找到了小河墓地所在的高大沙丘，在踏上沙丘墓地前，我告诫同行友人，可以摄影、观察和记录，但不要动一点沙丘地面的文物。踏上沙丘的一瞬间，一具已经残断的干尸就赫然进入大家的眼帘：红色的毛发、胡须。印象至今仍然十分深刻⑦。

介绍过近一个世纪以来中外考古学者在孔雀河水系内所见青铜时代干尸的面型，其具有白种人的面部特征，大概是不错的。但细部，实际不尽相同，就以头发一端看已是五花八门：灰色、黄褐色、深棕色、黑色、红色均有所见。在缺乏细致和深入研究的前提下，主观认为皆为"吐火罗人"，是不够严谨的。

三

分析一个考古文化主人的民族（不是种族）身份，是一项需要缜密研究的文化工程。

---

① 斯坦因著，巫新华等译《亚洲腹地考古图记》，1032—1033页。
② 贝格曼著，王安洪译《新疆考古记》，乌鲁木齐：新疆人民出版社，1997年，75页。
③ 贝格曼著，王安洪译《新疆考古记》，83页。
④ 贝格曼著，王安洪译《新疆考古记》，85页。
⑤ 贝格曼著，王安洪译《新疆考古记》，87页。
⑥ 贝格曼著，王安洪译《新疆考古记》，181页。
⑦ 这幅图片，同行者李学亮曾刊布于2001年《丝路游》杂志。

古代民族或人群的概念往往是具有一定时效性的，一般是指具有共同语言、共同地域、共同物质文化和精神文化的人的共同体。千百年来，在新疆这片土地上，不断有人群迁徙、更替，各种不同的文化先后进入、扩散，与其他文化交流、融合，同一地域的人的体质特征、语言文化在历史上发生过极大的变化。在这种情况下，将跨越几百年甚至上千年的两个人群、两种文化联系起来，认为他们存在同源的关系，这几乎是不可能的，更毋论古墓沟人和公元5—10世纪的焉耆、龟兹居民在语言、物质文化、风俗习惯、宗教信仰等方面，都根本不存在相互比较的基础。

通过笔者对孔雀河流域青铜时代考古文化内涵简单的梳理，至少可以得到以下认识：

1. 孔雀河居民主要活动在罗布淖尔荒原上的孔雀河水系内，且集中在孔雀河水系中、下游的河谷台地绿洲，包括小河支流。在塔里木河上游如克里雅河尾闾、和田河尾闾地段，最近也发现了他们活动的痕迹。因此，关于他们分布的地理空间，还是一个有待进一步调查、充实的问题。但可以确认，孔雀河谷曾是他们前期的主要活动区。在同一时段的相邻地域内，再未发现相似的文化遗址。

2. 罗布淖尔荒原孔雀河谷，去今4000年前，已是一片相当干旱的土地，气候干燥，植被主要是耐旱、耐盐的胡杨、红柳、芦苇、麻黄、甘草、芨芨草、罗布麻、蒲草等。动物有马鹿、鼬、蛇、蜥蜴等，水中有鱼。虽环境干旱，但在河谷两岸，却是林木茂盛、草被丛生，有野兽出没，是人类可以生存、活动的绿洲，然而并不是一个可供大量人群活动的空间。

3. 在罗布淖尔孔雀河流域，中外考古学者都曾采集到多批类型相当丰富的细石核、细石叶、石箭头、石矛头、圆石球等物，是新石器时代遗物，绝对年代大概推定可以早到去今10000年以前[1]。而所见细石器造型，锥状石核、长条形细石叶，以细石叶为料进一步加工成的细石刀、端刮器、锯齿形器，与我国华北地区同型。与葱岭以西之梯形、半月形等细石器加工工艺不同，属两个不同的细石器系统[2]。遗憾的是至今仍未发现比较好的遗址，没有科学发掘资料，也没有见到人类遗骨化石。但这片地区早在青铜时代以前，已见人类生存、活动的遗物，遗物形制特征与我国华北地区相同，这是没有问题的。

4. 青铜时代的孔雀河流域居民，从种族特征上讲，可以说他们是白种人。体质人类学家分析，说他们是具有古典欧洲人体质特征的一支白种人。没有任何资料可以显示他们曾经说什么语言，因此，从考古资料角度无法说明他们是操什么语言的白种人，自然也少了判定他们民族身份的语言学根据，这是十分重要的一环。具体到民族身份概念，自然就是一个需要进一步分析、目前还不能定论的课题。

---

① 侯灿《从考古考察论楼兰城市的发展及其环境变迁》，《新疆社会科学研究》1982年第7期，1—43页；王炳华《新疆细石器遗存初步研究》，《干旱区新疆第四纪研究论文集》(1985)，后收入王炳华著《西域考古历史论集》，北京：中国人民大学出版社，2008年，259—273页。

② 安志敏《海拉尔的中石器遗存——兼论细石器的起源和传统》，《考古学报》1978年第3期，289—316页，图版壹—贰；盖培《从华北到美洲——关于华北与北美旧石器时代的文化联系》，《化石》1972年第2期，1—4页。

5. 青铜时代孔雀河水系内的居民,主要经营畜牧业,饲养牛、羊,尤其是牛,在他们的生活中具有重要地位。没有发现马。与畜牧业并存的,有少量农业生产,种植小麦、黍类农作物。狩猎马鹿、捕鱼,为生活资料之补充。毛纺织业普遍存在,人人必备的裹身毛线毯,表明它是全民性的手工业。男女均见尖顶毡帽,少量出土的皮、毡合体鞋、靴,表明擀毡业已不是初生状态。木器和骨、角器,是生活中主要用器,也是家庭手工业的重要部类。草篓是最重要的工艺成果。人皆有之的卵圆形草篓,有系耳、显花纹、存彩色,达到了相当高的工艺水平,是显示他们自身文化最具特色的物品。与草篓共存的草编簸箕形器,也是具有地区特点的文化遗物之一。孔雀河流域是可以制陶的。楼兰王国时期,陶器就在这片地区普遍存在,楼兰故城东北至今仍可见汉—晋时期窑址,说明烧陶、用陶并不存在困难。但青铜时代的孔雀河居民,却还不会制陶,也不用陶器。没有发现青铜工具,但各种工具留下的痕迹却清楚地提示了有金属工具存在。

6. 所见遗址中,都没有发现文字或文字类的记事手段。但保存完好的各类遗物,其中可供穷究的诸多细节,却凝结了相当丰富的精神文化生活素材,这些可以触摸、可以感知的文化素材,自然表现着主人们特定的、与其他群体不相同的民族文化特征,提示了特定民族的文化性格。这是十分珍贵的、他处少见甚至不见的遗存:如对太阳的崇拜;赋予数字"七"以神秘的文化精神[1];"麻黄",被视为具有神秘力量;牛、蛇、蜥蜴,在他们心目中有超越人间的力量;高耸的立木,是可以上天的桥梁;红、黑色,是阴阳、男女的象征。如是等等,既有一般早期人类共享的文化观念,也有这片地区独具、他处少见的文化精神,这些都是值得进一步深入分析的文化元素。

7. 同处孔雀河谷绿洲,诸多墓地彼此相去不远,居民种族、经济生活、物质生产工艺、文化观念形态也多有相同、相类、相通之处。说他们不仅是同一种族,而且也是一个民族的文化遗存,大概是可以成立的。但是,细致观察他们的葬俗,在基本相同的情况下(竖穴、仰身直肢、头东向、崇麻黄、殉草篓等),在不同墓地或同一墓地内,又可以观察到并不完全一致的埋葬方法。如同在古墓沟墓地,有七圈列木围垣只葬男性,与不具七圈列木围垣、男女老少均入葬之竖穴,明显存在差别;同为竖穴沙室,个别墓葬有外围矩形木板的结构,这也是不小的差别。在小河墓地,早期有竖穴木棺外罩泥壳木盖,或竖穴外更圈列木成圆形,其中多葬女性;晚期墓葬,女性棺前有男根,男性墓前存女阴立木,并涂红、黑不同色彩。墓地大小规模也有明显差异:古墓沟是 40 多座墓葬集聚一处的氏族公共墓园;小河是层层相叠、延续数百年的巨型墓地,每层墓地有 40 座左右规模;LS、LT、LE 附近,铁板河、LM,则只是个别、少数墓葬的遗存,最多也只是十多座的墓葬集聚一处。小河墓地不少墓葬木棺上蒙牛皮,牛皮上放一把红柳枝、夹一根芦苇,棺头上放碎石。这种种差别可能与时代差异相关,但在同一时段,是否因社会身份不同而导致如是结果,也是需要进

---

① 王炳华《说"七"——求索青铜时代孔雀河绿洲居民的精神世界》,沈卫荣主编《西域历史语言研究集刊》第五辑,北京:科学出版社,2012 年,15—32 页。已收入本集。

一步剖析的问题。但无论如何，这些同属一个族群或关系相当密切的人群，在文化心态上仍显示着一些差异，说他们这时还没有凝成完全、同一的文化形态，还没有形成大家认同、一致实行的制度性葬仪、葬俗，大概是不错的。

8. 对这样个性独具、他处未见的考古文化实体，徐文堪"假说"他们是"吐火罗"，梅维恒等极力宣扬他们就是"吐火罗"。以前，也有学者如黄文弼曾据古尸戴尖顶高帽、崇信"麻黄"的这类服饰、文化信仰，认为他们可能是早期活动在中亚大地上的"塞人"（西徐亚人）[1]。从小河墓地发掘中大量见到的对牛、蛇的崇拜，也确实可以进一步增强"他们是印欧种人中与古代印度—伊朗人具有相类信仰的一支游牧民"的认识。在印度—伊朗人中，对牛、蛇、麻黄的崇拜，是显著而普遍的。这是一个必须进一步分析的民族文化现象，后当专文论析，此处不赘。

四

《弥勒会见记》文本上所见 Toχri\Togri 题跋，20 世纪初被缪勒、西格、西格林等判定为"吐火罗语"，他们虽然从语言学、民族史角度，联系中亚包括新疆大地历史、民族活动变迁等，多角度展开过分析，但实在有许多无法统一的矛盾。因此，20 世纪 30 年代后，更多学者提出应名从主人，所谓吐火罗语 A、B，应定名为焉耆—库车语，并渐成研究界基本的共识。即使有时相关研究行文，仍见沿用吐火罗语 A、B 的情形，大多也只是为行文方便而已。研究深入，认识深化，概念改变，对任何一个研究问题而言，本都是十分正常的，但西格对此却十分不能接受，迄至其晚年，仍然坚持声称认为是吐火罗语。如此，其实已经是感情化了。

对这一文化心理现象，很长一段时间，我曾百思难得其解。后来在读过勒柯克1928 年刊于莱比锡的《中国新疆的土地和人民》后，才恍然大悟！德国学者在 20 世纪初坚持这一"吐火罗语"研究结论，是别有深厚感情寄托在其中的。在这一考察报告的结束语《文化与艺术史的成果》一章中，勒柯克曾以十分清晰甚至是满溢得意之情的文字道出了他们在"吐火罗语"、"吐火罗人"概念背后，实际寄托的就是"日耳曼人"情结。勒柯克写道：在新疆塔克拉玛干，"沙漠的南缘印度人占据着，沙漠的西沿伊兰塞人占领着，沙漠的西北边缘是伊兰粟特人（Soghdier），从库车到吐鲁番却是那些欧洲印度—日耳曼语的蓝眼睛民族，吐火罗人（Tocharer）。所有这些部落都以极大的热情接受了佛教……随着民族迁徙，刚刚兴起的欧洲日耳曼国家历史的重要时期开始了"[2]。我们自然并不同意这段行文中勒柯克将塔里木盆地南缘古代居民简单地称为印度人，帕米尔东麓居民称为塞人，喀什地区居民称为粟特人，这样的概念完全可以肯定是不准确、不科学的。因为这样的概念，

① 黄文弼《罗布淖尔考古记》，北京：北京大学出版部，1948 年，99—101 页。
② 勒柯克著，齐树仁译，耿世民校《中国新疆的土地和人民》，北京：中华书局，2008 年，137—138 页。

实际无视数千年内,在相关地区曾经历许多重大的民族迁徙、变化。要具体展开讨论这些问题,篇幅不小,所以这里暂不置论。只是请大家关注他在这里强调的天山南麓库车至吐鲁番古代居民为"吐火罗人"这一概念,而且一点儿不费周折地把"吐火罗人"直接转换成了"日耳曼人",如是简单转换,自然难说是科学研究,却又十分真实地表现了当年德国学者内心深处的情结、追求。这种情结,在 20 世纪初西方列强在中亚进行殖民拓张的活动中,与尽得地缘优势的沙皇俄国、英印政权相比,无疑是从种族、民族、历史渊源一角扯起了一面大旗,是既可以与沙俄、英印势力相抗衡,还可取得又一种优势的、民族感情深处的精神力量。自然,德国学者如是倾向并不是单纯的怀古,而是与现实的政治、经济利益追求联系在一起的。斯坦因在新疆持续数十年的活动中,从不把天山以南的塔里木盆地称为新疆,而是称为亚洲腹地,并生造出"Serindia"这么一个词,意为古代中国(Seris)与印度(India)之间的土地,其背后的寄托、追求,与德国学者在"吐火罗"研究中的情结,并无差异。

即使洞悉了所谓吐火罗语概念的破绽,仍不同意改称为库车、焉耆语,而且还很随便地将吐火罗语延伸为吐火罗人、印欧人、日耳曼人,然后作为一块砖头打人,在此后的历史文化研究中,还真不少见。这方面的显例之一,可以列·谢·瓦西里耶夫在《中国文明的起源问题》中的相关文字为据。他在谈及殷商文化的起源时,就说"不仅古汉语同印欧语相类似,而且印欧部落(指吐火罗人)显然到过东突厥斯坦",并称"吐火罗人之来到现代中国疆域的西部边陲(新疆),是得到了考古学的确证的,他们的确是印欧部落的一支"[①]。在这些文字中,"吐火罗"这个概念,已远远不只是关涉新疆出土的 10 世纪前后佛教文献《弥勒会见记》译本与吐火罗语关系的分析,而变成完全不同的另一政治文化概念,变成一件可以随手使用的政治工具。

笔者曾经在不少文章、不同场合,反复申述过一个观点:不仅考古资料,而且有大量文献资料可以说明,新疆大地,古代是种族多源、民族众多的舞台;印欧语系与汉藏语系、阿尔泰语系文明,都是历史的存在。新疆的历史文化进程,生动、清晰地表现着多种文明互相碰撞、互相渗透、互相吸纳、互相交融的历史过程。认识这一文化本质,有助于我们认识人类文明发展进步的真实轨迹。只强调、扩大这一历史文明进程中的个别存在、个别因素,将之扩大成一般的存在(如吐火罗),不符合新疆大地古代文明发展的真相,失之偏颇,必然导致错误的认识。

五

关于新疆"吐火罗",还有许多与之存在一定关联、不能不展开讨论的问题。关于新疆

---

① 列·谢·瓦西里耶夫著,郝镇华等译《中国文明的起源问题》,北京:文物出版社,1989 年,337—338 页。

青铜时代的考古文化,也可以谈许多相关的话。但我这篇小文,只着重于"吐火罗"与古墓沟及孔雀河水系青铜时代考古文化的关联,不能枝蔓太多。所以,对它们概未涉及。

但在结束这篇小文前,必须十分清楚地说明,在一个多世纪以来有关吐火罗语、吐火罗人的研究中,相关著述、论文不少。许多文章都是怀抱探索古代新疆民族、历史、语言而展开的认真研究。一百多年来,中外学者在吐火罗、大夏、月氏以至龟兹、焉耆等相关古代民族、语言、文字、宗教等研究的诸多论著中,虽观点纷歧,但各抒己见,总是在步步深入剖析、研究各有特色的问题。这类研究,无疑推进了对中亚包括新疆大地历史文化的深入认识。从这一点讲,对"吐火罗"之讨论,其积极意义、学术价值不可轻估,应该得到尊重、珍视。从这一点出发,也真诚希望相关研究能在目前的基础上,更加深入、继续不断前行。有一点可以坚信:随着中亚考古事业特别是新疆考古的迅猛发展,古远的物质文化资料不断出土、问世,中亚、新疆大地的历史文化会一步步日趋明晰,逐渐接近于历史真实。考古学,在这类历史、文化研究工程中的贡献,那时,当会更好地彰显于世了。

(原刊《西域研究》2014 年第 1 期,86—99 页)

从高加索走向孔雀河

——孔雀河青铜时代考古文化探讨之一

有考古资料可以揭示:在青铜时代孔雀河谷生息的居民中,重要成员之一来自里海、黑海之间的高加索地区。这是一个值得高度重视又需要进一步研究的历史文化现象。如何确定青铜时代孔雀河居民曾有一支来自高加索?作为欧亚大陆南北交通陆桥的高加索山地,其古代居民因何走向了空间距离相当遥远的新疆罗布淖尔,进入孔雀河谷绿洲?他们迁徙的具体路线为何?这一迁徙活动,在孔雀河谷绿洲留下过怎样的历史文化遗产?最后,他们又走向何方?从中可以获得怎样的历史教益?如是等等,都是既未明显见于古代文献记录,也还未进入今日学界视野,但从考古、文物细节中可以追寻也值得进一步研究的问题。

一、青铜时代古墓沟、小河居民,可能来自高加索地区

罗布淖尔荒原北缘之孔雀河谷,自 20 世纪帷幕初揭,直至 20 世纪 30 年代,曾主要是西方考古学者反复进行调查、穿梭来去不知多少次的地区。中国学者黄文弼,这一时段也在这片地区工作过。重要发现,就是各处大量存在的细石器遗物。20 世纪 60 年代以后,新疆文物考古工作者,在多次调查中同样发现过大量细石器。在孔雀河下游老开屏,还曾采集到一批旧石器时代晚期石器遗物(没有地层,不见化石,为旷野遗址),没有发现相关青铜时代遗存[①]。

1979 年发掘的古墓沟[②],1934 年瑞典青年考古学者贝格曼发现、试掘过[③];复由新疆文物考古研究所全面发掘的"小河墓地"[④],以其遗址保存很好,古尸、人体骨架、随身衣物、随

---

① 斯坦因、黄文弼、贝格曼等曾经发现了孔雀河青铜时代墓地,但当年没有认识到它们的青铜时代属性。发掘者没有认识到,局外人自然更无从知晓。

② 王炳华《古墓沟》,乌鲁木齐:新疆人民出版社,2014 年。

③ 贝格曼著,王安洪译《新疆考古记》,乌鲁木齐:新疆人民出版社,1997 年,75—128 页。

④ 新疆文物考古研究所《2002 年小河墓地发掘简报》,《新疆文物》2003 年第 2 期,8—64 页;新疆文物考古研究所《2003 年小河墓地发掘报告》,《新疆文物》2007 年第 1 期,1—54 页。

葬各类用物也都保存得比较完好,判明了它们是孔雀河谷青铜时代遗存,引发了学界的强烈关注。

墓主人的体貌特征,具有明显的白种人特点:肤色白皙、发色浅黄(也有黑色,个别甚至为红色)、体表多毛、眉骨高、睫毛长,呈现十分显著的深目高鼻形象。高鼻是显著特点[①]。体质人类学家通过测量、分析遗骨(主要为头骨)特征,以相当数量的测量资料为支撑,判定他们具有主要生存、活动在欧洲北部的"古典欧洲人"形貌特征[②]。不论是墓葬主人,还是与墓葬主人共见的物质、精神文化,都是原先孔雀河地区考古遗存中未见过的新元素、新现象、新存在。这启示我们,它不是孔雀河绿洲细石器遗址中自然生长出来的新文化,而更可能是从邻近地区新徙入的一支人群之文化。

去今 4000 年前的亚欧大陆,地旷人稀。没有特别的人力难以抗御的因素,是不会形成长距离人群流徙这一社会运动的。面对孔雀河绿洲新呈现的人群与极具特色的考古文化,摆在考古工作者面前最迫切、最现实的问题是:他们来自何方? 又是什么力量驱使他们步入了这片虽美好却被沙漠环抱的绿洲之中?

本文十分肯定地判定:这批青铜时代孔雀河居民,主要来自高加索地区。作出这一判定,除一般的白种人体貌特征外,还要求有更具体、更直接、更具说服力的考古资料作支撑。

觅求相关遗存主人的来踪去影,在没有文献可征的古远时期,深入认识凝结了其思想文化观念的物质遗存,并在更广阔的空间寻觅相类遗迹,不失为可行的思路。

古墓沟墓地中,少数男性墓地地表有七圈圆形列木围垣,四向有列木构成的射线,整体视野若太阳状图形。小河墓地中,重要墓葬端头有高 5 米左右、外表涂红的直立木柱,其上或悬牛头等祭品,似为"通天柱",古代中国文献称之为"建木";女性墓前竖立象征了男性生殖器的木柱,柱体外表涂红;男性墓前立形若桨状、表面涂黑的象征女性生殖器的木桩;蛇为崇拜物,除蛇形木雕外,木雕男性生殖器中含蛇头,重要男性墓中,随葬七条蛇躯(部分为蜕壳后收集的完整蛇皮);"七",在这一群体思想观念中,是具有神秘意味的数字,普遍存在(如见于斗篷上的七道红色彩条、木梳梳齿为七根、小皮袋缝合处剪出七片锯齿作为装饰[③],等等);牛与蛇、"七"数同样具有神性,重要人物逝后,以绘红、黑条彩,用红色毛绳捆绑麻黄枝条的牛颅骨随葬;"麻黄"被视为不可或缺的神物,逝者人人随葬麻黄枝;随葬的木雕人偶,都不显示面部特征;木雕人面形灵符,均见高耸、尖挺的大鼻,等等。

带着这些典型文物赋予的强烈印象,放开视野,广为求索,在俄藏高加索地区出土的青铜时代遗物中,有类同之文化现象。

---

① 小河墓地发掘资料,电视媒体曾大量报道,白种人形体特征,十分明显。

② 韩康信《新疆孔雀河古墓沟墓地人骨研究》,《考古学报》1986 年第 3 期,361—384 页、图版拾柒—贰拾。

③ 王炳华《说"七"——求索青铜时代孔雀河绿洲居民的精神世界》,《西域历史语言研究集刊》第五辑,北京:科学出版社,2012 年,15—32 页。已收入本集。

实证之一见于俄罗斯历史博物馆。在其陈列文物中,有一组早期木质文物。其中有象征女阴的桨形木雕、象征男根的柱形立木、鼻梁既高且大的人面形木雕、不具体刻画面部特征的人偶雕像(见图 1),与小河墓地出土文物类同。文物的说明文字称,文物出土于北高加索地区;文物的相对年代为考古文化中的"青铜时代",绝对年代为"公元前 3000—前 2000 年"[①]。图片中有限文物,显然不会是相关遗址出土文物的全部,但它们出土在"青铜时代"遗址之中,绝对年代在公元前 3000—前 2000 年间。这些,又都与孔雀河青铜时代尤其是小河墓地相关出土物的考古文化年代、绝对年代、文物造型相同,这就不是偶然的、一般的文化影响可以解释的。它们最大可能是具有相同文化观念,原始宗教信仰、活动时代也基本相同的一组人群,保留在不同地点的考古遗存。

图 1 俄罗斯历史博物馆文物(摄影:王建新)

俄罗斯属下高加索地区与新疆罗布淖尔荒原北缘的孔雀河绿洲,彼此相距 3000 公里以上,考古文化却具有如此近同的特点,是一个必须深究的文化现象。说它们是同一考古文化遗存,难以成立。很难想象,同一考古文化遗存,会分布在如此广大的地理空间之中。如果这一判定无法成立,则只有另一种可能:出于人们难以抗御的原因,去今 4000 年前后,在高加索山地与罗布淖尔孔雀河绿洲之间,曾经发生过一次相当规模的人群迁徙运动。换一句话说,距今 4000 年前后,曾经有过一支人群自高加索山地向中亚东部孔雀河

---

① 相关资料、图片得自王建新教授的介绍,对此深表谢意。笔者至今尚未得机会亲履俄罗斯历史博物馆,也还未实现至高加索亲履相关遗址的愿望。

绿洲迁徙的历史。这实在是一个既未见于任何古代文献、传说记录,也未见于其他文化遗存的现象,却是一种非常值得深入一步探索的考古存在。认识这一史实,将有可能为我们揭示古代欧亚大陆上曾经发生过的一次重大地理、人群、文化迁徙的运动;探索这一文化现象,考古学者付出怎样的努力,都不为过!

可助认识深化的又一支撑,是来自文化人类学的研究。小河墓地出土文物中,在古尸胸前,每每可以见到造型特异、保存相当完好的木雕人面像(见图2)。人面雕像上高大前挺的鼻子,个性极其鲜明。为显示其传神的灵性,也有木雕像在眼眶内配上了白色的骨珠。凝神静观,似乎可以感受到这高鼻人在与你对视,审察着你的内心。分析大量存在的人面形雕刻后可知,这类刻像往往是希望驱凶辟邪、护佑逝者幸福安全的灵符。其造型,创造者是不会脱离现实生活中人物形象原型的。因此,说这些木雕人面映照、表现着当年孔雀河水系居民面型的主要特征,大概是不错的。如是,高加索山地与小河流域青铜时代居民都有特显的高鼻,又从艺术造型角度表明了他们的共同性,从中也可捕捉到他们从高加索山地远徙到孔雀河水系的又一个文化信息。

图 2　高鼻人面木雕像(转自新疆文物考古研究所小河墓地发掘简报)

关于高加索山地居民形体特征,有太多的人类学、民俗学资料,共同点都是说:这片地区的居民肤色浅,发直或卷,主要为褐色,也见黑色甚至红色,面部特征是颧骨低、颚骨平、眼窝深、鼻梁高大而窄,嘴唇较薄。文化人类学家陈建文博士在反复揣摩小河出土之人面形木雕像后,曾穷搜广求,获得了地区范围广、时间跨度大、数量丰富的人面形木雕文物,进行比较、研究,著成《汉代长鼻胡人图像初探》一文。他吸收了体质人类学家们的认识:特别高大的鼻梁,是高加索地区居民最鲜明的形貌特征。明确地说:"高鼻,应算是高加索种有别于其他大人种的一种明显性状。"①如果将这一显著的面形特征与保存完好的小河墓地出土干尸、高鼻人面雕像进行对比分析，可以相当肯定地说，青铜时代孔雀河绿洲居民，与高加索山地居民的形象，是十分接近的。

艺术服务于社会需要，这一艺术史现象，可以帮助分析：在当年高加索种人群的自我认知中，毫无疑问，是把自身特有的"高鼻"作为区别异己的一个重要特点，也通过艺术手段去宣示，以求增进自身认同，借以获取与非高鼻人群体区别甚至抗衡的力量。这一形式逻辑推论，自然也能从另一角度佐证，当年进入孔雀河绿洲中的这一群迁入者，确实具有高加索地区居民的形貌特色。

本文判定青铜时代新徙入孔雀河绿洲的居民，最大可能是来自南欧与西、南、中亚大陆联系的高加索陆桥地区，主要依据考古文化特色、居民形貌特征，这是目前已获的具有相当说服力的证据。笔者将循着相关线索前行，希望在进一步的亲身探查中，可以获得更多具有更强说服力的资料，奉呈在关心此问题的同道面前。

二、高加索——欧亚文明交通的径道

近数十年新疆考古工作者才准确认识的孔雀河谷绿洲的青铜时代文明，使人们不能不将关注的目光投向遥远的高加索山地之中。

高加索地区，在欧亚经济、文化交流的进程中，承担过十分重要的使命，发挥过不可低估的作用。而它与古代新疆文明发展，也曾有过不容轻忽的关联，却是新疆考古、历史研究领域既往认识不足、关注也比较欠缺的一环。直到新疆考古人打开孔雀河青铜时代的历史视窗后，才在这一历史篇页中投注了一线光明。

地理环境不能决定人类历史发展的进程，但可以在人类历史进程的特定时段，发挥相当重大甚至决定性的影响。

本文中的"高加索地区"概念，是指黑海以东、里海以西，连通了俄罗斯西南部与格鲁吉亚、阿塞拜疆、亚美尼亚的狭长山地；换一个概念，可以说它是连通南部欧洲与西、南、中部亚洲的重要走廊。东西两边为海，海水浩渺无涯。欧洲南部与亚洲西部大陆间，古代居民南下北上，在不能驾驭海洋交通工具之前，这一位于南欧与中、西、南亚之间往来的陆上桥梁，自然很早就成了古代人群不能不特别倚重的交通径道。加之宽不过 400 多千米、绵延纵长达 1200 千米的廊形地带内，山峦起伏、丘壑纵横，地理形势特别复杂。欧亚大陆上的不同种族、众多民族，长时期通过这一陆桥来去、居停、接触、混融，自然就导致这 40 多万平方千米的高加索大地上，种族复杂、民族众多、语言殊异、文化有别，可谓是异彩纷呈的大地。

从人文角度观察，这片地区，历史上曾有大小民族 50 多个。小的民族居民可以少到

---

① 陈建文《汉代长鼻胡人图像初探》，《欧亚学刊》第九辑，北京：中华书局，2009 年，239—265 页。

仅仅数百人；较大的民族，人口可达数百万。民族殊异，语言自然不同，塑造了高加索地区醒目的政治、文化特征。阿拉伯语言学家曾经形象地说：高加索山地也可以说是"语言之山"。从大的方面说，在这里，既可见古高加索语系、印欧语系，也可见到突厥语系、闪米特语系。可能一座高山上，就生活着一个拥有自己语言、宗教、传统文化的古老部族。纷歧复杂程度，是其他地区难以相比的。古罗马作家普林尼在其《博物志》中说，古罗马人在高加索地区经商，得通过80多名翻译人员，才能满足商品交易的需要。这自然只是作家的描写，但这片地区内政治文化复杂、民族殊异、语言不同，从这一记录中，可获鲜明的印象。

不同的民族，居地有别。古印欧人曾主要居住在高加索山地的中部，如东伊朗语支的游牧民族，古希腊文献中称谓的"西徐亚人"（即斯基泰人，《史记》中曾称为"塞人"）、苏美尔人、阿兰人等。他们与古代西域（包括新疆地区）曾有关联。

因不同的自然条件，这一地区经济生活各具特色，农业、畜牧业并盛，种植小麦、黍、稷，饲养牛、羊，特色动物之一就有在印度、新疆古代见过的牦牛。

地势复杂，交通不便；民族殊异、语言不同，传统文化、经济生活有别；宗教信仰自然也就不同：原始宗教、东正教、基督教、伊斯兰教，至今仍然都存在。这也是这片地区比较醒目的又一文化特色。

在这片美好而险峻的土地上成长起来的人民，剽悍、骁勇、能征善战，多有敢于为生存、发展一搏高低的勇士；不是面临绝对无力抗御的巨大灾难，是不可能舍弃美好家园而走向前途难料之茫茫远方的。

从高加索山地到罗布淖尔荒原北部的孔雀河流域，空间距离3000公里以上。没有十分充分的理由，说在去今4000多年前，曾有一支高加索山地居民远徙到了罗布淖尔，是难以令人信服的。构架这一推论的理由，主要有两点：

第一是上文指出的，孔雀河青铜时代遗存主人，明显具有高加索地区居民特具的形体特征，加之典型而相同的文物。这是必须面对、无法回避的事实。

第二是古气候研究学者已经取得的一项重要成果。在去今4000年前，欧亚大陆曾经历一次气候灾变。生存的需要，曾引发过一次大范围、大规模的人口大迁徙，改变过西亚、南亚历史发展的进程。

在瑞士联邦技术研究院湖沼地质实验室从事古气候研究的学者许靖华，曾注意到太阳活动的周期性变化会引发地球温度变化，改变地区降水形式，明确提出："公元前2000年左右的全球变冷，给北部欧洲带来了寒冷湿润的夏天。""因为气候过分寒冷、潮湿，养牛所需冬季干草供应不足，所以德国北部和斯堪的纳维亚的印欧人不得不迁移，他们带着陶器和战斧，到达俄罗斯南部，从那里又去东南欧安纳托利亚半岛、波斯、印度，甚至到中国的西北部。"[1]

这一去今4000年前因气候灾变而导致的欧亚人口迁徙路线，和我们今天发现的、去

———

① 许靖华《太阳·气候·饥荒与民族大迁徙》，《中国科学》（D辑）20卷4期，1998年，366—384页。

今 4000 年前突然出现在新疆东部罗布淖尔荒原北部孔雀河绿洲青铜时代人类遗存,可以彼此呼应。这一古气候研究与考古文化研究紧密契合、可以互相印证的情形,是不能不令人关注的。

许靖华提出的因为气候灾变,北欧地区居民徙入土耳其安纳托利亚、波斯、印度以至中国西北部的构想,是一个重要的观点。实际迁徙之细节,自然是远远较此复杂的。但通过这一时段内相关考古遗存佐证,从高加索山地青铜时代已获遗物与孔雀河水系小河墓地出土文物高度一致分析,不仅可以推想这一曾经发生的民族大迁徙的事实,甚至可以把握其迁徙的大概路线。

当去今 4000 年前冰期降临,面对北欧大地涌来的一批又一批南徙人群,高加索山地的土著居民十分自然、合理的选择,会是同样循地势向南行进,觅求南方稍温暖、更适宜生存的空间。在当年地球居民还相对稀少的情形下,这一迁徙是比较自然的。

缘高加索山地南行,既可以步入安纳托利亚,更南入伊朗高原,稍偏东进入印度半岛,或东向中亚两河流域,进入天山峡谷。这些都是南徙者可以行进的方向。在认识孔雀河青铜时代居民的精神文化生活时,我们曾注意到:孔雀河青铜时代居民的精神文化观念,与印度、伊朗高原古代先民多有相通、相同之处[①]。这可以帮助我们推想,具有大致相同文化观念南徙的高加索人群,南出高加索山地后,分散走向了不同的前方。进入中亚两河流域的一支,东行进入天山峡谷,又是十分自然的选择。这是需要细致剖析、说明的又一个问题,下文当详予解析。

从寒流侵迫的高加索山区,长途跋涉到了罗布淖尔荒原,即当年人烟稀少的孔雀河绿洲,无异步入了一处没有异己力量侵逼,可农、可牧、可渔、可猎的人间天堂,高加索山地的徙入者,完成这一远徙,算是觅得了理想的、适宜生存、活动的空间。

三、从高加索走向孔雀河

从高加索山地走向孔雀河谷,路漫漫有 3000 多公里之遥。南行,只是第一步。离开高加索山地南入亚洲平原后,可选择的行进方向就多了,最近的地方是安纳托利亚;也可西南走向伊朗高原;南稍偏东,可以进入印度半岛;越南行,越可以多感受到一点温煦的阳光。偏东向行,进入中亚两河流域,进而步入西天山。这时,只要顺山谷东走,孔雀河谷就是接近理想的居停处了。

古代族群迁徙,步、骑相继,受自然地理制约,沿途的路、水草、粮食,都是必须关注的问题。完成从高加索到孔雀河远徙,须经历三段不同的行程,但并不存在难以逾越的天然阻障。相反,顺乎自然地理形势,似还是并不困难的征程。

---

① 王炳华《孔雀河青铜时代考古文化》,王炳华主编《孔雀河青铜时代与吐火罗假想》,北京:科学出版社,2017 年,3—93 页。

　　第一段，离开高加索山地后，大的行进方向，当与土库曼斯坦、乌兹别克斯坦、吉尔吉斯斯坦关联。土库曼斯坦，是一片地势比较低洼、十分干旱的内陆地区。绵延、广阔的卡拉库姆沙漠，难以穿越。避开这片不毛之地，在沙漠周缘，循科佩特山麓东走；更理想的是觅见阿姆河支流或穆尔加布河水系所及处，择路东行。在这片地区没有找到与孔雀河谷相类的青铜时代遗存前，具体路线还只能是猜想。但大沙漠周边，有这些可以供游牧人得到水、草补给的地带，人们东向行进，是不存在大困难的。

　　离开土库曼斯坦，可步入乌兹别克斯坦。在中亚内陆，这里是比较适宜人类生存的地理空间。阿姆河、锡尔河、泽拉夫善河，流灌这片土地，是中亚地区南下、北上、东走、西行的冲要地带。古代，不同种族、众多民族都曾在这片土地上居停。布哈拉、撒马尔罕、费尔干纳、塔什干、奥什等，古代丝绸之路上声名远扬的诸多绿洲，表明了这片土地独具的自然地理优势。远徙中的高加索人，在这片土地上行进，不难得到水草、粮食的补给。但这片土地开发早，后来者是少有可能觅得一片少人烟、能居停的理想空间的。继续前行，便是吉尔吉斯斯坦。

　　进入吉尔吉斯斯坦，东北为西部天山、西南为帕米尔—阿赖山耸峙。其间峡谷、冰川、高山草场、山麓平原展布。虽南北高山阻隔，但循东西方向展开的西部天山峡谷，是人们继续行进的合适方向。

　　第二段，循西天山峡谷东行。这段路东段在新疆境内，我曾断续走过、工作过，有相当真切的体验，在游牧人眼中，确可算得上为东西行进的理想道途。在吉尔吉斯斯坦，入塔拉斯河谷、楚河谷地，步入伊塞克湖盆地，沿线水草丰沛，东行没有困难。

　　自伊塞克湖盆地继续东行，可以很方便地进入新疆西部的特克斯河流域。《汉书·西域传》称它"地莽平，多雨，寒，山多松橔"，为适宜游牧民族生存、发展的地理舞台。

　　司马迁、班固记录在册，古代西域舞台上重要的角色如"塞人"（希腊文献的斯基泰人、波斯文献中的萨迦人）、乌孙、大月氏等，都曾视此为乐土。离开特克斯河谷继续前行，入伊犁河上游巩乃斯河水系，同样又是一片水草丰美的高山草场。公元前10世纪前期迄至两汉时段的古代游牧人遗存清晰表明，这片谷地向为古代游牧民的活动处所。再东行，就是今天人们津津乐道的那拉提草原。面积近2000平方千米的那拉提，坐落在天山支系那拉提山北坡，基底是第三纪古洪积层，在这一基底上发育的中山带草原，禾草、杂草丛生。禾草植株高可达80厘米，是马儿的最爱。山上松林茂密，低地泉水淙淙，年均气温总在20℃上下。哪里还有如此美好的高山夏牧场！

　　由那拉提东行，进入了又一片草原世界：小玉尔都斯、巴音布鲁克、大玉尔都斯盆地，面积可达20000平方千米。孔雀河上游的开都河，流贯在这片草原上。开都河顺地势流淌，河水汇集，成就了天山中的明珠——博斯腾湖，湖面达950平方千米。博斯腾湖西侧，有一处天然缺口，使湖水不断流泻，直入库尔勒、尉犁，最后泻入新疆东部最低洼处，成为古代史上记载颇多、烟波浩渺的罗布淖尔湖的主源。从博斯腾湖到罗布淖尔，全程长达785千米，这就是景色优美、水色青碧的孔雀河。

第三段，出天山峡谷，由博斯腾湖进入孔雀河谷绿洲。

开都河—博斯腾湖—孔雀河，如此一个水文地理构架，造就孔雀河完全不同于塔里木盆地周缘多有所见的季节性内陆河的另一番特性：它是内陆河，但因源在博斯腾湖，四季碧水长流，全年径流量可达 12 亿立方米，绝无季节性断水的困扰；它是内陆河，最上源头在开都河，吸纳冰川融水，但河水中泥沙少、水色清、流势缓，河谷两岸绿洲更盛大，胡杨更茂密，红柳、罗布麻，密如墙篱的芦苇林，一眼望不到边。各类植物、动物，都可以在这里生长、繁衍，是名副其实的满溢生机的绿洲。在 20 世纪 50 年代前，人们仍可以在孔雀河上泛舟，从尉犁直下罗布淖尔湖。斯文·赫定曾经报道，20 世纪 30 年代前，他见孔雀河畔芦苇十分粗壮，茎秆宛若婴儿小手腕。远离高加索山区东走的远徙者，在经年累月的长途跋涉后，走过中亚大地，穿过天山峡谷，自然、顺势走进虽已在、人数却不多，也不是自己对手的土著居民活动的孔雀河谷后，不在这片地区安身、生产、繁衍、发展，是难以想象的。他们会立即在孔雀河谷扎下脚，经营自己新的家园。

这里说，新来的高加索人种，在入徙孔雀河绿洲过程中，并不完全平静，他们和原来的土著居民，也曾经发生过一定的冲突。最显著的例证是，在古墓沟墓地一具青年男子的腹腔内，发现过一件镞入骶骨、使其丧命的细石镞[①]，这清楚说明，在他们进入孔雀河谷的过程中，曾经遭遇过与异己力量的冲突。

还有值得一提的文化现象。在孔雀河已见青铜时代墓地中，无一例外，死者的头都朝着东方；少部分男子胸前有木雕人面形护符；地表有七圈列木围成的圆圈，圆圈外是四向散射列木形成的直线，架构成了太阳图形。1979 年发掘的古墓沟、20 世纪初斯坦因发掘的 LS 墓地，都见有这样的图像。这少部分葬穴覆沙上层，曾烈火烘烧，沙土变红，红沙土中杂有少量人骨碎片等。这是墓地中只有少部分男性专享的待遇。这些现象，有无可能是表明一种刻骨铭心的历史记忆：这些身躯高大的男子，是远徙人群中的探路者，他们勇敢、剽悍，配备最好的武器。在他们身后，才是妇女、小孩以及有限的财物。他们始终朝着东方行进，追寻太阳升起的方向。艰难的行程中，尤其是先行勇士的征途中，和煦温暖、位于东方的太阳，曾经给他们以昭示：东方，才有更加美好、远离严寒的世界；少部分埋葬在上述太阳形墓葬中的男性勇士，是开路的先锋，也是战胜异己的英雄，应当享有特别的尊崇。

高加索山区居民这一远徙孔雀河的路线，目前还没有觅见相关考古遗存以为佐证。但相关道途可通，旁证还是不少的。

西汉通西域、设置西域都护府后，《汉书·西域传》就记录，曾有"都护吏"远至"康居西北可二千里"、"临大泽、无崖"的"奄蔡"，就透露了相关的信息。

清代，新疆地区穆斯林遵循传统，远去麦加朝觐，有多条陆上通路。其中最主要一条，就是"骑行"，经乌兹别克斯坦之"奥什"、费尔干纳、撒马尔罕，费时约 25 天。再换火车，至

---

① 王炳华《古墓沟》，图版 104，线图 3，129 页。

里海边,转轮船,至巴库,再换船过黑海,入土耳其,至麦加[①]。

从喀什西走,骑行 25 天可以到撒马尔罕,说明骑行至里海边,并没有太大的困难。清代以马代步,交通实情,与古代以驼、马代步并没有大差别。在天山峡谷中走,明代陈诚西使,到伊朗高原赫拉特,一路行进,并无大困难。其中一段,从吐鲁番阿拉沟山口,进天山峡谷,骑行用了 74 天,中途休息 38 天,每天骑行 25 公里左右。最终抵达了撒马尔罕,沿途均有水草[②]。这表明穿过天山峡谷进入中亚撒马尔罕,是可以顺利行进的。

四、古史新读说"奄蔡"

说孔雀河青铜时代新徙入的居民,其祖居地与高加索相关,除前述考古文物资料外,还有其他旁证。2015 年《国家地理杂志》报道的新奥塞梯—阿兰共和国境内发掘的一处墓地中,出土了多种来源的丝绸,"粟特丝织物占 38.1%;中国丝绸占 23%;波斯占 0.7%;拜占庭占 4.5%;本地占 26.1%"[③]。报道中未介绍具体分析情况,也没有刊布相关图片,尤其是没有说明织物时代。既让人充满遐想,又无法进一步具体认识。但即便如此,还是提供了不少可以捕捉的历史消息:可能在拜占庭时期(公元 395 年以后),中国丝绸不仅在北高加索地区被发现,而且所占比例不低,约当四分之一;在这一时段,阿兰共和国出土丝织物中,不仅有来自中国的丝绸织物,而且与来自拜占庭、波斯、中亚两河流域(粟特地区)的丝绸织品共存。地处北高加索地区的阿兰共和国,因社会需要,丝绸纺织也有相当大的规模。可以说明:

1. 在北高加索,当年丝绸业已绝不是初生状态。阿兰自产织物,占全部丝织物的26.1%。源自古代中国的育蚕、缫丝、丝织工艺,进入北高加索地区肯定已有相当一段时间的历史了。可见古代中国,与北高加索地区确有经济、交通联系。这一联系,在公元4 世纪以前已经存在。

2. 相关现象,结合其他资料,可以启发思考:过高加索,经过北奥塞梯—阿兰共和国,确曾是古代中国及中亚两河流域、波斯、土耳其进入欧洲的又一条交通径道。

3. 在拜占庭王朝时段,古代中国、粟特、波斯、土耳其都曾有丝绸织物进入"阿兰",在相关王国的古代文献尤其是向来重视历史记录的汉文古籍中,就很可能留下一点痕迹。

---

① (清)徐崇立《喀什噶尔至墨克道里记》,载作者编《西域舆地三种汇刻》,上海:上海古籍书店,1958 年。

② (明)陈诚《西域行程记》,王继光校注《陈诚西域资料校注》,乌鲁木齐:新疆人民出版社,2012 年,157—172 页。

③ 单之蔷《对丝绸之路的五个误解》,《国家地理杂志》2016 年第 1 期,14—25 页。

据此种种,应该可以换一个思路思考古代汉文史籍中一直说得十分模糊的"奄蔡"①。"奄蔡",自《史记》始,至《北史》,陆续均见著录;但古代注家,一般都认定它是撒马尔罕西北、咸海、里海地区古代游牧民族政权,与高加索地区无涉。仔细分析,似可进一步斟酌,存在可以商榷的空间。

"奄蔡",第一次进入中国知识精英的视野,是在去今2200年前的《史记·大宛列传》中。《大宛列传》记张骞通西域,说"骞身所至者大宛、大月氏、大夏、康居,而传闻其旁大国五六"。同传中,在继后的各路"副使"四向考察中,有人到过"奄蔡",只是未见相关"奄蔡"的具体介绍。

《史记》记张骞入中亚的路线是得之于张骞的亲身经历。张骞"被囚多年",利用环境稍宽松的时机,从囚地逃出后,"西走数十日至大宛……(大宛)为发导绎,抵康居"。又说"奄蔡""在康居西北可二千里,行国,与康居大同俗。控弦者十余万。临大泽,无崖,盖乃北海云"。对"奄蔡",可以获知的信息是:在康居西北,距2000里,临大泽,水势浩渺无涯。这一信息是得自传闻、比较模糊、难以具体敲定确实位置的。

《汉书·西域传》中,对"奄蔡"之记述,与《史记》类同。西汉时段,汉王朝与康居西北的"奄蔡",《西域传》记录没有实质性的进展。但在同书《张骞李广利传》中,记叙"汉始筑

---

① 涉及汉文古籍中有关高加索地区的历史文化记录,不能不提"奄蔡"。"奄蔡",初见于《史记·大宛列传》,称其地理位置"在康居西北可二千里,行国,与康居大同俗。控弦者十余万。临大泽,无崖,盖乃北海云"。又说"安息……其西则条枝,北有奄蔡、黎轩"(《史记》卷一二三)。

《汉书·西域传》总述中说:"自车师前王廷随北山,波河西行至疏勒,为北道。北道西逾葱岭则出大宛、康居、奄蔡焉。"具体到"奄蔡",则附及于"康居"之后,说康居"汉为其新通,重致远人,终羁縻而未绝。其康居西北可二千里,有奄蔡国。控弦者十余万人,与康居同俗。临大泽,无崖,盖北海云"。并没有较《史记》所叙有更多的信息(《汉书》卷九六)。

《汉书·张骞李广利传》有云:"汉始筑令居以西,初置酒泉郡,以通西北国。因益发使抵安息、奄蔡、犛轩、条支、身毒国。而天子好宛马,使者相望于道。一辈大者数百,少者百余人,所赍操,大放博望侯时。其后益习而衰少焉。汉率一岁中使者多者十余,少者五六辈,远者八九岁,近者数岁而反。"提到汉使者足迹及于"奄蔡"(《汉书》卷六一)。

《后汉书·西域传》对"奄蔡"记录稍有增益,称"奄蔡国,改名阿兰聊国,居地城,属康居。土气温和,多桢松、白草。民俗衣服与康居同",对"奄蔡"政治变易、地理气候,有了较多了解(《后汉书》卷八八)。

《魏略·西戎传》(已佚):"北乌伊别国在康居北……又有奄蔡国,一名阿兰,皆与康居同俗。西与大秦、东南与康居接。其国多名貂,畜牧逐水草,临大泽,故时羁属康居,今不属也。"(《三国志·魏书》卷三〇裴松之注引)

《北史·西域传》:"粟特国,在葱岭之西,古之奄蔡,一名温那沙,居于大泽,在康居西北,去代一万六千里。先是,匈奴杀其王而有其国,至王忽倪,已三世矣。其国商人先多诣凉土贩货,及魏克姑臧,悉见虏。文成初,粟特王遣使请赎之,诏听焉。自后无使朝献。周保定四年,其王遣使贡方物。"(《北史》卷九七)

《唐会要》:"胡城置奄蔡州。"(《唐会要》卷七三)

魏晋后迄至唐代记传,对"奄蔡"记录,渐趋具体,位置所在,可以大概比定在黑海、里海间的高加索山地。结合近年所见文物资料,当可信从。

令居以西,初置酒泉郡,以通西北国。因益发使抵安息、奄蔡、犛靬、条支、身毒国。而天子好宛马,使者相望于道。一辈大者数百,少者百余人,所赍操,大放博望侯时"。这些相望于道的使者,多是民间敢于冒险、进取而又有相当经济实力、希望开拓市场的商人。他们的足迹,不仅到了"奄蔡",甚至到达印度、西亚两河流域。

《后汉书》是颇受好评的良史,范晔吸收已见于世的民间相关后汉史著,最后成就为《后汉书》。对西域"奄蔡",《后汉书》中就留下了"改名阿兰聊国,居地城,属康居。土气温和,多桢松、白草。民俗衣服与康居同"的重要资料:一是"奄蔡"国内局势发生了重大改变。国名由"奄蔡"改易为"阿兰聊"(Alanni)(Alanni 中,"ni"为人名尾缀,实即"阿兰")。统治民族由"奄蔡"变为"阿兰"。这一变化,是与旁近的大国康居密切关联的。《后汉书》揭明,这时的"阿兰"臣属"康居"。二是"奄蔡",向称"行国",是以游牧为主的政治、经济实体,而此时没有了"行国"字样,而称为"居地城"。从现存文字分析,其政治中心所在,已有"城"。若是,则这时的"阿兰聊"国,应是变既往的游牧"行国"而为"居国",经济生活有了大的改变。三是古代"阿兰聊"与今天俄罗斯属下北奥塞梯—阿兰自治共和国,空间相近,国名相同,逻辑推论,应该存在历史文化的关联。如果这一联系思考不是完全无据,则历史上的"阿兰"、"奄蔡"就应坐落在高加索山地之中了。它的地理位置,与康居政治中心撒马尔罕比较,确也在康居之"西北",距离也是有"可二千里"之遥的。这是生活在公元 5 世纪且广泛吸收过当年民间编撰之史著的范晔,给我们留下的北高加索地区的一些重要细节。

4.《魏略》中涉及"奄蔡",说"奄蔡,一名阿兰"。对其地理位置称"西与大秦,东南与康居接","故时羁属康居,今不属也"。不少内容可以与范著《后汉书》相呼应,收存了更多一点细节。《魏略》说"奄蔡"(阿兰)"西与大秦,东南与康居接",比较清楚地标示了"奄蔡"的位置,应在高加索地区。因唯有"奄蔡"(阿兰)处身在高加索,才有可能西与"大秦"(东罗马帝国之中心,今土耳其君士坦丁堡),东南与康居接壤,如果"奄蔡"位置在康居西北的咸海周围,就不能与大秦发生地域关联了。

成书在唐的《北史》记"奄蔡"曰:"粟特国,在葱岭之西,古之奄蔡,一名温那沙,居于大泽,在康居西北,去一万六千里。先是,匈奴杀其王而有国,至王忽倪,已三世矣。"对"奄蔡"、粟特、匈奴的概念,是含混不清的。首先,"奄蔡"并不同于粟特;其次,从中亚两河流域至高加索,对这片地区有重大影响的北方游牧民族,也早已不再是匈奴,而是嚈哒、突厥、与西突厥有重大关联的可萨等,匈奴早已只是历史记忆了。

在大概爬梳过"正史"记录中"奄蔡"、高加索地区与古代中国相关联又十分简略的文字后,可以获得如下认识:

1. 在张骞凿通西域后,"奄蔡"开始进入汉代政治、文化精英们的视野,但未有政府间的联系;张骞以后,相望于道的古代中国商旅,虽有"使者"之名,但终归只是民间商旅,他们可能到过"奄蔡",但是,经历、见闻并没有在官方"正史"中留下具体印迹。

2.《后汉书》对"奄蔡"记录,增加了多条重要信息:一是"奄蔡"已被康居统治,政治舞台的主角为阿兰聊(阿兰);二是经济生活由"行国"转变为"居国",有了中心城市。这应与范晔在撰著《后汉书》时,曾广泛利用民间相关著录,而民间撰著又会收录民间"使者"西走中亚的知识、信息存在关联。

3. 《魏略》说"阿兰"(奄蔡)已脱离康居而独立,阿兰领地"西与大秦,东南与康居接",处在大秦(君士坦丁堡,土耳其)、康居之间。地域西接大秦,只有高加索地区可以相当。

4. 入唐以后,中亚两河流域、高加索地区、欧亚之间的游牧民族,政治生态大变,汉代的"奄蔡",已渐渐远离人们的记忆。

5. 将相关文献,结合已获历史文物,可以推定:古代中国新疆与亚欧分界处的高加索山地,肯定是存在人员迁徙、交通、经济联系的。只是相关联系主要发生在新疆与高加索山地之间,规模不大且多是民间的行为,因此,多未进入政府视野,也未进入"正史"之中。这种不同地区间零散、小规模的民间交往,总是会先于政府间的往来。"正史"中难见记录,但考古文物资料中,却可能见到相关遗存。古代中国与高加索地区曾有的联系,尤其是高加索地区与新疆地区的联系,文献中如是模糊,却又具体表现在了文物遗存(如阿兰地区所见丝织物)之中,可以支持上述推论。

这是今天我们可以认知的事实。由此引申,中国古代史籍中的"奄蔡",应该就在本文提及的"高加索地区"。高加索地区,不仅与古代新疆早有往来,通过新疆与中原王朝,也是早有联系,并见之于史著的。

说"奄蔡"、谈"阿兰",自然不能为4000年前曾有高加索山地一支居民进入孔雀河谷绿洲提供具体支撑。但它可以启示,从南欧步入亚洲的交通走廊——高加索,在古代不断展开过的居民流徙过程中,不仅在西亚、南亚、中亚两河流域产生过深远的历史影响,还曾经为人们由中亚两河流域东入天山,步入新疆大地,以及为古代中原王朝经由新疆进入高加索山地,步入奄蔡、阿兰,创造了有利的条件。这曾是一条沟通东亚与高加索、欧洲大地交通、经济、文化的古道,文献中少见涉及,考古遗存却不难触摸。关注这一历史存在,自觉努力,认真、不断工作,相信终可为恢复这一沟通东亚—欧洲交通古道的历史真面目而作出贡献。

五、高加索交通廊道启示

受惠于新疆考古成果,我们可以大概认识由欧洲(包括北欧)经由高加索山地进入中亚、新疆地区的一条交通路线。它最大的特点,是面对人力无法抗御的自然灾变,人类发挥潜能,顺应身边的自然地理形势,趋利避害,在没有预设明确目标的情况下,走出来的线路。但其历史贡献,也不可小视。

在认识亚欧古代居民交往与经济、文化联系的历史中,人们很早就关注到从地中海周围、美索不达米亚平原向东过伊朗高原,进入中亚两河流域、东亚黄河流域这类古文明中心之间的史实(不一定是直接完成的交通)。但对欧洲甚至北欧地区,经由高加索山地进入西亚、南亚、中亚两河流域,甚至葱岭以东、新疆罗布淖尔荒原北缘的孔雀河谷,曾存在过一条欧亚交通路线,迄今,历史、考古学界还是基本没有关注、欠缺认识。而这条路线,自公元前2000年开始,实际一直在承担欧亚大陆间交通的使命,发挥过经济、文化交流作用。它在欧亚大陆文明发展的历史进程中,有过不可轻估的影响。4000年前的古欧洲居民进入西、南、中亚,直到新疆东南部大地,曾改变过这广大地区内居民经济、精神文化生活的面貌。继后,在去今3000年前的雅利安人南行、公元前10世纪前期黑海北岸斯基泰人的南下、东走等一系列重大历史事件中,都与这条交通路线存在关联。它不是古老欧、亚、北非古文明中心间交往的大路,却也曾承担过欧亚古老民族间交往的使命。

全面认识古代亚、欧大陆居民迁徙、经济交流、精神文化发展的历史,这是不能轻忽而应予深入分析的课题。中国学者,尤其是关注欧亚文化发展史、关注新疆早期文明史研究的历史、考古界的学者,在这一研究领域中,是具有优势且也有可能作出重大贡献的。一个世纪以来,尤其是近数十年中,迅速发展的欧亚考古事业、新疆考古事业,快速发展的相关科技分析手段,对欧亚大陆早期文明进程有过诸多揭示,提出了不少人们应予关注的新的考古资料。我们应该肩承起这一历史研究的责任。

全新世时段(差不多一万年以来),在北纬40度线上下,从亚洲东部到南西伯利亚、乌拉尔山前后,甚至远及欧洲西部,曾经存在的草原游牧民族东来西往,留下的大量考古遗址、文物遗存,已被冠以"草原丝绸之路"的大名,为学界关注,就是一个显例。它与本文前面提出的从北欧南下进入高加索山地,走向西、南、中亚直至新疆的人群流徙线路,有近似的特点:自发、因势而动,不存在具体的、人力构建的路线,但同样承载了一般交通路线应承担的使命,在欧亚大陆古代先民的进步和发展中,作出过积极贡献。

一条交通路线的开拓、建设,一般看,会与特定政治、经济利益之追求密切关联。亚历山大之东征、张骞西使及继后不断的"副使"四向考察联络的事实,都是生动说明。这类重大政治、军事、经济性质的活动,背后有政府的支撑,举国关注,自然就有职业记录的人和比较清楚、准确的记录,于是史有明文,成为交通史财富;而早先民间的自发迁徙,当年大概都还没有文字,也没有意识到要保留下什么相关行动的记录,自然就是时过境迁、一点点逐渐淹没在了历史长河之中。在地域毗连的一个地质板块上,邻近甚至远途的居民集群间,因为难以尽说的种种原因,发生联系、交往,其实并不令人奇怪。甚至可以推想,没有早已存在的民间的与邻境、远地的交流,相关知识的传承,特定时段下展开的政府间的政治、军事、经济行为,与之相关的交通路线,大概也难如是方便。只不过早先民间的自发联系,多无文字、文献之记录。但在遗址、文物中,总会有物化了的痕迹,可以在一定程度上展现历史上发生过的"存在"。这类交通线依循自然形势前行,是更适宜于现代人吸收、继承的交通史财富,能收"古为今用"之功。现代的考古学中相当发展了的科技分析手段、测年水平,已大大提高了觅求、搜寻早先失落的历史遗痕的能力,从而捕捉到它们曾经的存在。从这一角度说,在认识人类历史、觅求可资汲取的经验、教训时,除文字出现后的文献记录外,确实不能忽视从考古遗址、遗物中搜求步入文明前的交通史。

步入文明前的古代居民相当规模的迁徙（如 4000 年前从高加索到孔雀河），显示了古代先民的组织能力和面对艰难险阻时的坚毅勇敢、聪明才智等，绝对也是值得发掘、认识、继承的精神财富。在生产力水平低下、群体规模也不大时，先民们面对环境压力、危险，曾迸发的无尽智慧，不能低估。

认真思考历史上涉及交通的大事件，任何一条交通路线的开拓、完成，其实，总是呼应着时代、社会需要的。而路线建设完成，也总能施惠于各方。不仅助益于交通沿线社会群体，改善居民群体的物质生活，也能助益精神文明的提高，推进人类文明的进步、发展。

以古远时期穿行高加索廊道这一史实为例，可以看到，任何一支流徙的人群，即使是亡命、求生之群体，在行进路程中，同样会随处有意无意地散落物质、精神文明的因子，甚至人的因子；也会随处、随时获取、吸纳异质文明的惠泽。这是一个自然发生、进展的过程。西亚两河流域最早培育成功的普通小麦，古代中国华北平原最早培育成功的粟、长江流域最早出现的水稻，大概就是这样走向了亚欧大陆各处，走向了世界，造福于人类发展事业的。

进入孔雀河绿洲的高加索人，在孔雀河谷获得了护佑，与原住民有了交融，得到了发展的空间。于是，新的群体出现，有了新内涵的精神文化创造，不仅在这片地区生长，也会一点点发扬，流布四方，成为人类文明进步、发展的新养分，是一个同样的道理。

比较完好保存在干旱的罗布淖尔荒原上的青铜时代遗存，还生动地启示我们：在亚欧、北非大陆这彼此连通的地理板块上，我们已大概掌握的有限认知，与曾经存在、一步步展开过的人类历史篇页相比较，实际是难成比例的。在这一地理空间，埋藏在干旱土层下，有可能被发现、开掘的考古遗存，肯定还是很多的。它会随科学进步、各种难以预料的偶发因素而不断呈现在今人面前。相关研究，也会不断臻于新境。自然，这只能是一个缓慢前行的过程。但无论如何，有一点，在今天就可以明确结论：在这一地域毗连的地球板块上，人类文明发展、进步，包括人类自身的发展、进步，的确一直是在彼此联系、接触、融合的过程中实现的。它的特征，最好的表述，就是"你中有我，我中有你，共同进步，不断前行"。

保存比较完好的孔雀河青铜时代遗存，可以当之无愧地说是认识早期亚欧文化交流历史的珍贵篇页！在这里，可以掘取、吸收的历史营养，是十分丰富的。随着研究者视野之开拓、知识素养之提高，会获得更多的历史文化启示，可助益人们在新的知识海洋中更好成长！

（原刊《西域研究》2017 年第 4 期，1—14 页）

从孔雀河走向昆仑山

——孔雀河青铜时代考古文化探讨之二

新疆罗布淖尔荒原北境孔雀河谷，青铜时代考古文化呈现的一个醒目事实，是曾经有一支源自欧洲的人群强力入徙，并且，很快成为这片地区的新主人①。这支从欧洲经由高加索地区徙入的"塞人"，在孔雀河地区居停、生存差不多有 500 年的时间（公元前 2000—前 1500 年），又离开孔雀河谷，进入塔里木河西行，更南行步入克里雅河谷，最后走向了昆仑山北麓。这一文化现象，提出了两个必须关注的问题：第一，孔雀河谷在干旱的新疆算是常年有水、林森草茂，比较适宜于古代先民生存、活动的一处地理空间，在去今 4000 年前后，高加索地区塞人能进入这片河谷绿洲，活动达 500 年之久，就是显著的说明；既如是，在这片地区活动这么久、新地已成为人们深深眷恋的故土后，为什么又要举族迁徙呢？第二，舍弃四季有水的孔雀河谷，步入克里雅河谷，究竟出演了又一页怎样的历史过程？这都值得我们深入思考。

一

青铜时代居住在孔雀河谷绿洲的"塞人"，从已见葬地分析，自孔雀河中游咸水泉至其尾闾三角洲，已见墓地不下 30 处②。近 30 年发掘的古墓沟、铁板河、小河墓地，是其中几

---

① 王炳华《古墓沟》，乌鲁木齐：新疆人民出版社，2014 年。王炳华《孔雀河青铜时代考古文化》，《孔雀河青铜时代与吐火罗假想》，北京：科学出版社，2017 年，3—93 页。新疆文物考古研究所《2002 年小河墓地考古调查与发掘报告》，《边疆考古研究》第 3 辑，北京：科学出版社，2004 年，338—398、401—411 页。新疆文物考古研究所《新疆罗布泊小河墓地 2003 年发掘简报》，《文物》2007 年第 10 期，4—42 页；伊弟利斯、李文瑛《解读楼兰史前文明之谜——新疆罗布泊小河墓地》，中国文物报社、中国考古学会编《中国年度十大考古新发现·2004 年卷》，北京：生活·读书·新知三联书店，2005 年，129—172 页。

② 王炳华《从高加索走向孔雀河——孔雀河青铜时代考古文化探讨之一》，《西域研究》2017 年第 4 期，1—14 页。

处重要的遗存点^①，媒体广泛宣传，可以说已广为人知。

观察这几处墓地，以及曾经在这些墓地周围苦苦搜寻而未有所获的居住遗址痕迹，留下最强烈、鲜明的印象是墓地附近环境，只能说是满目荒凉。近边虽然就是孔雀河谷，但见不到一棵胡杨、不见一丛红柳，也没有这类近水干旱区应有的芦苇、罗布麻、骆驼刺……目光所及，多是光裸一片的黄褐土。偶尔轻风吹过，会有微沙扑面。长时期的过度砍伐，生态环境破坏，所在地区，已经沦为一片没有了生命气息的荒漠。

这自然不能是青铜时代孔雀河谷居民曾经面对的环境。

虽然，当年孔雀河人居停时的环境，我们今天已难以具体感受。但笔者曾有两次考察，可以在一定程度上，帮助唤起对孔雀河谷地理环境的具体联想。

第一次，是 2000 年 12 月 6 日至 12 月 11 日，纯然是笔者个人的意愿，邀约了多位志同道合的友人，找寻在 1934 年贝格曼发掘过、报告过、激动过欧洲和中国学者感情，但又是中国考古学者一直未曾面对过的小河墓地。

当年选定的路线，是据斯文·赫定刊布的一份 1/200 万的地图，标定了小河墓地正北，既最接近小河墓地，又是越野车可以深入罗布淖尔荒漠最恰当的一处地点，作为我们进入小河的前哨营地。希望它是路程最短、费时最少、花费自然也最少的考察路线。

遵循如是设计，离开营地后，我们很快就步入了自然地理概念之中的"孔雀河谷"。目光所及，最初是红柳、芦苇、骆驼刺、罗布麻密密丛丛散布的半荒漠。粗大的胡杨，不少仍然鲜活。少数巨大胡杨树，已倾仆在地，最大者直径有 70—80 厘米，两人才可合抱。当年曾经孔雀河大水横流处，今天是光裸的、纯净的沉积黄土，不见一棵草。林间、草丛旁，偶尔可见厉风长期吹蚀后留在光裸大地上的小陶片、碎铁块。林木深处，我们曾偶遇一洼早已不见来水、不算太小的干水塘，四周干涸的地面，满布密密麻麻的动物蹄印。一只不知何时倒毙水塘边的黄羊，头、皮仍可看得清楚。在孔雀河水再没有可能流泻入这一水塘前，塘中有限积水，曾是动物群寻求生命之源的最后希望所在，也是在这里留下了它们最后苦苦挣扎的痕迹。

曾经有孔雀河水流淌的河谷，由北而南，穿行、跋涉约经过 1 天，才进入了没有树、草、偶见红柳沙包的荒漠、沙漠。驼、步相继，走过 3 天后，在罗布荒原不应有风的冬天，因为西伯利亚寒流，这时也刮起了西北风。黄沙扬起，行进艰难。坦然与同行友人合议，下一步怎么办？简单商量，全队同意：一、为减轻负担，卸下帐篷、被褥和一切暂时不需要的饮用水、摄影用的铝合金梯架等诸多用物，以求轻装。二、再坚持一天，如果仍是不见小河墓地影迹的荒漠，则撤回，另谋实现计划之途径。

如是，按原定方向行进，至第 5 天早晨，还真在我们处身的东南方向，从望远镜中觅见

---

① 2015—2020 年，中国科学院地质与地球物理研究所主持，集多个科研单位之力，组织了多学科的罗布淖尔科学考察，在楼兰故城（LA）北 30 公里地区，发现过与孔雀河青铜时代同时段或更早一点的居住遗址，半地穴式，有烧火遗迹。采集得草篓、彩陶片、牛角杯、木器、织物等，根据碳 14 测年，遗址年代最早可到公元前 2200 年。完整资料仍未全面刊布。

了小河墓地沙丘顶部的丛丛列木!

万幸! 这次穿越的路线设计,是基本准确的。孔雀河谷曾经存在过的盎然生意,失水后陷入死亡的进程,最后必然沦为荒漠的结局,也给我们留下了不多却永难忘怀的印象!

第二次,是 2002 年 4 月 2 日至 20 日间的一段考察体验。同样,可以助益对这片土地生态变化的思考。2002 年是中日恢复邦交 30 年。日本定这一年为"中国年",NHK 决定拍摄关于中国西域历史文化的纪录片。导演告诉我,为此他们曾在日本广征历史文化界学者的建议,坚请我为"学术顾问"。面对这一荣誉,自感这实际是一份不轻的责任。认真想,在一再拍摄楼兰、营盘、LE、古烽等历史景点后,继续拍古楼兰大地的历史遗痕,应该转换思路,觅求一处与已断流的孔雀河邻近、大环境相同,又还相对滞后、交通不便、民风古朴、不加人工组织、化妆的小村;录其环境、民居、生产、生活、老人记忆中的历史传说等,或可助益于现代人对古代楼兰大地文明的思考。如果孔雀河并没有断流,也未发生六七十年前的人为截流、改变水流的方向,则河谷两岸的环境,人们的居住、生产、生活状况,深一层与废墟联系思考,或许有可能在这些远离现代文明的荒僻小村中,觅得一点影迹。这当然只是可能。但无论如何,在 21 世纪帷幕初揭时,为这样一些处在古楼兰荒漠边缘、地理环境相同,又正面临政治、经济、文化生活巨变的小村,留下一页不加雕琢的影像,总还是有其文化价值的。

就在这样的思想驱动下,我们一行寻得并走向了尉犁县境的喀尔曲尕:一处溪流纵横、水泊处处,到处是胡杨、红柳的小绿洲。一个农、牧、猎、渔兼营,与周围的商品社会存在距离且还是以自然经济为主的小小村落。

2002 年的喀尔曲尕小村,说是比较偏僻,但同样已经有了一些现代生活的气息。比如,一条路面稍宽、可容汽车行进的乡村土路。目光可及处,是林立的胡杨、红柳、芦苇。全村约有 3000 人口,不算太少。人们傍水而建屋,居住分散。捕鱼、放羊、种少量棉花、小麦,不种蔬菜。吃鱼、沙枣、蒲草嫩根,猎捕灰兔。种植小麦的方法,是在季节相宜、大水浸过河滩后,就在河滩上撒播麦种,不用肥。麦子成熟后收割,能收多少是多少。打鱼,还使用着巨型胡杨树掏就的独木舟。与斯文·赫定 100 年前在孔雀河中乘坐下行到罗布淖尔湖的独木舟,并没有什么差异。摄制组拍摄了用独木舟捕鱼的镜头。领头捕鱼的几位老人,清晨下水前,十分虔诚地念念有词,先行祈祷:"祈求有鱼群入网。"但忙活一个多小时,却一条鱼也没有捕到。

住屋有两种形式,其一是取木材为构架,红柳、芦苇作墙,有烟道上通室外;其二是半地穴,架梁、构墙。这一建筑工艺、特点与罗布淖尔地区古遗址中所见建筑,几乎没有什么差异。

采访村中老人,据称已 90 岁以上的拜尔地、肉孜·热合曼,据他们说,记忆中的老家,有过阿不丹,后来迁到"阿切克",最后到了"喀尔曲尕",基本的原则是觅无人、有水的荒漠居住,逐水而行是根本。涉及他们的"自称",说:"我们是罗布人,不是维吾尔人。"村民来路有别,还彼此打趣,如互相说:"你是罗布人,我是维吾尔人。"在他们的记忆中,还听祖辈说过老虎、野骆驼、狼,但自己没有见过。"最可怕的是漫天黄沙,风起沙飞,昏天黑地。"他们深情感慨:"能有一个没有黄沙的地方,就好了。"夏天,收麦是生活中的大事,老人吟唱了一首民歌:"十分怀念你,我的亲人。不能去到你面前,因为麦子熟了,收麦不能误。"通过翻译,少了吟唱中的柔情,但对远方亲人的思念,却留在了我的笔记中。

在喀尔曲尕的采风,时光短暂。但丛丛胡杨、分散布列的简陋木屋、水上捕鱼的独木舟、他们不以为难的逐水而止的生活等,不仅朴素记录在了影带上,也让我难以忘却,不时还引发我对古代孔雀河谷居民生活状况的联想。

二

在古远的人类早期,地广人稀、社会人群间的矛盾不能说没有,但一般情况下,不会形成巨大的冲突,不会导致人群大规模的、远距离的移徙。与社会矛盾比较,更可能会是人力无法抗御的自然灾难,使人群迁居远方。

去今 4000 年前,因为全新世新冰期,气温降低、阴雨连绵,夏日牧草霉腐,不能保存,畜群严冬无草料,生活困难。一支欧洲居民被迫离开了故土,逐渐向低纬度、有更多温煦阳光照临处移徙。在向南亚、西亚行进的滔滔人流中,曾有一小支进入天山峡谷,远行到了四季水长流、草木茂盛、居民稀少的孔雀河谷,觅得了新的乐土。这是笔者在前引《从高加索到孔雀河——孔雀河青铜时代考古文化探讨之一》中作出的分析[1],可为自然灾变导致人群移徙提供例证。

孔雀河源自博斯腾湖。博斯腾湖深、水丰,只要博湖不枯竭,它就会有淡水长流,顺地势泻入孔雀河。在干旱的罗布淖尔荒漠北,会形成他处难以觅求的、适宜于人类生存的空间。但去今 3500 年前后,考古资料揭示,这批已在孔雀河谷生存、活动了差不多 500 年左右的居民,竟又一次全民移徙,走过塔里木河下游,转进克里雅河谷,在今天称为克里雅河"北方墓地"的沙漠深处,找到了一处新的落脚点[2]。考古资料同样具体说明,他们这一次远徙,真没有显示一点儿面对异己力量压迫,彼此矛盾、冲击的痕迹;而是又一次有秩序、有计划的迁徙。由此,一个逻辑上不能不提出的问题就是:这一次,又是什么难以抗衡的自然力量,导致他们不得不离开熟悉且热爱、有着祖先陵寝的故土,而走向远方呢?

在孔雀河谷生活了 500 年左右的小河居民,为什么又丢下这片故土,走向远方? 从 2000 年纵穿孔雀河谷时的感受、2002 年在喀尔曲尕的考察、调查,均得到不无价值的启示:人群生活、生存,一天都不能缺少的植物性燃料,是关键性因素。而植物性燃料的生长,是滞后于人口的自然增长的。积以年月,缺少必要植被,会形成不能避免的社会灾难。

---

① 王炳华《从高加索到孔雀河——孔雀河青铜时代考古文化探讨之一》,《西域研究》2017 年第 4 期,1—14 页。已收入本集。

② 张化杰《克里雅北方墓地文物过眼录》,王炳华主编《孔雀河青铜时代与吐火罗假想》,152—165 页。

即使这时孔雀河水仍然流淌,但近水的河滩已没有了可供采伐的粗大的胡杨,可供樵采、一天不能缺失的红柳丛;灰兔、黄羊、伶鼬等可供猎食的诸多小动物,随着植被消失,一天比一天走向了远方;黄沙,一天比一天多地在身边漫卷……沿水上行,再寻找一处更适宜于人们居停、生活的地理空间,这个并不复杂的想法,会日盛一日地在孔雀河居民的脑海中涌现。一天比一天强烈地浸透、占据孔雀河居民的心灵。想象中的有水、有树、有芦苇、有红柳丛、有更多可以满足自己日常需要的地理空间,总会比生活资源日见枯竭的环境要好。事物发展到这一步,"走向远方"这个决定就自然成熟了。

孔雀河上游、塔里木河下游,不少地段,是近乎邻接的。在地广人稀的青铜时代,孔雀河居民收拾起有限的食品、衣物,一步步进入塔里木河尾闾地带,既不困难,也有不少引人入胜之处。今天,这还只是一个形式逻辑的推论。但在塔里木河中游以上,在由塔里木河转入克里雅河的沙漠中,已经发现的克里雅河北方墓地遗址,的确已经有力证明:在孔雀河居民迁离孔雀河谷故土 200 年后,他们一步又一步逐水上行,进入克里雅河尾闾地带。青铜时代的克里雅河,水势盛大,年平均径流量可达 7.23 亿立方米。夏秋季节,河水可以纵穿塔克拉玛干沙漠,与北缘东西涌流的塔里木河相汇合。

2008 年被发现却很快被盗墓贼恶劣破坏的"北方墓地"(图 1),是近年新疆考古事业中令人扼腕、无法弥补的损失。据考古文物部门抢救后获取的有限信息分析,它与孔雀河支流小河墓地,有太多相同的考古文化特征,可以揭示它们无疑就是彼此一脉相承的同类考古文化遗存。现条列数端,以见其实:

图 1　北方墓地(摄影:买提卡斯木)

(1) 墓地,位于一相对高出的沙丘上,沙丘相对高度达 20 米。面积大于 1000 平方米①。墓葬也是层层相叠。初次调查时,据地表棺木,被盗掘、破坏约 50 座;还有 20 余座保存完好。沙丘地表,曾存木栅墙。

---

① 不同进入现场的文物管理部门工作人员,有不同的印象,有称 30 米宽、50 米长、面积达 1500 平方米;也有估计说,面积总有 40×70 平方米,面积近 3000 平方米。

（2）墓为单人葬。据男女性别,棺前同样分别有象征男根、女阴的木雕;部分墓葬前,除木雕外更立有高大木柱。

（3）木棺,厢板弧形,小块木板为盖,盖上覆牛皮,无底。

（4）入葬单人,仰身直肢,头东脚西。

（5）死者头戴尖顶毡帽,身裹毛线毯,腹下有腰衣,足着牛皮鞋、短腰靴。

（6）随葬物有草篓、麻黄、小麦粒、木人(不显面部特征,以红色彩线画×),女性腹下有腔体中空之男性生殖器木雕,内置蜥蜴、蛇头(图2)。

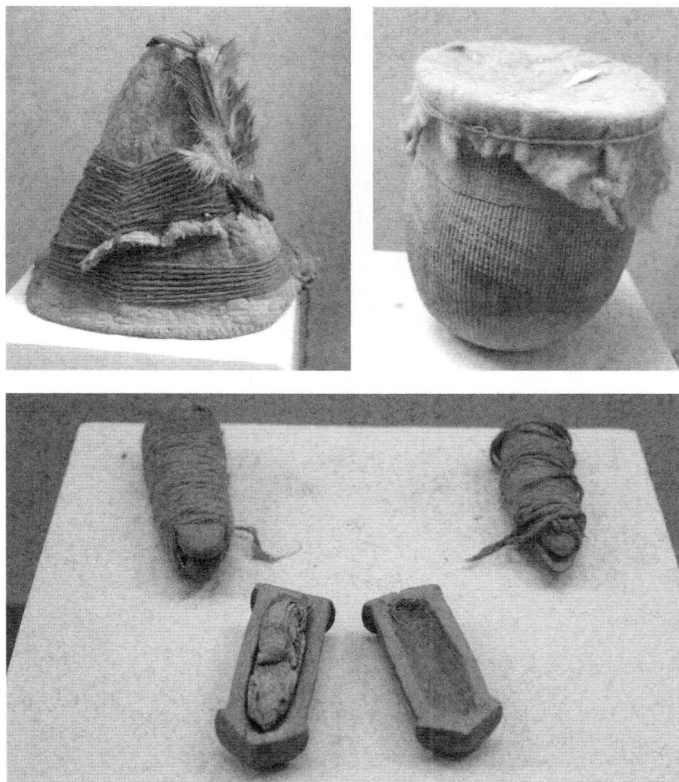

图2　塔里木大学藏北方墓地出土毡帽、草编篓、男性生殖器木雕(摄影:刘子凡)

（7）入葬人体多因干燥成为干尸,显白种人特点。头发主要显黄褐色(也有黑色)。胡须有显黄色、红色。部分经过修剪,作短髭状;头颈部多被盗墓者恶意扭断(图3)。

这些细节,都与小河遗迹显露之葬俗、随葬文物完全一致。不止一次进入北方墓地的伊弟利斯曾亲口告诉我,一次在与他同时进入的法国人类学家,看过现场的古尸后,激动地说:“他们的形象与小河墓地出土干尸,看去就像是兄弟。太像了!”没有专业体质人类学素养,只是认真观察其体貌特征的我们,看过孔雀河水系较早的墓地后,内心深处,也是同样的结论:这些古尸,他们真是同样一群族体,不必怀疑。

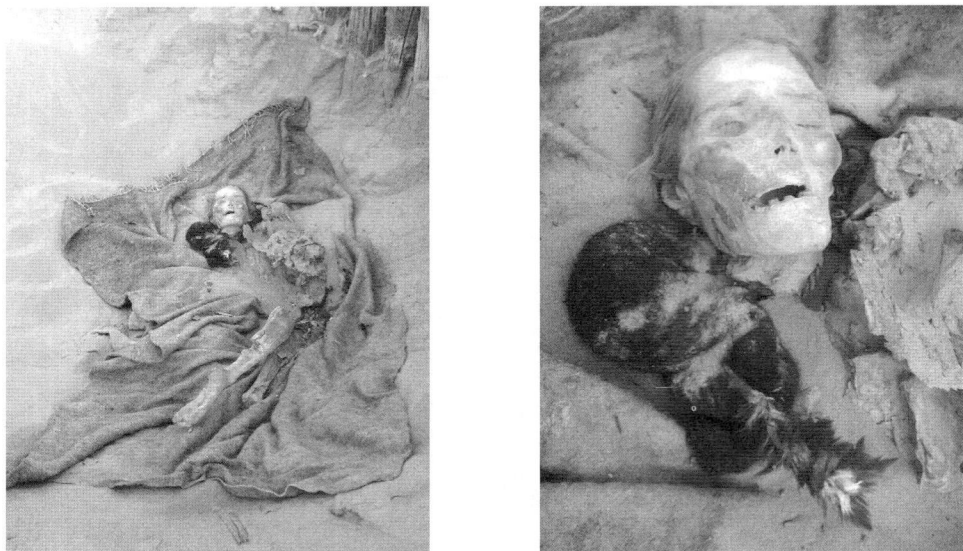

图 3　北方墓地出土古尸

　　北方墓地出土古尸、相关文物,目前主要收存在于阗县博物馆、和田地区博物馆、塔里木大学西域文化研究所之标本陈列室中。

　　对克里雅河北方墓地的年代,塔里木大学西域文化研究所曾选生长期短的草、禾、谷物籽种等,交英国北爱尔兰皇后大学年代测量中心实验室进行碳 14 测年,结论是:

小麦　　　　1879B. C—1622B. C,95%可能去今 3422±44 年;

麻黄枝　　　1950B. C—1693B. C,95%可能去今 3503±48 年;

豆类　　　　1744B. C—1533B. C,95%可能去今 3365±38 年;

毛绳　　　　1665B. C—1506B. C,95%可能去今 3306±29 年;

毛线毯　　　1677B. C—1521B. C,95%可能去今 3315±26 年;

毛织物　　　1607B. C—1437B. C,95%可能去今 3239±29 年;

毛线毯　　　1733B. C—1453B. C,95%可能去今 3302±56 年;

草篓枝条　　1746B. C—1536B. C,95%可能去今 3372±34 年[①]。

　　从上列测年结论来看,基本一致。可以大概判定,在去今 3300 年前后,在克里雅河尾闾地段,确实存在一支物质生产、日常生活、观念形态与孔雀河小河墓地居民相同的白种人居民。小河居民在去今 3500 年前,离开了孔雀河谷;经过 200 年左右,出现在克里雅河尾闾、与塔里木河邻近处。墓地出土干尸及相关文物,表明他们种族特征、物质生活、埋葬习俗、原始宗教信仰等相同,确是同一支人群。逻辑推论,他们与古代小河居民存在关联,

―――――――――

　　① 　相关测年结论,由北爱尔兰皇后大学马洛瑞教授(J. P. Mallory)提供。

是小河居民徙离孔雀河谷西行后的一支。北方墓地出土文物、人体标本,明确无误地证明了这一结论。他们本着游牧生活的传统,跟着河道、水流走,一步步前行,寻求适宜的水、林、草地,短暂居留一定时间,在环境无法满足人们生存的需求后,又继续迁徙向新址。大概经过 200 年时间,徙行了 600—700 公里,其中一支落脚在了克里雅河尾闾地段。他们珍视、营构的北方墓地,具体、清楚地显露了这一事实,揭示了这一活动轨迹。

当然,这一形式逻辑的推论,虽得到北方墓地有力的支撑,要形成完整的证据链,还应该取得迁徙过程中一些中间环节的辅助。最重要的是应该在去今 3000 多年前的塔里木河故道上,觅得相关的考古文化遗址。这在现今科技条件的帮助下,是完全可以实现的目标①。

三

青铜时代孔雀河人群,在徙离孔雀河谷,转进克里雅河下游后,其更下一步的走向,迄至目前,还没有发现可资说明的考古资料。步入克里雅河尾闾地带,从北方墓地层叠相加的墓葬,以及营建墓地时用以制作男根、女阴立木,直径粗大的胡杨木柱分析,当年他们居停过的克里雅河下游,还是河水泛波、胡杨成林的所在。与今天只见黄沙厚积、人群不能生存的环境,不可同日而语。

克里雅河,因为西高东低的塔里木盆地地理形势,全新世内,曾经多次改道,由西向东偏移。北方墓地所在的克里雅河,在什么时段、因为什么原因,发生过自然地理变化?它与北方墓地所在由河网密布、绿洲宜人,向沙漠化迅捷转化,无疑是存在密切关联的。这是摆在今天地理、水文、沙漠、考古等诸多学科学者们面前、尚未有确解的现实问题。

目前,考古学科已经取得的成果,尚不能充分揭示克里雅河北方墓地人群,在去今 3300 年前,因为什么理由又一次迁离家园、走向了何方?但在克里雅河中下游、昆仑山北麓的诸多绿洲居民中,却可以从遗传学、文化人类学角度,捕捉到不算太少、颇富个性的民俗文化资料,能清楚地感受到曾经在小河、北方墓地居民中存在的人种遗传特征、服饰、饮食文化甚至埋葬习俗等。在克里雅河中下游绿洲(如达里雅博依)、昆仑山下牙通古斯小村,以及于田、且末等处居民中,可觅得大概类同的特征,感受到相关种族、民族文化彼此影响、传承的信息。

现粗略条列于后。

1. 克里雅河中、下游达里雅博依绿洲

在探求克里雅河北方墓地青铜时代居民在去今 3300 年后的更下一步走向时,达里雅博依是一个值得关注的地点。

---

① 塔里木河、克里雅河随地理、气候变化,全新世内均有改变。古代克里雅河曾与塔里木河相连,地理学者梁匡一先生在克里雅河故道上,曾采集到产自昆仑山的砾石块;塔里木河也一直处在虽缓慢、但不断北移的过程中。辨清塔里木河故道变化轨迹,循迹踏查,考古学者当有可能获得新知。

达里雅博依绿洲,它与已遭破坏的克里雅河北方墓地,距离约 135 公里。今天,是一个名闻中外的民俗文化观察点。但它在 50 年前,还是一个小的、居处十分偏僻、完全不为人们了解的所在。迄今,全体居民也不过 260 多户、1300 多人。他们依傍克里雅河,一户、两户分散,居住在河谷左右。傍水、依林,彼此相去数公里甚至十多公里,过着以自然经济为主的生活。饲养、放牧羊群,是绿洲居民主要的物质生活来源。这里没有广阔的草场,唯一可以提供羊群生存、发展的空间,就是克里雅河左右数公里、最多约 10 公里宽的胡杨林,胡杨林下的红柳、芦苇丛,是羊群生存、活动的空间。这一自然地理形势,决定了达里雅博依人必须沿河谷展开、分散放牧。由于深处沙漠腹地,四周沙漠环绕,南至克里雅河经济、文化中心——于阗县,其间有多道高大沙山亘阻。直线距离虽只有 230 公里左右,交通却极度不便。迄至清朝末年,达里雅博依似乎还没有进入行政管理机构的视野①。1958 年,在塔克拉玛干沙漠中开始进行石油物探;中国科学院沙漠研究学者也开始了对塔克拉玛干沙漠的调查、考察、研究,克里雅河中下游的达里雅博依才开始出现在人们的视野之中。20 世纪 80 年代的媒体,面对简陋、分散的小屋,以石炊饼、火塘烤馕的景象,一些记者以耸人听闻的"沙漠中发现野人"为题进行了报道。这立即引发了国内外读者的关注。也只是在此以后,相关部门才迅捷规划、设置了"达里雅博依"村,后又升格为乡,由此结束了它长期以来基本与外部世界隔绝、十分闭塞的经济、文化生活局面。

达里雅博依居民,自称"克里雅人"。对"达里雅博依"的语义,说是"沿着河道走"(也有说意为"在大河边沿上")。由于达里雅博依居民长期以来居处偏僻、交通极度不便,处于几乎与周围隔绝的沙漠深处,绝少与外界联系,也不与外族婚配,因而体质遗传性状几乎未受其他民族人群的干扰。这在国内外,在现代社会中,都是少见的居民实体,因而立即受到相关学术研究部门的关注。体质人类学、遗传学、分子生物学等人类生命科学研究学界,对这一聚落群体,特别重视。自 20 世纪末、21 世纪初,不少学者就这一群体的体质人类学表型特征②、ABO 血型分布③、线粒体 DNA(mtDNA)多态性等课题持续进行分析、研究,提出了不少值得关注的结论。如他们的体质状况,"男女身高均值,男性 181 厘米、女性 168 厘米,两者均高于同年龄段全国男性、女性身高均值","男性体重均值 79 公斤、女性体重均值 63 公斤,男女性体格结实、健壮","男性凸鼻梁出现率较本地区其他族群有较

---

①　查检(清)王树枏等纂修,朱玉麒等整理《新疆图志》,上海:上海古籍出版社,2015 年,1572—1573 页,卷八二"道路四"所引"于阗支路"曾详述自于阗县城沿克里雅河北行,北抵库车县境的相关聚落名称,但未见"达里雅博依"村名。按今实测,达里雅博依中心位置在北纬 38°20′左右,而"于阗支路"所记聚落,经纬位置已在北纬 39°以上。达里雅博依聚落,确属应居此并当著录在册的,但有所缺失。这是一个值得关注的历史文化现象。这是由于达里雅博依当年另有称谓,与民间称谓不同?还是由于河流、绿洲发生过些微改变?又或是由于官府对沿河聚落调查、管理不严谨,存在疏漏?是可以进一步分析的问题。

②　姜涛等《新疆于田地区克里雅人体质人类学表型特征》,《安徽师范大学学报(自然科学版)》2016 年第 1 期,65—69 页。

③　张全超、段然慧《新疆克里雅人 ABO 血型分布的调查》,《人类学报》2003 年第 2 期,161—162 页。

高水平","凸型下颏出现率,高于新疆其他少数民族","发际有尖出现率"较高①。这些遗传学性状,有比较明显的白种人特点,可助益认识达里雅博依人的种族、民族特征。

对达里雅博依人群 ABO 血型调查,分布特征为 O>B>A>AB,与我国西北部地区分布特征一致,具有我国北方人群特点②。

通过对达里雅博依这一隔离人群线粒体 DNA 序列多态性分析,相关"核苷酸变异度和平均核苷酸差异都介于所报道的东方人群、西方人群之间","在系统树中介于欧洲谱系和亚洲谱系之间,属于过渡类型。……其线粒体 DNA 序列库的起源是欧洲谱系和亚洲谱系的混合……亚洲序列在克里雅人群中的比例为 64%,欧洲序列在克里雅人群中的比例为 36%"。换一个角度表述,"克里雅人群的基因来源,其中亚洲成分占 64%,而欧洲成分占 36%……",是"基因多态性复杂的人群,同时具有蒙古人种成分和高加索人种成分"③。

在对达里雅博依人群进行 DYS19 和 DYS390 多态性分析中,基因频率分别为 0.235 和 0.431,"可能提示克里雅河下游的封闭人群的来源包含两个不同的群体分支"。"克里雅河下游的封闭人群占第二高的基因型为 DYS19 * 14,频率达到 0.353。欧洲白人以 DYS19 * 14 为主,频率高达 0.499"。"对于 DYS390 基因座,克里雅河下游封闭人群,以 DYS390 * 24 最多见。频率分别为 0.431、0.429 和 0.433。欧洲白人也以此基因型基因频率最高,达到 0.377。"可以观察到欧洲白种人在克里雅河下游达里雅博依封闭人群中遗传贡献,是值得注意的现象④。

在又一项完成的对达里雅博依人群进行的线粒体 DNA(mtDNA)多态性检测分析中,58 个个体分属于 18 个不同单倍群的 29 个单倍型。"所有的线粒体的单倍型都属于已定义的欧亚大陆东西方谱系中的一个子集"。在达里雅博依人群中"广泛存在的东部欧亚谱系中,亚洲北方人群普遍存在的单倍群呈现出更高的频率;而在有限的西欧欧亚谱系中,发现了在中亚罕见的两种单倍群亚型(U3 和 X2),U3 和 X2 均主要分布在近东和高加索地区,X2 只在新疆的乌孜别克人群中有低频率的分布(3.4%)","但在达里雅博依人群中的频率为 8.6%,U3 在现今的新疆人群数据中,没有发现,但在塔里木盆地南缘的古代山普拉和尼雅墓地标本中,有 U3 亚型发现。这可能表示了近东和高加索地区,早期移民迁入塔里木盆地的证据"⑤。

对达里雅博依封闭人群的遗传学分析研究,可以与吉林大学生命科学院学者对小河

① 姜涛等《新疆于田地区克里雅人体质人类学表型特征》。

② 张全超、段然慧《新疆克里雅人 ABO 血型分布的调查》。

③ 段然慧等《塔克拉玛干沙漠腹地隔离人群线粒体 DNA 序列多态性分析》,《遗传学报》2003 年第 5 期,437—442 页。

④ 段然慧等《克里雅河下游封闭人群 DYS19 和 DYS390 多态性研究》,《人类学学报》2004 年第 4 期,326—330 页。

⑤ Cui Yinqiu, et al., "Early Eurasian Migration Traces in the Tarim Basin Revealed by mtDNA Polymorphisms", *American journal of physical Anthropology*, 2010, pp. 558—564.

墓地古尸的 mtDNA 分析结论联系、展开进一步的思考。在吉林大学学者们发表的《青铜时代塔里木盆地混血人群存在的证据》一文中[①]，据 2002 年小河墓地底层 30 具人体遗骸的 mtDNA 分析，其中"14 个小河人体标本与 2 个 mtDNA 单向群（S1 及 S2）有关，表明他们的主要单向群是东部欧亚人种系列 C（其中之 C4）"。"除在小河人标本上东部欧亚人种血统外，还发现了 mtDNA 单向群 H 及 K，这是属于西部欧亚人的血统"。"mtDNA 单向群 H，是欧洲最常见的 mtDNA 单向群。特别是在欧洲西北部"，"单向群 K 也常见于欧洲，特别是阿尔卑斯及不列颠群岛较多"，"由于小河人有单向群 H 及 K，根据相同单向群的分布"，可以认为"小河人的西部欧亚血统源自西欧"。"单向群 K，则是西部欧亚人种专有特征，主要分布在欧洲、中亚及伊朗。"

在小河墓地遗骸中取得的"7 个男性染色体单向群，均属单向群 Rlala，这一单向群广泛分布于欧亚，主要在东欧、中亚、南亚、西伯利亚，很少在东亚发现"。

根据上述基因分析，可以判定："小河人的母系血统源于东方及西方，而小河人的父系血统则全部源自西方。"

小河居民的欧亚混合特征，小河居民与克里雅河北方墓地居民体质人类学表型观察特征近似，与达里雅博依现代居民遗传学分析中显示的欧亚人群交融的特征相同，这让我们产生一个逻辑性推论：虽然，达里雅博依这一人群是现代的群体，但他们与克里雅河下游甚至远及孔雀河流域青铜时代小河居民，存在血缘的关联，是值得进一步认识、探求的问题[②]。

2. 我的"达里雅博依"感受

一个偶然的机缘，我在克里雅河下游达里雅博依工作、生活了两个多星期。1991 年 10 月 30 日，在结束当年的尼雅精绝故址调查后，作为中法文化合作克里雅河考古调查、发掘项目的中方队长，未作休息，匆匆赶到于田，与已先期到达于田达里雅博依的法国友人会合。路线是循克里雅河北行，奔向达里雅博依乡。这里，已是克里雅河中、下游散居牧民们的行政管理中心，也是河水泛波、胡杨林密布的所在。

缘克里雅河东岸北行，座驾是当年考古所新购的改装沙漠车，引擎马力不小。沿途虽沙丘连绵，其间还有两列地势相对较高的沙山，可在新启用的沙漠车眼中，不算什么问题；但翻越这两道沙山，若乘牛车或骑驴行进，困难是绝不会小的。

北行途中，又一个强烈的印象是砍伐胡杨、红柳的现象十分严重。当年日记中的文字是："途遇砍柴骡车六七队，每队骡车 10 多辆，满载伐下的胡杨、红柳。""这种红柳柴，可以自用，但更多的是投入了每周巴扎天的柴火市场。"这并不是政府允许的行动，但生活中的炊煮、取暖，又属必须。老乡说，砍的都是枯死的红柳根。其实不然。"秋冬砍胡杨、红柳，年年如是，对生态环境之破坏、影响，确难以估计。"

---

① Li Chunxiang, et al. "Evidence that a West-East admixed population lived in the Tarim Basin as early as the early Bronze Age", *BMC Biology*, 2010.

② 这一遗传学角度的粗浅认识，得到崔银秋教授、邱松鹤先生、聂颖博士的帮助。书此，表示谢意。

对当年已很吸引人眼球的达里雅博依乡,据县政府领导介绍,日记中的文字是:"现有居民 1024 人。有胡杨林地 54.78 万亩,沿克里雅河南北向展布,延伸在北纬 N37°13′—38°55′、东经 E80°40′—81°30′之间。沿河谷分布,宽可数公里(最宽处可达十多公里)"。沿途确也可以观察到,胡杨、柽柳、芦苇漫布,形成深入沙漠腹地的绿色长廊,是天然的防风、固沙屏障。据说,入春后,胡杨披绿,柽柳显红,水中倒影如画,偶尔野鸭游过,击碎一河画影。我们此行的时节,已秋末冬初,胡杨金黄,别显另一种壮美。德国哥廷根大学奇·霍夫曼博士到过克里雅后,难抑其兴奋之情,说是"我到过世界上许多沙漠,但从未见到如此迷人的景色",是可以理解的游客情怀。但在西方世界宣传后,又引发了别样"前去克里雅"的驱动力。就我个人的感受,在 20 世纪 90 年代初,欲前去达里雅博依一看究竟的,真是大有人在。在附近的"克干托拉克",已因应这一形势,设立了检查站,进行管理。

在克里雅很短的居停、观察,有几点印象十分突出。

① 经济生活(放牧羊群)的要求决定了他们居住方式:十分分散。

沿河谷分布的胡杨、灰杨以及红柳、芦苇、甘草、大芸等,只能是一线展开,离河谷向东、西方向铺展,就是寸草不生的沙漠。以羊群为主的畜群、加上少量的牛、驼、马,生存空间只能在这一线延展的林带之中。空间十分有限,它与广袤的草原,是完全不同的。春夏期间,羊群可以在林带内、河谷边饮水、觅食、生长,秋冬季,草少林稀,则必须羊群主人将胡杨树高枝上的黄叶,以高棍击打,树叶散落在地,可为羊群提供冬季食料。数公里或十公里左右的一片林带,可以提供一小群羊只的草料。舍此,维持生存、发展就十分困难了。极度分散居住的形式,是经济生产决定的。数公里、十公里外,会是另一两户的生存空间。经济基础决定上层建筑。这一观察,使我今天认识到孔雀河水系青铜时代居民居住极度分散,表现在孔雀河谷青铜时代墓葬地上,就是一区雅丹顶部只有墓葬一座、两座,最多十座上下。这一存在,提供了有说服力的启示:孔雀河谷北部是山,南部是荒漠、沙漠;青铜时代的孔雀河居民,其生产活动、生存方式,是不可能脱离如是空间制约的。今天的达里雅博依绿洲,居民的生产、生活,可以说是一处相类的、现实的经济、文化生活样本。

② 达里雅博依居民炊煮特点之思考

达里雅博依人,是定居的。居屋红柳为墙,胡杨木柱架梁,是塔克拉玛干沙漠南缘普遍存在的传统方式。牧业生产,也是一种定居式的放牧形式。炊煮方式也独具个性。

在达里雅博依短期考察中,没有发现传统或现代的炊煮器,但也制作有淀粉类肉类食品。

薄面饼:一块大卵石在室内火塘中长期受热。制作烤饼,是将面粉和水,调成稀糊状,直接倒在烧得极热的卵石上。一阵水汽消散后,薄面饼成形。两面翻转,立即成就为香气扑鼻的烤饼。这里,卵石成为"煎锅"。

烤厚面饼:当地人称"库麦其"。面粉稍发酵,用手揉成形,面体稍厚,稍稍压薄、展开,略近圆形。将其置于木炭火堆中,适时取出,清理、去除烤饼表面的炭屑、草灰。面饼两面焦黄,香味诱人。

煮肉：取羊肚清洗干净，将切碎之小块羊肉和水一道，纳入羊肚中，封实，置于火堆内。女主人根据经验掌握火候、时间，取出羊肚。羊肉同样十分鲜美。当地人称此为"索呼地库买其"，意为煮肉。

孔雀河谷青铜时代之古墓沟、小河墓地，没有发现陶器，也没有发现青铜类炊煮器皿，但同时出土了小麦、黍，羊、牛。它们如何转化成人们可以食用的食品，学者对此曾有过长期困惑。没有陶器，淀粉类原料转化为方便消化、食用的食品，如何加工？在亲自看到也体验过克里雅河畔达里雅博依人的饮食生活、炊煮方式后，顿悟：人们的智慧无尽！生存、生活的方式，可因势、因时而变，创造力无穷。达里雅博依人的饮、食生活、畜牧业经营方式，就绝不是传统概念中程式化的畜牧业生产、生活模式：人们有定居的屋宇，因地制宜的牧放羊、牛的生产经营，并不需要人随畜走，而是将自己的牲畜局限在特定的、群体间认可的胡杨、红柳、芦苇林内；这是自然地理环境决定的方式。主人有固定的居屋；饮食炊煮方法，也明显与随时在变动、不停迁徙的生存方式关联，而与长期定居的农业生产、生活方式异趣。虽然，达里雅博依人早已是克里雅河谷内的定居民，但流徙中形成的传统，食之如饴的面食、肉食，不仅可口，而且足以支撑他们健壮身体的需要。这是来自迁徙、变动不居的传统。习惯了的生活方式，这时会转化成不易被改变的力量。新的特色传统就应运而生了。

从达里雅博依人的这套生产、生活方式里，我清楚地意识到：应该由此觅求解读孔雀河谷古墓沟、小河遗存以往居民饮食文化奥秘的钥匙！

③ 达里雅博依人服饰深具特点

达里雅博依人衣帽服饰自有特色。男性：头戴羊皮高帽，小平顶。身着对襟大氅，足下高腰皮靴。女性：头顶缀"太赫拜克"黑色小帽，形若小碟。节日活动中，女性会着宽体黑色长袍，对襟。胸部饰蓝色横道，左右襟对称铺展，每边七条（图4）。这极具个性的男女

图 4　于田县妇女服饰

服饰,除见于达里雅博依绿洲外,在于田、且末,也都有所见。细致、深入剖析,颇可见其中深厚的历史积淀:"七"这一具有神秘色彩的数字,在古墓沟、小河遗存中,在帽饰、衣饰、皮包、木梳中,与祈求生殖能力有关的大型男根、女阴的隐秘形象,是都有所见的。古墓沟一老年女性尖顶毡帽上,就饰有4组七道红彩;小河女性大氅,也见过七条红带;现在达里雅博依居民中,重大节日期间必须亮相的女袍上,也特别醒目地存在七条一组的绣饰。它强烈告示世界,这以"七"为数的饰条,它们不是普通的带饰,而是近乎神圣的历史传承!对这一符号,今天的达里雅博依居民,似已没有记忆;但在把握了古墓沟、小河遗存文化的考古学者的视野中,它们凝结、存在着的神秘、宗教式的文化密码,却是清晰、可以触摸的。

④ 与饮食、服饰一道,达里雅博依人的葬俗,也有可资深入认识的个性。

达里雅博依人,以胡杨木为棺。人逝后,和衣平卧在挖就的沙穴中,仰身、头向东。取胡杨木棺,扣置在死者身上。最大的特点,也是棺木有盖无底。棺无底,是孔雀河青铜时代人们埋葬逝者时坚持的最大特色,这应是可以让逝者灵魂便利进入地下世界的设计。在克里雅北方墓地墓葬,虽被严重破坏,但考古工作者清理残留遗迹,在个别未遭破坏的墓葬,都清楚显示了这一特点。如今,木棺必须无底、逝者直接与土地相接触的传统,还明显存留在克里雅河中、下游的达里雅博依人中。这确实是孔雀河谷青铜时代居民中,已形成的传统。葬俗,在人类文化传统中,是最稳定、最不易改变的一环。孔雀河青铜时代的居民,进入克里雅河流域后,改变过很多,但埋葬先人必须用无底木棺,延续到今天的达里雅博依人依然如是,这是对历史传统的记忆、遵循;也为我们透视、捕捉到了孔雀河青铜时代居民一步步向克里雅河上行的踪迹。

3. 昆仑山北麓"和田塞语"及其他

① 对"和田塞语"文化现象的新思考。

公元前2世纪,西汉王朝与西域大地也有过接触、了解后,在王朝官修之《汉书》中,记录当年西域居民。"塞人"是醒目的存在,天山南北、葱岭内外,均叙及"塞人"。

青铜时代之罗布淖尔荒原,黄文弼在发现、发掘罗布淖尔"湖畔古冢"后,据古尸服饰,曾判定,他们是古代"塞人",这一结论刊布在他的《罗布淖尔考古记》中;而他的"湖畔古冢",据现有研究成果,就是孔雀河谷青铜时代的居民之一;黄文弼先生对这批具有白种人形貌特征人群的民族成分判定,在当年是最有见地的成果。

根据和田地区出土的婆罗迷文之古文献,德国学者在一个世纪前宣称,其内容具有塞种人语言特点,提出了"和田塞语"概念。

现有考古资料,更清楚揭示,原来由欧洲南下、东行的迁徙人群中,远及孔雀河谷、具有塞民族形貌特征的人群,在公元前1300年前后,又迁入了克里雅河谷,并留下了循克里雅河上行、进入昆仑山北麓的线索。

如是,就多了一层对塔克拉玛干南缘曾经存在过的"和田塞语"现象,从另一角度思考的空间。借助19世纪末至20世纪30年代以前众多西方学者在新疆塔里木盆地周缘、和田地区、甘肃敦煌等处获得的,以印度古代婆罗迷字母书写的文书资料(主要为佛教文献),发现于田语虽然用婆罗迷字母书写,但存在用印度语言中没有的字母组合来拼写印度语言中原来不存在的音。如用印度语言中没有的字母/ys/来拼写印度语言中不存在的音 z;又如于田语的"佛"balysa 读为 balza,这来自古伊朗语词根＊barz-。因此语言学家们认为于阗语的使用者,可能与古代塞种人有关,提出了于阗语为"于阗塞语"的概念。但古代于阗人并不自称为"塞人",而一直自称为"于阗人"。据此,一些语言学家们,也逐渐不再沿用"于阗塞语",而直接使用了"于阗语"这个概念①。

和田地区发现的"和田塞语"文献表明的历史事实之一,就是古代和田沿昆仑山一线,在某一特定时段曾有塞种人的存在,他们进入这片地区的时间,可能相当早,逐渐成为古代和田地区居民的民族成分之一。直至公元 5—8 世纪前,其语言影响,仍然可以在于阗语文献中感受到。

将这一语言学现象与上述考古文化中显示的青铜时代曾有印欧人种东徙进入孔雀河谷,继又转进克里雅河下游,并缘克里雅河南行的考古学、体质人类学、文化人类学现象联系分析,认为其与这一古代印欧人(包括塞人)迁徙存在关联,是可以成立的。

塔里木盆地南缘古代塞人及其语言在佛教文化中的存在,直到公元 10 世纪伊斯兰势力进入,才改变了这片地区的政治、宗教、文化生态。但在不少比较偏僻的沙漠绿洲中,传统文化并没有被完全消除,还在一些环节上保留着影响。达里雅博依绿洲居民中的诸多文化生态,可以算是一个例证。

② 研究生命遗传的学者们,在尼雅、山普拉古代墓地中,发现"仅见于近东和高加索地区的两种单倍体亚群(U3 和 X2)","U3 在现今的新疆人群数据中没有发现,但在塔里木盆地南缘的古代山普拉和尼雅墓地标本中,发现有 U3 亚型"。这一遗传学现象表明,在青铜时代因气候变异、冰期降温导致欧洲、高加索地区人群移徙西亚、南亚以至中亚新疆的事件中,古代精绝王国、和阗王国的居民中,也有过这批早期移徙居民的身影②。至于他们进入的规模,影响之深度、广度,与相关考古、宗教、语言学资料,存在怎样的具体关联,还有不少可进一步探讨的问题。

③ 因气候变化、冰期降临,在去今 4000 年前后,曾经发生的自欧洲北部、南欧,经过高加索山地,不断展开的移民潮,曾经严重影响过西亚、西南亚(如伊朗高原)、南亚(如印度)、中亚大地,甚至新疆地区(如孔雀河谷、塔里木盆地南缘)的政治、经济、思想文化进程。天体运动、气候变化,影响农牧业生产,导致居民移徙,超乎人们想象的一步步改变过古代亚欧大陆居民的命运。环球共凉热。面对人力难以抗衡、难以改变的大气、地球运动,貌似强大、自视为"万物之灵"的人类,其实是十分软弱、无力的。这时,不论体貌特征、语言、信仰、生产生活能力有怎样的差别,最后的命运实际是相同的。在宇宙世界认识"人

---

① 相关"和田塞语"知识,得到张湛博士的帮助,书此说明,并致谢意。

② Cui Yinqiu, et al., "Early Eurasian Migration Traces in the Tarim Basin Revealed by mtDNA Polymorphisms", pp. 558—564.

类命运共同体"这一高度凝练的哲学思想,在青铜时代的欧亚旧大陆上曾经有过一次十分生动的表现。这是值得今天的人类群体、不同学科的学者认真思考并从其中汲取有益营养的。

2018.7.26 三稿,时在天山脚下,北京路考古所

2020.10.31 成稿,时在上海朱家角新居

(原刊《西域文史》第 15 辑,北京:科学出版社,2021 年,77—92 页)

"吐火罗"译称"大夏"辨析

公元前 2 世纪前的阿富汗斯坦,西史中称其为巴克特里亚(Bactria),是亚历山大东征后在中亚建立的殖民地之一,行用希腊文。公元前 2 世纪中,里海北岸游牧人南下,入踞巴克特里亚。南下之游牧人中,据希腊地理学家斯特拉波在地理著述中的记录,主要一支自称为"吐火罗"(Tochari)[1]。这片土地上,自此又得有"吐火罗"之名。这一事变后不久,大月氏人进入这片地区。张骞西使,入大宛(今乌兹别克斯坦费尔干纳盆地),旋又转进康居、大月氏、大夏。大夏,张骞强调,其地"在大宛西南二千余里妫水(阿姆河——引者)南"[2],由此,我们可以清楚得出结论:张骞所称的"大夏"的地理位置,就在今天阿富汗斯坦的北部。

张骞衔汉武帝之命,克服难以尽说的困难,前后 13 年,对中亚两河流域、阿富汗斯坦,有了第一手的观察、了解,作出了开拓意义的贡献,其功厥伟。返抵长安后,他将考察所得"具为天子言之"。值得特别关注的点之一,是涉及巴克特里亚即吐火罗所在阿富汗北部地区,张骞所用的名称,均为"大夏"[3]。将这片土地译称"大夏",看来是张骞精心思考的结果。用"大夏"译称这片地区,在对中亚十分陌生的汉武帝刘彻及西汉王朝上层政治集团中,当年确实产生过巨大、深远的影响。《史记·建元以来诸侯年表》记叙张骞凿空中亚、备历艰辛的功劳时,对大宛、大月氏、乌孙、康居等,均未置一词,强调的只是他"使绝域大夏"5 个字[4];《汉书·叙传下》涉及张骞这一历史贡献,用字也是"博望杖节,收功大夏"[5]。着眼点、关注点、强调点,无一例外,都是"大夏"!这充分说明,"大夏"译称,一点不错地说,已成为当年西汉政治、文化界对张骞西使贡献最核心的总结。

---

① *The Geography of Strabo*, trans by H. L. Jones and J. R. S Sterrett, London: Heinemann, 1917, p.261.

② 《史记》卷一二三《大宛列传》,北京:中华书局,1959 年,3164 页。

③ 《史记》卷一二三《大宛列传》载:"骞身所至者大宛、大月氏、大夏、康居,而传闻其旁大国五六,具为天子言之。曰:……大夏在大宛西南二千余里妫水南。"又载:"骞曰:'臣在大夏时,见邛竹杖、蜀布。'"见 3160、3164、3166 页。

④ 《史记》卷二〇,1037 页。

⑤ 《汉书》卷一一〇下,北京:中华书局,1962 年,4256 页。

这是一个值得深入分析的历史文化现象。

"吐火罗"(Tochari)音读,与古汉语"大夏"(dat-hea)音读近同。因此,将"吐火罗"转译成"大夏",从语音角度看,自然并无太大障碍;但是,"大夏"毕竟不是"大"和"夏"两字组合成的新词,它在华夏民族古史中,在先秦甚至秦王朝时段,已是一个具有特定时空概念的古族、古国、古地称谓。张骞以这样一个专词,转译阿富汗斯坦大地上的"吐火罗",绝不是随意、兴笔为之,肯定赋予了一种特定追求、特定意涵。这意涵、追求,是我们今天应该探求、解析的历史文化现象。

试看先秦、秦王朝时期关于"大夏"的概念。《左传·昭公元年》言"迁实沈于大夏"①;《管子·封禅篇》桓公"西伐大夏,涉流沙"②;《吕氏春秋·本味篇》"和之美者……大夏之盐"③;《史记·秦始皇本纪》"禹凿龙门,通大夏"④;又始皇二十八年(前219)所作《琅玡台铭》称"六合之内,皇帝之土。西涉流沙,南尽北户,东有东海,北过大夏。人迹所至,无不臣者"⑤;《汉书·地理志下》"陇西郡"下有县名"大夏"⑥……"大夏",在秦王朝或秦以前人们的心目中,是华夏大地上的地名、国名,世人知之甚悉。张骞及西汉早期的知识分子,去秦不远,对这一历史文化背景,对"大夏"在华夏祖国内的意涵,自然是绝不陌生的。

但是,张骞在返抵长安后,竟十分明确甚至是故意凸显了"吐火罗"的音读,将之毫不犹豫地译成中原大地的"大夏",这发人深思。有太多的文献、考古资料可以证明,中原大地上曾经出现的大夏,与兴都库什山下、阿姆河流域当年存在的"吐火罗",实际并不相同;但张骞就是将"吐火罗"译成了音相近,又是西汉王朝政治文化精英们相当了解的"大夏",真是相当不寻常,当有特定的寄托,存在另外的追求!

知名学者陈原先生在其《译路坎坷》一文中,曾经深有体会地述说翻译家们在翻译一篇文章、一本著作时,对书名、文章名会斟酌再三、十分费力、十分用心。在两种不同语言、不同文字之间,不仅要求准确转换其文意、思想,还要在转换后能吸引另一种语言、文字读者们的关注,激起其阅读的热情,这是十分费心力的。他以书名翻译为例,以过来人的体会说:"比如书名的翻译,实在大有学问。书名给读者一个最初的印象,能吸引人或不能吸引人,符合或不符合时代要求和社会习惯,在相当程度上(虽然不是绝对地)决定一本书在当时、当地读者中的命运。"⑦这是具有多种语言素养,又了解翻译工作之甘苦的学问家发自内心的感受。一部书名如是,一个地区、一个王国名称的翻译转换,自然就更是如此,不会是随意为之的。

---

① 杨伯峻《春秋左传注》,北京:中华书局,1990年,1128页。
② 黎翔凤《管子校注》卷一六,北京:中华书局,2004年,953页。
③ 许维遹《吕氏春秋集释》卷一四,北京:中华书局,2009年,318—319页。
④ 《史记》卷六,271页。
⑤ 《史记》卷六,245页。
⑥ 《汉书》卷二八下,1610页。
⑦ 陈原《书和人和我》,北京:生活·读书·新知三联书店,1994年,99—102页。

由此，想到两千多年前张骞进入中亚，接触过大宛、康居、吐火罗等政治实体后，如何将相关情况介绍给当年对这片地区还十分陌生、认识几乎是一片空白的西汉王朝最高统治层，以及参与决策的政治、文化精英，使他们通过翻译产生鲜明、强烈的印象，激起他们进一步了解、认识甚至开拓西域的热情，他大概是极费一番思量的。他深谙刘彻内心要在匈奴西翼寻求羽盟，实现共同抗击匈奴侵迫的战略；他也了解大月氏已安居在中亚沃土之上，少有再返东方、与汉王朝共同打击匈奴的热情；面对文化殊异、种族和民族有别的不同政治实体，却在一个自称为"吐火罗"的王国，听到近同于"大夏"的音响，其内心曾经有过的波澜，大概是今人难以想象的。

这里大胆说张骞当年"在一个自称为'吐火罗'的王国，听到过近同于'大夏'的音响"，有什么根据？这一点，得自刘欣如教授的教示。刘欣如教授对印度语言、印度文化深有研究，她 2014 年 6 月在中国人民大学历史学院考古系，作"印度、阿富汗古代宗教文化"的演讲，道及印欧语在南亚、西南亚、阿富汗地区的存在，明显可见因地区族群有别、社会价值取向有异，在语言学领域也会显示差异。如"Ahura"，在古伊朗语中为"神"；而在印度吠陀中却称"Ashura"为"鬼"。当年在阿富汗（巴克特里亚、吐火罗）地区原住民在印欧语中被称为"Daha"，稍带贬义，社会身份低下。而"Daha"这一称谓，与"吐火罗"又是音、声相通的。只是在印度吠陀文献中，身份不高的这一"Daha"人，在张骞内心深处，激起的却是另一阵绝无轻蔑意味的历史文化波澜[①]！

张骞将"Daha"、"吐火罗"译称为"大夏"，内心是有明显的现实政治文化寄托的。他是希望在"大夏"身上找到完成西行使命的新落脚点。从实际的历史进程、社会影响观察，他亟望唤起刘彻及王朝上层统治精英亲切的认同心理，在政治、经济层面上，进一步推动他

---

① 相关观点，行文时曾请欣如教授过目。欣如教授随即电邮赐示，引录如下，以便参阅：

"谢谢大作引用我的观点。这里我想详细解释我的想法。

印欧语系的印度—伊朗语、印度—雅利安语在阿富汗分裂。前者进入伊朗高原，后者进入南亚次大陆。两者分别保留母语族的词汇，有些在两地意思相同，有些在伊朗和印度虽然发音相似甚至相同，却是反义词。这是同一文化系统的社会分裂以后，产生对立的宇宙观和价值体系。

伊朗语族称呼 ahura 为神，称 daeva 为鬼；印度吠陀社会称 deva 为神，称 ashura 为鬼。在印度历史上，印度人称所有的伊朗人为 ashura，实际上是对异民族陌生、恐惧的表现，在世界各地以及我国都是常见的现象。

同时因为两者出于同一文化渊源，社会结构本来很相近，有些词汇意义类似：

伊朗语称呼长辈家系为 airiia，延伸到称上等人为 airiia；称幼年家系为 daha，延伸到称下等人为 daha；印度人称呼长辈家系为 arya，延伸到称上等人为 arya；称幼年家系为 dasa，延伸到称下等人为 dasa。

从这个语言学分析来看，有一支印欧语系的部族分布在北阿富汗地区，被称为 Daha。这些人已经从伊朗语族中分裂出来，自身并不认为这个名称有贬义。希腊文献中也提到 Daha 这个部族。我认为张骞的大夏更接近 Daha，可能是这个部族及其语言在此地占上风。我们也不能排除 Daha 和 Tochara 是一个词的不同说法，阿富汗是一个多语言并行存在的地方，发音的差别是常见的现象。玄奘是一个很较真的人，每个音节都要发出来。总之，大夏是指阿富汗当地的部族及其产生的地名，这点我完全赞成先生的意见。"

们与"大夏"联络的愿望。《史记》《汉书》在评价张骞西行的历史功绩时,舍弃诸多劳绩不谈,只是咬住"大夏"作文章,就可以清楚地看到这一译名,当年确实为张骞在西汉王朝最高统治集团中,赢得了意想不到的宣传效果,为刘彻拓展与中亚联系的诸多举措起到积极的推进作用。在西汉王朝开拓西南夷地区的交通道路中,"大夏"之存在也发挥了重大的影响。这都是见于《史记》《汉书》著录的。

张骞,作为西汉王朝早期不仅能面向西方世界,而且敢于步入西方世界的探险家、外交家,确实见识过人、勇毅超群。他对汉武帝刘彻向西开拓的战略深怀敬意,而且尽毕生精力为之践行不渝。出使中亚 13 年的风雨,虽付出重大代价,但西部是一个异彩纷呈、物质和文化生活殊异,可以交接、往来的世界,也成了他坚定的信仰。他在返回长安后,不仅继续推动、组织、实施了一批批使者走西域、越葱岭、向中亚的伟大实践,帮助成就了西汉王朝开通"丝绸之路"的宏伟事业;而且建议西汉王朝最高层统治者一次又一次开拓四川、云南,寻求另一条通达南亚、中亚的通路。这些重大战略设计、实践,都是在开拓、建设与"大夏"联系的名义下得以展开并逐步完成的。这些历史故实,可以在一定程度上说明,他将吐火罗所在的阿富汗斯坦北部地区译称"大夏",曾经发挥过重大的政治、思想文化作用。

张骞在"大夏"译名上取得的时代效益、社会效益,不可轻估。

但是,张骞笔下的"大夏",在其概念中,绝非与华夏古族、华夏古代文明密切关联的实体。他十分明确,阿富汗土地上的"大夏","其俗土著","与大宛同俗",是民族、语言不同的国家;如果它与华夏民族、语言、文化存在关联,张骞在全力推销他的中亚考察伟业时,是绝不会吝惜笔墨的。他没有一字一词言及这一点,而只讲大夏与大月氏、大宛、康居一样。"自宛以西至安息,虽颇异言,然大同……其人皆深目,多须髯"[①],这就清楚表明,此大夏与汉文古籍中华夏大地上曾经存在过的"大夏",虽用字一样,但他内心明白,它们实质上并不相同。

公元 7 世纪,佛教思想家玄奘入印求经,在亲历阿富汗大地后,明确、清楚地摒弃了张骞用"大夏"译称"吐火罗"这一做法。他在《大唐西域记》中,十分认真地将"吐火罗"译写为"睹货逻",力求译音之准确。玄奘的翻译,在唐代产生过重大影响,唐王朝上下、内外,一无异词,都接受了"睹货逻"这一新译。而且,这一时段的吐火罗斯坦地区,已成为唐王朝的羁縻州,彼此政治、经济、文化联系,远较汉王朝时期紧密,唐王朝对这片地区的了解,包括这片土地上王国、民族的自称,认识自然是更准确的。统称这里为吐火罗,具体表明:唐代,对张骞当年译"吐火罗"为"大夏",是完全持否定态度的。这片土地曾被称为"大夏",应该是可以彻底翻过去的篇页了。

出人意料的是:这一本该翻页的公案,却并没有能完全翻得过去。在 20 世纪初,又因为这个"大夏",引发出一场新的议论。

---

① 《汉书》卷九六上《西域传上》,3896 页。

1907 年，德国学者就西方探险家在新疆古代佛寺中掘获的公元八九世纪回鹘文佛经上古代胡语题跋，其中有"Toγri"一词，将之拟构为"吐火罗"，并与古代"大夏"联系在了一起。王国维先生身处当年"中国文化西来说"甚至"中国人种西来说"的风潮中，嗅到了西方学者在这一故事新编后面的"中国人种西来"、"中国文化西来"的味道，很快撰著了《西胡考》，提出阿富汗斯坦大地上的"吐火罗"，是为"大夏"，他们是由中原大地上的大夏西走才得出现的，并提出了抢人眼球的"吐火罗人东来说"①。这可以说是"以其人之道还治其人之身"。我对王国维先生的《西胡考》中大夏西走观点，是持否定态度的。但这个观点，在现代考古学还未出现，对先秦时期山西北部、甘陇、新疆以至阿富汗斯坦大地上相同时段内的考古文化遗存还没有认识，当然更不可能以出土文物与文献结合展开比较研究的形势下，只能根据古文献记录中的个别文字进行分析时，自然也不失为一个可以理解的论点。

如果今天的学者再展开相关问题的研究，仍然囿于一百年前的思路，不注意搜集相关考古资料并进行综合分析，认真、全面地将特定时段内多处空间的历史文化遗存展开比较研究，还只是从"大夏"、"吐火罗"一名出发，铺陈相关观点，"穿古人的衣服，唱自己的心曲"，就是不应继续的疏忽了。可惜的是，这还真是今天不少文章甚至专著中可以觅见的现象，只以古文献中一字一词为据立论、研究，这实在难说是可取的科学方法。一个民族的迁徙，是不可能不在远行道途中留下形形色色的物质和精神文化鳞爪的。只有将十分有限的古代文献记录与失落在地下的物质遗存彼此对应展开研究，互相印证、说明，才有可能说古代文献中的记录可以信从。这是今天可以展开也应该遵循的研究途径。虽然资料搜集（尤其是相关考古资料的搜集）的工作比较艰难，要费很大的精神，却是有可能实现的。

还应强调一点，关于"大夏"、"吐火罗"的议论，目前真还没有终结。自 20 世纪 80 年代以来，"吐火罗"在中国大地尤其是在西域历史文化研究中，又成为一个热闹的、备受关注的议题。印欧语研究界、考古学界、民族历史研究界、体质人类学界甚至分子生物学研究界，都对这个概念表现了不一般的热情。当然，又总与先秦古籍以至汉朝的"大夏"这个概念进行勾连。这一新的文化现象，它的出现，并不偶然，甚至可以清楚地看到西方尤其是美国个别学者在其中寄托的新追求。只是问题涉及面很广，这篇小文无法充分展开。但将汉代"大夏"译名出现及以后被摒弃的情形，作一番辨析，对看清所谓吐火罗与大夏的关系，对目前的吐火罗研究，总还是有点好处的。

（原刊《西域研究》2015 年第 1 期，109—113 页）

---

① 王国维《西胡考下》，载王国维著《观堂集林》，石家庄：河北教育出版社，2003 年，309—312 页。

阿凡纳羡沃考古文化与孔雀河青铜时代考古遗存

新疆的古墓沟和小河墓地是罗布淖尔荒原孔雀河流域的青铜时代遗存,时间为公元前 2000 年至公元前 1500 年前后,因为出土了保存相当完好的具有古欧洲人种形象的干尸,而引发学术界广泛关注。

面对相关遗存,1986 年,对于吐火罗语研究关注较多的学者提出"假说":这些古欧洲人干尸,有可能是在印欧语发展中迷失而不知所终的操吐火罗语的人群,在这批欧罗巴人南下塔里木盆地的过程中,与俄罗斯南西伯利亚米努辛斯克盆地所见阿凡纳羡沃考古文化存在关联。换句话说,阿凡纳羡沃考古文化是这批所谓吐火罗人东走南下过程中的遗迹[①]。去今 4000 年的欧洲人遗骸,与印欧语西支吐火罗语在差不多时段内消失的悬念,确实可以引发许多联想。最初提出的这一"假说",也给印欧语学界关于印欧人之起源、迁徙和吐火罗语的迷失、走向等问题长期无解的状况,提出了一个新的说法;加之还可以与一个多世纪以来德国语言学家力倡的、新疆天山南麓焉耆、高昌王国 5—8 世纪出现过的所谓"吐火罗语 A"、龟兹王国出现过的"吐火罗语 B"相呼应,因此,相关"假说"一经提出,引起的有关学术回应确实不少。

1996 年 4 月举办的"中亚东部青铜器和铁器时代民族"国际学术讨论会,新疆干尸与吐火罗人和吐火罗语有某种渊源关系这一看法,在会议上得到普遍赞同[②]。后来亦有学者进一步明确提出:塔里木所见古尸,就是印欧语西支的"吐火罗人"[③]。同样观点,在 2010 年于宾夕法尼亚大学召开的"重构丝绸之路"国际学术讨论会上,得到进一步阐释宣扬[④]。这一立足于假说、与塔里木盆地历史文化相关的研究"结论"在很多方面都难以得到考古材料的确认,因此有必要就此问题再作讨论。

将新疆孔雀河流域所见古尸与阿凡纳羡沃考古文化关联,进而推演成印欧语西支吐火罗人进入塔里木盆地,看上去比较直观地说明了这一逻辑链条的存在。但是在这一"吐

---

① 徐文堪《吐火罗人起源研究》,北京:昆仑出版社,2005 年,20—21 页。

② 徐文堪《吐火罗人起源研究》,282 页。

③ J. P. Mallory & Victor H. Mair: *THE TARIM MUMMIES*,London:Thames and Hudson,2000.

④ 参见宾夕法尼亚大学博物馆馆刊,*Expedition*,WINTER 2010,VOLUME 52,NUMBER 3.

火罗"假说链条中,有不能忽视的问题:金石并用时段的阿凡纳羡沃考古遗存,究竟有怎样的个性? 根据什么说它和孔雀河青铜时代文化有一致的特点? 在不少力主此说的知名学者笔下,对此均少见具体分析,即使稍有涉及,也都语焉不详,少见细节的说明。笔者认为这是个在考古学文化上根本难以成立的结论。

一、阿凡纳羡沃考古文化遗存

阿凡纳羡沃文化为俄罗斯境内铜石并用时段的考古文化遗存,主要发现为墓地,绝对年代约当公元前 3650 年至公元前 2240 年,主要分布在叶尼塞河中游米努辛斯克盆地内。另在俄属阿尔泰地区卡通河畔库尤姆,也发现同类文化属性墓葬 11 座,全部发掘的墓葬不过 80 座左右。

阿凡纳羡沃考古文化,初见于 20 世纪 20 年代。1920—1923 年,俄罗斯考古学者捷普洛霍夫在叶尼塞河中游阿凡纳羡沃山下巴捷尼村,发现并发掘了一处新墓葬区,共掘墓葬25 座。墓地地表见块石围成的圆圈,其下有竖穴土坑墓室,土坑椭圆或略近方形。穴深约1.5 米,主要为单人入葬(占 73%),有女性、男性、儿童之别。其中两座墓葬为女性带乳婴。一座墓葬内,见 7 人合葬(1 男 3 女 3 幼童),但因后期扰动,骨架并不在同一平面。还有一座墓穴入葬一名男性、一名女性、一乳婴。男女彼此牵手,似为小家庭形象。骨架均屈肢,大多侧身向右,头向西南。部分骨架上,可见红色矿物质染料残留。

随葬物品,主要为蛋形尖底陶器(占 79%),器表满布拍印的杉针纹。其次为圆形平底罐、平底盆形器,器表同样饰杉针纹。均手制,用泥条盘筑,而后抹平。另见棒槌形石器、红铜锻块、石杵、骨锥、骨针、石镞、河蚬壳制成的项链等。分析墓穴出土兽骨,饲养的动物,两座墓中见牛,两座墓葬见马;其他还有鹿、野牛、金花鼠、狐等遗骨。

更多的阿凡纳羡沃遗址,主要是苏联考古学家吉谢列夫的考古成果。如米努辛斯克盆地内格奥尔吉耶夫山下的帖西村(共 22 座墓葬),司达河南岸司达村(12 座古冢),克拉斯内伊雅尔村附近河滩台地(4 座墓冢,米努辛斯克博物馆列瓦舍娃发掘),小科比内村(一座古冢,叶芙秋霍娃发掘),阿尔泰地区卡通河畔库尤姆墓葬(共 11 座,戈尔诺—阿尔泰博物馆索斯诺夫斯基发掘)等。吉谢列夫在其名著《南西伯利亚古代史》中,对相关遗存进行了具体研究、分析和介绍。

帖西村墓地:

共见墓葬 22 座,1928 年发掘 16 座,1932 年发掘 4 座。

墓穴地表均见封土(最大直径约 10 米、高 0.9 米),用片石围出石圈。葬俗稍复杂:10 座为单人葬,2 座为男女合葬,1 座为多人葬(3 男 3 女及 1 具性别不明者),2 座为火葬,其余 5 座不明。3 座墓穴内见木椁。葬式为侧身屈肢,头向西南。墓穴中,填碎石,墓葬上部有盖木或石板。

随葬品主要为蛋形尖底器,其他有圆形平底罐、盆形器。均手制,拍饰杉针纹;也见到少量的彩绘垂直线纹、梯形纹、三角形纹等。此外还有红铜丝环、骨针、红铜针筒、以河卵石磨成的石斧、骨器、红铜刀、镞等。（图1）

帖西村第19号墓冢，发现三层人骨架。其第二层，男子骨架保存良好，随葬品丰富。骨架下铺桦树皮，左肩附近见磨制石斧、石球，膝部有柳叶形燧石镞，膝下有两块砺石，其间见一红铜薄片。圆饼形石器、石杵，左腕侧有柳叶形红铜刀片，可以看到阿凡纳羡沃文化时期男性武士的装备情形。

司达村墓地：

位于叶尼塞河流域司达河谷司达村西。共见12座墓葬，发掘7座。吉谢列夫主持这一工作。

地表见封堆，封堆周围见石板围圈。4座墓内，一墓见一穴，两座见双穴，一座见三穴。竖穴作长方形，上盖砂石板。主体为单人葬，一座为女子带乳婴，一座为多人葬。带乳婴女性，随葬品较多：红铜1块、骨镞1枚、陶器3件。均侧身屈肢葬，只有一例为仰身屈肢葬，头多向西南。随葬品主要为陶器：蛋形尖底罐为主，手制，泥条盘筑，饰杉针形纹、"之"字形划纹。未见野兽及家畜之骨骼。（图2）

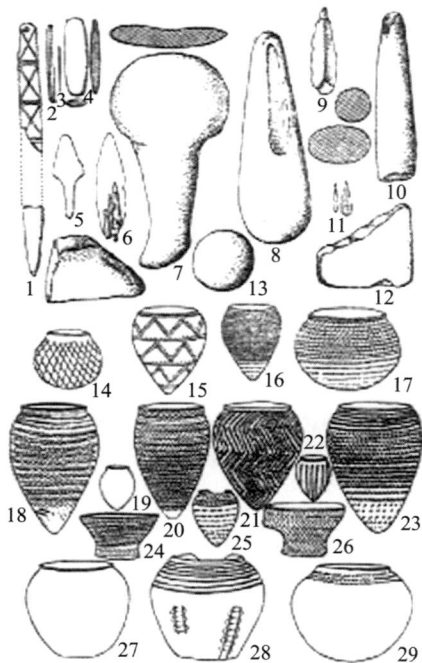

图1　帖西村阿凡纳羡沃墓地出土文物

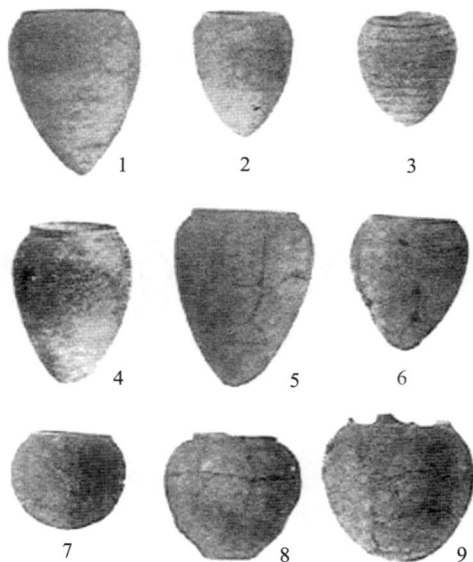

图2　司达村出土阿凡纳羡沃陶器

小科比内村墓地：

叶芙秋霍娃发掘。只发掘一座墓冢。墓冢存封土，封土四周见石板围垣（图3）。封土下见3座墓穴，已被盗。穴一，见侧身屈肢女性，随葬两件蛋形尖底罐。穴二，被盗空。第

三穴,存人骨、杉针形划纹之大陶罐碎片,散落用猛兽牙制作的项饰、用肋骨制作的坠饰,形若短剑。(图 4)

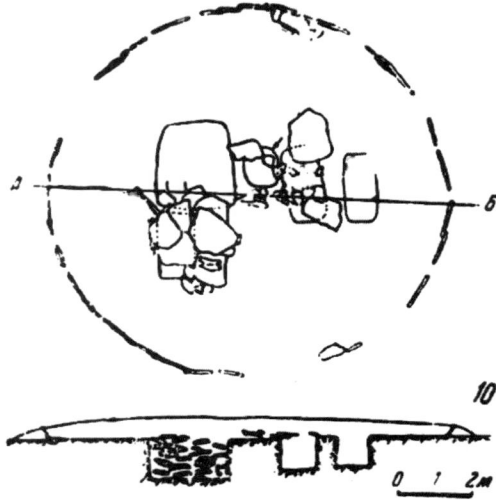

图 3　小科比内村阿凡纳羡沃墓葬平面图

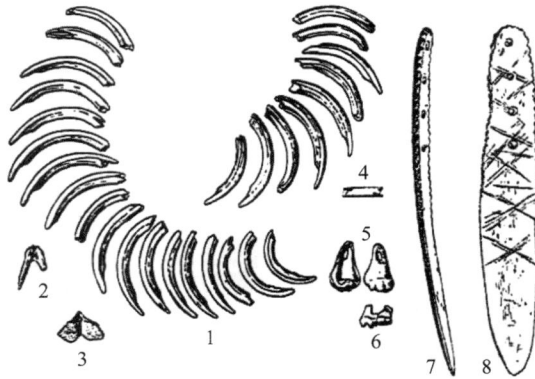

图 4　小科比内村阿凡纳羡沃出土之饰物

阿尔泰库尤姆墓地:

戈尔诺—阿尔泰博物馆索斯诺夫斯基主持发掘,共发掘古冢 11 座。墓地有不高的封土,墓穴为竖穴,长方形,单人葬。只有两座墓葬为幼童、少年。4 座墓中,人骨架曾以赭石染色,仰身屈肢。随葬品中主要为陶器,作蛋形尖底,器表拍压杉针纹、齿形纹。另见骨锥、红铜片。(图 5)在墓地附近,还发现一处同时期的村落遗迹,可以推见当年已存在木构建筑,居民居住在森林葱郁的河道下游,存在少量锄种农业,饲养的家畜有牛、马、绵羊。畜群不大,饲料可以在邻近住地的有限范围内解决,不需要游牧。

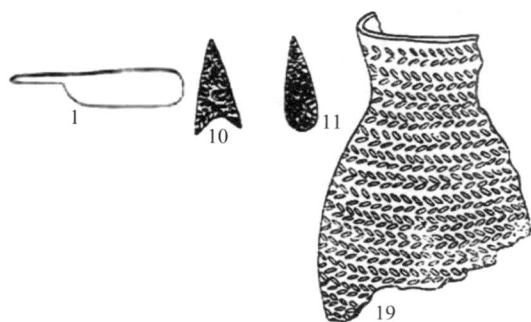

图 5　阿尔泰库尤姆村出土阿凡纳羡沃陶片、石镞等

在戈尔诺—阿尔泰库罗塔河东岸,还曾发现、发掘阿凡纳羡沃古冢 9 座。地表见圆形石围,内部是由松木搭建而成的木椁,墓室为长方形。多数墓室葬 1 人,另两座分别入葬 2 人、3 人。均仰身屈肢,头东向。大多数骨架显矿物质染成的红色。随葬品陶器主要为手制蛋形尖底器,拍印杉针纹,另见一件豆形器(亦称"香炉形小盆")。其他有石棒槌、石杵、红铜环、戒指、小型骨器等。(图 6)

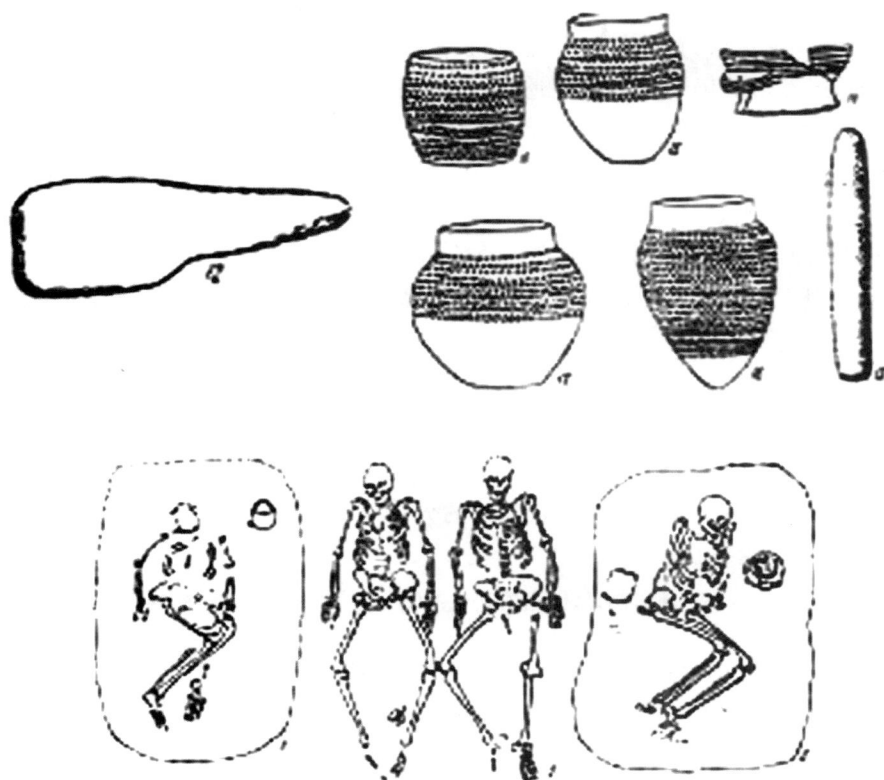

图 6　阿尔泰库罗塔村阿凡纳羡沃墓地葬式及出土陶器、石器

阿凡纳羡沃考古文化居民的种族,由于骸骨保存不佳,可资检测的资料不多,只巴捷尼村墓地保存一具比较好的头骨,经体质人类学测定,具有典型的古欧罗巴人种特征。

根据阿凡纳羡沃考古文化的特征,尤其是相关墓葬文化,可以总结出以下主要结论:

1. 墓地规模不大。地表见封土,有石板围垣。行土葬,多为单人葬(男女、老幼均见)。重视女性乳婴合葬,很少男女合葬。见个别火葬。

2. 葬式均为仰身、侧身屈肢。头向不一。

3. 随葬物品为日常用品。手制陶器居主,主体造型为蛋形尖底器,器表拍饰杉针纹、短道划线、篦纹。同时,见小件铜器、石器。

4. 居民具古欧洲人种特征。

阿凡纳羡沃考古遗存的绝对年代,在公元前 3650 年至公元前 2240 年之间。[①]

二、孔雀河青铜时代考古遗存

罗布淖尔孔雀河水系,从新疆总体自然地理环境观察,应该算是一个相对偏僻的所在。但源自天山冰川的孔雀河水长流,河谷两岸尤其是下游三角洲地带拥有良好的生态环境。20 世纪初,在斯坦因、贝格曼、黄文弼等调查中,早就发现不少细石器文化遗存。这些遗存以细石叶细石器为主,但均只是地面采集,没有遗址发掘工作。但这足以说明,青铜时代以前,虽然目前仍未发现人类遗骸,但这片地区并不是一片无人活动的地带,而是很早就有了人类的采集、狩猎活动。普遍存在的细石叶细石器,是相关遗存的主要文物。一个同样必须注意的考古文化事实是,进至去今 4000 年前,河谷内引人注目地出现了不少青铜时代遗存。比如,1979 年王炳华发现、主持发掘的"古墓沟";1928 年贝格曼发现并试掘,新疆考古所于 2002—2005 年进一步全面发掘的"小河"。因为文化遗存保存比较好,尤其是发现了保存良好的古人类遗骸,且遗骸普遍具有古欧洲人的形体特征,从而引发学术界的强烈关注[②]。

孔雀河青铜时代遗存,迄今难以说明它与此前存在的细石叶细石器文化的关联,因此,人们推测青铜时代的孔雀河居民,可能是一批外来的迁入者,这在逻辑上是可以接受的。只是它与阿凡纳羡沃铜石并用文化,究竟存在不存在直接关系?虽有不少考古学者发表过存在联系的观点,但都不见比较具体的分析[③]。

---

① 吉谢列夫著,莫润先、潘孟陶译《南西伯利亚古代史》,乌鲁木齐:新疆社会科学院民族研究所(内部资料),1981 年,12—34 页。

② 王炳华《古墓沟》,乌鲁木齐:新疆人民出版社,2014 年;新疆文物考古研究所《2002 年小河墓地考古调查与发掘简报》,8—64 页;新疆文物考古研究所《2003 年小河墓地发掘简报》,《新疆文物》2007 年第 1 期,1—54 页。

③ 林梅村《吐火罗人的起源与迁徙》,《新疆文物》2002 年第 3—4 期合刊,69—82 页;王欣《吐火罗史研究》,北京:中国社会科学出版社,2002 年;等等。

古墓沟墓地全面发掘,共见古代墓冢 42 座。从地表观察,可以区别为两种类型:1. 地表有 7 层列木圆圈,墓穴在列木圆圈内,竖穴沙室,见木质葬具朽痕,人骨架均为男性,仰身直肢,头东向,随葬木雕人像、红铜片、木雕人面像、草篓等物;2. 地表不见 7 圈列木,墓穴端头见一根小木柱。竖穴沙室,有木质葬具,无底,厢板、端头、盖板保存完好,板上盖羊皮、牛皮、毛毯,入葬单人,男、女、婴儿均见。婴尸近女性。其中两座墓见合葬男性,分别为 2 人、3 人。出土文物主要为随身衣物,头戴尖顶毡帽,身裹线织毛毯,以骨、木锥别连,毛毯边上均附麻黄小包囊,着皮鞋。随葬木质杯、盆、骨、角杯、草编篓(篓内见小麦、乳渍)、木雕人像、玉石珠、小卵石、牛羊角,一具男尸腹部见一楔入之打制石镞,石镞有铤,锯齿形刻木、木槌、草编簸箕等。棺木、木器上见锐利之金属工具切削痕迹。

7 圈列木围垣放射状木桩墓与竖穴墓间虽见互相打破关系,但葬俗、随葬文物类同,说明大概是同一时段的遗存,不存在明显的时代早晚关系。

竖穴墓出土一具女性干尸、两具婴尸。黄色直发,眉弓发育,有俗称之"深目高鼻"形象。经体质人类学测量,人种具古欧洲人种特征。"鉴于古墓沟文化居民的人类学特征,可以说,他们是迄今所知欧亚大陆上,时代最早、分布位置最东的古欧洲人类型。"[①]

小河,是孔雀河支流。小河墓地是较古墓沟墓地时代稍晚的一处大型墓地,共发掘古代墓冢 167 座,加上被破坏的 140 座左右,全部墓葬共有 300 座以上。上下叠压五层,集中在一座高近 8 米的沙丘上,沙丘周围曾立高大木雕像。绝对年代最早可能到公元前 2000 年前后,最晚在去今 1500 年左右[②]。

小河墓葬基本形制:土葬、竖穴沙室、使用木质棺具(无底),单人葬,未见男女合葬。仰身直肢,头东向。棺具矩形,左右厢板(微弧曲)、前后挡板,上盖块木,块木上覆牛皮。女性棺前立男根形木柱;男性墓葬前立女阴形木柱。顶端多楔小铜片。棺前更立高达 4 米以上的立柱,外敷红色,柱下置芦苇、冥弓箭、麻黄、羊骨、草篓、牛粪等物。木棺盖板上见红柳、芦苇、碎石。入葬男女均头戴的尖顶毡帽、裹尸毛毯,腹部见腰衣,着皮鞋,还有草篓(内见小麦粒、粟粒、奶酪等物)、弓箭、权杖类制器、项链、手链、木雕人面像、蛇形木雕、木雕男根、大量麻黄等。总体观察,与古墓沟文化类型相同,但又有进一步的发展,较古墓沟,不仅器物精致、丰富,而且在墓葬设置、物质文化观念层面,均见有进一步的发展。

第五层(最底层),木棺作矩形,外敷泥壳。单人葬,仰身直肢。最大差异处,在入葬者为蒙古人种,而非欧罗巴人种[③]。这也是值得特别关注的一点。

不论古墓沟还是小河,均未见陶器。大量见牛、羊骨,绝未见马骨。

① 韩康信《新疆孔雀河古墓沟墓地人骨研究》,载王炳华《古墓沟》,175—208 页。

② 新疆文物考古研究所《2002 年小河墓地考古调查与发掘简报》,《新疆文物》2003 年第 2 期,8—64 页;新疆文物考古研究所《2003 年小河墓地发掘简报》,《新疆文物》2007 年第 1 期,1—54 页。

③ 负责墓地人类体质特征分析的吉林大学边疆考古研究中心朱泓教授,多次在 CCTV 访谈节目、相关学术会议发言中宣布过这一分析结论。

三、两地考古文化之比较

埋葬制度,在任何一个族群内,都是最稳定、最具神圣地位、不容随意改变的一种文化传统。在人类发展早期,更具有强大的约束力,会被个体视为涉及安全、现世来生最具关键性的制度,是绝不可以背离的传统。

从这一常识性的认识出发,去分析米努辛斯克盆地与孔雀河青铜时代文化遗存的异同,可以十分明确地判定:除了墓葬主人都具有古欧罗巴人种特征这一点相同外,无论从已见的表现族群文化观念的葬俗,还是显示物质、精神文化生活特征的随葬物品,彼此并不相同。

从葬俗看:阿凡纳羡沃文化墓地,地表见块石围垣封土;围垣内有一或二墓穴;人骨架作侧身或仰身屈肢,头向不一,主要向西南。孔雀河青铜时代墓地,地表不见围垣(古墓沟见7圈圆形列木,列木外见散射如光芒的木桩,与简单的圆形围垣不同),竖穴沙室,入葬一人,有木棺,人骨架均仰身直肢,头向东。这些基本形制,彼此完全不同。

从随葬物看:阿凡纳羡沃主要的、几乎人人均备的是蛋形尖底陶罐,饰杉针纹、划线纹;稍晚有圆腹平底陶罐,同样饰杉针纹;个别小件如红铜饰品、石槌、石杵,偶见兽骨。孔雀河青铜时代随葬物,人人必备者为草编小篓,饰折曲纹,不见陶器,有木、骨、角制用器。普遍随葬麻黄,人人均备,不可或缺,还有牛羊角、牛头、男根、女阴木雕、弓箭等物,个别有铜饰品。随葬品从制作工艺到表现美学观念的装饰、纹饰等方面,判然有别。

据此,可以得出清楚结论:说阿凡纳羡沃人与古墓沟人、小河人,具有共同的古欧罗巴人种特征,是不错的;说这两组文化之间存在相同特征,表现着移徙、传承的情况,则没有任何根据;而将这两种并不相同的考古文化,以含混不清的语言文字宣称:它们与古代欧洲大陆上曾经存在的印欧语西支、吐火罗语存关联,因而这些实体可能是吐火罗人,同样是不准确、没有根据的。如果说,有足够根据判定阿凡纳羡沃考古文化的主人是吐火罗人,则新疆罗布淖尔荒原孔雀河水系内古墓沟、小河墓地的主人,就不可能是吐火罗人。在阿凡纳羡沃考古文化、古墓沟—小河考古文化资料已比较清晰刊布的今天,再说它们可能都是"吐火罗"文化遗存,是不够严谨的。

(原刊《西域研究》2016年第4期,83—89页;与王路力合作)

说"七"

——求索青铜时代孔雀河绿洲居民的精神世界

感觉到的事物不一定能理解。只有理解了的事物,才能被更深刻地感觉,并进而把握其实质。

1979 年 12 月底,笔者觅得并主持发掘了孔雀河古墓沟,立即感觉到了很新奇、从未所见的种种文化现象,但又是相当不理解。连它是新石器时代抑或青铜时代的遗存,翻来覆去好几遍,才怯生生地说它是青铜时代,是孔雀河绿洲古代居民步入文明时段的考古遗存[1]。至于它的具体文明内核,即使摆在面前,还是没有清楚认识,没有真正理解其内容。至今,经过整整 30 年,不断咀嚼那些深刻印在脑海中的问题,不断学习吸收前人、师友的成果,才能一步步感知、一点点理解孔雀河人——古代西域先民——的精神世界,使我有勇气开始一辨其原委。

"七",这个神秘的数字,就是这方面的典型一例。

"七",是一个在原始思维过程中具有特殊意味的数字概念。中国学者,对这类神秘数字,早有关注、分析,提出过种种解析、假说、理论。

新疆东部罗布淖尔荒原上的孔雀河绿洲,是亚洲中部内陆一处相对比较封闭的地块(图 1)。南北大山、东西沙漠,与四围交往来去,并不方便。自 20 世纪初叶尤其是 20 世纪 70 年代末至今,考古工作者对这片地区的青铜时代文化遗存进行了相当详实的调查,也进行了一些发掘。出土的文物考古资料,因环境特别干燥,保存得相当好。而其社会发展阶段又正当蒙昧转向文明的过程中,绝对年代可以早到 4000 年前。这些特点,给我们提供了一个解析人类文明早期阶段精神世界状况比较好的典型。全面、认真剖析相关文化遗存,不仅可以感受初步迈向文明之门时原始先民们的物质生活,而且可以具体触摸其精神生活领域的种种遗痕,这是特别珍贵的。因为其时文字还未发明,古远的精神世界状况不可能见于记录,但有幸载附于看似平常的出土文物中。因此,它是认识古代先民迈向文明之门最初时段重要、又不易获得的物质遗存;更因其未受后人增删、润色、改造,朴素无华,就更加稀珍难求,具有说服力。

---

① 王炳华《孔雀河古墓沟发掘及其初步研究》,《新疆社会科学》1983 年第 2 期,117—130 页。

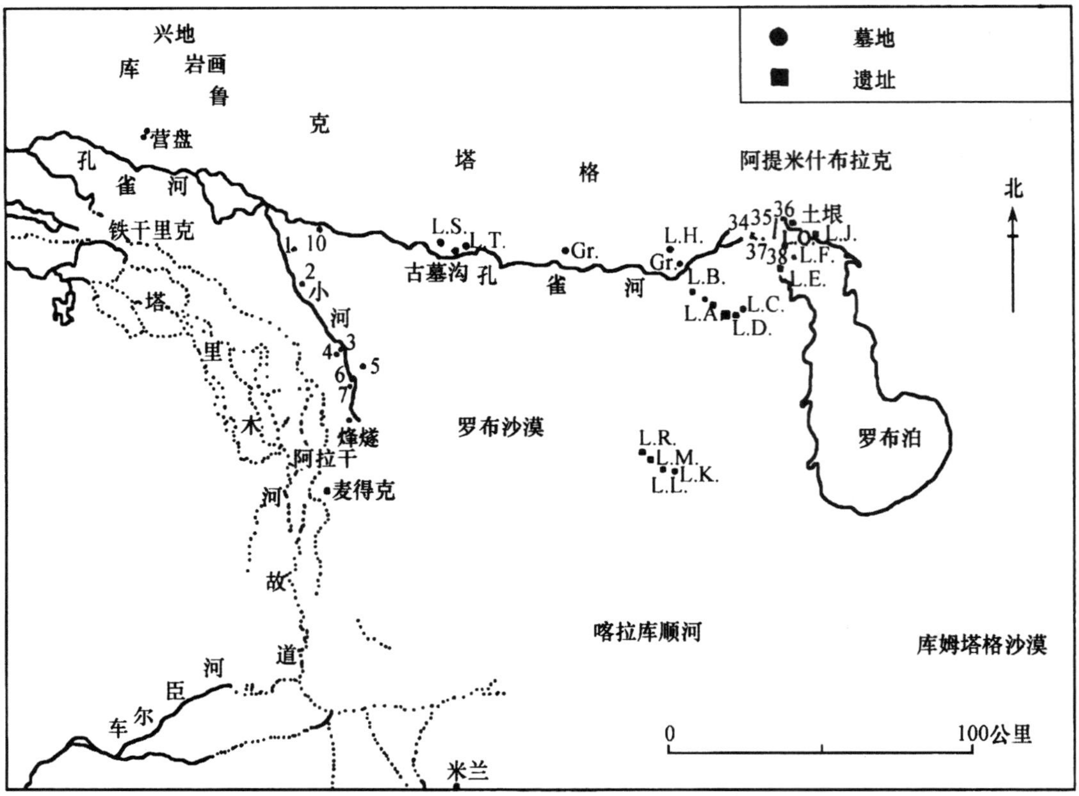

图 1　青铜时代孔雀河水系遗址、地理形势示意图

笔者自 1979 年发掘了这一时段的遗址古墓沟后，2000 年，情有难舍，又与友人徒步、骑驼相继，自库鲁克山直下罗布淖尔沙漠，再访了这一时段中孔雀河水系内的墓葬遗址——小河(贝格曼 1934 年发现并少量发掘过的一处墓地)；2002—2005 年，新疆考古所对小河墓地进行了全面发掘，并公布了部分相关资料。2004 年，笔者作为国家文物局专家组成员之一，认真考察了小河墓地发掘现场。这些因素，为我今天剖析这一相对较封闭、保存良好、时代又相当早的青铜时代文化遗存提供了诸多便利条件。

应进行分析的文化细节，是相当多的。笔者当努力探索，逐步展开。本文仅以遗存中所见"七"数的具体资料为切入点，剖析孔雀河流域古代先民在这一数字概念中寄托的思想，探寻人类原始思维之特征，求索这一时段中人们认识世界之轨迹，感受他们在面对大自然，求得生存、发展时显示的聪明、智慧，进而讨论他们与当年周围世界的关系。

一　"七"数遗痕

孔雀河河谷绿洲，已知青铜时代文化遗存约有 10 处。分布地域及于孔雀河中、下游及主要支流。如斯坦因调查并发掘的 LF、LQ、LS、LT①，贝格曼发现并发掘、考古所最后全面发掘的小河墓地②；黄文弼在孔雀河北岸发掘的 L孑（LB）、L∏（LM）墓地③；笔者发现、发掘的古墓沟墓地④；穆舜英清理的铁板河墓地⑤；牛耕在 LE 东北发掘的墓地⑥；等等。它们大都分布在孔雀河北岸沙丘高地及其支流小河流域，时代或有早晚。据大量碳 14 测年资料，总体结论是：它们是公元前 2000 年前后孔雀河谷绿洲上古代居民的文化遗存。可惜目前所见均只是墓葬，未能发现居住遗址。相关居住遗址，虽曾认真搜寻，但迄无所获。按一般情况，居址当在距离墓地不远的河谷台地。如是，去水较近，农作、日常生活可得其便。但简单的草木建筑，可能难御罗布淖尔东北季风长期吹蚀，大概已湮灭无存。

通观孔雀河青铜时代墓地发掘资料，可以看到一个醒目的文化现象，即数字"七"，具有不一般的地位。它保留在当年孔雀河居民物质生活的各个方面。不必怀疑，它是深深烙印在他们灵魂深处的一个文化密码，具有特殊的意涵。对青铜时代孔雀河居民而言，数字"七"，似是美好所在，是幸福所系，是须臾不可丢弃的灵符。

古墓沟墓地，共发现古代墓葬 42 座，其中 6 座墓葬，地表均见七圈椭圆形列木环圈。环圈列木直径由几厘米到 20 多厘米不等。由内及外，粗细有序。椭圆形环圈外，更有四向散射的列木桩柱构成的直线。一座环圈墓葬外，可有 40 多道射线。这类直线，从保存完好者看，每条线又是由七根立木构成。远视、俯视，俨如光芒四射的太阳（图 2）。其布局之规整、施工之严谨，均清楚可见。这类墓均入葬男性。

图 2　古墓沟墓地七圈椭圆形列木、散射的木桩直线，俨如太阳形

①　斯坦因著，中国社会科学院考古研究所译《西域考古图记》，桂林：广西师范大学出版社，1999 年。
②　贝格曼著，王安洪译《新疆考古记》，乌鲁木齐：新疆人民出版社，1997 年，72—130 页。
③　黄文弼《罗布淖尔考古记》，国立北平研究院中国西北科学考查团丛刊之一，1948 年，97—104 页。
④　王炳华《孔雀河古墓沟发掘及其初步研究》，117—120 页。
⑤　穆舜英《楼兰古墓地发掘简况》，载《楼兰文化研究论集》，乌鲁木齐：新疆人民出版社，1995 年，122—126 页。
⑥　牛耕《近年来罗布淖尔地区的考古发现》，《西域研究》2004 年第 2 期，84—86 页。

墓葬封土如是设计,极显当年孔雀河人对"七"这一神秘数字满怀虔诚,满溢创造的智慧;光芒四射,俨如太阳的造型,不仅显示这类墓葬的超凡、庄严,也清楚表明他们对太阳的崇拜。这是可以经过形式逻辑推断的结论。

据此,可以推定:构建太阳图像的基本元素,必须用"七"。椭圆形要七圈,构成射线之立木要七根。这表明:"七"在青铜时代孔雀河人心目中,不是一个随便的数,它是与天穹密切关联的、具有神秘内涵的文化密码。它背后的逻辑思维过程,以及如此观念的根据,需要我们进一步发掘、认识。

在古墓沟墓地,还有一个与"七"密切关联的图像。墓地第 38 号墓,是一位老年女性的墓葬。女主人头戴质地厚实、保存完好的褐色尖顶毡帽,一侧插白色翎羽。毡帽顶部以红色毛线绣饰一周图形:以七条平行线为一组,共四组,分列尖顶四面。墓葬女主人的随身衣物,入殉牛、羊角,均超乎一般成员。从墓地观察,是占有财富较多、地位不俗的一位老妇人。她毡帽上这一醒目的以七道红线构成的毛绣图案,自然也发人思考:"七",在青铜时代孔雀河人心目中不仅是美的象征,而且存在特定的文化意涵(图 3)[1]。

图 3 古墓沟第 38 号墓女主人毡帽饰七道红线

<hr>

[1] 王炳华《孔雀河古墓沟发掘及其初步研究》,117—120 页。

"七",这一数字元素,在同属青铜时代、但绝对年代晚了四五百年[①]的小河墓地中,保留着更多痕迹。可以说,"七"在小河时段,已成为社会的时尚,具有了时尚文化符号的功能。为揭示这一文化现象,本文取已经刊布的 2003 年发掘资料中的第 13、24 号墓为例,作为代表,予以较细说明。

M13,为第一层(小河墓地共叠压 5 层,这是绝对年代最晚的地层)墓葬。埋葬浅,棺前有高达 187 厘米的粗大棱形立木象征男根(图 4)。木棺较大(225 厘米×84 厘米×45 厘米),棺上盖红、白、淡黄色三块牛皮。墓主人为成年女性,头戴毡帽,身裹白地大红色竖条纹毛织斗篷;颈部见朱红色毛绳项链,上腹部置一具大牛头,颅面彩绘以九条黑红色线构成的网格图案;腰围毛织竖条纹腰衣,左胸部置小型木雕人面像;右手腕部饰手链,左手近腕部置木祖,右侧臀下放木梳;小腹部有黍粒,身下铺大量麻黄枝。在这座保存相当好、规模相对稍大且极具代表性的墓葬中,墓主人随身衣物,多见"七"数遗痕[②]:

图 4   2000 年,本文作者进入小河墓地,在男根形立木前留影

---

①   2003 年 M13、M24 属小河墓地表层。经碳 14 测年,"一、二层年代最大的可能性在公元前 1650—前 1450 年之间"。新疆文物考古研究所《2003 年罗布淖尔小河墓地发掘简报》,《新疆文物》2007 年第 1 期,46 页。

②   M13 埋葬情况,及下引 M24 文物资料,均见新疆文物考古研究所《2003 年罗布淖尔小河墓地发掘简报》,《新疆文物》2007 年第 1 期,10—33 页。

（1）女主人裹尸毛织斗篷，灰白地上显大红竖条纹，和谐美观。红色条纹贯通上下，与幅边平行，共七道（图5）。

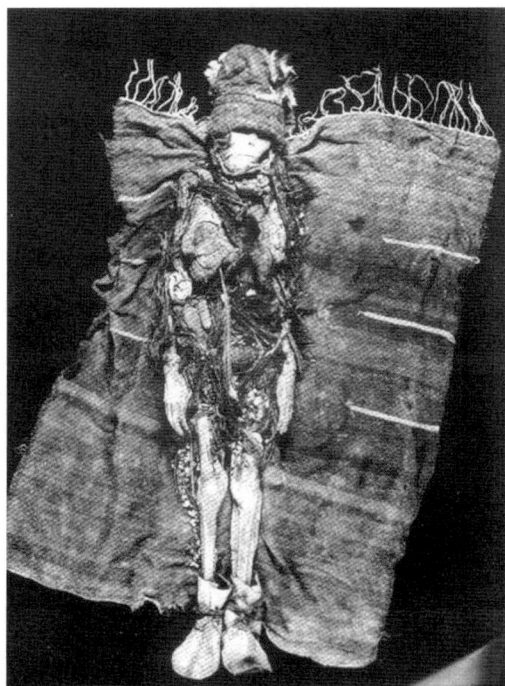

图5　小河13号墓女主人斗篷上饰七道红线

（2）女主人腰衣中部用一根毛线缀连直径2.5厘米左右的圆形铜牌饰，绕腰衣一周，这醒目之圆铜牌为七块（图6）。

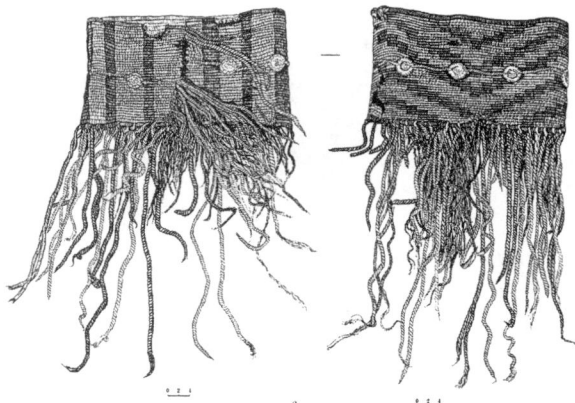

图6　小河13号墓腰衣上有七块铜牌

（3）女主人项链，以红、褐两色细毛绳穿缀玉石珠。红毛绳穿缀玉珠 3 颗，褐毛绳穿 3 颗白石珠、1 颗黑石珠，玉、石珠共为七颗。

（4）女主人使用之木梳，以七支红柳杆为梳齿；侧边梳齿上刻七组三角形纹（图 7）。木梳不在头上，而在臀下，是一个需要注意的现象。

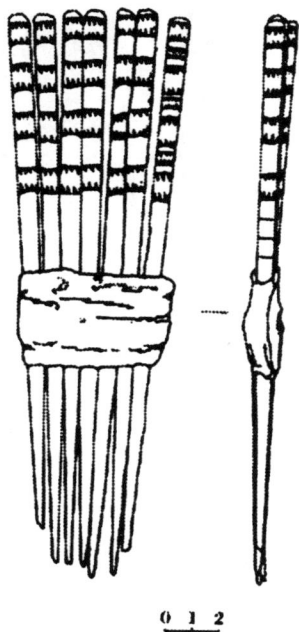

0 1 2

图 7　小河 13 号墓木梳齿上饰七组三角形纹

（5）女主人随葬的小草篓，篓底垂直相交的经向草秆，都是七根。

（6）女主人腰际随葬小皮囊，在缝合处切割出七个方形凸片（图 8）。

图 8　小河 13 号墓女主人小皮囊上有七块方形凸片

（7）女主人随葬的木雕人面像，表面粘贴薄皮，涂红，鼻梁高耸。鼻梁上横缚线绳，绳为七道（图 9）。

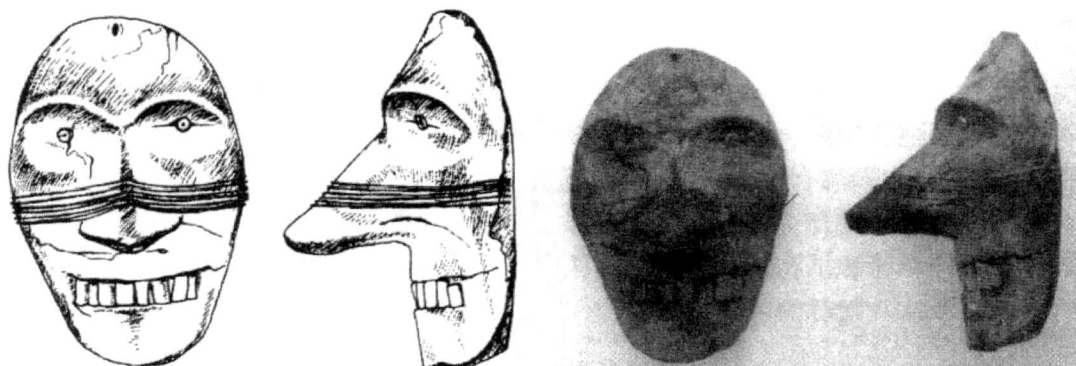

图 9　小河 13 号墓木雕人面像缚七道线绳

（8）女主人胸部有羽毛木杆饰物。将两端削尖的木杆插入羽毛管中，羽管通体缭绕红毛线，捆扎白色羽毛。木杆上刻有七道弦纹。

（9）木别针，包括刻花木别针三支、红柳杆三根。刻花木别针，每支刻 14 道弦纹，中间刻相对小三角形纹，分别组成七组三角形饰带，花纹部分涂染红色（图 10）。

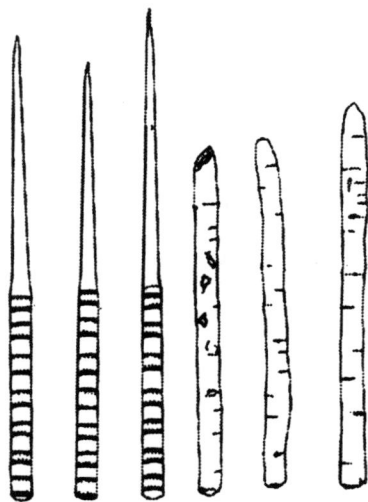

图 10　小河 13 号墓出土木别针上有七组三角形饰纹

此外，还有一说女主人头戴之尖顶毡帽，简报文字称"帽上缀 6 圈红色合股毛绳"。只是细看所附线图、图版，缀附之毛绳，已稍朽损，似有七圈之可能（图 11）；毡帽一侧插禽羽，羽毛捆扎在木杆上，其中一支木杆，也刻有七道弦纹。

这些资料清楚表明：随女主人入土的各类衣物，诸多制作、装饰细节，都可以捕捉到"七"这一数字元素。这自然不是偶然的现象，而是精心设计、深有文化蕴涵的。

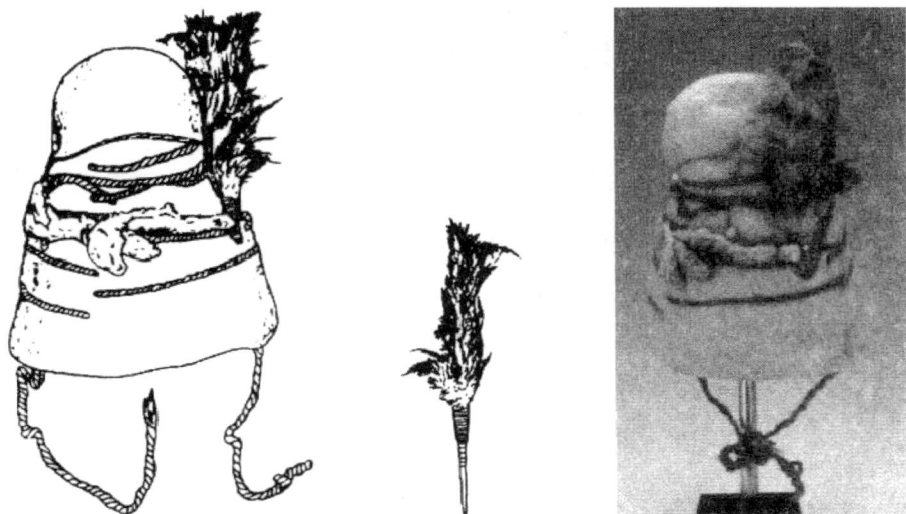

图 11 小河 13 号墓出土毡帽,毛线已朽损,不规整,饰带似为七条线绳

再说第 24 号墓(M24)的情况[①]。

第 24 号墓,属小河墓地第二层,棺前竖一根高 330 厘米的圆木柱和一根高 180 厘米的女阴立木。圆木柱曾经涂染红色,圆木柱根部见用毛绳捆缚的芦苇、红柳草束。其中包含麻黄、羊腿骨,草束上放牛粪,旁置大草篓。女阴立木呈桨形。桨叶截面大致呈十字形,最宽处达 67 厘米。两边插有一支冥弓、三支冥箭。棺木较大(181 厘米×49 厘米×30 厘米),入葬成年男性。身裹深棕色地红条纹毛毯,以刻花木别针缀合。毛毯边缘用红毛绳捆扎出四个小包囊,内存麻黄枝、小麦粒等物。男尸腹部置放颅部涂红的大牛头。男尸头前、足后各插一件一端嵌人面像的木杖。男尸头戴深棕色毡帽,帽侧饰翎羽、缀羚鼬头。腰围窄带式腰衣,足蹬短腰皮靴,双耳饰铜环,右手腕绕手链。下半身偏右侧堆置 40 多件木质长杆形器物,包括 3 件蛇形木雕及套皮、束羽毛的扁木杆、骨旋、木箭、羽箭、红柳木棍等。胸部置木雕人面像,右臂外有麻黄束,小腹部置白色卵石。胸部、两腿间、右臂内侧有羽饰。右手部位放一件夹条石的马蹄形木器。身上、身下见麻黄枝,颈肩周围见动物碎耳尖。尸体干化较好,全身涂抹乳白色浆状物,额至鼻部曾涂绘红色横线,看不清楚红线的根数。

男主人随身衣物、殉物,也见到不少与数字“七”有关的元素。细述于下:

(1)棺前具有神圣地位的女阴立木,通体涂染黑色。柄端刻七道弦形纹,并在刻划处涂染红色(图 12)。

---

① 新疆文物考古研究所《2003 年罗布淖尔小河墓地发掘简报》,《新疆文物》2007 年第 1 期,20—33 页。

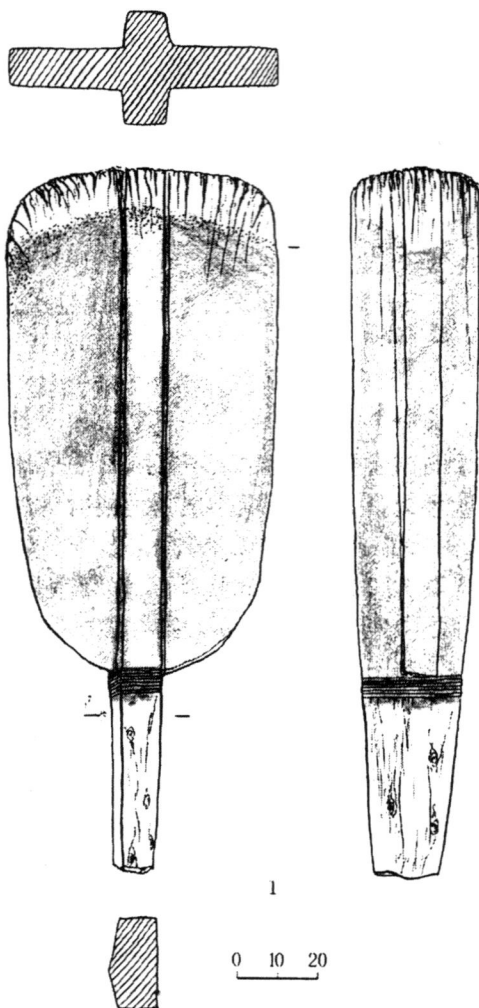

图 12　小河 24 号墓葬女阴立木柄部刻七道弦纹

　　（2）皮靴，靴面正中涂红道，红道两侧穿小孔，"内穿'七'束白色羽毛和红毛线"。

　　（3）手链，以灰白色细毛绳穿白色小珠，在右手腕部绕七圈，成为形式特别的一种手链（图 13）。

　　（4）随葬草篓，"篓底正交的两组经草均为'七'根"。

　　（5）右手所持夹条石的马蹄形木器，"木片中段内侧平面上刻相对'七'道横纹，刻线的地方涂成红色"。木片中夹磨制灰色砾石，"内侧面刻划'七'道细槽"，"蹄形木片下方，两块木片相对应处，也刻有'七'道细线，并涂红色"（图 14）。这是一件值得注意的木器。醒目的砾石内侧面、夹砾石之木片兽蹄一端都刻了七道细槽，且涂红色，这不可能是为人们

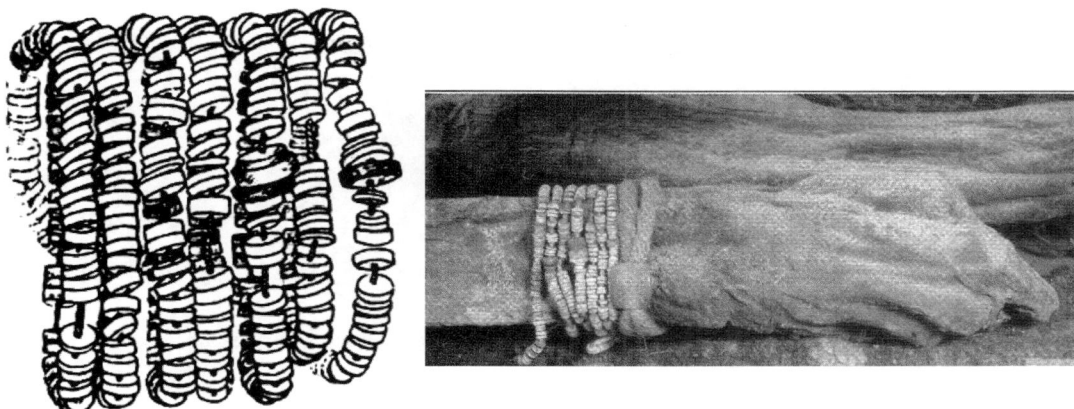

图 13　小河第 24 号墓葬男主人手链

观赏的装饰图案。因为细且隐秘,一般看不清楚。但还是要刻七道细槽,而且涂染红色,说明这是特别重要、特别神圣且不能轻忽的环节,很有可能是巫师作法的表现。如此,才能具有权威。

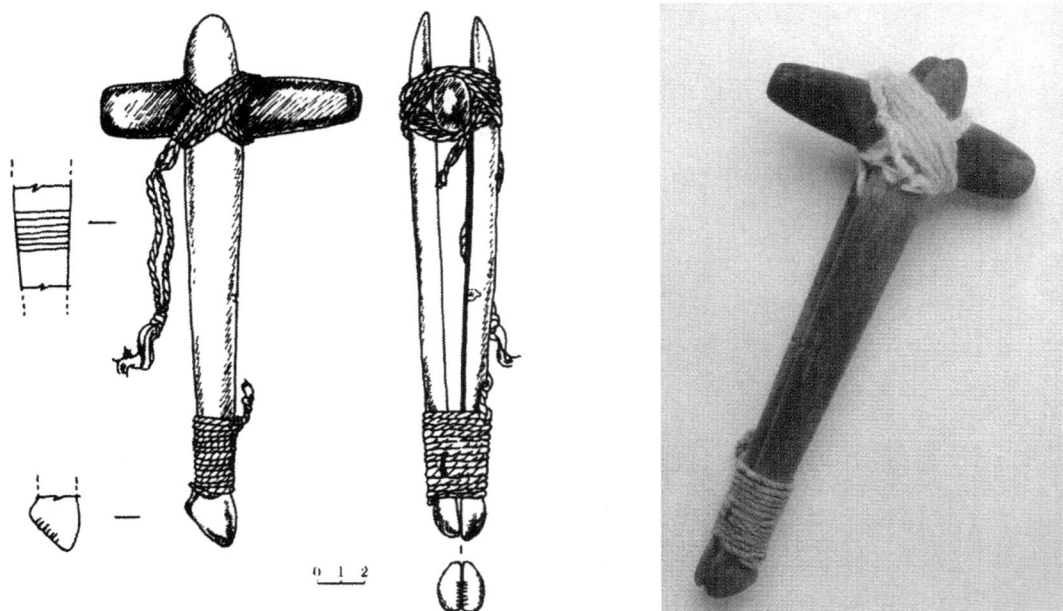

图 14　小河第 24 号墓葬马蹄形木器上有七道刻线

　　(6)男主人胸部的木雕人面像,其上也粘贴一层皮状物,涂红。额部、下颌正中,各粘小块铜片,眼部、嘴中以小白珠、白色小片作为眼珠、牙齿,制作精细。那应该是可以辟邪的圣物。这木雕人面的鼻梁上,也横搭七道细线绳(图 15)。

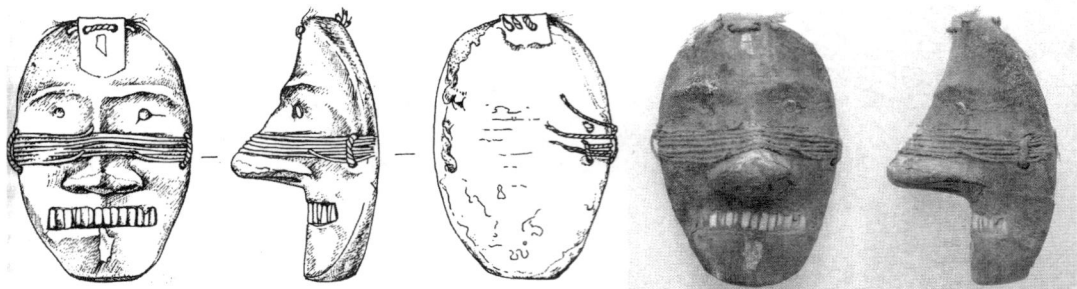

图 15　小河第 24 号墓葬男主人随葬之木雕人面,缚七道细绳

　　(7)男主人随葬的骨镞、木箭,骨镟表面打磨光滑,头端尖锐,后侧表面刻划七道弦纹。

　　(8)男主人随葬的羽箭,有四组,分置于不同部位。其中一组置于主人右臂与躯干之间,共七支。

　　这两座墓葬,保存都较好,未经后人扰动。性别不同,社会地位稍高,从探求这一时段孔雀河居民的观念形态看,他们是很具代表性的。

　　小河墓地墓葬,随葬物品不多。大都只是死者随身衣、帽、饰物,以及少量随葬物品。在屈指可数的随葬物品中,可以觅得如是多的与"七"相关的装饰细节,可以充分说明:"七"在当年小河居民的日常生活中,确已是普遍接受、尊崇且不可须臾离开的一个文化密码。在当年人们的精神世界里,具有神圣的地位。

　　小河墓地,共发掘墓葬 167 座[①]。"七"这个具有神秘意味的数字,所在多见。本文只以两座墓葬为切入点,检索其中的"七"数遗痕,以求得到比较具体、深入的认识。于细微处见精深,"七"在青铜时代小河墓地主人的心目中,确实是十分不平常、与命运息息相关的元素,也是人们在处置生、死大事时不能轻忽的一个细节。这是一个重要的文化现象。从这一细节出发,进一步去剖析青铜时代孔雀河绿洲上原始居民内心深处存留的对"七"这一神秘数字的信仰,是有说服力的。

二　"七"数探源

　　在上述孔雀河流域青铜时代墓地内,大量存在具有"七"这个数字内核的文化遗痕。由此可以推论:"七",是一个具有神秘意味的数字,它在去今 4000 年前后,已经是孔雀河绿洲古代居民普遍接受、认同的一个文化符号,显示已是他们共同的文化心理。这是值得

---

　　① 167 座,只是新疆文物考古研究所 2002—2005 年发掘的数量。此前,1934 年贝格曼在此发掘墓葬 12 座。贝格曼发掘前后,当地也见盗掘。2000 年至小河墓地,沙丘地表不仅见人体干尸,棺板也随处可见。因此,这一青铜时代孔雀河水系内最主要的墓地,当年全部墓葬不可能只是 167 座,总数当在200 座以上。这对分析水系内的居民总数,是有价值的。

予以分析的民族文化观念。这一文化符号代表了一种什么样的思想内涵？它如何形成、演化？与周邻地区的关系怎样？这些都是值得探索的问题。

只从孔雀河水系绿洲这一地理空间现已把握的资料看，至少，这类遗痕显示出如下特点：一是这类符号，具有超越人间的神性，是与天廷、权威、巫祝密切关联的。二是从古墓沟到小河，时间流逝了四五百年，图案由繁趋简，由具象走向抽象，但相关符号的神性力量仍然存在。此外，相关符号向世俗生活沉淀、成为社会精神生活领域一种"美"的代表，成为人们喜爱的、普遍认同的装饰图案。三是对这一文化密码，稍事关注，可以得出结论，它在欧亚大陆普遍存在，其间的关系，也是一个需要深入探讨的问题。

说"七"这一数字具有神秘性，与"天"、"巫祝"存在关联，最显明的证据，就是古墓沟墓地七圈椭圆形图像、四向散射的以七根立柱构成的射线，它们最后具象的、写实的图像，就是光芒四射的太阳形。图形直接表明，"七"与太阳是直接存在关联的。换一个表述方法，也可以说："七"，是与太阳、天穹、宇宙相关联的一个数字密码。"七"是构成"天廷"、神居之处的一个神秘符号。至于"七"这个元素，为什么具有如是神奇力量，需要进一步解析。在经过相当长的岁月后，今天进入小河墓地，"七"的神性元素精神，仍然可以清楚触摸。如男性墓前的女阴立木，特别涂成黑色，但立木柄部有虽不显眼、相当隐秘却十分清楚的七道弦纹，涂红色。这立木是与生殖崇拜巫术存在关联的，"七"为具有神性的元素，可以增强人类的生殖繁衍能力，在这里透显出来。具有辟邪功能的小型木雕人面像，鼻梁上缚七道毛绳；显示男主人权威身份的夹条石兽足木杖，隐秘部分也刻有七道弦纹、涂染红色……它们与用七圈圆形构造出太阳图像，其中蕴涵的精神是一致的。"七"具有超越人间的神奇力量，是"神"、"天"的象征。

因为"七"与天通，与神力相连，关系全民的福祉、命运安危，是全体子民心灵深处已经认同的文化符号，它自然就与"神圣"、"幸福"、"安全"、"胜利"、"希望"这些等同于"美好"的精神文化元素联系在一起。随着时光流逝、岁月积淀，慢慢地，在孔雀河绿洲原始居民的精神世界里，神秘数字"七"，自然就成为美好的象征、美好形象的代表。只要见到"七"这个元素，就可以得到"美"的感受，产生"美"的联想。在物质世界中需要适当装饰时，"七"，尤其是涂抹了红色的"七"，就成了人们追求、习惯使用的元素。毡帽上七条红线，披身斗篷上七道红彩条，腰衣上七块小铜片，梳齿上七颗三角形纹饰，均自然呈现，人们也都习惯、接受，而且喜好，视为"美"的象征。至此，虽然不是任何一个人都了解"七"这个神秘数字产生的原委、深化的过程，但也总会认同它是美好的事物。事物发展到这一阶段，"七"，已经具有模式化的意义，成为全社会普遍认同的模式化的概念。"七"，从曾有的具象的物质外壳，经过原始思维加工，转化成为抽象的数字概念，成为人们喜好的装饰因素，成为青铜时代孔雀河绿洲居民中具有特定思想内涵的哲学元素。

青铜时代的古墓沟人，为什么赋予"七"这一数字如是神性的内核？笔者认为，这与他们这一时段内的原始信仰——萨满崇拜——存在密切关联。

对青铜时代孔雀河绿洲居民崇信萨满，笔者在《新疆考古遗存中的萨满崇拜》一文中①曾进行过分析。在遥远的古代，在欧亚大陆，曾弥漫萨满崇拜。萨满崇拜中，核心的世界观是认为宇宙可分为上、中、下三界，每界又可分三层②。上界（七至九层）是天界，又称火界，为天神、日月星辰、风雨雷电等神灵居处，众多的动物神、植物神、各氏族远古祖先英雄神，也有可能入居于天界神堂之中；中界（四至六层），是人类、禽鸟、动物的居处；下界为土界，也称地界或阴界，同样分三层，是地母巴那吉额母、司夜众女神及恶魔居住、藏身之处。在地界，也有人的灵魂存在，既有恶魔也有好人。地界的季节、昼夜，与人世间相反③。只有具神力的萨满——巫师，才有能力沟通三界，为人们辟邪、祛病除凶，求得福祉。这一世界观，在古代居民中，在广阔的欧亚大陆，曾长期存在，深具影响。

古墓沟墓地"七"层椭圆、四向散射光芒的太阳形构图，与萨满崇拜观念中的天廷构想，若合符节；小河墓地许多木棺前仍然保存完好的直立木柱，也俨如萨满崇拜中的神杆，是可以上下天廷的通天树……这些现象，都可与萨满崇拜观念呼应。青铜时代孔雀河绿洲古代墓地的诸多细节，随处可以感受到萨满崇拜的思想灵魂。

因此，抽象化的数字"七"，实际是与古代先民在观察人间世界、宇宙天穹时的哲学思考联系在一起的。它的基础，或与古代先民面对人间世界的东、西、南、北四方以及上、中、下这样一种三维世界存在关联。生存空间四向拓展，有东、西、南、北四方，这是任何人都可以感触、认知的大地。于是，"四"，可以与地发生关联。天穹、宇宙难以触摸，但目力所及、实际感受，可大约得到"三界"的概念，也是没有疑问的：个人、群体处身于土地；站脚的土地下面，还有深不可测的"地下"；仰头向上，白天可以见到太阳、云彩，晚间可以看到月亮、星辰，那是可以感知的"天"。天、地、地下，这就是三界。天界不能身及但可以看到，那是神居之处；地面，是自身、群体、异己的集团活动的地方，这是大地；地下，有蛇、蝎、小虫出没，人死后也安置于地穴，这也是可以真实感知的。于是用人间世界作比附，就有了想象中的阴曹地府。萨满的世界观，是原始、简单的。界有三类，地分四向，通过表象的观察、形式逻辑的推定，可以获得这一结论。相加为"七"，"七"可能因此成为早期神话思维中重要的结构要素。什么天有"七"重、"七"天造人、人有"七"魄，也都应运而生。这是不是解析人类早期思维特征的一把钥匙呢？

通过古墓沟、小河墓地保留至今的诸多图像、装饰细节，对去今 4000—3500 年前孔雀河水系绿洲古代居民的精神生活世界，我们可以展开许多方面的究问、求索，也可以提出一些合理的推想：原始农业、畜牧业的收获，使他们可以大体上吃饱、穿暖，生理需要基本得到满足后，他们确实想过自身与周围世界，与天上、地下的关联，进行过认真的分析、探

---

①　王炳华《新疆考古遗存中的萨满崇拜》，载《西域考古文存》，兰州：兰州大学出版社，2010 年，451—459 页。

②　《中国大百科全书·宗教卷》"萨满"、"萨满教"词条，北京：中国大百科全书出版社，1988 年，323—328 页。

③③　庄吉发《萨满信仰的历史考察》，北京：文史哲出版社，1996 年，72—73 页。

索。他们曾长时间观察过天穹、太阳,对太阳带来的温暖、光明,满怀感激,终于利用身边无尽的林莽,努力而艺术地设计出了七圈椭圆、四向散射光芒的图形。这一艺术构图,其他地方没有发现过,十分可能就是他们完成的创造,其中寄托了他们对太阳浓烈的感情。长时期中,他们一次又一次想过人类自身、身边的土地与天的关系。于是,对自己生存的世界拟构出了一个模式,天是神圣的,人间世界可与天交通,于是出现了墓前立木,也就是可以与天交通的神杆、通天树(这模式的拟构,也有可能受外部的影响)。天穹、人间、地下这三界,是有物质根据,可直接感受的存在;而三界九层,天在七层以上,只可能是一个没有物质前提的构想了。在人可以接触到的现实世界中,高山、低丘、林莽、人类自身活动的平地,实际也是分层次的,"三层"这样的概念,实际生活中确也有多种物质的根据。这为"七"这一神秘数字的出现,提供了前提。有了这么一个模式设计(或认同了这么一个模式设计),宇宙、世界、人死后的去处,就都可以获得适当安排。青铜时代的孔雀河先民,他们的精神世界,在这一构拟活动中,显示了创造性的光辉,也为人的生死寻求到了合适的前途。

通过孔雀河流域青铜时代墓地保留至今的遗存,总结图像细节,对"七"这个神秘数字的出现、产生的根据,就可以得到一个形式逻辑的结论了:它是当年人们的世界观,与他们对天、太阳的观察,与早期人类萨满崇拜中的天、地、人三界九层观念,存在关联。孔雀河流域青铜时代墓地,目前虽还只是个例,但对认识青铜时代人们的精神文化,却具有典型的价值。

三 "七"在中原大地

在古代中原大地,"七"也曾是一个具有神秘意味的模式化数字。"七日造人"、"七七之祭"、"天子七庙"、"七兵"、"七术"等,在汉语中,可以找到许许多多以"七"为模式化概念的词语,"七"成为一种神秘的数字概念,随处可见。在这里,"七"具有神秘性质,是可以清楚感知的。

以几个实例,对此稍予剖析,一是宗懔的《荆楚岁时记》中的"人日"概念:造物主"正月一日为鸡,二日为狗,三日为羊,四日为猪,五日为牛,六日为马,七日为人"[1]。这自然是与人类诞生密切关联的创世神话。涉及创造世界、人类诞生的第一页,没有疑问,这是原始神话的遗痕。文字虽形成得很晚,但思想来自远古,是关于开天辟地、万物创生的故事。

与创世、"人日"神话精神相通,人死后,灵魂归宿,在中原大地的传统观念中,也有和"七"数存在神秘关联的文献。田艺衡撰《玉笑零音》称:"人之初生,以七日为腊;人之初死,以七日为忌。一腊而一魄成,七七四十九日而七魄具矣;一忌而一魄散,故七七四十九

---

[1]　宗懔撰,宋金龙校注《荆楚岁时记》,太原:山西人民出版社,1987年,15页。

日而七魄泯矣。"①这古老的观念,至今在中国农村中不少地方还可见影响,人死后要行"七七"的祭奠,为死者修福。

《荆楚岁时记》"人日"是说生,《玉笑零音》"七腊"是说死。不论生、死,均与"七"关联,也就是与造物主、天密切关联。

对古代中国传统文献中多有所见的神秘数字,不少学者如闻一多、季镇淮、何善周、刘师培等很早就有关注。而于此着力较多,当推知名学者杨希枚先生,在他 20 世纪 60 年代先后完成的《中国古代神秘数字论稿》《论神秘数字七十二》《古籍神秘性编撰型式补证》等文中,对包括"七"数在内的诸多神秘数字如"三"、"四"、"六"、"七"、"十二"、"七十二"等,展开过讨论,进行过十分详细、深入的分析。②

杨希枚先生著文,穷搜先秦古籍中有关神秘数字,深入剖析它们曾经对古代中原大地人们社会生活、精神文化生活产生的强大影响,揭示了渗透其中的"天人合一"、"天人感生"的哲学灵魂,对它们曾予古代中国人精神生活至大至巨的影响,多有阐发。如他对"三"、"四"这两个数字的解析。在他的论文中,多次提出"天三地四(也即阳三阴四),独为真正的天地数",它们"象征天地,是神秘数字的核心"、"四,应即大地的象征符号"等,这些论析给予我们的启示是相当丰富的。

但相关研究也有令人抱憾处。例如,许多结论只是从古文献出发,如《易经》各传、《左传》、《国语》、《吕氏春秋》、《淮南子》、《春秋繁露》等,以文献中的各种神秘数字为依归,却未将关注目光投向考古遗存。在杨文的结论中,不止一次强调这一文化现象之源起、繁荣,就在先秦至两汉这一时段之中。行文遣字之间,《易经》似乎就是这一文化观念的源头。这一结论明显是十分局限的。

在杨希枚先生的研究中,反复提出:"至迟自战国初期以来,中国古代社会存在着浓厚的'天地感生'、'与天地合德'的思想,且由于这种思想的影响,而制作了一系列的神秘数字,即天地数和'参天两地'的神秘数。这类神秘数字不仅是象征天地及其交感之道,从而达成与天地同化的企图的一种媒介物。"③如是思路,对深入剖析弥漫在孔雀河水系青铜时代遗址上诸多有关"七"的符号,也有启迪,甚至可以互相参证。其一,可以清楚地看到,青铜时代的西域大地(至少是孔雀河水系内),"七"这个神秘数字符号,确实是与对"天"的崇拜密切关联的。这一点,与先秦、两汉时期中原大地在"三"、"四"、"七"这些神秘数字符号中寄托的思想,实质上是一致的。其二,西域大地(以孔雀河水系青铜时代为代表)古代先民们对"天"、"地",及相关神秘数字记号"七"的崇拜,绝对年代早到距今 4000—3500 年

---

① 田艺衡《玉笑零音》,北京:中华书局,1985 年,22 页。

② 相关著文均收录于杨希枚《先秦文化史论集》,论著中曾揭示过"天三地四,独为真正的天地数"、"神秘数字法天象地",认为"至迟战国末季以来,迄于西汉中世,中国古代社会盛行着一种神秘数字的信仰,几乎普遍的用神秘数字来配合整个社会生活",发人深思。杨希枚《先秦文化史论集》,北京:中国社会科学出版社,1993 年,616—737 页。

③ 杨希枚《先秦文化史论集》,690 页。

前,与中原大地的夏、商王朝相当,较之满溢在先秦、两汉文献中的相关观念,早出千年以上。从这一共同的文化现象中,可见西域古代文明对中原大地或曾有过的具体影响。行文至此,想起冯承钧在译序沙畹《摩尼教流行中国考》中的几句话:"又考吾国的数字,以三、五之用为多,如三纲五常、三光五行之类也,七数为用较少。而为西域之人常用之,为七死、七生、七难、七宝、七音也。颇疑此七曜之说,来自西方。"①虽然这里的"西域"概念是广义的,但与罗布淖尔荒原,也颇可关联。中华民族多元一体,传统文化中凝结有众多民族的文化因素,这自然是不令人费解的。其三,可附带说一句,杨文引《京房易传》:"阳三阴四位之正也。""三者东方之数……又圆者径一而开三也;四者西方之数也……又方者径一而取四也。"天所以为三,认为圆之直径与圆周有"圆者径一而开三"的根据。这似乎是把比较简单的问题复杂化了。原始先民在认识世界时,近取诸身、远及乎物。简单观察环境,则地下、地面、天穹,是可以直接感受的物质存在,因此,人类最早的萨满崇拜思想中,以"三"象天,是有其直接观察的事物作为根据的,这较之以圆周率去说"三",来得简单,但也更具原始的气息。天"三"地"四"是天地、宇宙、世界的象征,天地交合,万物以生,"七"由此出,自然就成为平常却十分神圣的神秘数字密码了。不知是否适当,姑妄提出,以备一说。

四 "七"在世界

"七"这个神秘数字,从人类文化史角度,在世界各地很早就出现了。什么七天休息、七天造人、诺亚方舟上要带七公七母的各类禽兽等,都是例子,也总是与天、神以及超越人间的力量联系在一起。这为探索人类早期文明的发生、发展和彼此间的关系,提出了一个不容忽视、不能回避的大问题:这些早期文明中的华章,是出现在一个中心,而后扩展向四方? 还是人们在相同、相类的环境条件下,各自努力,最后达到一个相似、相近的认识,获得了相同概念?

在西亚美索不达米亚巴比伦,人们曾建造巴别塔(Babel Tower),它是臆想中的"天国花园",是神的世界。而这个天国花园,就是七层宫殿(图 16)。

南亚印度文献中,"七"的神秘用词也是不胜枚举,"七佛"、"七宝"、"七觉支"、"七方便"、"七趣"、"七圆明"……"七",同样是作为结构要素而反复出现的。印度早期文献《阿闼婆吠陀》,是以咒语为主的经典,其中也强调了数字"七"。咒语念七次,可得特别功效②。在佛教世界中,理想的天国,也与"七"级宝塔相关。国人有俗语:"救人一命,胜造七级浮屠。"造七级浮屠,是极大功德。现行浮屠,虽不都是"七"级,但以七级为最不平凡,"七",也还是一个神性的密码。

---

① 沙畹著,冯承钧译《摩尼教流行中国考》,上海:商务印书馆,1931 年,1—2 页。
② 饶宗颐《阿闼婆吠陀第一章"三七"释义》,《饶宗颐二十世纪学术文集》卷一,北京:中国人民大学出版社,2009 年,444 页。

图 16　巴比伦天国花园,为七层

这是西亚、南亚大地上的典型实例。其思路、表现形式是一致的:将人们想象中神性的、与最大幸福相关的天国,与"七"数紧密联系在一起。

将"七"这个模式数字与神奇力量联系在一起,在西亚以外,美洲祖尼(Zuni)印第安人中有七重组织结构形式的图腾;欧塞奇印第安人的祖先传说中,有"七次尝试"、"七道弯的河流";在非洲,尼日利亚阿比西人部落中,"七"这一数字也是其仪式行为中的结构要素①。

上引杨希枚先生大著中,也关注过"七"这一数字,总结性提出:"数字七在印度、波斯、苏美尔、巴比伦、亚述、埃及、条顿、塞尔特诸族,都用为神秘数字。因其为不可约数,故用为象征上帝的数字。"②

如是,可以得到一个大概的结论:"七"作为一个神秘数字,不仅在同一地质板块的欧亚大陆上,而且在美洲大陆上的印第安人中,甚至在古老的非洲大陆上,都曾经具有特殊地位,是不可轻忽的神秘文化密码。

在经过这么一番巡天览地的搜索后,再回到十分偏僻、与古代世界联系相当不易的罗布淖尔荒原上,关注 4000 年前为沙漠戈壁环绕的青铜时代孔雀河绿洲,检视这里的先民在"七"这个神秘数字上寄托的思想,应该说就有了不一般的意味。在孔雀河绿洲,先民们没有留下任何文字记录,但留下了体现他们文化思想观念的诸多物质遗痕,一些或显或隐的细枝末节。但是,不必多说,认识任何问题,"细节"其实是最重要的钥匙。

---

① 叶舒宪《人日之谜——中国上古创世神话发掘》,《中国文化》1989 年第 1 期,84—92 页。

② 杨希枚《先秦文化史论集》,690 页。

通过"古墓沟"、"小河"存留至今的"七"数细节,可以触摸原始先民在这一神秘数字上寄托过的诸多祈求、理念、信仰。从这一角度,可以说,它们虽不是文字,但远胜于简略的文字记录。试看,古墓沟人,就以七圈椭圆形、四周以七根列木构成散射光线,建构成想象中的太阳①,这一构想、设计、总体布局,不仅蔚为壮观,而且极富创造力。它的成熟运用,说明这一时段中的古墓沟人,对"太阳"、"七"数之间的神秘联系,已绝不是处于初始的、萌芽的阶段,而是已经十分成熟,是孔雀河水系内所有氏族群体成员普遍接受、认同的概念了。同一时段,一老年妇女毡帽上以七条红线为一组,四组构成一个图形。"七"数,已在人们心目中具有美好的意涵,成为吉祥、美好的象征,这比视"七"为神圣,又向前进了一步。"七",这个神秘数字,开始沉落在人间,进入人们潜意识深处,成为与实际生活中美好、如意联系在一起的抽象概念。这自然也是要有一个发展、延续、升华过程的。四五百年后,发展到小河墓地晚期,"七"数,已成为人们生活中各个角落都可以接触到的图案,"七"数,已逐渐脱离了当年原始思维阶段的神秘、神圣地位,转化成为一个大家认可的"美"的符号。这一文化现象,值得进一步思考。

在新疆罗布淖尔孔雀河水系青铜时代遗址,如古墓沟、小河墓地,虽早在距今4000—3500年前,时代古远,但其时正当古代先民步入文明的过程中。"七"这个神秘数字,已充斥在观念形态至日常生活的诸多方面,许多细节,既可帮助对"七"这一神秘数字之所以产生进行解码,也有助于解析相关思想文化发展的内涵。在它与西亚苏美尔、南亚印度、亚洲东部黄河流域大地相关"七"数概念的关系中,也满溢发人遐思的问题:它们之间,是一个怎样的关系呢?是一个中心还是殊途同归?值得拓展思路,结合其他文化元素,展开多方位的研究。

五 结 语

经过这一梳理,大概可以得到以下认识。

(1)"七",作为一个神秘数字,是一个世界性的文化现象。不仅在欧亚大陆几个古老文明中心,如埃及、美索不达米亚、印度、古代中国,而且在美洲、非洲都可以发现,在"七"这个数字中,寄寓着神秘的思想内涵。

(2)"七"这个神秘数字,古代先民将其与"太阳"、"天"联系在一起。中国古籍中"天三地四"的认识,揭示了其文化核心,是与对大地、天穹的直接观察存在关联的。

(3)"七"这个神秘数字,普遍存在于早期人类思想中。这或许与人类原始思维规律存在关联。人们认识世界,无论近观乎身,还是远看周围世界的物质存在,总是由具体达于抽象,由个别及于一般。对"天"、"太阳"、"地"、"四极"这些与自身生活密切关联、不可回

---

① 1979年古墓沟发掘后,媒体曾有大量报道,考古工作者的文字只称它为"古墓沟"。但随后不少旅游者进入墓地,却不称墓地为"古墓沟",而称之为"太阳墓",并逐渐形成文字概念。这一事实说明:面对这一图案,人们的思维逻辑过程是一样的,都以"太阳"为结点。

避的问题的探求,也总是自然会产生的。在这一过程中,不同民族、不同人群,达到了相近、相似的概念,自然也不无可能。只是这一问题太大,不是仅就一个数字密码展开就可以取得结论的。对这一点,应给予足够关注。

（4）视"七"为神秘数字密码,这一文化现象,源起于一个中心,然后四向传播、扩散,形式上似乎也可以说得通,但其实未见得就一定是真实的。因为处于相同环境,面对同样要求时,出现基本一样的逻辑思维过程,得到基本一样的分析结论,是完全有可能的。而且,同为"七",它在各处表现的具体形式、包含的思想也是多有差别。幼年时期的人类,面对世界,思考空间、时间,思考自身,思考偶然中得到的收获、福佑,认为万物有灵,有超越人间的神的存在……精神世界创造、发展的轨迹,相同、相通的情形,也确实是很不少的。"七",是不是也可以作为这方面的一个实证呢?

数字"七",确是一个可供人们进一步思考,也值得展开更深入研究的文化现象。

附记:本文写作过程中,余太山、朱玉麒教授曾提出宝贵意见,书此致谢。

（原刊《西域历史语言研究集刊》第 5 辑,北京:科学出版社,2012 年,15—32 页）

【丝路新探】

从新疆考古觅丝路精神

自古以来,新疆这片大地的命运就是和祖国命运紧紧联系在一起的。

作为参加中瑞西北科考中唯一的中方考古学家,黄文弼先生的贡献非常大。但今天看来,黄文弼先生的努力却被关注得不够多。我觉得,黄文弼先生于新疆的意义太大了。他用个人微薄的力量,为新疆的历史、考古作出了巨大贡献。黄文弼先生的精神应该在新疆大地更好地被传承和发扬。5月9日,90年前的今天,中瑞西北科学考查团从北京启程前往西北的这样一个特殊的日子里,让我来讲"走向丝路研究的新地平"系列讲座的第一讲,我很高兴。

20世纪90年代在哈佛大学访学,我在其燕京图书馆内看到一副对联,是陈寅恪先生的父亲陈宝箴所写:"文明新旧能相益,心理东西本自同。"当时很感慨,无论当老师还是做学生,不同种族、不同民族的人,心理其实是相通的。这两句话实际上概括了"丝绸之路"的内涵。"丝绸之路"说到底就是欧亚大陆间不同的物质文明及精神文明交流的结果。它体现了亚洲东部地区和欧洲的联系,而且说起来,这种联系甚至比张骞通西域来得更早。

地球板块的相通,是这种交流发生的必然条件。在古代,人们还不了解海上信风,从海路达成联系的可能性较小,所以从陆路上移徙交流是一种必然选择。各地人们彼此的差异,达成了交流的愿望和可能。

在埃及,很早就发现有玻璃珠(又叫"蜻蜓眼")的遗存,在中国的史书中称为"琅玕";而美索不达米亚非常适合小麦的种植,有意思的是,公元前4000年,小麦就已经传播到了罗布淖尔地区;在哈密也发现了实心的、没有车轮辐条的木车——这车轮样式是否就是从美索不达米亚传来的? 这种可能性是有的。

哈密很特别,除了没有辐条的车子外,还出土了从西面传来的乐器箜篌;包括很少见的屈肢葬式,这种丧葬形式主要见于欧洲和西亚,在中国是很少的,尤其是秦以后,极其少见。至于哈密出土的毛织物,其编织水平也是非常高的。

再说丝绸,玄奘在《大唐西域记》中记载是东国公主将蚕种藏入帽中带到西域的,其实比玄奘记载得更早。据报道,商朝时期,中国的丝绸就已经到了埃及了。其他如宝石、黄金、黍等,都对欧亚大陆的早期文明起了很大的推动作用。

从世界学术舞台这个大的层面上说,我们将自己的文明推出去的力度是不够的。

欧洲和中国联系很早,这些历史佐证要去仔细寻找。农业民族在能保证自己风调雨顺、维持自身生活的状态下,跟外界的联系是非常少的,它反映了农业王国特殊的心理状态。但新疆大地由于独特的地理位置,在和中亚、欧洲的交流中,占有特殊的地位,我感觉,新疆人将自己的优势发掘得还远远不够,若眼界放宽,会发现很多值得研究的话题。

西汉时期,欧亚大陆间的联系发生了很大变化。这其实是由军事原因引起的。在蒙古古墓中,发现有来自汉地的漆器,在匈奴武士的墓中也发现有汉代宫廷里的东西。

这势必说到汉与匈奴的关系。

匈奴老单于在给吕后的信中,极尽亵玩、不敬之语,但因国力不足,汉廷不敢跟匈奴交战,面对侮辱,只有隐忍。后来经过"文景之治",休养生息,国力大增,汉朝开始发威,为断匈奴右臂,积极向外开拓,因而有了现在真正意义上的"丝绸之路"。

考古发现佐证了这一切。

在南疆,可见到不少古河道及古代的屯田遗址,感觉很亲切。匈奴占据西域时,只是向当地住民收税、收钱,实行的是掠夺式经营。而汉代不同,在儒家观念的支撑下,力图把这条路经营好。为了保护商旅,大力屯田、耕种,而不是大肆掠夺。这一经略方式一直延续到公元十世纪。所以说,中原王朝对西域的统辖和管理是积累了很多经验的。这给了我们很多启示。武帝派张骞出使西域,其实会产生很多矛盾——既然是利益追求,必然会有矛盾。如何解决这些矛盾及其中出现的复杂问题,有很多可以总结的地方。

在已有的传世典籍、文献中,关于历史的很多细节是记得很细、很清楚的,可这些都体现的是当时统治阶级的愿望,是经过了选择的,其实事件背后蕴藏着的许多情况,是没有被记载的。考古就不一样了,吃喝拉撒睡,一股脑儿全呈现在那儿了——如墓葬不远的垃圾堆,它都关乎着历史事件的具体细节,垃圾堆里看似全是无用的东西,但正是这些东西,展示着当时的真实历史。

新疆地区介入丝绸之路的过程蕴藏着很多丰富细节,追溯这些过程,很能鼓舞人的信心,激发我们新疆人继续往前走的愿望。

特殊的地缘关系,使得新疆地区的居民跟别的地方不一样,人种不一样,民族也不一样,而且这一过程非常复杂,是不断变化着的。你中有我,我中有你,分不出彼此,这是必然的。历史上如此,今天也一样。

说到贸易交流,你要买我的东西,我要买你的东西,所以卖方、买方必须符合双方不同的审美习惯和特点。像前面谈到的玻璃珠(又叫"蜻蜓眼"),小小的玻璃珠被赋予了非同寻常的含义,这无疑是精神层面的交流。在埃及、在美索不达米亚、在我们已发掘的战国墓葬中,都发现有玻璃珠,一只小小的玻璃珠,为何在相隔如此遥远的地方都有发现呢?谁影响了谁?据研究,战国墓中的玻璃珠外形与埃及、中亚的很像,但成分构成却不一样,战国墓中的玻璃珠没有那么光亮,珠中的眼纹也发生了变化,更符合中国人的审美心理。中国的工匠在这一过程中到底做了怎样的改动?这都值得探究。有一点毋庸置疑,精神层面的东西一定要符合那个时代的审美。

从墓葬中更能看出这种交流。

巴泽雷克的墓葬中，竟然发现有楚国的漆器；尼雅遗址中发现的墓葬，其埋葬方式跟《礼记》中记载得一模一样；而且墓葬主人身上的汉锦是汉王朝组织特殊工匠专门生产的赠予友好往来国家的绸锦；从汉代到唐代，新疆种植棉花的地方很多；而汉化程度非常高的古代民族的墓葬墓碑在新疆也比比皆是。

在响应"一带一路"倡议的过程中，并非一路都是玫瑰，因为涉及这么多的国家，这么多的人民、民族，而且又在如此大的范围内，所以一定要考虑到自己的需要、对方的需要。相信在这一过程中，一定会有许多意想不到的收获。

在响应今天的"一带一路"倡议时，古代丝绸之路运营中的一些经验和教训，也都值得我们总结并加以汲取。

无论古代还是今天，新疆人民对这一片土地作出了巨大贡献，这贡献是值得认真发掘和褒奖的。

（原刊《新疆日报》2017 年 6 月 15 日第 010 版《宝地·丝路特辑》）

"天山峡谷古道"刍议

"天山峡谷古道",是本文提出的新概念。

在古代中国与西部世界的交往中,绵亘于新疆中部的天山,曾承担过重大使命。自《汉书·西域传》起,历代史传涉及西域交通,无不曾对自天山南麓、天山北麓西行的路线进行过说明。但对穿越天山峡谷的古道,未见一词。日本学者松田寿男在去今 58 年前,曾有《古代天山历史地理学研究》专著①,也未就此展开分析。

本文主要依凭已获考古资料,结合对天山地理形势之考察,参证相关文献记录,对此进行初步研究。结论是:在古代中国通过西域进入中亚两河流域、阿富汗斯坦的路线中,曾经存在过穿行天山峡谷的古道。它不同于所谓"丝路"中、北道。其具体路线,系穿行天山峡谷之中,至伊犁河流域后折而西南行,进抵大宛、康居,达兴都库什山北麓,过铁门关,及于阿富汗斯坦。与天山南北麓路线相较,它开拓较早,青铜时代欧亚游牧人东行西走,这就曾是坦途。汉—唐西域,直迄明清,仍一直在沿用,承担过重要使命。但它未在正史著录中留下明晰记录。原因是汉文史籍中的记录,主要表现了汉代以来历代中原王朝西行的通路;而它却是中亚古代游牧民族熟悉、开拓的一条通路。认识这条通路,揭明相关事实,不仅可以更准确、更全面认识古代帕米尔东西交通的实际,有助于认识古代游牧民族在开拓相关路线中不可替代、自然也不应被忽视的历史贡献,赋予中西交通史一个更完整、更准确的概念。

一

1964 年,新疆博物馆考古队发掘吐鲁番高昌故城西北郊阿斯塔那墓地,在编号 TAM29 的唐代夫妇合葬墓中,获文书 38 件(组)。文书均折自男女主人之纸冠、纸腰带。用纸均为当年废弃之官私文档。文书多唐代纪年,最早为唐咸亨三年(672)、最晚止迄于垂拱元年(685),其间还有上元三年、永淳元年、总章三年及武周载初等年号,均唐高宗、武后时期。其中一组 4 件文书,涉及"吐火罗人"向高昌县申请过所事,关系唐代与中亚康

---

① 松田寿男著,陈俊谋译《古代天山历史地理学研究》,北京:中央民族学院出版社,1987 年。

国、吐火罗之间的交通路线;也揭示了唐代西州高昌县不识吐火罗、不明吐火罗语的情形。诸多细节,颇有发人深省之问题。

首先,将相关唐垂拱元年(685)康尾义罗施等请过所文书引录如下:

（一）64TAM29:17(a),95(a)

（前缺）

1 　　垂拱元年四月日
2 　　　译翟那你潘 　（那你潘三字上,有指节划线—引者注）
3 　　　连　亨　白
4 　　　　　　十九日
5 　　义罗施年卅 　｜　｜　｜ （指节划线）
6 　　钵年六十 　｜　｜　｜ （指节划线）
7 　　拂延年卅 　｜　｜　｜ （指节划线）
8 　　色多年卅五 　｜　｜　｜ （指节划线）
9 　　被问所请过所,有何来文,
10 仰答者:谨审:但罗施等并从西
11 来,欲向东兴易,为在西无人遮得,更
12 不请公文,请乞责保,被问依实谨
13 □　亨
14 　　　　　　月日

（后残）

（二）64TAM29:108(a)

（前缺）

1 　　　　四月日游击将军□
2 　　　连亨白
3 　　　　　十九日
4 　　兴生胡纥槎年五十五 　｜　｜　｜ （指节划痕）
5 　　蔿潘年卅五 　｜　｜　｜ （指节划痕）
6 　　达年卅六 　｜　｜　｜ （指节划痕）
7 　　延年六十 　｜　｜　｜ （指节划痕）
8 　　被问所请过所,有何公文?
9 　　审,但蔿潘等并从西
10 　　汉官府,所以更不请
11 　　等,并请责保,被

（后缺）

（三）64TAM29：107

（前缺）

1　你那潘等辩：被问得上件人等辞，请将
2　家口入京，其人等不是压良、眩诱、寒盗
3　等色以不？仰答者，谨审：但那你等保
4　知不是压良等色，若后不依今
5　款，求受依法罪，被问依实谨□。　　｜　　｜　｜（划指痕）
6　亨垂拱元年四月日
7　　　　　　连亨白
8　　　　　　　　十九日

（四）64TAM29：24、25

（前缺）

1　保人庭、伊百姓康阿了□□□
2　保人伊州百姓史保年卅□□□
3　保人庭州百姓韩小儿年卅□□□
4　保人乌耆人曹不那遮年□□□
5　保人高昌县史康师年卅五□□□
6　康尾义罗施年卅作人曹伏磨□□□
7　　婢可婢支驴三头马一匹□□□
8　吐火罗拂延年卅奴突蜜□□□
9　　奴割逻吉驴三头□□□
10　吐火罗磨色多□□□
11　　奴莫贺咄□□□
12　婢颉婢□□□
13　　驼二头驴五头　〔下残〕
14　何胡数剌作人曹延那　〔下残〕
15　　驴三头
16　康纩槎男射鼻男浮你了
17　　作人曹野那作人安莫延康□□□
18　　婢桃叶驴一十二头
19　阿了辩：被问得上件人等牒称，请□□□
20　家口入京，其人等不是压良□□□
21　冒名假代等色以不者？谨审：但了□□□
22　不是压良、假代等色，若后不□

23　求受依法罪，被问依实谨□。

24　　　　　　垂拱元年四月　　日

25　　　　　　连亨□①

（后缺）

仔细审读这一组文书，可以肯定，它们是来自高昌"以西"地区的康尾义罗施、吐火罗拂延等一行，进抵唐西州高昌，希望前往京城长安"兴易"。因为没有过所，无法继续东行。要申请过所，又没有相关来文。申请人申辩：所以没有来文，是因"为在西无人遮得，更不请公文"；在进抵高昌的来路上，没有遭遇办理相关手续的"汉官府，所以更不请"相关过所②。再三申明，自己不是"压良、誃诱、寒盗"之流；如有虚枉，"求受依法罪"，愿受相关处分。

从康尾义罗施等及东行之随从，明确见诸文书者，计有康尾义罗施、吐火罗拂延、吐火罗磨色多、何胡数刺、康纥槎及作人、奴、婢曹伏磨、可婢支、突蜜、割逻吉、莫贺咄、□頡、曹延那、射鼻、浮你了、曹野那、安莫延、康××、桃叶、笃潘、××达、××延等至少 20 多人。随身携带有驴 26 头、骆驼 2 峰、马 1 匹。因为文书有残缺，这一行商队人、畜总数，可能还会较此为多。这么一支 20 多人、随行近 30 头驴、驼的商队，包括了吐火罗及中亚两河流域昭武九姓中的康、曹、何、安诸胡，以及可能与突厥、葛罗禄相关的随从，既没有相关身份证明，也没有高昌以西诸多州、县、镇、戍守捉的来文，却突然出现在了高昌法曹府，要求申领前往京城的过所。这自然是一件相当不正常的公案，所以高昌县进行了相当认真的审查。为此配备了译语人翟那你潘、阿了（两次审查，译语人不同，可方便更准确了解相关事实），调查了愿意为这一支商队担保的证人，分别来自庭州、伊州、乌耆（焉耆）、高昌的居民：康阿了、史保、韩小儿、曹不那遮、史康师等，由他们画押具保、承担责任，这才齐备了申领过所的手续。

康尾义罗施、吐火罗拂延、吐火罗磨色多等一行人申领过所文书，出土文书中不见其最后结果。但相关条件既已齐备，估计"东去京城"、"兴易"，当可以实现。在这一事件中，引发我们关注的问题不少，诸如对唐代西域伊西庭州在编居民中昭武九姓胡的进一步分析，"兴易"细况等，这里均不涉及。本文，主要深究两个问题。

一、最主要者，从吐火罗、撒马尔罕等地东来的胡商，突然出现在高昌县内，脱离了已在唐王朝属下的疏勒、龟兹、焉耆政权、关防的视野，不见本应有、实际却阙如的相关文牒。而且如是浩浩荡荡 20 多人、近 30 头驴、驼的商队，绝对是避不开众人耳目的，怎么就会

---

①　国家文物局古文献研究室、新疆博物馆、武汉大学历史系编《吐鲁番出土文书》第 7 册，北京：文物出版社，1986 年，88—94 页。

②　康尾义罗施、吐火罗拂延一行，进入高昌，必须穿行阿拉沟。唐王朝在阿拉沟峡谷内，设置之鸜鹆镇，此时，似仍未设立。鸜鹆镇出土唐代文书，时在开元，较此稍晚。鸜鹆镇之设置、驻军戍守，十分可能就是在发现天山峡谷古道的军事、经济价值后，才采取的新处置。这是一个值得进一步分析、探究的问题。

天山峡谷古道示意图（刘子凡绘）

人不知鬼不觉地直接出现在吐鲁番盆地之中？他们所来的通行路线，自然是一个必须回答的问题。

二、在这支引发关注的商旅中，有多名自称的吐火罗人。他们现身在高昌，但语言不通，必须有专任"译语人"为之翻译。而在印欧语研究界，曾有不少学者认为唐代库车、焉耆、吐鲁番一线，存在大量吐火罗居民，甚至普遍行用吐火罗语、文。这就形成一个无法统一的社会现象，由此也可以获得新视角，展开分析①。

二

由吐火罗所在的阿富汗斯坦、中亚阿姆河、锡尔河流域绿洲上散列的昭武九姓王国商旅，进入西域甚至直接步入吐鲁番盆地，而没有经行汉代以来明确记录在案的天山南麓、天山北麓大道。逻辑分析，最大可能就是由天山腹地中穿行。居住在天山边，甚至就是在天山中的诸多盆地、草原上生活的游牧人群，对这条道，是生来就接触，绝不会陌生的。据已获考古数据，也可以得到印证。这就是穿越天山峡谷，确实存在过一条虽未见于中原王朝史家著录但实际存在于现实生活中的交通路线。

试看已获考古资料：

1. 呼图壁县康家石门子生殖崇拜岩刻画

这是 20 世纪 80 年代新见的一处文化遗存。位置在呼图壁县所属北天山东经 86°19′、北纬 43°51′处。自呼图壁县城南入天山，75 公里后，即可走入康家石门子，是为北天山山脉中的一处天然石阙。入阙进抵天山峡谷之中，可以西行抵达伊犁河谷地。岩画最初被人注意，就是在 20 世纪 70 年代初，"要准备打仗"，想避开大家熟悉的天山南、北通行干线，在天山中，修出一条可以与伊犁河流域连通的"战备公路"，一旦军事需要，可以救急。简易公路就修在岩画南边不远处。岩画所在，本无民居。也因此机缘，岩画遗存，开始被当地老乡关注。

岩刻的画面宏大，在距地面以上约 10 米处，雕凿着一区 200 多平方米的浅浮雕画面。人物形象为深目高鼻、头戴高帽的白种人，与脸型比较宽圆、颧骨较高的蒙古种人物共存。总数近 300 躯岩雕人物，均裸体，多作媾合状。其中比较突出的一组女性人物，面对一裸体男性，环绕两组对马翩翩起舞，是与祈求生殖相关的巫术祭祀画面，表现着"马祖崇拜"精神②。

类似的马祖崇拜画面，见于伊朗西部扎格罗斯山区卢里斯坦青铜时代遗存。卢里斯坦青铜时代遗存出土文物，在美、英、法等国大型博物馆中多有收存。最突出的画面，就是

---

① 天山南麓一线，曾有吐火罗语文、吐火罗移民的存在。20 世纪初曾有德国学者提出这一观点，20 世纪 30 年代后渐趋沉寂。20 世纪 80 年代后，又重新提出，并有大量论文、专著问世。甚至有学者宣言，这已是不必多说的"学术界共识"。实际上，这是一个值得深究、讨论的观点。

② 王炳华《原始思维——呼图壁生殖崇拜岩刻》，北京：商务印书馆，2014 年。

对"双马"的崇拜①。卢里斯坦青铜时代遗存,主体部分在公元前 9 世纪至公元前 7 世纪②。

呼图壁与卢里斯坦青铜时代遗址双马图像的一致性,具体揭示了北天山康家石门子古代居民,在公元前 10 世纪前期,与伊朗西部青铜时代居民之间存在过的联系。

2. 阿拉沟青铜时代遗存

阿拉沟,是天山中一条不大的沟谷,长约 100 公里,沟谷宽度数百米至数公里。它位于吐鲁番盆地、乌鲁木齐、和静草原、玉尔都斯草原之间,是天山中的一条峡谷隘道。

在阿拉沟沟谷东口,我曾工作过 3 年。在沟谷东口发掘了阿拉沟、鱼儿沟墓地。曾出土高足青铜祭祀台,其中伫立带翼之立狮,狮足下有烧炭余烬,是与拜火教相关的用物。与这件具有东伊朗风格之拜火教祭台一道,还有带翼狮形金箔,大量圆形虎纹金牌,兽面纹银牌,圆形、螺旋形金质饰件等,是一批明显具有塞人艺术风格的金银器。共出丝罗、漆器等物。与此东西相应,在玉尔都斯草原以西、巩乃斯河谷,也曾发现过相类的青铜祭祀台,祭台周缘环列带翅异兽,戴高帽的青铜武士俑,对兽铜环、翼兽铜环、铜镂等,同样是公元前 4 世纪以前的塞人文化遗存。在天山峡谷之中,东西遥遥相对,出土了风格近同、民族属性一致的塞人文化遗物,逻辑的结论就是:在去今 3000 年前,塞人进入伊朗、中亚两河流域、天山、帕米尔地区以后,在东来西走的历史进程中,天山峡谷曾是他们自由行进、往来驰骋的便捷通道③。

3. 阿图什库兰萨日克野兽纹金器

库兰萨日克,为天山峡谷中又一处青铜时代墓地,绝对年代在公元前 5 世纪前后,出土黄金制品 8 件。其中金质马形野兽纹饰牌,金马十分矫健。前骑腾跃,后体反卷向上,几与马鬃毛相接;又一件黄金牌饰为一只猛鹰(西方称"格里芬"),扬翅伫立在鹿身上④,均是典型的斯基泰野兽纹风格艺术品。墓中共出之高温泥质陶器,与阿拉沟竖穴墓中出土陶器相类。相类、近同之黄金饰牌,在天山与阿尔泰山邻接之青河县境,也曾获见⑤。

阿图什县库兰萨日克,居处天山之中,濒临托什干河谷。自托什干河谷上行,可进入吉尔吉斯共和国境,通过纳伦河,更南行,可方便进入费尔干纳盆地。在这里出土的这组具有塞人(斯基泰)风格的黄金制品,重要价值之一,就是生动揭示从费尔干纳盆地、纳伦河流域、托什干河谷,沿天山峡谷东走,曾是古代游牧民族来去的坦途。

4. 昭苏波马金银器

出土了大量金银器、精美丝织物的波马古墓,坐落在昭苏县境。

---

① 《中国大百科全书》考古学卷,北京:中国大百科全书出版社,1986 年,294 页,"卢里斯坦"条。

② 王炳华《新疆天山生殖崇拜岩画》,北京:文物出版社,1990 年。

③ 王炳华《古代新疆塞人历史钩沉》,载《丝绸之路考古研究》,乌鲁木齐:新疆人民出版社,1993 年,210—229 页。

④ 新疆文物考古研究所《阿合其县库兰萨日克墓地发掘简报》,《新疆文物》1995 年第 2 期,20—29 页。

⑤ 新疆文物局《丝路瑰宝》,乌鲁木齐:新疆人民出版社,2011 年,289 页。

昭苏县,居天山腹地,是天山中地势相对平坦的高原草场,海拔在 1000—2000 米间。气候湿润,年平均气温仅 2.5℃。雨水丰沛,年降水量可达 500 毫米,适宜于禾本科、豆科类牧草生长,牧草可高及马腹,适饲性强,十分适宜于畜牧业发展。自古迄今,是优良畜牧业生产基地。直至 20 世纪 60 年代,这里仍是我国最好的种马场所在地。

波马,地处县境西南,毗邻哈萨克斯坦边境。昭苏县内广泛分布的土墩墓,这里也多见存在。从波马出土文物分析,这种土墩墓,不仅是塞人、乌孙人的埋骨之所,直至三国、两晋时期,仍为伊犁河流域古代游牧人的埋骨处。

波马古墓,1976 年曾经发掘。后因诸多条件的制约,未能发掘到底。时隔 21 年后,修公路推开了古墓封土,在去地表 3.5 米之深处,突现大量金银器、丝织物、铁兵器、玻璃器,一匹保存完好的白马。文物被修路者哄抢、流散。文保部门听到消息后回收,还追回文物约 80 件,这不可能是当年全部的出土文物。任何人看到这批收回、入藏博物馆的黄金、镶饰珠宝文物,无不惊叹其精美绝伦。

主要文物计有:墓主人覆面之镶红宝石黄金面罩,随葬之宝相花金罐,虎形把手金罐,镶宝石、饰联珠之黄金剑鞘,镶红宝石金戒指,木质包金剑鞘(内存有双刃铁剑),黄金带具(以长方形金板合页套连,上饰宝石),错金单耳银瓶,镶红宝石錾指金杯,金质袖套,黄金指套,以 8 道辫线联缀成板带、块块辫线板带彼此扣连而成的金带,各种形式(花叶、花卉、心形)的金箔片等。这些金器,其制作之精巧、装饰花纹之瑰丽、宝石之错列,迄今未见其匹;在盛产黄金的新疆,一次出土如此多的黄金器皿,也是迄今仅见。

与这批黄金宝器共出,有"缀金珠绣"衣服残片:以红色菱纹绮、绢为地,缀饰半圆形金泡、小金泡,构成四瓣花,更缀饰珍珠,并联成塔形几何纹。共出"云气动物纹锦"、"富昌锦"等,这类纹锦,明显具有东汉后期至魏晋间的风格。

东汉以后,三国两晋间,在新疆伊犁河流域曾经称雄一世的主要势力,当推悦般;或者说,悦般是最重要的一支①。

波马金银器,其工艺、用宝石的时尚,联珠纹饰,黄金面具,清楚展现着里海、黑海周围、伊朗、中亚的印欧种人文化艺术特征,织锦、珠绣则展示着黄河、长江流域的风采。它们在天山腹地昭苏牧场上的会聚,透显着这一高山草场在公元 4 世纪前后与东西方实际存在的物资交流,显示着通过天山峡谷的交通。

5. 鹍鸽镇接待康国使者文书

坐落在天山阿拉沟峡谷东口的石砌古堡,经纬位置为 E87°42′×N42°50′。出土过唐代开元时期文书,表明它是当年西州天山县下属之鹍鸽镇故址。它雄踞在阿拉沟东口峭壁,控扼天山峡谷进入吐鲁番盆地的咽喉。在古堡内十分有限的试掘中,获唐代文书碎片,合后,得文书 9 纸。其中一件文书,前后均残,只存文字两行。残文为:

[前缺]

---

① 王炳华《波马金银器研究》,载《西域考古文存》,兰州:兰州大学出版社,2010 年,273—286 页。

　　□□给使首领康
　　□六品官　一人□
　　　［后缺］

分析文意，大概是与接待"使者"首领"康"某有关。多少拓展一点文义，应是曾经有中亚康国使者途经此处，鹦鸽镇曾尽接待之责，所以留下这么一纸文书。

　　如是，则表明康国使者自乌兹别克斯坦撒马尔罕东行，进入西州或更东进入中原，穿行阿拉沟峡谷，曾是一条径道。沿线唐朝政府设置的军镇，也尽过接待、迎送之责。

　　为具体认识、了解天山峡谷古道路线的实际情形，在阿拉沟峡谷工作的 3 年间，我曾深入峡谷之中。沟谷居阿拉沟山（南）与天格尔山（北）之间，谷地长 100 多公里，宽数百米至数公里不等。地势西高东低，沟谷西狭东宽，阿拉沟河流贯其中，水势湍急。过阿拉沟谷后，越奎先达坂（高 2780 米），过巴仑台，可抵达焉耆盆地北缘和静绿洲；自巴仑台西行，入乌拉斯台河谷，可以非常方便进入玉尔都斯草原；更西行，马程一周左右，可抵伊犁河谷。自伊犁河谷西南行，进入伊塞克湖、中亚两河流域，一路水草不断，骑马行进，自然也不困难。自玉尔都斯草原向西南走，不到 400 公里，马程 7 天左右，还可抵安西都护府所在之龟兹绿洲。因此，自西州入阿拉沟峡谷，前往焉耆、龟兹、弓月城所在的伊犁河流域、中亚两河流域、吐火罗斯坦所在的阿姆河流域，对骑马民族而言，确是可以畅行无阻的[①]。

　　结合自然地理形势，再看上述考古遗存，可得启示：穿行天山峡谷，存在古代交通路线，是完全可能的。虽然，阿拉沟出土接待康国使人文书，可以作为实证，说明地处西天山之撒马尔罕地区使臣来唐，穿行天山峡谷，可能是更便捷的通路。但属孤证，孤证难立。其他多处考古遗存，可供联想，但终只是推论，少了直接、明确的通行说明，终有不足之感。而结合明清时期穿越这一峡谷径道的文字记录，可以帮助我们更清楚、具体认识这条山道，了解其实际通行的情形。

　　这方面，明人陈诚的《西域行程记》，可为我们提供一份实际交通中亚西部大地的说明。陈诚此行，时在永乐十一年（受命）至永乐十三年间（返来）（1413—1415），实际经行两年多。必须强调一点，600 年前的明朝，仍然没有现代交通工具。是与古代一样，用马、驴、骆驼代步。如是交通工具，与汉、唐时期比较，几乎没有差别，具有可比性，因而具有很强的说服力。其经行路线，与康国首领来唐的路线相类，穿行阿拉沟，只是方向相反。陈诚西行，自阿拉沟入天山中，穿山涧、行草地，顺巩乃斯河入伊犁河，斜向西南行，越山穿谷，卧沙滩、息草地，除少量可数的居民中心地外，多在旷野之中前进。他以马代步，平顺无险地到达了撒马尔罕、哈烈（阿富汗斯坦赫拉特）等中亚政治、经济中心。陈诚此行，缘何不走传统文献记录的天山南、北绿洲城镇，而辟此新途？原因是永乐十一年，哈烈入贡。他的西行，是受命护送撒马尔罕、哈烈等国来明的使臣。哈烈、撒马尔罕这些西域使臣来明王朝，来时应该就是走的这条路。对这一天山峡谷道，已经有过体验，是熟悉这一交通径

① 　王炳华《阿拉沟古堡与唐鹦鸽镇》，王炳华著《西域考古文存》，186—207 页。

路的。陈诚此行,名为"护送",实际只是随他们一道,完成回访任务,也借此摸清楚这条径道的具体情况。

陈诚此行,同行者为"苑马寺清河监副李暹",是与马的饲养、管理相关的小官。他们离开北京的时间,是永乐十二年正月十三日,历时九个月,于永乐十二年九月十四日抵哈烈。经此,明与中亚西部哈烈、撒马尔罕等往来不断,直到永乐十八年间,哈烈、撒马尔罕、八答里桑等,不断遣使来明。在这一过程中,陈"诚数奉使,辙迹遍西土"。往来中亚西部期间,陈诚曾"辄图其山川城廓,志其风俗物产",留下过珍贵资料①。只可惜至今并未获见相关附载。所幸《西域行程记》中,对经行路线,还是有十分具体、琐细的记录,弥足珍贵。

陈诚《西域行程记》中地名,涉及多种语言。但陈诚只用汉字标音,对其进行对音、解析,找出今天的具体地点,颇费心力。如他自哈密西行,经过古城,他名之为"腊竺";据地望,实为"拉甫乔克";音虽近,但文字差别巨大。又如他自托克逊西行入天山峡谷,峡口"有一大烟墩,地名阿鲁卜古迹里",穷思竭虑,原来,陈诚笔下的"阿鲁卜古"就是清人所称的"阿拉癸",也就是今人所称、绘之在图的"阿拉沟"。如果不谙熟这片地区地理实况,要与今天的山、水、居民点对应清楚,实在是相当不易的。

陈诚在天山峡谷中行进的具体路线,因许多地方均息宿在无人烟的"石滩"、"草滩"、"山峡中"、"平川地"、"原上雪中"、"山坡"、"乱息沙滩",有时还"人马迷途",相当难准确标绘清楚其具体路径。但大的形势、方向,却是明白无误的。撰诸山谷形势,他们由阿拉沟进入伊犁河谷一段,参证笔者在这片山峡中往来穿行的体会,一些可以准确凭信的地名,可以大概判定其行进方向。他们一行,经过阿拉沟入山后,基本方向是循山道西、北走。过奎先达坂,入乌拉斯台、巴音沟,经"纳剌秃"(今天山中,盛名远布的"那拉提草原"),入玉尔都斯草原;西北行,入"东西大川"、"孔葛斯",进入了巩乃斯河谷;继入"衣烈河"(伊犁河),经"阿力马力口子","向西南入山"。马行 14 天后,至"亦息渴尔"海子。海子"南北约百里,东西一望不尽"。这"亦息渴尔",实际是人们熟知的"伊塞克湖",这就进入了楚河流域。继续西行,入山峡,"过长山",近一个月,经"塞兰城";再 7 天,近"迭什干城"(塔什干);更行,至"一浑河"(锡尔河)。10 天后抵"石剌思",再 2 天,至"撒马尔罕"。11 天后,"度一山峡","名铁门关"。这就到了兴都库什山之隘口;一周后,近"巴拉黑城"。再 20 天后,抵中亚名城"哈烈"。哈烈,即今天阿富汗境的赫拉特,完成了西行使命②。附带说一句,赫拉特,是阿富汗斯坦重镇;由此西走,入波斯高原,十分便捷。因此,进抵哈烈,实际就到了西向伊朗、地中海周围的大门口。再西走,不存在困难了。

完成这次送西域使臣任务后,陈诚自 1413—1418 年间,又曾两次穿行过天山峡谷,再抵撒马尔罕、兴都库什山铁门关,抵达哈烈。说明在明永乐时,明王朝与中亚西部乌兹别克斯坦、阿富汗斯坦、伊朗的交通,穿行天山峡谷来去,已是一条主要通路。

---

① (清)王鸿绪等《明史稿》卷一二八《陈诚传》,敬慎堂刻《横云山人集》本,叶八。

② (明)陈诚著,周连宽校注《西域行程记 西域番国志》,北京:中华书局,1991 年,29—63 页。

自阿拉沟进抵伊犁的天山峡谷通道,清代仍在运行。清王朝平定准噶尔叛乱,自阿拉沟进入伊犁,是一条重要军事交通线。准噶尔叛乱集团最后集聚地,在昭苏草原之格登山。清军平叛,抵玉尔都斯草原、巩乃斯河谷,是骑兵经常穿行的路线。清人徐松的《西域水道记》,说"阿拉癸山,西接伊犁空格斯河流。准部未靖时,自哈密至伊犁者,恒取道于此","阿拉癸山,南有径道通伊犁"①。表明清王朝时期,对这条天山峡谷古道十分熟悉、重视,使用频繁。

根据考古数据与相关文献,参证地理考察,可以得出结论:穿越天山峡谷,来去新疆与中亚西部大地,这一交通线的存在是无疑的。它开拓很早,至少在公元前 10 世纪前期已经存在;早期游牧人,尤其是其中的塞人(斯基泰、撒卡),曾为此作出过重要贡献;山谷中多处塞人文化遗存,堪资证明。汉代以后,昭武九姓胡,尤其以善于经商而闻名远近的粟特商人,进入新疆、中原,对于天山峡谷道这样一条便捷、马驼易于通行的径道,不会不用的。直到明、清王朝时期,这条路线,仍是阿富汗哈烈(赫拉特)、乌兹别克斯坦、撒马尔罕与新疆联系期间,中亚胡商比较熟悉、乐意行走的比较便捷的通道。当然,与此相同,古代月氏、乌孙、匈奴,更后的突厥,同样曾在这条峡谷山路上,留下过自己的身影。

<h1 style="text-align:center">三</h1>

对这条天山峡谷交通线,求取更进一步的了解,应该也必须对它所在的天山,有更进一步的具体认识。

天山,是亚洲中部最大山系之一。东部天山横贯新疆中部,长 1760 公里;西部天山大概呈南北方向,展布在哈萨克斯坦、吉尔吉斯斯坦、乌兹别克斯坦境内,长约 800 公里。以新疆境内天山为例,山系南北宽达 250—350 公里。它由数列东西方向断块山脉组成,一般称之为北天山、中天山、南天山,平均海拔约 4000 米。山系内有冰川 6890 多条,冰川总面积 9500 多平方公里。在天山山系内,草原、盆地广布,如中天山与北天山间的小玉尔都斯盆地、伊犁河盆地;中天山与南天山间的昭苏盆地、大玉尔都斯盆地、焉耆盆地、拜城盆地、吐鲁番盆地等。山系内年降水可达 450—700 毫米,气候湿润。云杉广布,草场连片。从任何一个山口进入天山峡谷之中,东西方向行进,或由东部天山向中亚西部天山行进,入哈萨克斯坦、吉尔吉斯斯坦、乌兹别克斯坦境内,并不存在太多困难②。天山山系中的不同河谷、河流,是天山中的不同集水中心。它们蚀穿山体,突入塔里木盆地、准噶尔盆地后,自然又成为大大小小不同绿洲的生命之源。由这些山谷隘口进入天山之中,东行西走,它又自然成为不同绿洲(经济中心)彼此联系的陆桥。上节文字介绍的阿拉沟峡谷,就是一个实例。他如吐鲁番绿洲、焉耆绿洲、龟兹绿洲、阿克苏绿洲、乌鲁木齐绿洲等,也无

① (清)徐松著,朱玉麒整理《西域水道记(外二种)》,北京:中华书局,2005 年,105、171 页。
② 参见《新疆百科全书》"地理·天山山系",北京:中国大百科全书出版社,2002 年,133—157 页。

不是这样一种形势。从这一角度说,天山山系,不仅是天山南北塔里木盆地、准噶尔盆地间交通的桥梁;也为它们与西部天山广大世界之间交通联系,提供了陆桥,形若天然廊道。关于西部天山,形势当大同小异。这里,有一个小的体验,可以一说。1991年,笔者在阿富汗喀布尔参加完"贵霜国际学术讨论会"后,经由乌兹别克斯坦塔什干回乌鲁木齐。航班遇阻,索性自塔什干乘汽车北行,经由江布尔,回到了哈萨克斯坦阿拉木图,一路顺畅。极目瞭望,可以看到远山逶迤,公路蜿蜒,其路线实际都是行进在西部天山之中的。至于阿拉木图市,更是林木葱郁,虽雪岭高耸,但环境宜人。较之乌鲁木齐、伊宁,自然地理形势可以说胜出很多。这十分有限、点滴的地理感受,可以帮助体验西部天山地理形势。对古代游牧民族,它同样是交通便捷的坦途,大概是不错的。

陈诚、李暹出吐鲁番盆地后的交通路线,以马为主要代步工具。在如是环境中行进,除因途程漫长,沿途一些地段少人烟,会稍有补给之难;从总体观察,沿途草好、水足,没有大的山体阻隔。马行,并没有遇到大困难。居于西天山地区的古代斯基泰人、昭武九姓胡人、康国人、阿富汗斯坦境内的吐火罗人,对穿行天山中的这条山道,因为身在天山中,对其熟稔、了解,肯定远远超过黄河流域定居农业的居民和中原王朝政府的史官、文人。这些人,难能亲履西域高原、草地、荒漠,对交通实际情形,或知其大概,但不会有十分具体的知识。陈诚、李暹第一次西使,名义是护送"康国、哈烈"来明朝贡的使者,实际是随这些中亚西部商团具体考察穿行在天山腹地中的峡谷通道。陈诚曾一路图绘路线。稍后四年中,他又率团穿行过两次,对这条山路交通,可算轻车熟路,不存在什么困难了。但即使如此,明代正史中,对这一路线,也并无详细记录;即使只是概略的说明,也不见痕迹。这与中原大地,不熟悉天山山系的实在情形,是存在关联的。但不论中国历代王朝对此认识如何浅薄,这一交通线很早就已形成,并不断发展,为沟通中亚东西大地之间经济、文化交流,作出过实际的贡献,却是肯定无疑的。

四

陈诚、李暹经阿拉沟西行至撒马尔罕、赫拉特,因应、借鉴过西部天山绿洲康国、昭武九姓王国、阿富汗斯坦吐火罗故国对天山峡谷通路的了解。这一事实,确实为我们解开了唐代来自吐火罗斯坦的商旅,即吐火罗拂延、吐火罗磨色多、撒马尔罕康国人康尾义罗施等一行,突然出现在吐鲁番高昌绿洲上的谜团。他们所走的路线,与明代哈烈、撒马尔罕等处使臣进入吐鲁番的路线,是完全一致的,只不过是西行与东来之区别。两队成员中,十分巧合的是,同是吐火罗与康国行旅组成一支队伍,结伴行进。这类似偶然的现象,实际存在地缘、历史的根据。阿拉沟古堡出土唐鸲鹆镇接待"康国使人"的残文书,也可以与此呼应。这就为我们间接说明了在唐王朝伊、西、庭州,当年有那么多康姓、史姓、何姓、曹姓居民,可以为他们具保申请过所这一事实。因为他们对这支吐火罗人、康国人所以会穿山越谷、息沙滩、住草地,来到高昌,是十分了解,不存在怀疑的。他们浩浩荡荡一行人马,何以不为高昌以西唐王朝属下州、府及道路管理部门了解的原委,道理也十分简单:唐王朝在天山腹地之草原、峡谷中,并没有关防、守军。这样,看似难以理解的社会现象,一旦清楚其原委,就十分浅显、明白了。在这些已属高昌编民、原为昭武九姓的中亚两河流域胡人,当年他们东来西州的途程,很可能就是走的同一条路。对相关路线、穿行情形,既有不少相类的体验、认知,对故国老乡的商业追求也很理解,因此就没有任何犹豫,敢于以身家财富,向高昌县府担保,完全不存在后顾之忧。

通过这一具体事件,我们还可以探讨一下所谓吐鲁番地区居民中,存在大量吐火罗人,他们使用吐火罗语的这样一个历史观点。因为在高昌县境胜金口、吐峪沟等处佛教洞窟中,出土的回鹘文《弥勒会见记》跋语中,有"Toχri"一词。德国学者印欧语专家西格(E. Sieg)、西格林(W. Siegling)、突厥语学家缪勒(F. W. K. Müller)一道,在 20 世纪初,判定这可能与印欧语西支中的"吐火罗语"存在关联。对这一研究,欧洲印欧语研究学界讨论了 20 年,未能获得一致认识。但是,一些德国学者借这一语言学现象,不仅将"Toχri"与"吐火罗"等同,并将在吐鲁番地区只是佛经中用语的"Toχri",与在吐鲁番地区有"吐火罗人"画上了等号,更将这一"吐火罗人"与自吐鲁番至焉耆、龟兹的现代居民扯在一起。更进一步,还与现代日耳曼民族扯上了关系。最典型、直白的观点,来自勒柯克,他说:在新疆塔克拉玛干,"沙漠的南缘印度人占据着,沙漠的西沿伊兰塞人占领着,沙漠的西北边缘是伊兰粟特人(Soghdier),从库车到吐鲁番却是那些欧洲印度—日耳曼语的蓝眼睛民族,吐火罗人(Tocharer)。所有这些部落都以极大的热情接受了佛教……随着民族迁徙,刚刚兴起的欧洲日耳曼国家历史的重要时期开始了"[①]。一个待解的印欧语语言学现象,变成了近乎民族历史研究的游戏。这样的研究,肯定是难以得到学术界认同的。"和田塞语",不能简单等同于塞人,更不能等同于印度人;粟特语,不能等同于粟特人,更不能等同于现代喀什噶尔民族实体并不单纯的居民;库车、焉耆、吐鲁番,从汉代以来,各有自己绿洲王国、民族的称谓,彼此有别,后面存在各自不同的民族认同观念。将他们简单地与吐火罗联系在一起,已属轻率;还进一步与"蓝眼睛的日耳曼民族"勾连分析,确实已难说是什么严肃的学术研究了。勒柯克的推演,将这一语言、民族研究的内核,推到了极端,所透露之心声,感情深处的追求,也可以理解;但逻辑上的混乱,是一目了然的。一般的语言学、民族史的分析,自然不会如此简单。但不少著述、文章中,由于这一"Toχri"背景,在解析诸如新疆塔里木盆地曾有吐火罗人徙入,青铜时代孔雀河水系的居民就是来自欧洲的吐火罗人,天山南麓自吐鲁番盆地至焉耆、库车存在吐火罗人迁徙过程中留下的史迹等问题时,出现了一些值得商榷的观点。近 20 年来,大作不断问世[②],短文更是连篇累牍。在

---

① 勒柯克著,齐树仁译,耿世民校《中国新疆的土地和人民》,北京:中华书局,2008 年,137 页。

② 林梅村《吐火罗人的起源与迁徙》,载《丝绸之路十五讲》,北京:北京大学出版社,2006 年,12—34 页;王欣《吐火罗史研究》,北京:中国社会科学出版社,2002 年;徐文堪《吐火罗人起源研究》,北京:昆仑出版社,2005 年;J. P. Mallory & Victor H. Mair, *The Tarim Mummies*, Thames & Hudson, 2000;等等。

新疆,甚至有研究者称,吐火罗的存在,已是"学界共识"。事情发展到这一步,让人不得不认真关注。对从青铜时代至唐,新疆不少地方都见吐火罗这一观点,笔者是持怀疑观点的[①]。新疆大地,自青铜时代起,确见印欧人种居民徙入、居住的遗迹,但印欧人种,不必一定就是"吐火罗人"。古代新疆居民中,存在"吐火罗人"这一观点,其深层的根据,实际都是将"Toχri"判定为"吐火罗语",并且深受这一语言广泛分布塔里木盆地北缘这一观点的深层影响。这是一个十分复杂,不是这篇小文应该涉及、讨论的问题。但在这篇小文中,我还是想着重提醒:通过吐鲁番新见上引文书,可以看到公元 7 世纪,来自阿富汗斯坦的吐火罗人进入吐鲁番绿洲后,出现了语言不通、文字不同这一十分显著的社会现象。尤其,这一现象正出现在所谓"Toχri"语文在吐鲁番地区通行的唐代。公元 7 世纪前后的高昌,佛教盛行。按不少学者分析,正是吐火罗语文在这片地区佛教寺院中大行其道的时段。但真有吐火罗人进入吐鲁番后,却显得十分陌生。他们面对高昌官府,语言不通,信息隔膜,没有专职"译语人"的帮助,寸步难行。这一文化现象,逻辑的结论只能是:所谓吐火罗语、吐火罗人,在唐代高昌社会中,其实是少为人知的。但大量历史文献记录揭明,吐火罗人是兴都库什山南麓、阿姆河流域的醒目存在。这在唐代中亚,是大家熟知的历史、地理、文化事实。唐代高昌地区,对此也不陌生,这从前引高昌县为吐火罗人、康国人办理过所事件中,可通过逻辑推定。译语人将他们的服务对象,清楚译称为"吐火罗",也可以为证。只是,如果吐火罗文、吐火罗语、吐火罗人在唐代高昌是一个普遍存在,则文书中的吐火罗拂延、吐火罗磨色多进入高昌,应该是不会引发那么多疑虑、不解的。这认知程度上的无法统一可以说明,在唐代高昌,吐火罗绝不可能是一种普遍性的存在。相反,在公元 7 世纪,当时的吐鲁番大地,对吐火罗语、吐火罗人,不仅不熟悉,而且相当陌生。因此,将"Toχri"等同于吐火罗,作更进一步历史推演,从实际社会生活观察,矛盾多多。这一从印欧语音读引导出来的语言、民族、历史等相关研究,在这组文书面前,是绝难得到支持的。这一文化现象,应该引发我们进一步的历史思考。

【跋语】这篇小文,是不折不扣的"急就章"。匆匆为文,可以说是近于仓促;但思想深处对这个问题,是考虑得十分久长的。三天前,得荣新江、罗新教授电邮,决定将《唐研究》第 20 卷,作为纪念罗杰伟先生的专号,嘱撰相关纪念性文字。我是十分乐意遵命去做这件事的,也愿意将这一久积心底的体会,奉献给在天堂中继续关注中国唐研究事业的罗杰伟先生。

我与罗杰伟先生,并无多少个人接触,但在不多的接触中,我留下了颇深印象,觉得他是一个有世界眼光、见识过于常人、可以与其深交并会获教益的一个人。

我在新疆考古一生。新疆考古,人少事多。我个人,就与不少友人一样,是并未

---

① 王炳华《一种考古研究现象的文化哲学思考——透视所谓"吐火罗"与孔雀河青铜时代考古文化研究》,《西域研究》2014 年第 1 期,86—99 页。

集中全力专事唐代考古的。但在"唐研究基金会"成立时,主事者竟将我置于基金会属下之"学术委员会"内,这自然就多了一点了解、认识罗杰伟的机会。但真正对罗杰伟有深一点认识,缘于我与一些友人计划的对塔克拉玛干沙漠南缘、已没入沙漠之中一百多公里的丹丹乌里克—唐杰谢镇故址之调查、发掘。杰谢镇之所在,曾有的唐代文书、佛教壁画,通过斯坦因的报告,是有轮廓性了解的。但我于此有两点悬想:其一,8平方公里左右的古代绿洲,规模不小,斯坦因之考察、报道,不足以揭示这一唐代军镇的政治、经济、军事、宗教文化的全貌,应该还有难以尽说的工作空间。其二,地处沙漠南道、关系沙漠南北通连的军事设施,当年曾充满活力;如今却没落在了沉沉黄沙之中,成了没有生命气息的死地。这巨大的变化,原因何在,是十分值得探求的。在沙漠广布,生态环境极其脆弱、严酷的新疆南部大地,通过剖析古代城镇兴废,明其究竟,其价值是远远超过考古学研究本身的。只是要实现这一目标,必须与水文、沙漠、地理、气象学科及佛教艺术等研究领域的友人通力合作。单纯进行考古、历史文化研究,是极其局限的。在新疆工作有年,总是希望有适当遗址展开与理科学者的合作,开拓沙漠考古新境界。但如是设计,工作范围大,涉及学科广,又在沙漠中,经费是绝不能少的。计划报给"唐研究基金会"后,很快通过,而且得到了罗杰伟的全力支持,一次就拨给考察费37万。这在20世纪90年代前期,是一个不小的数目。作为主事者,内心的高兴、感动之情,难以形于笔墨。但这一计划,后来并没能顺利实施。意想中应十分顺当的中国学术界多学科合作进行沙漠考古这么一件好事,在新疆文物主管部门的一位主事人手中,却遇到了阻碍。他令人费解的理由是,经费不应由学者们自己管;实际,是要由他插手来管理。这一阻拦,使我意识到一旦开展工作,难以估计的矛盾会尾随而来。我十分不希望基金会的经费,不能顺利用在具体工作中。作为工作主持人,思虑再三,决定还是放弃这一工作,将经费退回了。事后,认真想过:一个美国企业家、一位与新疆沙漠考古没有关联的学者,对认识新疆唐代文明、人类活动与环境变化关系的研究,倾注如此热情、真情,这与我们一些主事者的情操、追求,真是有不小差别。不同学科的研究者,根据研究目的,设计工作细节,其实是最有发言权的。这些十分专业的工作项目,必须交由完全不知研究流程的人去管理,实在让人难解甚至气愤。经费不能自己管理,学术目的难以实现,也就难以面对"唐研究基金会"。因此,虽内心十分矛盾,也只能忍痛作罢。

罗杰伟,一个美国人,感受到唐代文明的辉煌,希望深层了解、认识这一历史文明的方方面面,汲取历史的营养,为建设人类新文明的崇高事业服务。有了这一朴素追求,就以自己的能力、财力,全心投入这一积极的事业之中,这精神是崇高的,是值得弘扬,更值得中国人学习的。其气度、情操,较之我们一些主管人员,高下之别,让人唏嘘。

"天山峡谷古道",从考古、文献、自然地理形势各方面观察,应该说,是一个可以肯定的存在。目前,不应止于如是一般的认识,而应该有意识地加强相关考古、文献研究工作。它也许可以拓出另一研究空间,对塞人东入天山、吐鲁番,粟特人进入吐鲁番、河西走廊、中国西部大地,月氏、乌孙、突厥民族西行过程中的种种建树等问题,或许都可以提供认识的新空间。我想,罗杰伟如仍健在,知道这一理念后,许会又一次与罗新兄一道,继承当年驱车西藏、自阿里下昆仑、入塔克拉玛干沙漠南缘的壮举,又一次驱越野车进入天山之中,由阿拉沟,西向玉尔都斯、那拉提草原、昭苏草原,更向哈萨克斯坦、吉尔吉斯斯坦,绕伊塞克湖更南行,直捣兴都库什山之铁门关,进向吐火罗所在的阿富汗斯坦以及伊朗高原。汉代张骞、唐代玄奘、明朝陈诚西行之迹,或许因此会呈现更多的光明。这在今天,自然是不难实现的考察计划。我相信,它也会是罗杰伟乐意去做的一件具体事情。只是因为罗杰伟先生之过早远行,这件具体工作,就只能留待他人了。自然,少了罗杰伟,也会少了不少的乐趣。这让人有些怅然!愿好人罗杰伟先生在天之灵能感受到我们的祝福,愿他安息、愉悦!

2014 年 4 月 15 日初稿,5 月 12 日改定

(原刊《唐研究》第 20 卷,北京:北京大学出版社,2014 年,11—32 页)

深一步认识阿拉沟

　　史传中难见提及的阿拉沟,由阿拉沟进而深入的天山峡谷古道,在经新疆,由东亚迈向亚欧西部大陆的交通中,曾有过不该被无视的地位。这似乎还是新疆历史、地理学界关注不足的故实。

　　工作机缘,笔者曾比较详实考察、多次穿行过阿拉沟。有在阿拉沟考古调查、发掘的收获;也注意到新疆考古工作者近数十年在新疆天山峡谷包括阿拉沟山内已获大量考古资料。提出上述观点,希望因此引发新疆古代历史、地理研究者们的关注,推动进一步思考,助益相关领域研究的深化。

一

　　阿拉沟山谷,是东部天山中一条十分普通的山谷。从吐鲁番盆地,经由这一山谷,进入天山,可入中亚两河流域,并更进一步走向西部世界。

　　天山山系,是亚洲中部最大山系之一。其主体,绵亘新疆中部,西段入哈萨克斯坦、吉尔吉斯斯坦、乌兹别克斯坦境,全长达 2560 公里,新疆一段长达 1760 公里。由数列东西向断块山地构成,山体宽达 250—350 公里,面积 46.4 万平方公里。断块山地,不仅方便东西行进,也方便南北穿越。其间山峰、盆地、高山草场,屏列展布,堪谓景象万千。闻名中外的吐鲁番盆地、焉耆盆地、尤路都斯盆地、那拉提盆地、伊犁河谷盆地等,其实都是北天山与中天山、中天山与南天山间一些主要盆地。盆地内地形相对平坦,山区气候又较湿润,是古代游牧民族十分理想的生存空间①。

　　阿拉沟山谷,居中天山之阿拉沟山与天格尔山之间,呈东西向延伸,长不过 100 公里。宽可百米至数千米,地势西高东低、西窄东宽。阿拉沟河流贯谷地之中。阿拉沟山至谷地东口,高度渐降,趋向平缓,渐入吐鲁番盆地之中。谷地西端为高峻之奎先(或称科雄)达坂,海拔达 2780 米。翻过达坂,缘乌拉斯台河谷南行,可入和静、焉耆绿洲。过阿拉沟山谷更西行,入开都河谷,抵玉尔都斯草原,西南经库车河,可入库车绿洲;西北方向,可方便

---

　　① 有关天山的基本资料,引据《新疆百科全书》,北京:中国大百科全书出版社,2002 年。

驰入巩乃斯河谷、伊犁河谷,沿途水丰草茂。更西行,进入哈萨克斯坦、吉尔吉斯斯坦、伊塞克湖,步入西部天山,真可以说是东西畅达、南北无阻。这些都是笔者多次东西行、南北走,断续来去过程中所获的感受;如果不是利用汽车,而是中世纪或更早岁月里的马、骡代步,虽费时较长,有劳顿之累,但完成相关穿越,是并不存在困难的[1]。

<h2 style="text-align:center">二</h2>

我与阿拉沟结缘,受惠于1976—1978年间在阿拉沟山谷中断续进行的考古发掘。

20世纪70年代,因应形势要求,要在天山中修建吐鲁番至库尔勒的铁路。在当年几乎没有任何工作经费的情况下,随修路工程进行的文物考古,得到了铁道兵的全力支持。断续三年的考古发掘,收获一是发现了既往从无所见的青铜时代遗存,二是发掘了一批具有塞人考古文化特征的墓葬,出土了大量金器。富含游牧民族特点的野兽纹黄金制品、袄教青铜祭祀台、木质冥车,与来自中原大地的漆器、绫纹罗、凤鸟纹刺绣共存。阿拉沟,曾是东西文化交流的重要谷道,这一概念,立即呈现在眼前。它们与南西伯利亚巴泽雷克古冢出土物,明显有类同特征。这在当年,是十分激动人心、可以挑战传统认识的新成果[2]。

为此,在阿拉沟工作的三年中,我曾不止一次循阿拉沟进入天山峡谷,既东西驰行,也南北穿越。主要目的既在探其交通路线,也关注天山峡谷中存在过的其他文物考古遗存,希望能寻求开拓过天山峡谷空间舞台的古代先民的踪迹。

去今4000多年前,原居欧洲的高加索人种,在气候趋冷的灾变下,曾有一支穿越天山峡谷、经玉尔都斯草原,进入开都河谷,步入孔雀河流域,揭开了罗布淖尔青铜时代文明的新页[3]。

前文已提及,去今2300年前,阿拉沟东口所见塞人贵族墓冢出土文物,生动揭示了战国时期楚文化西入新疆,经行天山峡谷古道,进一步西走并及于南西伯利亚的史实。

伊犁河谷地如昭苏、特克斯、新源、尼勒克、巩乃斯等县市,是新疆所见乌孙古冢比较集中分布的地带,与西部之哈萨克斯坦、吉尔吉斯斯坦、天山伊塞克湖周围所见古代乌孙遗存地域相连,为同一种考古文化。乌孙与西汉王朝政治、经济、文化关系密切。乌孙,公元前2—前1世纪雄踞中亚。天山峡谷,也曾是他们与汉王朝交往的重要通途。与峡谷古道并存,自长安至乌孙赤谷城,由库车绿洲进入天山,也是汉与乌孙交通的径道[4]。东汉延熹元年(158),在天山拜城盆地北口博者克拉格沟刘平国率秦人、羌人修建的关亭,就曾是

① 参见(明)陈诚《西行记》;王炳华《"天山峡谷古道"刍议》,载《唐研究》第20卷,北京:北京大学出版社,2014年,11—32页;(清)徐松著、朱玉麒整理《西域水道记(外二种)》,北京:中华书局,2005年,105、171页。

② 王炳华执笔《新疆阿拉沟竖穴木椁墓发掘简报》,《文物》1980年第1期,20—24页。

③ 王炳华《从高加索走到孔雀河》,《西域研究》2017年第4期,1—14页。

④ 王明哲、王炳华《乌孙研究》,乌鲁木齐:新疆人民出版社,1983年。

由龟兹、拜城进入天山北麓的重要孔道。

与阿拉沟东口塞人遗存竖穴木椁墓风格相近,北天山峡谷中之库兰萨日克古冢(地属克孜勒苏阿合奇县,居托什干河谷,北行50公里为天山别迭里山口,可通哈萨克斯坦纳伦河谷),出土过转体跃马金牌、鹰(格里芬)立鹿背金牌、金丝饰珠耳环、忍冬纹金箔饰片等,与泥质筒形带流杯、盘口带流壶、圈底球腹瓶共存,显具游牧民族文化特征,是绝对年代在公元前3世纪前后的一批遗物,显示了当年天山峡谷中颇不平静的游牧人生活场景①。

值得一提的,还有苏联考古学者命名的所谓“胡须墓”。苏联考古学家 K. A. 阿基舍夫、T. A. 库沙也夫对哈萨克斯坦、伊犁河流域、阿勒泰等地所见相关古冢(地表存环形积石、半环形积石,故名“胡须”)竖穴墓室,发现其中殉马、青铜、金、骨器等遗物,早到公元前5—前3世纪,晚可到公元前后,称呼它们是“塞克”文化一支。相关遗存在新疆巴音布鲁克草原、伊犁河谷地察布查尔县索敦布拉克等处也有发现②,清楚表明,这支有鲜明特色葬俗的游牧人,他们同样在天山中留下了遗痕。

呼图壁康家石门子大型生殖崇拜岩画,清楚表明了古人寻求生殖繁衍、实施生殖巫术的活动。时间约在公元前10世纪前期巫术中,将人类生殖繁衍与双马崇拜关联,人物戴高高的尖顶帽,脸型具高加索人种特征。诸多细节,与伊朗卢里斯坦青铜时代遗址出土青铜器、伊塞克湖金人墓中高冠、内蒙古明山岩画遗存双马崇拜图像,均显关联。自然也说明了天山峡谷内外,居民交通联系的情形③。

1997年,天山峡谷昭苏波马出土了一大批高品级金银器,如镶红宝石金面具、宝相花纹金罐、虎纹把手金杯、黄金剑鞘、宝石金戒指、金质腰带、金质把杯、金质套袖及大量金箔花叶等,共见缀金珠绣、云气动物纹锦、玻璃器、一匹大白马等,墓主人身份不俗。应是公元四五世纪遗存④。

大量高等级黄金面具,满饰红宝石,与西天山吉尔吉斯斯坦伏龙芝曾出土之黄金文物类同;辫线扭结的金带、镶红宝石的金质剑鞘、花叶形金箔片等,也曾见于阿富汗北部西伯尔甘的大夏贵族墓。墓主人之族属,学界目前仍在讨论中,但不论其族属如何,它揭示的公元4世纪前后,经过天山峡谷入吉尔吉斯斯坦,更远至贵霜大夏存在这一交通路线,是清楚、明确,不必怀疑的。

对天山峡谷可以交通东西的重要地位,在公元8世纪中叶,唐王朝有了比较明确的认识,并对此强化了安全管理。现仍屹立在阿拉沟东口,俯视阿拉沟河谷、吐鲁番盆地的唐鸜鹆镇故址可为实证。它是以土石为料构建的堡垒,基本方形,石墙高达6米、墙基厚达

① 吴勇《阿合奇县库兰萨日克墓地发掘简报》,《新疆文物》1995年第2期,20—28页。

② 张玉忠《天山尤鲁都斯草原考古新发现及相关问题》,《新疆文物》1996年第1期,37—42页;张玉忠执笔《察布查尔县索墩布拉克古墓群》,《新疆文物》1995年第2期,1—19页。

③ 王炳华《雕刻在岩壁上的史页》,《新疆社会科学研究》1988年第1期,6—32页;王炳华《新疆天山生殖崇拜岩画》,北京:文物出版社,1990年。

④ 王炳华《波马金银器研究》,《吐鲁番学研究》2004年第1期,109—118页。

3 米、周长达 118 米。笔者在 1976 年简单清理过故垒内一间小室,在故垒东门外部分积土中获唐代文书 9 件,内容包括唐鸜鹆镇游弈所戍卒名录及配置武器、甲杖,曾接待途经此处的康国一位六品官首领等。文书残碎,却十分具体地表明了基层军事单位日常运作的情形[①]。

与此密切关联的是出土在吐鲁番阿斯塔那墓地(编号为 64TAM29)的 29 件唐代文书。其中时在垂拱元年(685)的 4 件文书清楚说明,西来之商胡吐火罗拂延、吐火罗磨色多、康尾义罗施、何胡数刺及作人曹伏磨、曹延那、安莫延等一行,共携驴 26 头、"马一匹"、"驼二头"等,欲向东兴易,因为没有过所,被唐西州高昌县截留、审查。又语言不通,高昌县用了"译翟那你潘",数审以后,经过"庭、伊百姓康阿了"、"伊州百姓史保年"、"庭州百姓韩小儿"、"乌耆人曹不那遮"、"高昌县史康师年"等人作保,保证上述"西来"、"向东兴易"诸人不是"压良、冒名假代"、"衒诱"、"寒盗"等色,只是因为西来途中无"汉官府"、"在西无人遮得"、"更不请公文",所以"并请责保","若后不依今款,求受依法罪",这才请得了高昌县过所,顺利东行。这一案件细节,显露之历史消息,相当不少[②]。

本文只就天山峡谷道途一点,稍予展开。作为活跃在葱岭东西、天山峡谷内外的粟特昭武九姓胡人,其精明、工于算计、营商过于常人,是大家熟知的。其时距唐王朝 640 年平高昌、设西州,随之更设安西、北庭,全面强化对新疆大地的政治、军事、经济管理,已近 50 年。通行需领过所,自然也会是他们了然于心的。但还是决定不走有政府管理的天山南麓、绿洲城邦驿道,而选择穿行天山峡谷,正表明他们十分精明、工于心计。穿越天山峡谷,对驴马驼队,既可省沿途水草、粮料之费,也没有绿洲路上会有的行政管理费用。峡谷道途相当时段还无人管理,可以穿行,他们大概也是有所闻知的,行进自然也就更方便。于是,避开绿洲城邦,穿行天山峡谷,成了一个看似"聪明"的决策。然这次不巧,虽穿过了天山峡谷,却没能逃脱高昌县的监管网络。但有通商、兴易的正当理由,有故旧熟人担保,所以,虽有惊却无险,东向、兴易的计划还是得到实现。但交通管理上的疏漏,被唐王朝关注。证明是随后不久,在天山峡谷东口阿拉沟高崚河岸上,就建起了鸜鹆镇游弈所,有了常驻的健儿,天山峡谷东口自此安设了一道相当严密的关闸。

明王朝对与中、西亚的商贸往来,虽不如郑和七下西洋那么盛大,但还是有过关注的。在这一事业中,天山峡谷也曾承担过重要使命。

明永乐年间,通过天山峡谷,与中亚乌兹别克斯坦、阿富汗更西至伊朗,存在商业贸易往来。永乐十一年(1413),中亚哈烈(今阿富汗赫拉特)入贡明王朝。对这一"朝贡"下的贸易,明王朝是积极的。决定派陈诚为使,护送哈烈使臣回国。返程路线,走的就是天山峡谷一途。在陈诚留下的《西域行程记》中,对相关路线有明晰的记录:自哈密西行,过古城"腊竺"(今拉甫乔克)。自吐鲁番托克逊西行,入天山峡谷,峡口"有一大烟墩"(唐鸜鹆

---

① 王炳华《阿拉沟古堡及其出土唐文书残纸》,载《唐研究》第 8 卷,北京:北京大学出版社,2002 年,323—346 页。

② 王樾《唐代西域与吐火罗》,《学术月刊》2013 年第 5 期,148—158 页。

镇游弈所故址),地名"阿鲁卜古迹里",实即今天俗称的"阿拉沟"。过阿拉沟入山后,过奎先达坂、入乌拉斯台、巴音沟,经"纳拉秃"(今声名远播的那拉提),入玉尔都斯草原;西北行,入"东西大川"、"孔葛斯"(巩乃斯河谷),继入"衣烈河"(伊犁河),经"阿力马力口子","向西南入山",马行 14 天后,至"亦息渴尔"海子(伊塞克湖)。继续西行,近 1 个月,经"塞兰城",7 日后抵"石剌思";再两天,至"撒马尔罕",更行,"度一山峡""名铁门关";1 周后,近"巴拉黑城",再 20 天,抵中亚名城"哈烈"。进抵西入波斯——地中海世界的大门。继这次西行后,他又曾受命两次穿行天山峡谷,抵撒马尔罕,过兴都库什、铁门关。抵达西亚交通要隘赫拉特①。"诚数奉使,辙迹遍西土",沿途"辄图其山川城廓,志其风俗物产"②,留下过珍贵资料。明王朝当年关注、开拓、建设通向中亚、西南亚商贸大道的努力,是十分清晰的;而在这一战略设计中,经过阿拉沟的天山峡谷古道,居于中心地位,也是十分清楚的。

入清,在与准噶尔部的角逐中,由阿拉沟经天山峡谷入伊犁河谷,曾是更为重要的交通线。许多惊心动魄的事件,都曾在天山、伊犁河谷中展开。这里不再赘述。

三

梳理过阿拉沟及天山峡谷的地理形势,搜求过已经进入学者视野的考古遗存,涉猎过前贤穿越天山峡谷时的记录文字后,掩卷沉思,这不大的峡谷,在古代新疆史、中亚文明史研究中,真是不能轻忽,但目前确又关注不够的地理空间。

最早进入天山峡谷,驰骋来去,无疑就是活跃在中亚大地的早期游牧人。虽是峡谷,但水草咸备、高山草场星罗棋布,穿越不难,对游牧民族,实在是求之难得的理想生活舞台。迄今,已在天山峡谷中发现的考古遗存,它们与周邻地区已见考古遗存或多或少的关联,可以充分肯定这一结论。至于他们是什么时段、因为什么力量驱动,进入了天山腹地;进入腹地后的发展状况,彼此间以及与天山内外族群间的关系等,至今可以说还是新疆考古、历史研究界认识的盲区,是新疆古代史研究中,有待填补的空白。

在论及已见阿拉沟、天山峡谷中的考古遗存时,不少报告、研究都提到遗存主人"可能是塞人"。这自然不能算错。因为古代希腊文献、波斯文献、古汉文文献,涉及这片地域、黑海、里海周围、中亚两河流域甚至远及乌拉尔山以东的欧亚草原,以及南亚波斯高原等处,在特定时段,活动过的民族,无不都提到过"塞人"③。问题是,面对近一个世纪来大量新见考古文物,我们有可能对去今 2600 多年前古典作家们并非亲历却在文献中写下的相关著述,对照新取得的考古资料,进行进一步的检讨、分析,作出新的研究。这个问题很

① (明)陈诚著,周连宽校注《西域行程记 西域番图志》,北京:中华书局,1991 年,29—63 页。

② (清)王鸿绪等《明史稿》卷一二八《陈诚传》,敬慎堂刻本《横云山人集》卷八,叶八。

③ 王治来《中亚通史·古代卷》,乌鲁木齐:新疆人民出版社,2004 年,29—44 页;余太山《塞种史研究》,北京:商务印书馆,2012 年。

大,涉及面广,关系学科众多,需要有力的组织协调,才可能有收获。目前,可暂放在一边。只从新疆一角切入,将注意力放在天山峡谷中,以这区不大的山谷为对象,如阿拉沟东口的竖穴木椁墓、托什干河谷的库兰萨日克金器墓、天山峡谷草场中的"胡须墓",大都被冠以"塞人"的外衣,但细部特征,其实有相当差异。葬俗、随葬物品(从组合到主要器物特征),也都有不同特点,地域分布也有不同。面对这一局部,展开具体分析,还是有必要的、可行的。

目前,我们掌握的所谓"塞人"遗存,只是墓葬,有点局限。但埋葬制度,对任何一个特定的民族群体,都是十分神圣、不容随便改变的传统。它们是祖宗之法,具有不一般的地位。随葬之物,自然也是传统文化、传统信仰的宣示。这种种,实际都可以看成相关墓葬主人对社会、世界的声明,其中,凝积着的是他们厚重的文化性格,具体显示着他们的民族个性,表明了"他们"与"非他们"之间最本质的区别。通过认识这些遗存,今人自然可以从中感知到他们与其他民族实体间,是否存在异同,有多少异同。经过如是分析,进而求索他们何时、因为什么力量、什么追求而步入了天山腹地,在峡谷中活动情形,最后又走向了何方,这就能获得比较接近真实存在过的历史篇页。做过这样的工作后,应该有可能捕捉到一点具体、真实发生过的民族历史碎片,大概看到一页由考古遗存、遗存主人们当年制作、保留下来的物质文化鳞爪。天山峡谷在欧亚文明交流中,曾经发生、展开过的具有自身特色、不可替代的历史点滴,也就有可能清楚一点展现在今人面前。

说这段议论,是自己在沉入天山峡谷后,具体感到了过去未曾深入分析后的苦恼,宣示的是遗憾——力求认识深化,虽知门径却无力深入的烦闷,或者说,是再思考后才涌现在心头的追求。感悟到这一点,有些迟缓,但确实是可以做也应该做的一件事。只要老天假以时日,这是我自己希望去学习、探索的问题之一。因为只有这样,才可清楚一点认识在亚欧人民交流来去的历史进程中,天山峡谷曾经有过的担当、作出过的贡献。这些消失得太久,也从未见诸文献的古代社会生活画面,只要历史、考古学者认真努力,还是有可能挖掘出来,帮助今人走近那些看似消逝无痕的岁月。这自然也就是责任在肩的考古人之义务了。

过天山峡谷可入中亚西部,是汉王朝通西域前已经存在的山路。但在西汉王朝确定了走向西部世界的战略后,构建的却是完全不同的绿洲之路。这是成功的实践,但也有一些细节,可以补益相关文字记录。

汉文史籍中,最早比较清楚说明了自东亚走向西部世界之主要交通干线的是《汉书·西域传》:"自玉门、阳关出西域,有两道:从鄯善傍南山北波河,西行至莎车,为南道;南道西逾葱岭,则出大月氏、安息。自车师前王廷,随北山波河西行,至疏勒,为北道;北道西逾葱岭,则出大宛、康居、奄蔡焉。"《汉书》的作者班固(32—92),他学术成就辉煌的年代,距离西汉王朝政治上统一西域,已有一百多年。班氏家族尤其是班固,在两汉王朝时,是当之无愧的西域研究大家。他在《汉书》中,对西域交通路线的叙述,自然具有权威性。说"南道西逾葱岭",据笔者个人考察体验,不仅是总体的形势概括,也是对南道入大月氏时具体入微的细节记录,极度精准,弥足珍贵①。所以如此说,源于 1972 年夏,笔者曾立足葱岭明铁盖傍近山头,看脚下连片青葱随风摇曳,脑中思绪汹涌。南望明铁盖雪岭巍巍,印度河谷似抬手可及,西看瓦罕走廊,虽仍在 20 公里之外,然也若在身边。遥思 2000 年前,汉王朝西行的使节、商旅,放马在排衣克城堡下,十分疲倦之身躯,随意或躺或坐了连片野葱之中。故国已远,但大月氏、安息已近在眼前,昨天的万千艰难险阻,已如浮云飘散;明天的功业、祖国亲人的企盼,正在前方向自己亲切招手。这交通径道、这青葱连片的山头,总得有一个名字,于是,"葱岭"自然而然地涌现在了他们的脑海,随后落笔在了简牍之上,又自然成了班固在叙说南道路线时,关键性的"逾葱岭"三个大大的汉字!2000 多年来,风云变幻、历史波澜起伏,十分传神之"葱岭",也慢慢变化成了公元 7 世纪后的"帕米尔"。但"葱岭"地理形势,真还不变,它成为华夏古国的英雄儿女们,不惧任何艰难,走向南亚、西南亚,进而更远及古欧洲大陆的纪念碑!留痕在《汉书》中的"逾葱岭"三个字,有力揭示了在 2100 年前华夏儿女中的精英们,确确实实曾在前往大月氏、安息的征途中,经过了明铁盖,也关注过明铁盖河畔这片野葱漫布的山头,他们进而由此迈向了高峻及天的瓦赫基里达坂(瓦罕达坂)。这在构建东亚华夏与西部世界的交通、文化联系中,是当之无愧的不朽勋业,是中亚文明史上不应被遗忘的历史丰碑。想来名"葱岭",对这片高原其实更为合适,它具体、朴实、定名早、记录在册,富含历史文化价值,因而也更值得我们铭记不忘。

紧随其后,说北道"随北山波河西行",也是"逾葱岭"。行文就难说准确了。今天看去,这文字表明去今 2100 多年前,走向西部世界的志士们,对葱岭高原与西部天山,还未能区别清楚,而是将它们混同起来的。同在《汉书·西域传》中,班固说过,当年的西域(指塔里木盆地)"东则接汉,扼以玉门、阳关,西则限以葱岭",就很清楚地说明了这一认识误区之存在。放在去今 2100 年前,欠缺科学的地理考察,存在这样一个模糊认识,自属可以理解;但在我们今天的著述中,涉及亚欧交通,只是引据《汉书·西域传》的文字,不注意取近代科考成果作进一步注释,就有明显的不足了。因为,对不谙西域地理形势的读者而言,因此生发误解,还是完全存在可能的。具体、准确一点说,从疏勒(今喀什地区)入大宛(乌兹别克斯坦费尔干纳盆地)的交通路线,是不要"逾葱岭"的。具体应该是自疏勒缘恰克马克河、托鲁加尔特河或克孜尔河西行,进入托鲁加尔特山口,即可方便进抵奥什、安集

---

① 1972 年 7 月 27 日,笔者自塔什库尔干达不达尔骑行,经公主堡,抵克切克巴依。红其拉甫河与喀拉乞库尔河在此交汇。沿喀拉乞库尔河西走,至排衣克,地势险要。既见古代城堡,又是现代边防哨所在。海拔 4000 米稍上。调查、观察过古堡,策马跃上傍近山头,突见野葱连片。葱,茎高 20—30 厘米,茎圆、叶扁平,色青碧,顶端开白色小花。由排衣克缘火石壁河西走,经克克吐鲁克,稍偏西南行,即可入瓦赫基里达坂(瓦罕达坂),过达坂后即入瓦罕走廊。是夜,宿息在山上的边防站,一时难以入眠,浮想联翩。进入瓦罕走廊路畔,沿途有二三十厘米高之小石堆,可为古道路标;《汉书》之记录,具体准确,沿途之堆石路标,彰显古人穿越时的匠心。那小石堆似乎还留着 2000 多年来在这条古道上来去旅人的温热情感。自瓦罕走廊前进,穿兴都库什山口,可入阿富汗(大月氏),更西行,可至伊朗(安息)。参见王炳华《葱岭古道觅踪》,载《西域考古文存》,129—131 页。

延、阿姆河流域,抵达费尔干纳盆地之中。这既便捷,也比较好走。20 世纪 30 年代前,英国学者斯坦因多次进入新疆考察,不少次穿行过这条道路,沿途也多有具体介绍。他总结对这一通道的感受说:"这是天然贯通的大阿拉山谷,古代从中国以及塔里木盆地来的丝商,即沿这条山谷而下,以达妫水中部。这个结论,就地形的事实,气候的情形,以及当地流传的材料而言,都可以充分证明的。"[1]笔者在新疆工作期间,足迹曾及于托鲁加尔特山口、别迭里达坂等走向中亚西部的隘口。沿途荒山秃岭,真难觅得野葱消息。由此想到,班固这里的北道"葱岭",准确说应该是穿行天山西部的阿拉套山谷,与塔什库尔干所在的葱岭高原,并无关涉,今天确实应该说清楚。

《汉书·西域传》说西域交通,不涉天山峡谷山路一字一词,并不表示汉王朝的知识精英对此没有了解。它只说塔里木盆地周缘沿绿洲城邦行进之大路,这有其特定的时代背景。汉武帝刘彻在"轮台罪己诏"中,深沉反思,说"四夷侵凌中国,不出师征伐,天下不安",这是他命张骞通西域的初心,实质是对匈奴长期侵凌的反抗,揭开了战略反击的帷幕。张骞初通西域后,一批批使节、商旅,多仿张骞再出西域时的装备"赍金币帛直数千巨万",保证远途给养之"牛羊以万数";而且"诸使外国一辈大者数百、少者百余人","一岁中使多者十余,少者五六辈,远者八九岁、近者数岁而返"(司马迁《史记·大宛列传》)。刘彻真是举全国之力,推进着连通西部世界的宏伟事业。持续多年努力后,实现了"西北国始通于汉"的战略任务。地偏东亚的华夏文明,终于与葱岭以西的欧亚文明,得以牵手,这对世界文明进步的历史贡献,是怎么评价也不过分的。

为承担、完成这一历史使命,自刘彻开始,先后有置河西四郡、破楼兰、和亲乌孙、屯田伊循、轮台、渠犁、龟兹以及置西域都护等一系列军政措施。经过西域南北绿洲城邦,携带巨额财货西行的使节、商旅,安全、给养均可无虑。天山峡谷中、只能容少量人员往来的山道,自然也就不在政府的关注之列了。这些变化,是历史发展的需要,也是历史进程的具体说明。交通,紧密呼应着时代要求。在发展变化的大时代前,天山峡谷自然只能沦为民间来去的小路,与官方经营的大道无法比拟。

四

对新疆地理形势,近年著作中比较流行、也让人们一致认可的概括是"三山夹两盆",意为昆仑山、天山、阿尔泰山三大山系夹峙着塔里木盆地、准噶尔盆地。从自然地理角度看,似不错;但细加品味,它所强调的新疆地理形势内核,是一种比较封闭的存在。在如是概念中,准噶尔西部山系、天山、昆仑山、阿尔泰山中,可朝向东、西部行进的天然孔道、河谷、可资翻越的达坂,等等,就难得应有的关注。如天山峡谷、阿拉沟等这些细微的存在,就很难进入人们分析、观察的视野。这自然是有所不足的。其实,古代存在过的亚欧大陆

---

[1] 向达译《斯坦因西域考古记》,北京:中华书局,1936 年,207 页。

间的经济、文化交往,留存在这些小沟谷中的历史碎片,已经向我们表明,这样的情况是并不少见的。而换一个角度思考,古代新疆大地的政治地理、经济地理地位,上述概括,就更显见其不足。忽视这类存在,对全面认识新疆、中亚历史,自然是有欠缺的。

从政治、经济角度思考新疆,它名副其实,曾是古代亚欧大陆居民交往的枢纽。这里存在并不断发展着不同种族、众多民族的迁徙、流动,以及其间的经济、文化交流。这交流,并没有因为高山、大漠阻隔而休止。

从旧大陆亚洲、欧洲、北部非洲历史文明进程观察,彼此地域毗连,古代居民来去的历史,发生得很早。新疆大地,虽有三山相隔,沙漠、戈壁纵横,大大增加了往来交通之难,但人们很早就克服种种自然阻难,展开、完成过经济、文化交流的事业。新疆,很早就已是黄河、长江流域的东亚文明与西部世界联系、来去的孔道,承担过重要使命,也完成过辉煌伟业。从这些角度审视,更全面地认识新疆大地的地理特性,揭示其沟通亚欧交通的作用,更具积极意义。

本文关注角度很小,只重点涉及阿拉沟及天山峡谷,关注的考古遗存、文献记录,只能说是可数的几个小点。但从有限的细节透视,这些山沟、峡谷,从很久远的青铜时代开始,就已经是古代祖先了解并在实际生活中充分利用的舞台。去今4000年前,高加索山地前后居民,就曾穿行天山峡谷,进抵于孔雀河谷;在阿拉沟峡谷东口,拥有大量黄金的塞人贵族,也早将此作为理想的生活之地。从更广阔的空间认识这类细节,一些从不为人所知的中亚大地历史画面,就可显现在今人面前。类似阿拉沟、天山峡谷这样的地理空间,在阿尔泰山、天山、昆仑山中,是不在少数的,每条沟谷里可以捕捉的文物考古遗存,只要认真去抓取,新疆大地的历史就会不断有新的发现,日显其丰富。只要关注及此,也努力去具体进行,持之以恒,可以肯定,明天新疆大地的历史、中亚大地的历史,更大点说,亚欧大陆古代文明的历史,必然可以在我们笔下呈现全新的面目。这自然是富含积极意义的研究实践。做好做细,可以惠泽人民,补益世界,是值得我们为之奉献的事业。

(原刊《西域研究》2021 年第 3 期,1—8 页)

丝路葱岭道初步调查

《汉书·西域传》上称:"自玉门、阳关出西域,有两道:从鄯善傍南山北波河,西行至莎车,为南道;南道西逾葱岭,则出大月氏、安息。自车师前王廷,随北山波河西行,至疏勒,为北道;北道西逾葱岭,则出大宛、康居、奄蔡焉。"(《汉书》卷九六)汉代史家十分明确:当年,自塔里木盆地西行的南北道,都必须"西逾葱岭",才能进抵今阿富汗、伊朗,或乌兹别克斯坦及其西北地区,步入欧洲。

"葱岭",是古代中国学者奠基在地理调查基础上,赋予"帕米尔"的称谓[1]。号称"世界屋脊"的帕米尔,山体高大,平均海拔在 4500 米以上,主要山峰海拔都在 6000 米以上。它位居我国新疆、巴基斯坦、阿富汗、塔吉克斯坦、乌兹别克斯坦之间,自新疆西去阿富汗、伊朗及中亚各共和国,进一步抵西亚、欧洲,穿越葱岭是首要一环。要在如此高峻的崇山峻岭中来去,会遭遇的艰难险阻,是怎么估计也不过分的。

但是,这并没有阻抑古代中国西向欧亚大陆的努力,丝路葱岭道开拓得很早。《汉书》称帕米尔为葱岭,就是汉代或更前已存在过穿行帕米尔高原的最好证明。张骞西使大月氏,"还并南山,欲从羌中归"(《史记·大宛列传》),走的就是葱岭。关于这一通道,在根据班勇提供的资料而作了具体补充的《后汉书·西域传·莎车国》条中记录得较前清楚了一步:"莎车国,西经蒲犁、无雷至大月氏。"文字非常明确。自两汉迄唐、元,历史不断发展,但南道的走向并无大的变化。尤其穿越帕米尔高原,路线受山口、谷道、达坂(分水岭)等各种自然地理条件的局限。几千年的历史风雨,这方面的变化可以说是相当微弱的。因此,调查自莎车、疏勒绿洲通达帕米尔的山谷径路,以及我国境内帕米尔通达阿富汗的山口、达坂路线,不仅涉及目前交通地理,对于了解古代"丝绸之路"南、北道自塔里木盆地西缘穿越葱岭,通达大月氏的路线及古代蒲犁、无雷的今地、境域等,也都有直接的意义。而国内史学界,关于汉代莎车、蒲犁、无雷的今地所在,看法并不是完全统一的[2]。此外,这种调查,对准确了解古代"丝路"南、北道穿行葱岭的具体线路,了解中外古代旅行家和我国西去求法高僧们穿行葱岭的径路、山谷,从而更加准确掌握他们留下来的珍贵行记,也都

---

[1] 笔者在帕米尔踏查中,多处见到漫山野葱,"葱岭"之名,是与此密切关联的。

[2] 岑仲勉《汉书西域传地里校释》,北京:中华书局,1981 年;冯承钧原编,陆峻岭增订《西域地名》,北京:中华书局,1980 年。

有重要价值。

笔者曾先后于 1972 年、1982 年两次到塔什库尔干地区,在塔什库尔干塔吉克自治县境内进行了比较细致的考古调查,足迹及于县内大部分地区,并登达了自塔什库尔干县到巴基斯坦、阿富汗、中亚地区的一些主要山口,如红其拉甫、明铁盖、瓦赫基里达坂等要隘。在一些遗址进行了试掘。工作期间登越崇山峻岭,穿行急流险滩。炎炎夏日身着皮裘活动于冰峰雪岭之间,目睹葱岭的泥石流怒涛直下,须臾之间平路成谷、陆桥化烟。对这片地区的地理形势、高原生活的特色、各山谷通道及沿线历史遗迹遗物,有了初步收获。自觉再读有关穿越帕米尔的各种行记文字,感受大不同于以前。认识大有深入,但初步考察以后,存留问题仍多。本来还有带着问题进一步深入葱岭的计划,只是因缘难再,自 20 世纪 80 年代后,竟再未能涉足其地。这里不揣粗陋,把 30 多年前进出塔什库尔干的几条路线及沿线古迹情况稍作整理,公之于同行,供治中西交通史者之参考。

<h2 style="text-align:center">一</h2>

笔者曾两次去我国境内帕米尔塔什库尔干地区调查、考察,都是乘坐汽车,自喀什出发,斜向西行,42 公里后,抵疏附县乌帕尔。途中,地势逐渐增高,至乌帕尔,已近葱岭东麓。这里是一处水源充足的小绿洲,是喀什地区的名胜所在,水流不大。村内绿树成荫、果园成片,农业、园艺均盛。文化亦素称发达,逢集日,附近县内亦有人来此。据说这是历史的传统,因为乌帕尔向为巴基斯坦、印度商货较为集中的站点。供销社内一维吾尔族老人,聊起四五十年前他们经塔什库尔干所进巴基斯坦商品及其在四乡农民中的地位,仍颇怀感情。

在乌帕尔公社内,我们先后发现过细石器遗址、新石器时代晚期遗址[①];毁于公元 3、4 世纪,目前已沉没在沙砾下的古城废墟[②]。在乌帕尔村西约 3 公里,有一座相对高度 100 多米的艾斯热提毛拉山。山前泉水淙淙,山脚绿树成林,山上曾有一处规制宏大、气宇非凡的古代佛教寺院遗址。从残迹看,显明的较大建筑基址有五处。一区建筑底面积达 20×20 平方米,较小者 10×10 平方米。底部有厚 1 厘米的白灰面。遗址范围内见埋置大陶瓮的灰坑、大陶瓮碎片,陶片上有莲瓣纹装饰、婆罗门像,也见石膏质佛塑像残部,如手指、眼睛、衣纹等。建筑依地势高下铺展。就在这区佛教寺院遗址下,见到过梵文贝叶经。据说,还曾发现过高一米六七的铜佛像,"文革"中,被化成了铜料。这是一区十分值得注意的、规模盛大的佛教遗址,被毁与伊斯兰教进入疏勒王国地区有关。

自乌帕尔西北走,有驿道,马程约 10 天可达乌兹别克斯坦共和国,抵安集延。阿古柏

---

① 新疆博物馆考古队《新疆疏附县阿克塔拉等新石器时代遗址的调查》,《考古》1972 年第 2 期,107—110 页。

② 古城址坐落在乌帕尔公社乌布拉提村。笔者 1972 年曾进行试掘,出土文物特征及碳 14 测定资料(结论为距今 1605±85 年),均表明古城毁于魏晋时期。资料现存新疆考古研究所。

入侵南疆,这条路就曾是主要通道之一。至今,当地还保留着一些古堡,与阿古柏入侵事件有关。自乌帕尔南下,可至塔什库尔干。这一交通枢纽地位,使乌帕尔在历史上曾经相当繁荣。

我们自乌帕尔南行 30 公里至塔什米力克,这是一个不大的小村落。自塔什米力克南入峡谷,有羊肠小道蜿蜒曲折依公格尔山东麓行,可以通达塔什库尔干。疏附县文化馆曾在塔什米力克南库尔夏阿塔格山一处不为人注意的峭壁上发现过一件铁质锁子甲。铁甲悬挂在楔入峭壁缝隙中的木桩上,完全不为人注目。这是一次战争中败军之将丢盔弃甲、只身逃跑时留下的遗物,很好地指示了古代隘道之所在。这条小道通行艰难。我们闻之于老乡,并未身历。我们所走的是大路,亦即目前公路之所在。自塔什米力克村斜向西南,12 公里后入盖孜峡谷。自此,公路穿行于公格尔山、慕士塔格山与萨雷阔勒岭之间的峡谷中。峡谷宽数百米至 1 公里,最宽处也不过两三公里。公路依山傍水,是利用河谷的天然形势开拓的。路线基本在盖孜河西岸,一路爬坡。两岸峭壁悬崖陡立,盖孜河水势湍急,形势险峻。由于地势、水势凶猛,而且峡谷不宽,一些路段没有草场。因此,在喀什至塔什库尔干未通现代公路的自然形势下,这一谷道虽也称得上天然孔道,但实际人、畜是很难通行的,局限颇多。水势大时通行会更加艰难。所以,公路开凿前,喀什至塔什库尔干之间的通路联系,主要还是取自喀什到英吉沙而后至塔什库尔干一途。

车行 70 公里,至布伦口(目前为阿克陶县的一个公社)。附近为一高山湖泊,面积约 10 平方公里。四周高山环列,湖水清澈如镜,景色似画。我们在布伦口稍作停留,闻之于老乡:自布伦口西稍偏南行,经阿克拜尔迪山口、郎库里、萨雷阔勒岭上之库日班卡西达坂、乌孜别里山口,可通塔吉克斯坦、乌兹别克斯坦。这条隘道,全程不过 150 公里,马、骡均可通行。

由布伦口循公路方向顺峡谷南行,30 公里后至喀拉塔什。这里地势比较开阔。一区湖水倒映冰峰雪岭,谷地内绿草如茵,是十分好的夏牧场。毡帐散列在草场上,牛、马、羊漫步其间。时在 7 月,草高不过数寸。自盖孜峡谷南来,一路景观大都是荒山秃岭、峭壁陡岩,植被极少。有这么一片青葱,使人精神为之一振。葱岭山区自然环境之艰苦,于此可见一斑。

自喀拉塔什南行 10 公里,过苏巴什达坂。这里海拔高达 4000 米,慕士塔格冰峰耸立旁边。

苏巴什达坂之北,水皆北流,入盖孜河;其南,水均南向,入塔什库尔干河。阿克陶县与塔什库尔干县就以这一达坂为界。车过达坂后,山势一路直下。约 50 公里至克尔沁,5 公里后至塔合曼,草场辽阔,有数万亩之多,地势平坦,水源亦丰。在塔合曼乡四大队托尔布隆姆的巨石缝中,我们见到了一具古代女尸,随身的木盆残片、毛毯、毛布、丝绢都还清楚可见,没有时代特征鲜明的文物能直接说明她逝去的年代。这可能也是曾经发生在丝路上的一件算不得什么的小悲剧的遗迹。

塔合曼西南不远的一条山沟中,有高山温泉一处。自塔合曼至县城约 30 公里。一路草场成片,居民点毗连:布古尔乌勒、且尔拜森、曲什曼、提孜那普直至县城。这片地区是全县范围内自然条件比较好、草场比较辽阔、沟谷比较平展的所在,一路也见到古墓、古堡遗址。如提孜那普至县城间的香巴拜战国时期墓地,戈壁上各种类型的石堆、石棺墓,丛集成片。1976年、1977年,新疆考古所先后两次在这里发掘了古代墓葬40座,据分析,是距今两千四五百年的考古文化遗存,其民族属性可能与羌、塞种有关①。可以看出这一地区历史文化的悠久。

塔什库尔干县城不大,背依高山,东濒塔什库尔干河。县城只有2000多人。虽属县城,牧区景观仍盛,河滩草场上毡幕朵朵,马、牛、羊成群。城镇塔吉克族职工、居民夏天仍然愿意住到毡房中去,马行代步,白天到县城上班,入夜在草场上息宿,可以更方便享受到牧业的美好之处。

自喀什到塔什库尔干,公路全程290多公里,汽车一天可达。虽地势高、山路险,但较之古代僧人、旅行家笔下描绘的葱岭行程,已不可同日而语了。天堑已经变通途,帕米尔的严峻世界,已不是那么森严可怖,距离也确近得多了。

探讨丝绸之路南道进入帕米尔及去中亚的通道,却这么详细地叙述了自喀什(古疏勒)至塔什库尔干的路线情况,目的不只在于说明工作的具体过程,意在借此讨论《新唐书·西域传》中的"云揭盘陀……由疏勒西南入剑末谷、不忍岭六百里,其国"记录。从地理方位、路的远近及走向、峡谷与达坂形势等方面分析,有人认为今天的喀什、塔什库尔干公路路线大概正是唐代"剑末谷"、"不忍岭"路线。从形式上看,颇为有理。但是,其山势陡峭、河谷狭窄、水流湍急,难以渡越,而且相当地段河谷内没有草场,在人、马驮行的古代,走这条路线是十分困难的。从各种因素考虑,唐代"剑末谷"路线更大的可能是取道英吉沙,翻奇奇力克达坂到塔什库尔干地区。因为这也是一条十分重要的天然谷道,与本文希望讨论的问题关系密切,所以在这里提出来,并较为详细地介绍了沿途情况,为进一步的研究提供方便。

二

汉代丝绸之路南道,在塔里木盆地内止于莎车。关于汉代莎车的今地,必须首先明确,才能进一步讨论自莎车进入葱岭的途径。

汉代莎车之所在,历史地理学者还存在着不同的看法②。

清《西域图志》首倡汉莎车为今叶尔羌(莎车县),是一个可以信从的结论。

汉代莎车是西域大国,一度曾雄踞于塔里木盆地西缘,人口多、国力强,与于阗、疏勒争强匹敌。地理位置又正处于阗、疏勒之间,与两者距离近同。可以说,汉代莎车,只有叶

---

① 新疆社会科学院考古研究所《帕米尔高原古墓》,《考古学报》1981年第2期,199—216页。
② 岑仲勉《汉书西域传地里校释》,323—339页。

尔羌绿洲的地位才能相当,而绝不能在其他地区,甚至到帕米尔山中去寻求。

试看《汉书·西域传》的有关记录:

《莎车》:"莎车西至疏勒五百六十里。"

《疏勒》:"南至莎车五百六十里,西当大月氏、大宛、康居道。"可见莎车西北 560 里为疏勒。

《于阗》:"于阗……西通皮山三百八十里。"而皮山又"西北通莎车三百八十里"。这就是说,自于阗至莎车,距离为 760 里。

综合这几条材料,可以肯定:莎车在汉代是处在于阗与疏勒之间的一个大国。于阗在今和田绿洲,疏勒在今喀什绿洲,人们均无异词,则其间的较大绿洲,只有叶尔羌一处。叶尔羌南至和田、北至疏勒的距离与《汉书·西域传》所记可以说是约略相当[①]。如果莎车不在今叶尔羌绿洲内,则它与于阗、疏勒的距离就会完全是另一种情况了。因此,今天的叶尔羌绿洲地区(包括莎车、泽普、叶城毗连一起的三县),应该就是汉代莎车国之所在。

前提肯定,可以进一步分析自莎车进入帕米尔的具体路线。

自莎车绿洲进入帕米尔,从古至今都不能不受山口、河谷局限,有三条道:

其一,即清代驿路,当是最主要的一条通道。[②] 交通工具、运输组织与更早的古代比较,当无大异。具体路线是:自莎车县西南行约 80 公里,到牙克艾日克。更西稍偏北行至托乎拉克(清代驿站名)。结合实地考察,线路逐渐进入山区,至科拍达坂。自此,山路不能通车,必须以骑代步,牦牛是最合适的"高原之舟"。过科拍山口后,经科克牙,于第三天到阿普里克(今阿克陶县阿尔帕勒克),行程 70 里。全线处山峡中,巨石纵横,行道不便。第四站从阿尔帕勒克至开子(清代驿站名,当为今阿克陶县克孜尔达坂),全程约 70 里地,道路陡险,人须步行,但一路有山泉。至开子后,下一站为八海,再一站为塔希代客,第三天到切里贡拜孜(40 座坟墓),全程 200 多里。由于这一路未亲历,经向塔什库尔干县邮运工人调查,其路线走向应该是:过克孜尔达坂后,沿山溪向南行,经卡尔隆,到达切里贡拜孜,其得名实际是这里存在一片古代废墟,也包括古代墓地[③]。斯坦因在穿行这条路线时,对这里的废墟也曾有过记录[④]。过切里贡拜孜再走 70 里,至托鲁布伦(吐尔布隆),又70 里至塔尔巴什,再 70 里至奇恰克,再 80 里至申底里,抵塔合曼。这一路,除塔合曼与今天地名一致外,余均有异。其实际走向是离吐尔布隆后翻越奇奇力克达坂,斜向西南,至塔合曼。这过程中,最困难险阻的地段是翻越奇奇力克达坂一途。最后一站,从塔合曼至

---

① 自莎车至和田,今天公路里程 300 多公里;自莎车至喀什,公路里程近 300 公里。

② 《大清一统志》卷四一九。

③ 笔者两次塔什库尔干调查,马达尔汗均全程一道工作,他是当地塔吉克族中的大知识分子,对有关地理、民俗十分熟悉。他小学毕业后至喀什读中学,走的就是这条路,沿线情况,娓娓道来,如在眼前。

④ 斯坦因《在通过帕米尔的古道上》,《喜玛拉雅学刊》第四卷,1932 年,1—24 页。转引自柯宗等著,吴泽霖译《穿越帕米尔高原:帕米尔及其附近地区历史、地理、民族英文参考资料汇编》,北京:民族出版社,2004 年,129—147 页。

蒲犁（今塔什库尔干），行程 80 里。全驿路程共需 12 天，而且只能晚春至夏初通行，盛夏洪水，严冬冰封，均无法穿越。这也是按正常的情况估算，稍有风雪，道路即被阻断。因此，这一路程往往需半月左右才能到达。

其二，自叶城县至塔什库尔干。1972 年笔者在叶城、塔什库尔干均曾注意及此，在群众中进行过调查。据称，自叶城沿提孜那河谷西南行，至却普，可通塔什库尔干县的布伦木莎，进抵叶尔羌河谷（这只能在枯水期进行）。自叶尔羌河谷西南走，进入与塔什库尔干河平行的一条南北向河谷，皮勒、马尔洋、皮羌牙尔特、肖依墩、瓦恰、班底尔、兴迭等村落，在山谷内成一线排列。这一河谷北半段的兴迭、班底尔、瓦恰、肖依墩，笔者 1982 年调查中均曾走到，也发现过一些古址、古墓。河谷不宽，最宽处不过二三公里。这一条路线也是相当难行的隘道，而且路线迂回，作为一条主要通道，可能性不大。

其三，自莎车经塔什库尔干大同公社至县城。此线至今仍然通行。路线是自莎车县卡群、和什拉甫（地图上或标海散勒巴格），至塔尔山。自此，可分南、北两条支道，一走塔尔山之南，二走塔尔山之北。

从塔尔山南缘走，自和什拉甫西南沿叶尔羌河支流行，经达木斯喀拉克、翁古洛克、库干翻阿尔帕勒克达坂，经潘特尼、下兰干，跨越汹涌的叶尔羌河谷，抵达塔什库尔干的大同。沿一小河谷西行，至特其可满。越米拉甫达坂，至阿勒马力克、很祖铁热克、兴迭、提孜那普入塔什库尔干县，后一段路在塔什库尔干河谷内，塔什库尔干河即循此入叶尔羌河，成为其上游干流之一。也可自特其可满斜向西南，翻山至瓦卡、班底尔，入塔什库尔干。

大同公社这一线，高山恶水，极难行走。这是塔什库尔干县境内交通最困难的一段路。熟悉路情的同志介绍：全程有三处石栈道。在峭壁悬崖上的石缝中横楔较粗木杆，其上铺树枝、石板，傍峭壁、临悬崖，望之心惊胆战。部分石板经长期摩擦，可见明显的蚀痕。在没有电钻的情况下，凭人力在如此峭壁上建设成这样的栈道，是难以想象的艰巨工程。穿越蒙干河、叶尔羌河谷也是十分艰难的路段。在急流中，人们择大块漂石而前行。由于地势高寒，一年中不少时间冰封雪盖。雪坑同样是人畜通行的隐患。

从塔尔山北缘走，自和什拉甫、兴迪尔力克向西北至英阿瓦提、卡尔隆（这就避开了大同前后的险山与急流）至库尔奇力克、兴迭、提孜那普到塔什库尔干。此线后半段与前面介绍的第一条路走向路线相同。全程马力快行 6 天，距离 300 多公里，但实际要走 10 多天才能到达。

这里，附带较细致地说明一下自英吉沙（地理位置居古疏勒王国）至塔什库尔干的通道。在喀什至塔什库尔干公路未修前，喀什绿洲入帕米尔，主要都走英吉沙这条路线。新中国成立初，塔什库尔干少年学生要进一步升学，必须到喀什，来去均取此途。少年人随骡帮、马队即可行走，从一个方面反映出通路还不算十分艰难。

路线走向是：县城北向 10 公里左右，沿塔什库尔干河谷东行，可到兴迭，名新地探沟（狭的沟谷），翻越奇奇力克达坂，经切里贡拜、克孜尔塔尔，沿依格孜也河直向东北，抵英吉沙,马程六七天可以到达。一路有水、草,每天息宿地均可得以补给。除翻越奇奇力克达坂稍有困难外,其余路段在山谷小道中,穿行不难,全程 300 多公里。这条路线,穿峡谷、翻达坂,与《新唐书·地理志》中所提"剑末谷"、"不忍岭",是同样可以联想的。从古代以牲代步的情况分析,这当是较盖孜峪谷更方便的一条通道。疏勒与揭盘陀之间政治、经济关系密切,联系往来不断,盖孜峡谷艰难的条件是难以承担起这一交通任务的。这一线除切里贡拜孜曾见过有古代遗址的报道外,其他未深入进行过研究。这是摆在我们考古工作者面前的一项具体任务,沿这条路线踏查,肯定会有发现、有收获。唐代疏勒与揭盘陀之间的主要通道,会在此基础上得到最后论定。

三

丝绸之路南道止于莎车绿洲后,穿越喀喇昆仑、葱岭东缘,虽深沟谷险,但可以通达塔什库尔干河谷;北道止于疏勒后,也有山道可以南行进入帕米尔,到塔什库尔干地区。塔什库尔干谷地是东部帕米尔的交通枢纽地带,具有很重要的、不可取代的地位。

而从塔什库尔干出发,前往中亚广大地区如罽宾(克什米尔)、大月氏(阿富汗及其附近)等,也都有天然谷道可行,有地势较低之山口可以翻越。我们在塔什库尔干地区工作时,曾以塔什库尔干为基地,踏查过一些比较有名的山口,它们是进入一些中亚古国的天然孔道。

塔什库尔干地区,抬头是山,开门见岭。所谓平川,只不过是崇山峻岭中相对比较宽平的一块谷地。据实地勘查,在这片崇山峻岭之中,共有大小山沟 70 多道,其中有 40 多道可以通达巴基斯坦、阿富汗、俄罗斯中亚地区。但大部分形势险恶,通行艰难。在少数的自然条件较好、沿途有水草可资补给、适于通行的谷道中,最主要是翻越红其拉甫、明铁盖、瓦赫基里达坂的几条谷道,可以通达巴基斯坦、印度、阿富汗境。经塔合曼、苏巴什达坂,至喀拉湖,前去塔吉克斯坦、乌兹别克斯坦,也是较为便利的坦途。

(一) 红其拉甫达坂道

红其拉甫达坂道就是目前国际知名的中巴公路所行路线。自塔什库尔干至红其拉甫达坂我国边界,全长 100 多公里。

离县城后,顺塔什库尔干河谷南行,16 公里至阿克塔姆,有小块草地。戈壁上见石堆一区,每个石堆略呈圆丘形,高出地表七八十厘米。最大一座圆丘形石堆,四周有约长 4 米的石围。据在塔什库尔干地区发掘的经验,这是古代墓葬的一种形式,表明这里曾是古代人居住的地区。

更南行 18 公里,至吉尔阿勒(意为驿站)。西傍塔什库尔干河,东为低山。谷地内有一片二三百亩面积的草场,但并无固定居民。在这里一处晚更新世地层内,曾发现三处烧火堆,灰烬中有少量木炭屑、烧骨。傍近,发现一件砍砸器——石英岩,两面交互打击,刃缘呈曲折状。从地层分析，为1万年以前的遗存。公路两旁还见到时代稍晚的古代渠道遗址、建筑遗迹、古代墓葬。古代渠道傍山，呈南北走向，地表痕迹宽三四米，是塔什库尔干地区有名的法里亚提大渠的一段①。山前高台地上有两处8×10平方米的方形石围。石围内外见古代夹砂陶片，有盆、钵类器型，火候较高。傍近河谷，有圆穹形土屋一处，底座近方形，4×4.5平方米，门东开。古墓系石棺、石盖，覆土极浅，其上或布小块石。由于地处公路边，过往人们翻动、窥视，部分石棺已经破坏，尸骨暴露。我们曾清理这类墓葬二座，系南北向竖穴，石棺四壁贴石板，人骨架完好，仰身直肢，头北脚南，未见任何随葬物。

自吉尔阿勒南行26公里，至达不达尔。这里谷地较宽阔，最宽处有4公里。草场也较好，居民比较集中，均为塔吉克族，目前为乡政府所在地。由于地势较高（海拔3477米），气候较冷，农作物只有青稞、油菜。牲畜有羊、马、牦牛等，山地有熊、豹、雪鸡等兽禽。傍塔什库尔干河之台地，同样见到散布之石堆墓，直径一般二三米，微微高出地面。河西岸有皮斯岭达坂隧道，可通塔吉克斯坦境。

自达不达尔南去，沿塔什库尔干河西岸走，约10公里，至克孜库尔干，即国内外知名的公主堡遗址。古堡所在山头名"克孜库尔干吉力克"，海拔约4000米，除东面为临河之峭壁陡岩外，南、北、西三面为高山峻岭，北侧山沟可通皮斯岭达坂。南来之红其拉甫河、西来之喀拉乞库尔河至此汇流向北，成塔什库尔干河，河面宽阔，水势湍急。自克孜库尔干城堡下视河谷，水流如带，相当大一片范围可以尽收眼底，形势十分险要。实际控扼着南去克什米尔、西南去阿富汗的两条径道，古堡在军事上的地位是十分重要的。

古堡遗址的现状是：南面为一道东西向土墙，长约150米，堡墙高约10米，顶宽2.5米，底宽约6米，用一层土、一层树枝砌筑，土层厚约10厘米，树枝为横、竖交叉叠压。堡墙外侧，山顶有巨石一堆，似礌石类防御设施。

堡墙依地势构筑，西端稍北折，东端见土坯，说明堡墙不是成于一时，而是在不同时代有过增筑、修补。

堡墙内共见建筑遗迹13处。见土墙基，穹顶式、半地穴式土房等，墙厚达两米，是很好的防寒设施。遗址范围内见古代陶器残片，厚1厘米，当是储水大缸之残片。石磨盘长50厘米、宽40厘米。

我们1972年调查时，曾取土墙上层树枝送文物保护技术研究所碳14实验室进行年代测定，结论是距今不到300年，当为清代遗物。但有关公主堡的传说，唐代已十分流行。玄奘在《大唐西域记》所录关于"朅盘陀国"起源于"汉日天种"的故事，危岭孤峰上的公主堡古城，又正当西去波斯的孔道，真好像就是目前所见古堡遗迹的历史说明②。斯坦因在塔什库尔干地区活动中，对此深信不疑。而且提出古堡的建筑特点，同于"公元前2世纪

---

① 法里亚提大渠，笔者曾进行调查，对源头、走向以及渠道平、剖面情况均作了观察、分析，将另文介绍。

② 《大唐西域记》"朅盘陀国"条。

的汉代长城边塞,也是用同样的中国古法筑成的"①。

从所处地理形势分析,古堡主要是一种军事性质的工程,可以控制通克什米尔、阿富汗的几个主要达坂(红其拉甫、明铁盖、瓦赫基里)。其最晚延续到清朝还在使用,这颇可以理解。由于使用中不断维修,上层有清朝的遗迹,自然也不奇怪。但由于这些古道早在汉代或汉代以前就是自塔什库尔干通达大月氏、罽宾的道路,唐代在中亚地区的几次重大军事行动也都与这些古道密切相关,保卫道路的军事堡垒当不会只从清代起,唐代流行在这片地区的"汉日天种"故事,从另一个侧面表现着这一历史的真实。

自公主堡南行2公里,地名克切克巴依,为喀拉乞库尔河(其上游为火石壁河)与红其拉甫河交汇处。有牧民毡帐三五,另也有用石块与草被土块砌就的小屋(所谓草被土块,是切取草被上层,草根密如蛛网,将土夹结成块状,晾干后既可筑屋,也可作柴)。这里河谷宽阔,草场面积大,是一处交通咽喉。

自克切克巴依去红其拉甫山口,可循红其拉甫河谷(塔什库尔干河)向南稍偏东行。6公里至库吐苏尼底,又5公里到塔什库尔干县种畜场,再3公里至哈里沙尼地,又3公里到沙热依克,25公里后吾甫浪沟来汇,路线折向西南沿红其拉甫沟行,20公里即可抵达红其拉甫达坂。

红其拉甫达坂山口地势平坦,海拔4733米。谷道宽1公里多,翻越甚易。在塔什库尔干工作期间,曾询及自巴基斯坦通过红其拉甫山口入境者,据称,在红其拉甫山口中国一侧,地势上升较缓,交通称便。但越红其拉甫达坂进入巴基斯坦后,山势峻险,高山深谷,人马行走视为畏途。沿洪扎河上游谷地向西折南行,经过帕苏、坎巨提(罕萨),至吉尔吉特(大、小勃律),进入印度河上游,至塔克西拉(坦叉始罗)、白沙瓦(犍陀罗首府)。这就是今天中巴公路的走向,因受山势、达坂、谷道等自然因素的局限,同样是古代丝绸之路南道通向中亚的径道之一,堪称古道今用。人们称中巴公路为"亚洲的新奇迹",是不无道理的。

(二) 明铁盖达坂通道

自塔什库尔干县城至克切克巴依,即红其拉甫河与喀拉乞库尔河汇流处,路线、走向均同前。只是至汇流处后,转沿喀拉乞库尔河谷西行,经库依尼沙拉木到排衣克检查站。至此,在河北岸小山梁上,见不规则方形土堡一处,堡墙依地势铺展,周长200多米,墙高近3米,顶宽1米,堡墙由泥、石、树枝交叠而成,南临悬崖峭壁,俯视喀拉乞库尔河,正好控制了喀拉乞库尔河谷。堡墙内遗迹保存不多,见红色碎陶片,壁厚达1厘米。古堡时代,曾取城内采集之木板一块,进行碳14测定,时代结论与公主堡近同。清代,在排衣克设有卡伦,或与此有关。但同样不能据此排斥这里更早就有军事城堡的存在。

在排衣克土堡调查中,见所在山头野葱连片。葱高近20厘米,叶扁平,茎圆,开白色

---

① 向达译《斯坦因西域考古记》,34页。

小花。帕米尔,中国古称"葱岭",有其地理背景。

自土堡向西,沿河谷前进。河谷不宽,山前有草。水流比较湍急,夏日,骑马亦不能涉越。经恰特尔塔,至排衣克河入喀拉乞库尔河汇流处,河谷比较开阔。在河南岸一稍高石岗上,有古堡遗迹一处。堡墙近方形,每边宽约 4 米,残高 3 米,未见其他遗物。古堡正好控制河口谷道,也正好成了古道具体路线的说明。

由此更西行 20 公里,罗布盖子河自南来汇。道路至此,沿罗布盖子河向南稍偏西行,明铁盖山雪峰傲然耸立。罗布盖子河谷不宽,一些地段只一二百米。地势愈来愈高,但一路青草如茵。再行 20 公里,抵达明铁盖达坂,达坂海拔高程为 4709 米,地势较红其拉甫稍高,但路况较好。据曾经穿越过达坂的人们反映,越明铁盖达坂进入巴基斯坦后,道路比较平顺。新中国成立前,塔什库尔干与巴基斯坦地区间的交通往来,均取此途。这条路线,也是中华民国政府规定的英国驻喀什总领事由印度进入塔什库尔干地区时"正式、经常路线"。足见在有关通道中,这是比较利于通行的一条。进入巴基斯坦境内后,沿明铁盖河谷西南行,经古尔根帕契、波布尔、木库什、帕特,沿河谷转向正南,谷地较为开阔,顺山势直下,至米斯加尔、帕苏、坎巨提,与中巴公路路线合。更前,进抵吉尔吉特。国学大师、著名红学家冯其庸先生研究判定,玄奘返国,进入国门走的就是明铁盖达坂道。

在中巴公路修建过程中,沿途发现过不少古代遗迹,如岩刻画、摩崖刻石(包括汉文刻石)及佉卢文资料等,可以作为自红其拉甫、明铁盖达坂进入克什米尔地区古道走向的生动说明。

(三) 瓦赫基里达坂通道

此道是通达阿富汗瓦罕走廊的天然孔道,在古代交通史上,是值得注意的一条重要路线。

自塔什库尔干县至瓦赫基里达坂,前段公路路线与翻越明铁盖达坂的道路一致。分道处在罗布盖子河口。至此,前往瓦赫基里达坂,是沿海拔 4000 米的喀拉乞库尔(这一段,亦称火石壁河)继续西行。河谷较宽,达 2 公里左右,沿途草场颇佳,路线沿河南岸行。距离罗布盖子约 5 公里处,台地上见一座巨型坟丘,底周约 40 米,圆丘形,高 2 米多。火石壁河南岸一处高台地上,还见到土堡一座,是中华民国政府时期守卫这条古道的一处军事据点。

自罗布盖子西行 30 公里后,至克克吐鲁克。这是一处交通要隘:西北行,越克克吐鲁克达坂,可抵塔吉克斯坦;斜向东南行,越基里克达坂,可至克什米尔;自北向西偏南行,约 15 公里,翻越瓦赫基里达坂,即进入阿富汗的瓦罕走廊。这条路线具体情况是:上溯瓦赫基里河谷,约行 7 公里,路面平坦,人、马行走均便,谷道约宽 1 公里,有草。7 公里后,山势陡险,马、牦牛虽均可通行,但跋涉艰难。8 公里处,有一不大的高山湖泊,椭圆形,长约 400 米,宽约 100 米,水色青碧。据向当地群众了解,除冬日大雪,基本可通行。尤其是夏日,交通堪称便利。

翻越瓦赫基里达坂后,道路顺势直下,进入瓦罕走廊。南为兴都库什山,北为瓦罕岭。这是一条东西走向、水草均佳的优良谷道,沿途居民点如良加尔、罗宗、良加尔基什特、伊希卡希姆均可供行人沿路休息。由此经萨朗山口翻越兴都库什山,可至贝格拉姆、喀布尔,沿途古迹不少。自喀布尔斜向东南,通过开伯尔山口,可进入巴基斯坦、印度。自喀布尔向南,可入坎大哈。由喀布尔西去,经巴米扬、赫拉特,即可进入伊朗。这些都是古代丝绸之路上的重镇、名邦。有人说,丝绸之路进入瓦罕走廊之后,堪谓全线皆活,这是有道理的。公元727年,慧超自印度求法回长安,走的应该就是这条古道。《往五天竺国传》记录他经过这段路的情况是"从胡密国(瓦罕)东行十五日,过潘密(帕米尔),即至葱岭镇。此即属汉兵马,见今镇押……外国人呼为渴饭檀国,汉名葱岭",与经过瓦罕走廊翻瓦赫基里达坂至塔什库尔干的走向完全一致。马可·波罗来华,也曾经通过瓦罕走廊,只是后半段路线与慧超有异。

四

丝绸之路南道,从塔里木盆地西缘穿越帕米尔,不论自莎车或是叶城出发,受达坂隘道的局限,均必须首先到达东帕米尔的塔什库尔干;丝绸之路北道,自喀什噶尔至费尔干纳盆地、阿富汗、巴基斯坦,也有多条路线穿越塔克墩巴什帕米尔抵达目的地,但同样必须先抵塔什库尔干县城所在河谷。交通地理上的这一特殊位置,使东帕米尔的塔什库尔干县在丝绸之路交通上具有十分重要的地位。

从自然地理条件看,在东帕米尔地区,塔什库尔干县所在河谷是谷地最宽阔(宽达六七公里)、草场最广大(3万亩左右),地势较低(海拔只3000多米)的地区。自此南抵达不达尔,北及塔合曼,沿塔什库尔干河谷,草场连片,适宜于牧业发展,也可以进行少量的农业经营,是帕米尔地区自然条件比较优越、人口比较集中的一处所在。

这样的自然条件、交通地理位置,使塔什库尔干县在历史上具有重要的地位。根据考古调查资料,结合历史文献中的有关记录,有根据认为目前塔什库尔干县城所在地区,就是唐代朅盘陀国都城所在,亦即唐代葱岭守捉置镇处。

"塔什库尔干"为突厥语,汉意为"石头城"。县城附近,也确实保存一处石头城废址(不少文章、图件,均把清朝蒲犁厅城与石头城相混同。这是一个明显错误。石头城范围较大,蒲犁厅城坐落在石头城东隅,它们是两区时代不同、性质各异的遗址)。我们先后两次对这一石城废墟进行过仔细调查,1982年还在城内进行了试掘。

石城遗址处于目前县城北部一处石岗上,与县城居民点紧紧相连。经纬位置是37°6′N,75°13′E,海拔3100米。石岗西依萨雷阔勒岭,东临宽阔的塔什库尔干河。河谷至此十分开阔,可分岔为四五道支流,自河滩至山前,均为草场。夏日绿草如茵,牛、马、羊散处其间,极富草原生活情调。

古城遗址依石岗形势构筑。石岗西高东低,南北城墙下为岗峦,中部为凹沟。高下相差达二三十米。受地势局限,城墙为起伏曲折的不规则形象,但略近方形。北、南、西三面墙垣仍非常清楚,东面为陡岩峭壁,而且大部分为清代蒲犁厅城所叠压。

城垣全长 1300 多米。块石夹土、土石相间叠砌成墙,残高 6 米上下,顶部宽 1—3 米,每层土石厚约 20 厘米。北墙、西墙仍保存有马面,共见 14 座,彼此间距 40—50 米。测其完整者,顶面矩形,6.8×4.5 平方米。马面与城垣构筑办法不同,是用土坯修砌,土坯规格有两种。四角有角楼,西北角楼台基高 6 米,顶面 4×4 平方米。其余三处坍塌成高大土石墩,规模远过于城垣的宽度。

随岗峦起伏布局的不少房址仍然可看出当日情状。建筑主要集中分布在南、北两块地势稍高的石岗上。居室一般略呈矩形,长边一般 4 米上下,短边 3 米上下。部分居室随岗势高下互相错落,房址内见灶坑。

从古城址现状分析,出入古城的通路,主要在面向河谷的东部,依地势顺岩沟出入。城内用水来源于西面高山雪岭的新甘沟,沟水曲折,自西北角流贯城中,形成深沟。出东城后泻入塔什库尔干河。这一自然形势,至今仍然清晰,贯穿城中的小沟仍然流水不断。

为探明古城年代,我们曾在城中偏北一处石岗上稍事清理,见集中分布的 20 多间居室,试掘其四。出土了部分陶片、一枚乾元重宝,文物较少。与之同时,于蒲犁厅城内地面,也曾开一深沟,面积 3×2 平方米。试掘表明:蒲犁厅城坐落在碎石基上,碎石表面这里早期曾经有人居住活动,其中杂有碎毛布、树枝、兽骨等。值得注意的是,在这一叠压在清城下的早期文化层内,出土了一件梵文文书,是克什米尔地区 3—8 世纪时期流行的一种书体①。此层巨石纵横,清理工作相当艰难,受开拓面积、工力之局限,并未清理至底。在试掘点稍南,居古城东偏南部位,有古代佛教寺院遗迹,见塑像残部。由于蒲犁厅城整个坐落在早期的石头城东部石岗上,部分地段叠压关系明显。早期地层中文物(如毛织物、丝织物、树枝、兽骨等),从剖面断层中也清晰可见。我们曾利用这一自然叠压关系,取早期地层中的木炭送请文物局文保所碳 14 实验室进行年代鉴定,结论为:早期地层(石头城活动阶段)的年代为距今 1390±70 年,经树轮校正,其年代为距今 1325±75 年,相当于唐代。

古城所在地理形势背山面河,具有明显的汉式筑城技法特点(马面、角楼),它们与本地土石相间筑城技法相结合,马面、角楼用土坯,明显是在原城墙上增修补建等。而且古城又废弃在唐代,结合前述这片地区在交通史上的地位,比较优越的自然条件等因素,使我们得出具体结论:它就是原为揭盘陀国都城,后为(唐)葱岭守捉治所遗迹。

《新唐书·西域传》关于葱岭守捉事,曾有比较明确的记录:"喝盘陀,或曰汉陀,曰渴馆檀,亦谓渴罗陀。由疏勒西南入剑末谷、不忍领六百里,其国也(按:自疏勒西南行六百里,正当塔什库尔干河谷)。距瓜州四千五百里,直朱俱波西、南距悬度山、北抵疏勒、西护密,西北判汗国也(按:其四至,东至叶城,南为喀喇昆仑山,北为喀什噶尔,西通瓦罕,西北

---

① 此件文书承库尔班·外力帮助鉴定,特此说明,并致谢意。

至费尔干纳,这都与塔什库尔干切合)。治葱岭中,都城负徙多河(按:塔什库尔干河为叶尔羌河上游之一,故同样可称徙多河。还有一点值得一说:在向当地塔吉克群众询及塔什库尔干河的称谓时,有称此河为"沃西多"的,与"徙多"同音)。胜兵千人。其王本疏勒人,世相承为之。西南即头痛山也(按:指兴都库什山)。葱岭俗号极嶷山,环其国。人劲悍,貌、言如于阗……贞观九年,遣使者来朝。开元中破平其国,置葱岭守捉(按:公元8世纪初叶,揭盘陀国王降附吐蕃,国亡,唐为阻抑吐蕃势力进入塔里木盆地,于此置葱岭守捉。足证葱岭守捉置在揭盘陀国,并取其政治、军事、经济中心所在的都城为置镇之所,自然是情理中事。石头城原来用石块夹土砌城墙。土、石建就之城垣上,后增了唐王朝以土坯砌就的马面、角楼,使军事防卫职能更加完整,颇可以作为这一历史事件的具体说明)。安西极边戍也。"这一记录,颇为准确地说明了今塔什库尔干地区,唐代确为揭盘陀国之所在,而葱岭守捉置镇之所也在这里。

为更好地理解现存石头城遗址确为揭盘陀国之都城,还可以玄奘《大唐西域记》中的有关记述作印证:"揭盘陀国,周二千余里。国大都城基大石岭,背徙多河。周二十余里。山岭连属,川原隘狭。谷稼俭少,菽麦丰多,林树稀,花果少。原隰丘墟,城邑空旷。"这段文字,除说都城"周二十余里"一句失之过大外,其余记录,真可以说是十分准确的描述:石头城正处一大石岭上,临徙多河。从总体观察,帕米尔地区确实也是川原隘狭、谷稼俭少。由于地势高寒,直至今日,农业生产仍以青稞、豌豆为主。一二十年的树木,山下早已成材,在这里却才只小碗粗细。这一切,玄奘的描述实在非常贴切。都城处在临河的大石岗上,正是我们今天所见石头城遗址。

揭盘陀国存在时间颇长,其境域为汉蒲犁国地。但作为葱岭守捉城,存在的时间却是相当短暂的。开元中始设葱岭守捉,安史之乱以后,河西、陇右为吐蕃所据,新疆大部分地区也都一度在吐蕃的统治之下。葱岭地区是吐蕃进入新疆的重要隘道之一,葱岭守捉之置,就有阻抑吐蕃自葱岭进入塔里木盆地之目的在内。在这一形势下,葱岭守捉城很快没于吐蕃是并不奇怪的。

葱岭守捉存在的时间虽然不长,但其政治意义却不应轻估。它是唐王朝政权在我国西部边境直接设镇、派兵戍守的一个边远地点,说明了葱岭所在地当时是唐直属版图。我们通过考古调查、试掘,明确了葱岭守捉的所在,通过考古资料进一步论证了这里原是揭盘陀国的都城,对研究帕米尔地区的历史、地理以及中西交通情况,也有很大意义。今后应加强对塔什库尔干石头城遗址的考古发掘,弄清楚城的始建时期,进一步通过考古资料,分析这一遗址与汉蒲犁的关系,意义是不能轻估的。前面曾经谈到的香巴拜古墓区,出土了金、铜、骨质珍贵文物。墓葬主人已经进入文明、处于奴隶制发展阶段[①]。这些考古资料,具体表明塔什库尔干河谷的这一地区很早即已得到了开发;进入战国时期,已有了相当发展的古代文化。在这些资料的基础上,再做深入一步的工作,古代蒲犁国的考古文

---

① 新疆社会科学院考古研究所《帕米尔高原古墓》,《考古学报》1981年第2期,199—216页。

化是不难得到澄清的。

五

自塔什库尔干县城过河而东，翻越坎达尔山，经兴地到下班底尔、阿克塔木、瓦卡、肖依墩，再翻越一不太高的达坂，到马尔洋。这是一条与塔什库尔干河谷走向平行的南北向山沟。河谷不宽，只一二公里。沿一道小河顺坡而进，沿途见到石堆墓、土城堡，大都分布在河谷两岸低山地上，古墓地表均为石堆，每一区墓葬数量不多，墓葬分布中的这一特点与存在定居农业的地区形成很鲜明的对照。

班底乡所在山沟沟谷很狭，谷底一水中流，草场不大，全乡人口才稍过 1000。入班底沟不远，近乡政府所在，低山坡上见一小土堡，长方形，东西长 80 米，南北宽 40 米，地面不见更多遗迹、遗物。墙垣构筑方法是底部为石基，上层为土坯夹泥，层层砌垒，现高只 2 米左右。古堡外见古墓葬，同样是表面堆石。考古所曾试掘其一，竖穴土室，人架仰身直肢，随葬一件陶器，饰刻画之三角纹，明显具有早期特征。古堡下，近河滩之台地上有石棺，上部为石盖板，部分已暴露于地表。从形制分析，与塔什库尔干县城南 34 公里处吉尔阿勒墓葬近同。此土堡俯临班底河谷，控制着去班底、瓦卡、马尔洋的隘道。堡塞虽不大，但形势十分险要。

班底峡谷，宽不过一二公里，两侧秃山屏列，不见树木，只河谷底部有小块草场。至瓦卡，峡谷较此处稍宽阔。瓦卡沟内，河西岸第二台地上，亦见土堡、古墓，外部形制与班底近同。古墓数量较多，亦较集中。由于河谷狭、地势坡度大，夏日每天下午至第二天上午，山上雪水流泻至此，形成汹涌急流。若不谙有关地势、道路，不敢随便行走。

由于这里地势高寒，农作物只有青稞、豌豆、油菜。河谷狭窄，水草局限，牲畜数量也不多。

去马尔洋翻越达坂途中，因汽车故障，中途折返。但在高山坡上却又见到一片野葱，漫布在一条较浅凹的泄水沟内，葱高 40 厘米，叶扁平，每株有六七片叶，对称展开。时在 7 月底，野葱的紫色球状花成簇开放，远望成带，在荒山顶上成为醒目景观。据老乡讲，这类野葱，在地势较高的高山夏牧场内，随处可见。生长较低处者，见者采食，逐渐少了。《汉书·西域传》称帕米尔为"葱岭"。《西河旧事》云："葱岭，其山高大，上悉生葱，故以名焉。"颇为正确地说明了汉代所以名"帕米尔"为"葱岭"的由来。"葱岭"，这是一个典型的汉式地名。丝路早开，并越葱岭而西行。从"葱岭"之名早在汉代已见之于史籍，清楚透示了丝路的历史消息。

在介绍有关塔什库尔干地区考古文化情况时，还有一处值得一提的线索。现属塔什库尔干县达不达公社三大队热西卡木是一处十分值得注意的地区。它地处叶尔羌河谷，自达不达骑马 4 天可以到达。不大的热西卡木河是叶尔羌河上游的一条小支流，沟谷不宽，七个小居民点沿热西卡木河谷分布，河谷宽不足 1 公里，300 多亩面积的平地，东西向展开,海拔 4000 米,俗称"穷托卡依"。从地理位置看,这里与马尔洋谷地相去不远,河谷可以相通。关于热西卡木的遗迹遗物,塔什库尔干地区不少人曾从各个角度反复强调,相当丰富。在阿克迭列克见过古代城堡,玉素坎有铜矿,古文物、陶片、金银饰物等常有所见。目前由于山高谷深,交通不便,一般情况下,与外界联系十分稀少。如从叶城西行,顺叶尔羌河谷走,可以通达热西卡木地区。从热西卡木翻越西岩达坂(海拔 4900 米),可以进入塔什库尔干河谷,这样,与红其拉甫、明铁盖、瓦赫基里达坂通道可以相连通。因此,它也是一条值得注意的交通孔道。这一古道,结合热西卡木地区已见的古堡、古址,对我们分析自莎车西入帕米尔的路线、帕米尔的古代文化遗存,均不失为重要线索。由于时间不宜,交通条件局限,我们两次均未能前往,颇以为憾,但愿近年可以得机会实现此行。

(原刊《丝绸之路》2009 年第 6 期,43—51 页)

唐置轮台县与丝绸之路北道交通

在中原文人的诗文作品中,汉代楼兰、汉唐轮台,往往被作为"西域"的代名词,是西域大地的象征。轮台,在中原大地的影响,可见一斑。但轮台的真实面目,却还有不少含混不清之处。汉轮台,一般都明确,地在天山南麓今轮台县境,扼丝路中道咽喉;唐轮台,曾为北庭都护府属下静塞军驻地,地处北庭都护府故址西四百多里处,居丝路北道要冲,但确切地点并不清楚。

关于唐轮台故地的准确位置,清代以来,治西北史地的学者们多有关注。其地望,含混于阜康、米泉、乌鲁木齐一带,不能统一。近年,学界讨论、研究,视角涉及历史、考古、历史地理,甚至唐代诗人岑参大量有关轮台的诗作,结论渐趋一致:依傍乌鲁木齐河、背靠中天山北麓、乌鲁木齐南郊的乌拉泊古城,当为唐轮台县故址所在①。

但将唐轮台县置于乌鲁木齐南郊,也有几个逻辑上的问题,相关论述未见涉及或虽略涉及却并没有深入剖析,有待补充、加强。

首先,《新唐书·地理志》记录,丝绸之路北道,路线是沿天山北麓西走,至伊犁河流域弓月城,入碎叶。具体路线是自北庭都护府所在之庭州西走,经延城、沙钵城守捉、冯洛守捉、耶勒城守捉、俱六城守捉、轮台县、张堡城守捉,渡里移得建河,经乌宰守捉,渡白杨河,经清镇军城,渡叶叶河、黑水,过东林、西林、黄草泊,大漠、小碛,渡石漆河,逾车岭,至弓月。这是受北天山山前地带绿洲城镇制约的一条路线,基本同于今天循天山北麓的公路线。如是,就出现一个矛盾:自俱六(今米泉县境)至张堡城(昌吉古城)之间,路线没有直接西行,而是迂曲南向,拐入北天山达坂城——柴窝堡盆地北缘的乌拉泊,而后复由乌拉泊折向西北行,抵达昌吉(图1)。这一近三角形迂曲,让开平展的山前地带,高盘入山,多绕一百多里路程(50多公里,合唐里一百以上),至少要多一天马程。从交通路线必以方便、近捷为原则,这样行进,悖于常理。也就是说,唐置轮台县,为什么必须放在这么一个从《唐书·地理志》所记北道路线看并不便捷的地点?

其次,《新唐书·西域传·焉耆》记录,开元时"诏焉耆、龟兹、疏勒、于阗征西域贾,各

---

① 徐百城编著《轮台丝路今觅处》,乌鲁木齐:新疆大学出版社,1996年。

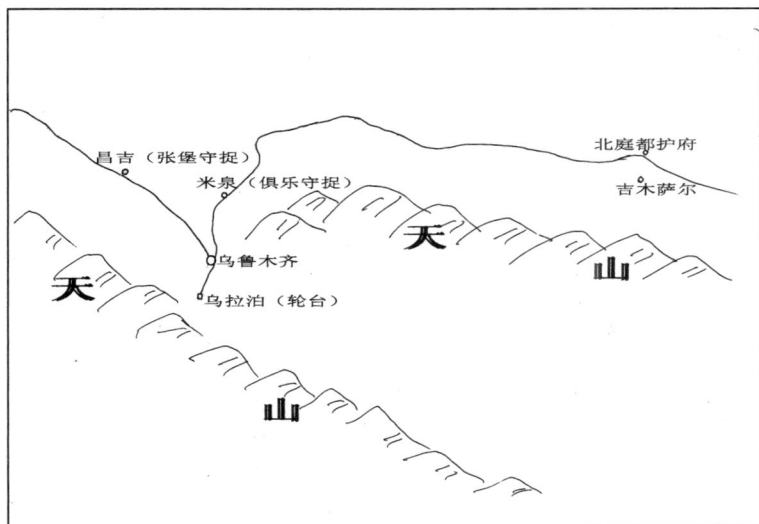

图 1　轮台古城位置示意图

食其征。由北道者轮台征之"①。这是开元七年(719)汤嘉惠从稳定西域统治大局计,请以焉耆备四镇,唐王朝高层同意将塔里木盆地四个主要军镇中心焉耆、龟兹、疏勒、于阗作为征收商税的地点。经行北道的商旅,则税在轮台。这一决定,有两点需要辨析。其一,不以北道的中心城镇庭州或进入中亚的要口弓月、碎叶为征收点,而在达坂城——柴窝堡盆地北缘另置轮台收税,为什么? 其二,不论唐代文献或考古资料都可说明:西州,曾是唐代丝路上的枢纽城市之一,"征西域贾",不涉西州,却将轮台置于一个核心位置,道理何在?

　　还有一个问题,也是不能疏忽的:既然诸多因素可以将乌拉泊古城比定为唐轮台县,驻军屯田,《新唐书·吐蕃传》称其"禾菽弥望",农垦事业甚盛;征收商税,也是成绩喜人,可供北庭都护府军需,致使《新唐书·西域传》的"赞"文中,还不忘强调"税西域商胡以供四镇,出北道者纳赋轮台",称道这一举措的成功。如是一处唐代新设城镇,从古城建筑形制至城内出土文物,不能少了唐代特征。但相关论述却都不予涉及,未作应有交代。更有一点:轮台城作为丝路北道上的中心城镇之一,驻军屯守必不能是一个孤立的存在;就唐王朝在丝路北道上的军事设施观察,应该处在一个军事防卫系统之中。这一唐代军事防卫系统,也是一个应予分析、阐明的问题。

　　如是种种,都是在判定乌拉泊古城为唐轮台县城故址时,无法不予回应、不能不具体展开的一些方面。

---

　　① 《新唐书》卷二二一上《西域传》上,北京:中华书局,1975 年,6230 页。

一

要想比较深入认识轮台县设置在北天山达坂城—柴窝堡盆地北缘、高踞于俯视天山北麓山前地带的乌拉泊,而且可以作为丝路北道上贸易中心城镇征收"北道"上过往商税,这就要求我们对唐代西域丝路尤其是北道的形势作深入一步的分析,探求其发展变化的脉络。

塔里木盆地,十分封闭。除天山南支库鲁克塔格与阿尔金山间有一个数十公里宽的缺口,为自河西走廊进入罗布淖尔荒原提供方便外,盆地南屏阿尔金山、昆仑山、喀喇昆仑山,西阻葱岭(帕米尔)、北隔天山。无论自昆仑山北麓、天山南麓西走,还是跨越喀喇昆仑、帕米尔、天山的隘口进入南亚印度、中亚阿富汗,都是十分艰难的。山高谷险、空气稀薄、水流湍急、草场狭小,驼、马、牦牛在相关山路行进,可以驮负的物资十分有限。能维持旅人生存往来,就是成功;若想提供稍大规模物资运输,展开物资交流,是相当不易的。

要深刻认识轮台所在达坂城—柴窝堡盆地在古代丝路交通中的地位,必须首先细致了解天山。天山,既是隔阻在塔里木盆地北缘的屏障,也是绵亘在中亚西部与新疆之间的陆桥。它的东段横贯于新疆中部,西段则居哈萨克斯坦、吉尔吉斯斯坦、乌兹别克斯坦境内。在新疆境内天山东西长 1760 公里,南北宽 250—350 公里。山体由数列东西向断块山地构成,地理学界将其区分为北、中、南三道山系,其间广布众多盆地、谷地。如水草丰美的伊犁盆地、玉尔都斯盆地、焉耆盆地及吐鲁番盆地等,受西来温湿气流影响(除吐鲁番盆地外),气候湿润,水源充沛,河川纵横,草场广布,向为古代游牧民族生存、活动的天堂。进入天山山系之中,缘北、中、南天山间的河谷、高山草原西走,可以十分方便地进入中亚西部。南入阿富汗、伊朗,西向里海,都相当便捷。由天山西端东入新疆中部、南入塔里木盆地、北向准噶尔草原伸展,也没有任何困难。唐王朝西部重镇弓月城,地处北天山与中天山之间的伊犁盆地①,呈向西的喇叭口形状,面积达 4000 多平方公里,海拔只有 500—780 米。伊犁河流贯其间,河流两岸为地势平坦的冲积平原,宜农宜牧。自北天山进入,沿伊犁河谷西行,南下碎叶,堪谓坦途。

在大略说明天山山系的这一特点后,可以清楚地看到:汉代以来的中国中央王朝,经过西域进入中亚西部、南亚、西南亚一些古代文明中心,如阿姆河、锡尔河流域的相关小王国、昭武九姓领地,或进入贵霜、大夏所在的阿富汗、巴基斯坦北部,南向印度,西向西南亚之古代文明中心波斯,最为方便的通路,实际并不在俗称的丝绸之路南道、中道,而应该是经过北天山北麓西行,选适当山隘、沟谷进入伊犁河盆地,就可以在北天山与中天山、中天山与南天山间的诸多河谷、草原上择路西走,比较方便地进入中亚两河流域,抵达丝绸之

---

① 唐弓月城故址所在,论者或认为在今伊宁县吐鲁番于孜,或认为在今尼勒克县境,并不统一。但它们均处伊犁盆地之中。

路心脏地带阿富汗。至此,西向波斯,南向印度,路线豁然洞开。因此,经由新疆西走亚欧大地,最理想的路线就是缘北天山北麓西走,因为西来之大西洋、北冰洋水汽被天山阻断,迎风面的天山北麓,自然就成了雨水丰沛、草场连绵的地带,是古代草原牧民理想的生存、活动舞台。至今人们视绿水青山、草地连片的伊犁河谷地如江南水乡,就是这个道理。古代塞人、月氏、乌孙,其后的匈奴、嚈哒、鲜卑、突厥,入西域后,无不以伊犁河谷地、昭苏盆地为主要活动舞台,并往往由此西走中亚两河流域、阿富汗高原,其地理背景就在于此。今天由新疆西入哈萨克斯坦,远去欧洲鹿特丹的欧亚铁路大陆桥,以及类似的公路线,也都取北天山中的阿拉套谷地西走,依恃的还是这一地理背景。

　　自然地理条件如是,经过新疆远去中亚西部、南亚、西亚,自天山北麓西走,较之昆仑山北麓、天山南麓,确为理想坦途。这条路沿途水草相继,海拔较低,地势平缓,不仅驼、马来去无虞,即使负载重的马车、牛车,来去也不会存在困难。但自西汉武帝时开拓西域,商旅、使节相继于途,却总只是在罗布淖尔、阿尔金山、昆仑山一线觅路西行,或由罗布淖尔北岸龙城雅丹向西沿孔雀河谷、天山南麓西走。魏晋时代,也只是自伊吾、吐鲁番至天山南麓一线行进。直到唐王朝君临西域,天山北麓一线,始终没有能在自黄河流域进入西南亚、欧洲内陆、北非的经济文化交流中成为主要的交通线路。这是一个十分显明的矛盾现象。这一矛盾产生的具体原因,不同时期或有不同的细节,但总的原因却没有变化:以准噶尔草原与天山山系内各盆地、草场为主要活动舞台的游牧民族,一直有力控制着这条交通欧亚的重要线路,享受交通便捷带来的实际经济利益。从匈奴到鲜卑、铁勒、柔然以至突厥,绝不可能允许中原王朝由天山北麓西走。在中原王朝力量盛大,游牧民族王国无力对抗时,天山北麓部分地段也曾可以通行,但始终不能保持全时段、全线路安全畅通。这样的例子是不少的。两汉时期,任尚、裴岑、班超都曾努力清除控制巴里坤草原的匈奴势力,但并未完全奏功。西汉与以伊犁河谷地为舞台的乌孙,政治、经济关系密切,细君、解忧和亲,乌孙也曾奉西汉王朝正朔,承认西汉的宗主权。但西汉王朝来去乌孙,也只能先到天山南麓的龟兹,而后由龟兹进入凌山,过天山腹地,抵达昭苏盆地、伊犁河谷地。龟兹以东的通路仍在匈奴军事控制之下,也是一个生动的实例。

　　公元7世纪,唐王朝统一中原大地后,扩展与亚洲西、南部以及欧洲的交通贸易,被提上了日程。割据吐鲁番盆地的麹氏高昌不识这一大势,却先后在铁勒、西突厥的支持下,扼阻通向中原的交通线,重税敛剥,使丝路贸易受困。为求垄断地位,更以武力痛击主张重开大碛路(罗布淖尔交通线)的焉耆,这直接导致了李世民重兵西征。640年灭高昌,统一吐鲁番大地,设置由唐王朝直接控制的西州。随之开拓由吐鲁番盆地西北入白杨沟峡谷、进入准噶尔盆地的"白水涧道",在峡谷内置白水镇、设烽戍①。由此引发的唐王朝与西突厥的矛盾,十五年中战争不稍止息,显庆四年(659),斩西突厥真珠叶护,灭西突厥汗国,

---

　　① 王炳华《唐西州白水镇初考》,《西域考古历史论集》,北京:中国人民大学出版社,2008年,67—75页。

西域大地才一统于唐王朝旗幡之下。正是因着这一基础,公元702年,唐置北庭都护府于庭州。这时轮台县已见设置。西州与轮台间的联系,更得加强。这样做,其直接结果,就是进一步强化了唐王朝对伊犁河谷地原西突厥政治中心弓月城、伊塞克湖畔碎叶城的交通,强化了唐王朝与中亚西部地区的联系。

轮台置于北天山达坂城—柴窝堡盆地北缘,东接白水镇所在的白杨沟峡谷西口,清楚表明进入唐代,开拓、利用北天山这一地势十分优越的峡谷,已有了充分、现实的可能,由唐代西州(吐鲁番)进入弓月(伊犁河流域)的交通线,自然而然跃升为丝路"北道"的主要交通干线。所以才出现了必须在白杨沟峡谷内已有的"白水涧道"西边,置轮台县,驻静塞军,负责征收北道过境税,保证丝路北道交通安全。

二

东段天山横亘于新疆中部,将新疆大地分隔成南、北两大区块,形成两种不同的自然地理环境,出现两种基本面貌殊异的经济生活类型。南疆塔里木盆地周缘为点点绿洲,以灌溉农业为主,家庭饲养、园艺业相辅;北疆准噶尔盆地为游牧民族活动舞台,阿尔泰山地、北天山内外,向为游牧民族生活的乐园。一农一牧,异质的经济生活类型,天然存在交流、互补的需要。因此,穿越天山峡谷、交通南北,几乎与新疆古代居民的生存、发展共始终,不可或缺。

东西长达一千多公里的东天山,其间散布着的众多盆地之间,多有谷道相连。一些海拔不高的达坂(如松树塘、金沙岭)、峡谷(如七角井、白杨沟等),也一直是交通南北的要隘,在方便南北疆居民的经济生活中,作出过贡献。

这一地理格局,使历史时期内天山南、北部的游牧王国一直十分关注对交通天山南北谷道、达坂的控制,也经常因此形成与怀有同样目标的南部绿洲王国或中原王朝的军事冲突。例如,汉王朝与匈奴在哈密松树塘达坂前后,曾经发生的一次次角逐①。东汉王朝与匈奴在天山北坡奇台县境石城子(汉疏勒城故址)展开的攻防战,汉将耿恭浴血苦守,最后还是退回敦煌②。西汉王朝与匈奴在交河城下历时半个世纪的角逐,五次大的战争,汉王朝才得稳定对交河城的控制③,实际也有着对交通天山南北的金岭道控制的目的。很长时段内,不少游牧民族王国,地跨天山南北。车师前部政治中心在吐鲁番交河,车师后部中心在吉木萨尔至北天山中;回鹘王国夏都建在吉木萨尔,而主要统治中心则在山南的高昌古城……这些实例,从中都可以清楚感受到:出于经济生活本身的需要,导致对交通天山南北的线路特别关心,只有控制好天山交通,才能保证其经济、政治的安全。

唐王朝统治西域后,十分注意天山北部的军事防卫,很快在今巴里坤、吉木萨尔、乌鲁

---

① 在天山北麓巴里坤草原发现过任尚碑、裴岑碑,都是汉与匈奴角逐的说明。
② 《后汉书》卷一九《耿恭列传》。
③ 《汉书》卷九六下《西域传·车师前国》。

木齐、弓月城一线屯驻重兵,行屯田,管商道。也只有如此,才可以有效保证庭州、西州的安全。

概略回顾古代西域历史进程,迄止于唐王朝在吉木萨尔设置北庭都护府,历代中原王朝虽不少时段有过对天山以北广大地区名义上的管理,对游牧民族政权也有过政治、军事的羁縻,但实质的、有效的政治、军事管理,却是并不存在的。在明悉这一历史背景后,再面对唐王朝在公元7世纪晚期,决定在北天山白杨沟峡谷西口的达坂城—柴窝堡盆地置轮台县,驻军屯守,强化对丝路贸易活动的管理,征商税以补北庭军政需要,就会理解:这是唐王朝完全统一西域的结果,也是更有效统治西域、推进丝路贸易、强化与中亚交通的需要。

轮台县置在北天山中段白杨沟峡谷西口的达坂城—柴窝堡盆地北缘,最根本一点,就在于这条峡谷、盆地特定的地理、交通的优势。这是它自身独具,其他地点绝无的一种优势。

前面提到,天山中可以交通南北的谷道、达坂是并不少的。只以吐鲁番盆地为中心、交通天山以北的山道为例,据敦煌 P. 2009 号唐《西州图经》,登录在册的山道就有:他地道、花谷道、移摩道、萨捍道、突波道、乌骨道、白水涧道等。这些通道中,"他地道"是最好的一条通路,"出交河县界至西北,向柳谷,通庭州,四百五十里,足水草,唯通人马"。也只是可以通行人、马,不能行车。其他几条山道(白水涧道除外),只是勉强可以穿行,甚至骑马都困难。如伊吾(今哈密)境内的松树塘达坂道,山路曲折,入冬积雪深厚,不能通行;七角井西北的"乏驴岭"(当地俗称"羊肠子沟");龟兹北境的"凌山道",说是"皆冰……凿梯冰蹬,陟峰攀援,滑津万状";乌什县境的"勃达岭"(今别迭里山口),也是海拔高、地势险,沿途冰凌。对这些谷道,历代中原王朝无论汉、唐,可以说都曾尽力进行过经营。哈密松树塘达坂南山口,至今还有"焕彩沟"刻石,集"汉永和"、"唐贞观"及清代碑刻文字于一石。车师、高昌北境之"他地道",相当长时间内,也曾为山南、山北交通贡献过力量。凌山道,在汉王朝与乌孙的往来中,作出过不可轻估的贡献;勃达岭,曾是汉唐王朝进入中亚西部的要隘。但全面评价,这些峡谷、达坂,其自然地理条件都不能与自吐鲁番至乌鲁木齐的白杨沟谷道、达坂城—柴窝堡盆地线路相比:白杨沟峡谷总长 40 多公里,峡谷宽 200—500 米。白杨沟流贯其中,河谷两侧可通车马。出白杨沟峡谷西口,就进入达坂城—柴窝堡盆地。盆地长 50 多公里、宽 13—30 公里,海拔只有 1000 多米,地势比较平,海拔比较低,沿途水源丰沛,草场广袤,人烟不绝。轮台古城就坐落在盆地北缘,更北、西行进,就可沿天山北麓山前地带西行。这一谷道,是穿越天山南北的理想通途。早在新石器时代就得到开发,此后人烟不断。柴窝堡湖东侧,发现过新石器时代早期文化遗存,绝对年代可早到去今 1 万年前后。汉、晋时期巨大墓冢,至今巍然耸立在柴窝堡湖边。乌拉泊附近,发现过青铜时代至战国阶段墓葬。少量发掘,出土之彩陶器、金饰物,与吐鲁番盆地前车师遗物、阿拉沟战国时代墓葬出土文物有相同风格,说明古代居民居住、交通相继相续。这表明,它早就是穿越天山、交通南北的坦途。唐代以前,通道未得充分开发,问题不在于没有交通条件,而在于政治地理上的困难。谷道之北是准噶尔草原古代游牧王国的领地,匈奴、车师曾经视此为乐土。南北朝以来,西突厥属下处月部,是这片土地的主人。交通的困难,在于军事、政治的对立,而不在于谷道的自然条件。

公元 7 世纪中叶以后,唐王朝迅捷而有力地统治了西域大地,天山南北悉入其直接控制之下,这一形势使白杨沟峡道沟通天山南北交通的地理优势得到充分的发挥。初置白水镇、设烽建燧,随后又在谷口以西、达坂城—柴窝堡盆地北缘设置轮台县,强化了对丝路北道之治理、经营。

三

西州所在的吐鲁番盆地,魏晋以来,在丝绸之路上的地位,日显重要。经过罗布淖尔的"大碛路",4 世纪中叶后,完成了自己的历史使命,逐步淡出了历史舞台。沟通亚欧交通路线,在新疆东部渐由自楼兰、鄯善西去,转移到经由伊吾、高昌西行。这一形势,使作为新疆东部经济重镇的高昌,逐渐跃升为丝绸之路新疆地段内的最重要经济中心之一。

公元 327 年前凉张骏设高昌郡,至南北朝时期的高昌国,吐鲁番盆地不仅是西迁"汉魏遗黎"的理想住地,也是活跃在丝绸之路上粟特胡的集聚中心。车师车姓、龟兹帛姓、焉耆龙姓与昭武九姓之康、曹、何、穆、安、石、翟、史等姓胡人,屡见于吐鲁番出土文书残纸、墓室碑记之中。他们居住在高昌,擅长贸易,在经营丝、香料、石蜜、硇砂、药物、磲石、金、银甚至"胡奴婢"等的行业中,大显身手[①]。高昌城北阿斯塔那晋、唐墓地,还出土过不少深目高鼻的泥俑,也留下了这些精明、勇毅、强悍的胡人形象。

善于经商,既熟悉中亚两河流域,又了解西域,甚至远及长安、洛阳的粟特胡商们,在丝绸之路上找到了获利的乐土;丝绸之路,也因为这些精明而"善贾"的胡人,充满了经济活力。我们今天已无法具体说明当年高昌大地上曾经展开过的丝路贸易的总体规模,以及在经济生活中方方面面的状况,只能以留存在考古文物中的点滴细节,管中窥豹,追寻吐鲁番大地在丝绸之路上曾经有过的非同一般的影响。

作为丝绸之路贸易的大宗商品丝织物,从近年吐鲁番发掘的墓葬资料看,几乎是无墓不见丝绸。在阿斯塔那近 400 座古墓葬中"出土各类丝织品近千件,其中锦类也数以百计"[②]。据武敏研究,随着中原居民移徙高昌,植桑育蚕治丝这类生产事业在吐鲁番大地迅速发展,公元 5 世纪,本地已经有了织锦。据出土文书,当地流行的"丘兹锦"、"疏勒锦"、"钵(波)斯锦"、"西向(斜纹)白地锦",就是本地所产。虽"远比中国内地织锦粗疏,色彩也较单调(多为两色,三色罕见)"[③],但毕竟步入了一个新的生产阶段,具有波斯萨珊式风格

---

① 吴震《阿斯塔那——哈拉和卓古墓群考古资料中所见胡人》,殷晴主编《吐鲁番学新论》,乌鲁木齐:新疆人民出版社,2006 年,265—277 页。

② 武敏《吐鲁番古墓出土丝织品新探》,《吐鲁番学新论》,375 页。

③ 武敏《吐鲁番古墓出土丝织品新探》,《吐鲁番学新论》,376 页。

纹样的锦,也多有所见。这自然是紧密呼应丝绸之路贸易需要而出现的景象。

涉及丝织物贸易,在吐鲁番出土汉文书中,保存了一组 8 件可资说明问题的资料。据相关文书残纸,可以见出一件丝路贸易公案。唐乾封二年(667)长安城中的汉商李绍谨与粟特胡商曹炎延一道自京师出发,到西域后,经过安西到了弓月城。总章三年(670),李绍谨在弓月城向曹炎延借丝绢 275 匹。其后,李绍谨又与曹炎延一道前往安西,曹炎延更向西行。咸亨二年(671)曹炎延的兄弟曹禄山,因长时间不见其兄曹炎延消息,而李绍谨也未及时偿还 275 匹绢债,又巧在高昌县见到了李绍谨,便怀疑此中有出乎意料的阴谋、不测,于是,将李绍谨告到了高昌县[①]。案件不算复杂,但透露的历史信息不少:当年在长安至高昌、安西并更进一步西走的丝路上,丝绸贸易数量相当不小。汉商、粟特胡商,虽分处长安、弓月,但因业务关联,彼此熟识,有在商业需要时互相借贷的情况。从弓月到安西(今龟兹)至高昌,这些商人活动频繁;弓月城,位于丝路北道西端,但这里积存的丝织物数量相当巨大。这一案件发生的时间,距唐王朝统一西域大地并不长;而且还正是在唐王朝置轮台县,并拟以轮台为北道征收商贸税地点的时段内(唐置轮台县的准确年月,史传中未见明确记录。《旧唐书》卷四〇《地理志》作:"贞观十四年与庭州同置"[1646 页],《元和郡县图志》卷四〇作"长安二年置"[中华书局,1983 年,1034 页]。公元 702 年置北庭都护府,下属四县中已见轮台,因此,可以判定轮台设县正处这一时段之中),李绍谨、曹炎延借贷纠纷一案,一次即涉及丝绢 275 匹,管理部门可以科敛之过境税,数量不会少,因而是北庭都护府的一项重要经济收入。

在唐王朝统治势力未及西域,高昌王国仍为丝路中道上的中心城镇时,丝路贸易中的商税就是不可小视的收入。5 世纪 30 年代,沮渠蒙逊在统治河西走廊时,就深谙此道,曾"切税商胡",而受到北魏的责难。在沮渠氏西走高昌后,自然不会疏忽高昌在丝路上的冲要地位,税课自肥。麹氏高昌王朝,同样注重商税收入,《隋书·高昌传》也称:"麹伯雅先臣铁勒。而铁勒恒遣重臣在高昌国,有商胡往来者,则税之送于铁勒。"如是可观的经济收益,不仅高昌统治层在意,作为高昌后台的铁勒、突厥也不会放过。但高昌收高额过境税,对唐王朝是不利的,与此密切关联的焉耆也会受到影响。这一矛盾,激起过焉耆的反弹,并导致高昌、焉耆间的两场战争。《旧唐书·焉耆传》记述:"贞观六年(632),(焉耆王龙)突骑支遣使贡方物,复请开大碛路以便行李,太宗许之。……及是,高昌大怒,遂与焉耆结怨,遣兵击焉耆,大掠而去。"这里的"大碛路",就是经过罗布淖尔荒原,沿孔雀河谷西走,进入焉耆,以焉耆为中心,沿天山南麓西行的古道。这样会直接损害高昌权益,所以立即遭到高昌的军事打击,被高昌"大掠"。但事情并没有因此就告一段落,六年后,即贞观十二年,高昌又与西突厥处密、处月部联手,共攻焉耆,"攻陷焉耆五城,掠男女一千五百

---

① 《唐西州高昌县上安西都护府牒稿为录上讯问曹禄山诉李绍谨双方辩辞事》,《吐鲁番出土文书》第 3 册,北京:文物出版社,1996 年,242—247 页。研究结论,引据荣新江《西域粟特移民聚落补考》,《西域研究》2005 年第 2 期,3—4 页。

人，焚其庐舍而去"①。只是希望变易路线，就招来高昌发动的两场战争，这表现了高昌极大的愤怒，背后是政治、经济利益的驱动。对这件事，唐王朝本已十分不满。更有甚者，随后西突厥又遣阿史那矩为高昌监国，命令麹文泰"阻绝贡路"，实际是企图阻绝李唐王朝与西部世界的联系，这导致李世民随即发兵攻高昌。这一系列事件，原因就在于丝路交通及其相关利益。

以吐鲁番盆地为中心的高昌、西州，与丝路贸易关系重大，从上述一系列事件中，可得端倪。而在唐王朝统一西域后，于丝路贸易征商税却只见天山以南的于阗、疏勒、龟兹、焉耆，而没有处关键地位的西州。解开这一悬疑的钥匙，就在于"北道者，轮台征之"。表明唐王朝政府已将轮台与西州视同一体，将西州商税征收地放在了新设的轮台县。这一历史事实，逻辑结论只能是：西州商贸，这时运行的路线，主要应是经过白水涧道入轮台，再西走弓月、碎叶。轮台，已在北道商业运行上居于核心地位。轮台这一控扼交通咽喉的地位，较之北庭都护府还重要。丝路"中道"上的西州，经由轮台，与丝路"北道"合二为一。如是行进，从北庭过"轮台"会出现的三角形迂曲，自然不复存在。唐王朝置西州、轮台后，其丝路"北道"，主体系由敦煌—西州—轮台—弓月行进。这会成为一条最主要也是最方便来去的交通干线，居于这一干线咽喉地位的轮台，自然成为丝路中道东段（吐鲁番盆地以东，至敦煌）进入丝路北道的要隘。由中道西走的商品，自此以后都将在西州折转向西，经由轮台进入弓月、碎叶。于是，在轮台征商税，成了一件顺理成章的事。《新唐书》中，深深感叹"税西域商胡以供四镇，出北道者纳赋轮台"。"轮台"成了丝路北道上的新星，自然一点儿也不令人奇怪。

四

作为唐轮台故址的乌拉泊古城，虽保存尚好，但至今未作试掘、发掘，只有一般的调查。据调查数据，它具体位置在东经 $87°35'20''$、北纬 $43°38'40''$ 处。海拔 1100 米，正处达坂城—柴窝堡盆地西北口，处天山北麓扇缘泉水出露地带，西傍乌鲁木齐河。所在地区，宜牧宜农，位置冲要。

唐王朝统一西域，与轮台建城差不多同一时段，为适应丝路北道及北庭都护府军事防卫之需，曾新建了一批古代城镇，如伊吾军城、白水镇城、冯洛、俱六、耶勒、张堡……一系列东西铺展的守捉城等。它们对认识唐王朝统治西域举措，具有重大价值。但迄今也几乎都没有进行过认真的考古工作，没有一处古城址曾有过科学发掘。因而，若我们希望从古城形制、建筑工艺、出土文物等角度，寻求和比较相关特征，以追寻乌拉泊古城的时代信息，是存在不少困难的。

笔者在写作此文过程中，曾努力搜求相关考古资料，尤其是已明确结论为这一时段内

①　《旧唐书》卷一九八《西戎·焉耆传》，北京：中华书局，1975 年，5301—5302 页。

的城镇遗迹,爬梳相关遗存细节,寻求比较明显、比较重要的特征,以便为分析乌拉泊古城的时代提供参考。这方面,如唐伊吾军城、白水镇城、北庭都护府故址等已有调查、试掘资料,可以提供一些启示,多少有助于研究。

伊吾军驻地,为北庭都护府下属重要军城之一。设置时间在唐王朝置北庭都护府后,与置轮台县相近,是同一时段建造的军城。其故地,在今哈密地区巴里坤县大河乡,处巴里坤盆地之中。足水草,宜农垦,又是良马繁殖基地。加之南、北高山屏峙,地控蒙古高原进入准噶尔盆地之咽喉。古城墙垣至今仍然屹立,保存基本完好[1]。土建,略近长方形(210米×180米)。除夯筑,有马面、角楼、外环城濠等一般唐代古城特点外,具有个性的特征还有三点:一是主城内满布大小、形状不等的窖穴;二是主城东南角有子城(70米×60米);三是主城东侧见附城。不见与经济、商业活动相关的民用建筑物。唐伊吾军肩负屯田重任,骑兵占很大比重(有战马300匹),这为城内窖穴、附城提供了具体说明。而围垣坚固的子城,当是伊吾军中主要镇将、官员们住处,是与军事防卫功能相关的设施。

白水镇城,也是与唐轮台时代相当、构建年代略早于轮台的一处军事城堡。位于自吐鲁番盆地至乌鲁木齐的白杨沟峡谷中,居达坂城镇东郊,控扼白杨沟峡谷西口。古城地势较高,位于一小石山上,可俯视四周草场,军事防卫特色显明。镇城范围很小,只70×80平方米。就是这么一处近6000平方米的方形土城,西南角也有一区城垣坚实的子城,面积达50×30平方米,同样是一处当年出于军事防卫要求的设施[2]。

北庭都护府所在的吉木萨尔县护堡子古城,历史悠久,规模宏大。古城垣建筑,并不是成于一时。但唐代作为北庭都护、北庭大都护驻节之地,从军事防卫角度,曾经有过十分认真的扩建、加固。笔者1983年3月曾对此城进行过相当认真的踏查。现存遗迹除外城(周长达5000米)、内城(周长达3000多米),内城中还见到子城。子城范围不大,东西长约230米、南北长约190米、周长约840米。内、外城均夯筑,设有马面、角楼、护濠,防卫设施森严。尤其子城周围,竟也有护濠环绕(宽10米、深达3米),对子城中主人安全防护的特别重视,于此可见。遗憾的是,北庭城虽地位十分重要,但同样迄今没有进行过考古发掘。对其早晚变化、沿革,并不能具体、准确说明。子城,是否确为并只是唐代遗存,也没有可能从遗存本身找到直接证明。但鉴于唐代北庭当年在军事上特别重要的地位,伊吾军城等唐代遗址中均见子城设施,对北庭故城中这一水环土绕的子城,逻辑上将它看作唐代遗存,或认为至少在唐代也曾使用过,当可以成立。

从伊吾军城、白水镇城、北庭故城这几处唐代军城考古调查数据看,可以清楚捕捉到如下特点:1. 古城均夯筑,方形或近长方形,有马面、角楼设置,外围壕堑;2. 古城内均建子城,子城偏于一隅,围垣坚固;3. 子城外另见适应骑兵活动的附城,或虽不设附城,也总有便于征骑活动的空间。这些,可以说是初唐时期西州、庭州、伊州所建军城的共同特色,

---

① 王炳华《近年新疆考古中所见唐代重要史迹》,《唐研究》第1卷,北京:北京大学出版社,1995年,431—446页。

② 王炳华《唐西州白水镇初考》,《西域考古历史论集》,67—75页。

凸显了时代、地域特点。

乌拉泊古城,长方形,南北长 546 米、东西宽 480 米,夯筑,附马面、有角楼。城内以东西、南北向两道土墙分隔,使全城布局分隔为三个部分(图 2、3),东南角为子城。城内防御坚固的子城,可供征骑活动的北城,相当有力地显示了它与伊吾军城、白水镇城、北庭故城相同、相近的特点,凸显了同为唐代军城的特色。

图 2　俯视轮台故城(王旭光摄)

图 3　唐轮台故城西墙角楼

还有一点,可以帮助判明乌拉泊古城的唐代信息。

从西州出发,进入白杨沟峡谷后,在峡谷西口,是白水镇城。向白水镇城西走 24 公里后至盐湖北岸,有唐代烽燧一座(碳 14 测年结果为去今 1075±75 年)。自盐湖唐代古烽更西走,在柴窝堡、化肥厂、乌拉泊村,都还发现过烽火台,它们东西方向一线铺展①。如是,就形成自西州进入白杨沟峡谷后一条紧密联系的军事防卫体系。乌拉泊村北的轮台城,正是这条唐代烽火报警线的中心点。自乌拉泊古城向西至张堡守捉城中间,在乌拉泊城西约 15 公里处,还有永丰乡烽火台:夯筑,底边长 12.5 米、残高仍达 9.5 米,同样具有唐代特征。这一线烽燧,清楚标示:轮台所在的乌拉泊古城,既与丝路北道,也与西州这一丝路中心城镇密切联系成一体。乌拉泊古城的"唐代遗存"特性,从又一个角度生动展现在今人面前。

五

经过如是梳理,可得以下结论:

(一)唐王朝统一西域全境后,天山南北均已在唐王朝中央政权直接控制之下,丝路中道与北道联为一体,统一运营已不存在任何困难。穿过天山白杨沟峡谷、达坂城—柴窝堡盆地的山道,中道上的经济重镇西州,与北道重镇弓月、碎叶紧密联系成一体,使交通运输更为便捷。于是,出敦煌后,入伊吾、西州,穿越天山白杨沟峡谷、达坂城谷地,入轮台,经张堡守捉,缘天山北麓、准噶尔南缘西行,进入伊犁河谷弓月城,到伊塞克湖畔碎叶,成为唐王朝进入中亚的主要交通干线。这是丝绸之路新疆段线路进入唐代以后的一个重要发展。由此,不论西走咸海、里海,或是南入阿富汗、西南走波斯,都更为便捷。

(二)唐王朝置轮台县,是适应统一西域全境后的政治、经济形势,开发丝路交通运输事业的有力举措。既便于亚欧内陆间的进一步交通运输,也便于唐王朝政府管理、收税。轮台,虽只是北庭都护府属下之县,但其经济、军事地位重要。这是政治一统后,南北疆交通设置趋于合理的表现。自此以后,由轮台而迪化,新疆大地的政治、经济中心始终奠基在天山白杨沟、柴窝堡谷地的西口,成了顺理成章的一件事。

(三)丝路新疆段交通路线,随政治、军事形势发展,多有变易,实际情况相当复杂。今天的研究,每每止于古代文献中既有的最简单的、概括的记录,而不深究细部变化的实际。这不仅局限了对相关时段路线改变的认识,也影响了对路线背后相关政治、经济背景的研究。《汉书》《后汉书》所述西域交通路线,主要表现着两汉王朝交通西域的情形,它受制于政治形势,并不是对交通地理形势最好的开发、利用。唐代丝路征税,不征西州而征轮台,变化的背后,就有一系列政治、军事、经济形势的因素。这只是一个小的实例。汉代通楼兰,公元 4 世纪后通吐鲁番……路线的改变,有重大的政治、经济背景,是值得也必须深入展开研究的课题。

(四)乌拉泊古城作为轮台县故址,其历史文化地位值得重视。这不仅要求加强对这一文化遗址的保护,也需要当地文物部门关注,并在时机成熟时进行适当发掘,以求进一

---

① 徐百城编著《轮台丝路今觅处》,140 页。

步认识唐轮台城当年曾经具有的物质文化生活内涵。这可补充文献记录的缺略,对丝绸之路史研究,意义是不可轻估的。

附记:本文写作中,荣新江、李锦绣先生惠赐过宝贵意见,书此致谢。2009 年 4 月于人大静园。

(原刊《唐研究》第 16 卷,北京:北京大学出版社,2010 年,151—168 页)

康家石门子岩画透露的历史文化信息

康家石门子岩画到底刻的什么内容？是什么时代、什么人刻的？为什么选在康家石门子刻这么一处岩画？当年的主人追求的是什么？我们从这幅岩画遗迹中能透视哪些问题？这些是康家石门子岩画带给我们的疑问。

康家石门子岩画位于天山中部，这是很难寻的一块宝地。岩画所在山体系丹霞地貌，长期风吹雨蚀，地势、色彩、造型，都十分吸引人，任何人行经这里，都能为其吸引，具有极强的视觉冲击力。所以，当地人给了它一个雅号——"上海大厦"。陡峭的山体，非常醒目。山色赭红，好像经过雕凿，一层一层的，很似楼房。在知识未开的原始人心目中会激起怎样的观感和联想，我们今天是难以想象的。

《大戴礼记》中有一句话："丘陵为牡，溪谷为牝。"意思是：山体是男性的象征，溪谷河川是女性的象征。岩画周围正是这样的环境。陡然突起的山峰，左右正有两道小的溪流环绕。如果联系《大戴礼记》中的话来体会这处山体特点，就正是男女交合的象征。原始人认为万物有灵，山水也一样。从这一角度看相关岩画，古代祖先为什么要在这个地点刻上这么一处岩画，就会获得有力的启示：这里是灵山、圣水，是象征着男女交合、有利于人类生殖繁衍的地点。祈求人类自身繁衍的刻画，一定要刻在这样的地方。

这处岩画高9米，宽14米，面积达120多平方米。最上的一组是九个裸女围绕一个斜卧的男性在跳舞，中间有一对马。这是值得注意的细节。还有双头同体，下面群列小人；还有一男性胸腹部有头像，这个头像明显地表现出是男性。细加分析，有很多问题可以推敲。直观的印象，它们都与古代人类寻求自身繁衍的主题有关联。双头同体人是两人重叠在一起。在云南佤族年轻人活动的公房内，就有这样的图像。原始社会两性生活是比较自由的。有了个体家庭后，性行为才受到一定的限制、约束。这幅岩画还有一组画面，祈求子嗣繁衍的愿望表达得更加直白：一个面形粗犷的男性（生殖器被极度夸张，个体比例是他自身一半以上），面向一位形体姣好的穿裙子女性，在这一象征两性交合的图像下，是群列小人。欢愉、跳跃的小人，明显是在表现着他们的希望：在这特定的环境中，两性结合以后，会有很多孩子，人们可以实现祈求子孙繁衍的愿望。

这幅岩画不是一次完成的，而是分批刻成的。因此，岩画有叠压现象。但都是以不同的手法、画面，表现着两性的结合。岩画所在的山体很陡峭，周围有两道溪水围绕，水丰草盛,灌木丛生,充满了生命的活力。这么宏大的画面,就是表现生殖崇拜、追求人类的生殖繁衍。古代人祈求子孙繁衍、祈求人类自身生产事业的成功,要以巫术等形式向上天表示自己的要求。这样的祈祝、巫术活动,一定要找一个适宜的地方,让上天产生感应。那么有着这样神奇的山水草木的康家石门子,是最理想不过的环境了!

为什么古代祖先那么热切地追求子孙繁衍?这是因为在古代,人类自身的繁育是一件有重要社会意义的事。人们注意到,生育问题在当时存在很大的不确定性。而人口增殖对自身的生存又关系重大。古代人群在生产能力十分低下的情况下,要生存下来,其实是十分不容易的。他们在生存的过程中,会遇到各种想象不到的困难。因此,在思想观念里面,非常迫切地要求一定要用适当的办法,向上天祈求,保证自身繁衍可以成功。凡是原始宗教、原始巫术发达的地方,往往是这种严重不确定性存在的地方。

我还可以举一个自己的工作实例来说明。我在孔雀河古墓沟墓地挖掘出土了42座墓葬,其中十四人是不到十岁的小孩。瘟疫、疾病、饥饿等,导致他们很小就死去了。成长起来的人,大多不到四十岁。这是距现在4000年前考古资料提供的实例。在这个墓地有一具女尸,不到四十岁,当把女尸从墓地抬出来后,我们见到她满头都是虱子,医生做了解剖,发现她肺部充满碳尘、硅尘,肺里几乎都是碳分子以及二氧化硅分子,她的肺功能自然是十分不行的。这告诉我们,古代人生存非常艰难,除了对付自然,为取得食物而不断劳作外,还会遇到人群之间、异己力量之间的矛盾、冲突。因此,就产生了恩格斯这样的观点:在原始社会阶段,人类自身的生产与发展是摆在人类面前的一个非常严酷的问题。这就导致一个原始观念的产生:人们一定要想办法使自己能多生孩子,并且使孩子健康成长,才能使自己的部落氏族人丁兴旺,在外面打猎时人多势众,力量强;面对异己力量的威胁,自己部落人多,也可以战胜对方。康家石门子岩画的意义,实际是把原始社会阶段人类追求自己生存繁衍的原始思维、原始观念,非常生动地铭刻在天山腹地这块岩石上面。这幅岩刻画的核心,就是原始生殖崇拜。

另外,关于岩画的主人。岩画人物形象告诉我们,古代新疆是多种居民、文化交汇的地方。岩画人物形象有不同特征:主体人物窄面,面部较长,眉弓发育,鼻梁较高,身体修长,具有白种人特点,头戴尖顶帽。这一形象可以帮助我们了解岩画主人究竟是怎样的种族。直观的印象是,这幅岩画人物的主体特征应是印欧人种。

关于新疆古代居民的人种问题,一个多世纪以来一直是国际上最关心的问题之一。通过考古工作,尤其是新中国成立以来做的许多工作,我们发现,古代新疆居民的种族成分不单纯,既有黄种人存在,也有白种人存在。新疆地区气候非常干燥,特别是南疆,地下埋藏的古代物质遗存往往不朽烂,即使是十分容易腐烂的人体,在地下埋藏了三四千年,也往往保存很好,成为干尸。有些干尸,可以说是面目栩栩如生,给我们的直观印象,确确实实是白种人。体质人类学家测量分析相关人骨资料,得出的结论也是一样:在青铜时代(距今4000年前),新疆地区古代居民中白种人的成分比重是很大的。当然,这时也有蒙古人种即黄种人的存在。一直到公元前3世纪,印欧人种应该是新疆南部地区居民的主体成分。北疆地区人种成分也是多元的,既有印欧人种存在,也有蒙古人种存在,随着历史进程发展,蒙古人种的成分在逐渐增加。但在三四千年前,居民中印欧人种、白种人占的比重比较大。呼图壁岩画本身也表现了这个特点。画面中的人物,有白种人形象特点的实际上是更为多见的。这表明,古代新疆是一个不同种族共同开发建设的地方,凝聚着多种文化。认真分析康家石门子岩画,可以捕捉到这方面的信息。这对我们今天更好地认识这片土地的历史,尤其是还没有文字记录的原始社会阶段的历史,确实是十分珍贵的资料。

希腊著名历史学家希罗多德在公元前5世纪写了一部《历史》,其中根据传说写道,在古代中亚地区,曾经有一支居民称为雅利安人,后来迁到了印度、伊朗高原。这批人中,有一支人称"萨迦"人,他们头戴尖顶帽子,后人称为"尖帽萨迦"。这给我们提供了一个很重要的信息。这就是,在公元前5世纪以前,希腊人的著作中含混、隐约地提出,在中亚两河流域有一批印欧人存在,他们被称为"萨迦"人。"萨迦"是伊朗语发音,汉语发音是"塞人"。关于塞人,在中国历史文献中也有记录。司马迁的《史记》中就提到了"塞人",《汉书·西域传》也提到了这件事。说是在古代新疆北部直到伊犁河流域,居住的就是"塞人"。后来,活动在今甘肃西部地区的月氏人被匈奴打败,西迁到了新疆,又打败了塞人,塞人进一步西迁,而塞人活动的故土成了月氏人的新家。再往后,在匈奴的支持下,乌孙人又向月氏人发动进攻,因此《史记》《汉书》中提得很具体,乌孙人的领土,本来就住的是塞人。乌孙人的领土很大,一直到准噶尔盆地,到了今天的吉木萨尔地区。据此分析可以作出推论,这片地区内早期有过塞人的活动。历史文献记录十分简单,关于塞人自然也是如此,对他们当年在这片地区的生活、生产、信仰甚至原始宗教活动,没有留下一丁点记录。而留在康家石门子岩壁上的刻画,却十分具体形象地表现了他们的形体特征,以及他们生存中面临的问题。他们当年有过的巫术及在巫术活动中表达的祈求,甚至为此进行的歌舞活动,都具体而生动地表现了出来,经过两千多年的风雨还基本完好,没有受到后人的破坏,它的历史价值是怎样评价也不为过的。

通过这幅岩画,我们可以认识到,昌吉地区历史上曾经是欧罗巴人种和蒙古人种共同居住、开发的区域。画中也有一些人物的面形颧骨较高,比较宽圆,明显具有蒙古人种的特征。这样一个文化信息是很有意思的。它告诉我们,作为欧亚大陆腹心地带的新疆昌吉大地,横亘东西的天山,曾经是欧亚大地上古老居民东来西往的陆桥,天山深处的呼图壁康家石门子作为他们生活过的一个站点,有幸保留下了一幅再也不会消失的印记。现在区分得很清楚的以白种人为主的欧洲,以蒙古人种为主的亚洲,在当年的新疆大地,实是共同生活的,他们曾经共同寻求过欢乐、幸福的伊甸园,这自然是值得今天的人们牢牢记取的一段历史。当年的呼图壁人富有勇气、毅力,他们在天山深处找到这样造型奇特的山,见到了绕山缓缓流淌的溪流,得到了启示,认为这样的山水,是他们和上天沟通的理想舞台。于是决定不怕任何艰难,用十分原始的工具,在平展的岩壁上刻凿下祈子的诉求,希望通过这些画面,再加特定的巫术形式,能实现多生孩子、孩子也长得好的愿望。施展这样的巫术,需要气氛和办法。1987年我在岩画前面挖过探坑,差不多有10米长,进行探掘,发现坑里都是碳灰。深两米多的火灰,这不是在短时间内可以积累起来的。在岩刻下面进行巫术祈祝活动,曾经延续过很长的历史时段。根据大量民俗学记载,实施巫术活动与火是分不开的,如点燃一堆火,在火的周围跳舞祈求,最后达到巫术的高潮。

岩画是什么时代的?是什么人刻的?通过现代的科学技术测定是有希望做出回答的。但在二十年前还比较困难。这么珍贵的岩画,我们当然非常不愿意使其遭受外力破坏,改变文化的本来面貌。有朋友跟我讲,上面涂的红色,只需几微克就可直接断定岩画的具体年代。但我们还没做到。后来,我对岩画的主人、年代作了推论:应是公元前1000年活动在这片土地上的塞人。他们戴尖帽,这一推论应该可以成立。另外还有一个思路,就是在岩刻附近能找到一些人类遗存如墓葬等,就可以帮助说明,曾有怎样的居民在这里进行过活动。在这一思路下,在岩刻西边山梁上发现过几座墓葬,我们发掘了其中一座。随葬品有小铁刀、骨质马具,这是古代游牧民比较正常的埋葬情况。通过发现的这座古墓,有一个逻辑联想,即墓主人相当有可能与岩画主人有关。如果以这一点作为前提,那么这处岩画时代就可以得到一个参考资料了:在新疆地区使用铁器的时间是基本清楚的,大量使用铁器起自公元前7世纪。这可以帮助我们认识,在公元前7世纪,岩画所在的山沟已经有人在活动,死后就葬在不远的山梁上。他们有可能就是与岩画创作有关的人群。帮助我们考虑的另一个因素就是,戴尖顶帽的塞人曾经也是这片地区的主人。据《汉书》的记载和希罗多德的记录,在公元前7世纪前后,这片地区确实有一支白种人在此活动,他们自称是塞人,也就是古波斯文献中称呼的萨卡(saka)这个民族。这自然还只是逻辑推论。如果不错,那么画的历史意义更是非常大了。塞人这个民族在公元前1000年前的中亚地区是非常强大的。这批人进入过印度、伊朗高原,黑海周围都曾是他们的天下。而我们这处遗址竟是他们当年进行宗教、巫术活动重要的所在地,是他们的宗教圣地。这对我们认识昌吉地区的文明史、早期的历史遗迹,以及与中亚西部的关系,多了一条非常有参考价值的资料。

(原刊《文史知识》2010年第2期,14—19页)

【西域断想】

加强考古研究　深入认识西域文明

从事新疆考古、历史研究,迄今已历 55 年。掩卷沉思,成就不多,但感受不少。最大感受之一,就是从事古代新疆历史考古文化研究,求步入新境,关键之一是必须十分认真、深入地关注新疆及周邻地区考古文化。

古代中国与中亚西部、西南亚、非洲北部、欧洲广大地区交往、联系,新疆向为主要通道。这一历史地理背景,使新疆大地深蕴亚、欧历史文化交流的宝藏。考古,不时会呈现一幅多彩多姿的历史文化画面,打开一扇特定时段的社会生活之窗,让人可得一窥根本不见于文献记录的历史生活画面,汲取到珍贵的历史文化营养。

古远时期,不见文字记录,但人们实际展开过的物质、文化生活,总会留下片鳞只爪,在难以尽说的机缘下,进入沙尘之中;人类步入文明,发明了文字,掌握了文字工具的精英分子们,会据实际需要,记录下自己希望散布、传承的文字。这些文字记录,无一不蕴涵、表现着文字作者的追求。考古资料与此存在差异:它是特定时段内的物质、精神存在,有可能在偶然的主人不一定清楚的情况下,被丢弃后进入了垃圾堆,覆盖在地下;又十分偶然地进入了考古学者们的视野。于是,当年社会物质生产、工艺、科学技术、精神文化的种种细节,就有可能被现代学者们破译、把握,从而成为认识特定时段先人们物质、精神文明的素材。

古代中国,北部砾漠,东南大海,而西向行进,虽也有戈壁、沙漠、冰川雪原,同样不少阻障,但还是人力、畜力能跨越的道途。因此,通过新疆大地向西行进,相对而言,是古代先民更多使用的道途。这一过程,实际展开得非常早,远在人们掌握、发明文字以前,先祖们已经筚路蓝缕,一步步、一程程走向了远方。

阿勒泰山中近数十年发现的二十多处花岗岩洞穴,有丰富多彩的赭红色绘画。狩猎、滑雪、祈求生殖繁衍的图像,保留了古远人类物质、精神生活的剪影。群聚围猎,均以食草类牛、马等大兽为目标,猎手持标枪、长矛,还不知弓箭。栩栩如生、热烈、紧张的捕猎画面,至今仍跃然在冰冷的岩壁之上。而人类发明弓箭,时代得在去今 10000 年前。以巫术手段,在洞窟中以赭红色彩绘捕猎大型食草类野兽,在欧洲法国、西班牙等地并不少见,时代最早可能在去今 20000 年以前。出现在亚欧大陆交往中心的阿勒泰山中,主题、手法类似而工艺更朴拙的彩绘,与前者是否存在联系?发人遐思。

美索不达米亚,是欧亚大陆最早培育、种植小麦的中心。去今 4000 年前,孔雀河流域古墓沟、小河遗址也出土了小麦;小河墓地发现的贝珠,用材为只产自南海的海菊蛤;同时段,这里也种植了最早在华北平原培育出的粟;孔雀河青铜时代居民崇信的麻黄,与古代印度居民崇信的"苏麻"、古代伊朗人民信仰的"豪麻",经生物学家验证,就是同一种植物;孔雀河古代先民生活中最重要的黄牛,属早期欧洲品系……林林总总,这些考古文物清楚展示了在人类还没有文字记录前,新疆大地上早就存在东西方的物质文化交流。

古埃及第 21 王朝(公元前 1017—前 945 年),一位法老女佣木乃伊身上的织物经检测分析,用料实为丝绸(埃菲社 1993 年 3 月 22 日报道);原产埃及、时代早到公元前 15 世纪的蜻蜓眼玻璃珠(材质为钠钙玻璃),公元前 9 世纪,已见于新疆轮台;至公元前 5 世纪,已多见于山西、河南、山东、湖北、湖南,成为当地贵族心目中的神物,美其名曰"琅玕",人们视其为可以带来生命、幸福的宝贝,不惜为它倾其所有。

它们的启示是:在亚、欧、非这基本连续的地理板块上,尼罗河流域、美索不达米亚、古代印度、伊朗、东亚华夏大地,是今人具有共识的早期人类文明中心。这些文明中心,所处环境不同、物产有别,植根在物质生产基础上的精神文明也各具特色。物质、精神文明有差异,会产生交往、互补的需要;而地域相连,又有一步步直接、间接的接力式联系、交流的可能。在亚、欧地理板块上,古代居民间曾经有过的交往、联系,可能是发生得很早的。这一页实际存在过的亚欧、北非人类文明交往史,文献虽无征,已经出土的考古文物却有据。我们今天探索、认识这一页早期人类文明史,就必须跳出陈见,以充分的睿智,冷静面对出土的考古文物,为构建全新的早期人类文明史而奉献心力。

而在人类步入文明、有了文字记录工具之后,却并未能见于上层文人笔端的物质、精神文明事实,就更难以尽书。举近年考古工作做得较多的尼雅为例。这是汉晋时段精绝王国的故址,作为汉西域都护府属下的沙漠绿洲王国,《汉书·西域传》中留有不足百字的记录,说明了它的地理位置、户口、人口、兵力、军政设置,与西域都护府的距离等,都是最关军政需要的核心资料,表明了汉王朝的关切;而考古资料,则清楚显示了这片土地上居民的种族、民族特点,农、牧业、手工业情形,沙漠深处绿洲的水利灌溉及用水、管水情形,园艺尤其是葡萄种植、葡萄酒酿造情形,人民精神生活中巫术与佛教并存的情形;汉文曾是他们最早引入、使用的文字工具,东汉末期后又使用了佉卢文;汉王朝的和亲、赂遗政策,在这里实施得十分成功;王公贵族穿绸着锦,许多丝锦均为文献所不录;精绝王子"五星出东方利中国"锦护膊,不仅揭明了汉王朝政府星占学在重要军政领域的实践,而且提示了西域绿洲小国与汉王朝紧密的军、政关联。汉王朝曾有力推行汉文化教育,以"仓颉篇"作为文字教育初篇;精绝王室成员间应酬、赠礼的简札上,是精妙的汉隶文字;王室接待丝路往来贵宾如大宛、康居使臣,宴会席次安排,用的也是汉文。丝绸贸易,在民间有赊销,定期再来收货款的办法。佉卢文书表明了贵霜失国后,败亡贵族率领士兵进入了精绝,在精绝王国的政治、经济生活中有不俗的地位。甚至,青年男女婚恋纠纷,也都具体表现在了佉卢文文书之中。

　　文献记录与考古资料两相比较,后者更鲜活、具体地表现着精绝王国的政治、经济、社会生产情形,人民的喜怒哀乐,对美好生活的追求及现实的努力、奋斗。虽只是弹丸之地,但居丝路冲要,中原大地与中亚西部经济文化交流的实在情形,也毕显在废址之中:贵霜棉布,希腊神祇,东来的"琅玕"与汉晋王朝十分丰富的、许多从不见于文献和其他考古遗址的丝绸织锦、刺绣,仍然光可鉴人的铜镜,加工精细的漆奁,呈现在同一遗址之中。汉晋时段丝路古道上,曾有的经济、文化交流景象,沙漠绿洲上人与环境的矛盾,具体显现在2000年后今人的面前。科学发掘的考古资料对历史研究的价值,无论怎样评价,都不为过。

　　这里只是说了精绝故址尼雅,而类似的考古成果,是举不胜举的:孔雀河青铜时代考古,揭示了当年居民们的种族、物质生活、观念形态;至今在卫星遥感图像上仍清晰可见的汉代伊循屯田水利灌溉渠系,古楼兰王国为发展农业生产而有组织地推行犁耕技术……这些措施,曾有力推进了汉代以来的西域农业生产,为丝路交通提供了有力的后勤保障;吐鲁番考古,十分清楚地勾勒出盆地内自青铜时代至回鹘高昌时段历史变革、王朝兴替及丝路交通、物质、精神文明发展的画面;哈密天山北路、五堡等考古资料,揭示了青铜时代文明与甘青地区及周邻地区的关联;阿勒泰十分有限的考古,提示了它与欧亚草原古代游牧人的紧密联系的痕迹;数百处佛教石窟、沙埋古寺,显示出曾灿烂一时的西域佛教文明,它与印度、阿富汗大地、中原大地的精神联系;较天山南北古代交通路线不稍逊色,在天山峡谷深处存在又一古道,显示了古代游牧民族在西域与中亚、伊朗大地交往中,曾有的无可取代的贡献……类似的考古成果,难以一一枚举,它们无一不是可以为古代新疆历史增色的新篇章。

　　再以大家关注的民族历史研究为例。同样,考古资料中蕴含大量从未见于文献著录的鲜活素材,亟待进一步整理、分析、研究。

　　特定的地理位置,决定新疆大地也是研究人类文明史、民族发展史独一无二的理想舞台。

　　民族,是历史的存在,她也会在历史中前行、发展,展现新的个性。现有新疆考古文物遗存,表明这片地区的人类活动,早不过去今30000年以前。具体到人类遗骸,目前还没有发现早于去今4000年前的资料。对此,考古学、体质人类学、分子生物学分析,彼此可以统一:新疆早期居民,既有白种人,也有黄种人,还有两者的混合类型。白种人中有北欧、地中海周围、伊朗—阿富汗高原的不同支系;黄种人中,同样具有蒙古高原、黄河流域、青藏高原等诸多支系特征。新疆大地,至今仍是印欧人种与蒙古人种接触、活动交融的前沿地带,古代居民具有如是不同种族特征格局,更属十分自然。

　　种族不同,民族就更为复杂。粗略梳理,仅见于古文献记录的就有塞、羌、乌孙、月氏、匈奴、汉、楼兰、乌揭、莎车、疏勒、于阗、龟兹、焉耆、车师、鲜卑、柔然、高车、铁勒、嚈哒、吐谷浑、粟特、突厥、吐蕃、回鹘、蒙古等,他们都是有自我群体认同、见于文献记录的古代民族实体。总之,因为特定的地理位置,在古代新疆大地上曾经居住、活动,为新疆开发建设作出过贡献的古代民族,是相当复杂的。这是新疆大地独具、其他地区少见的研究民族发展史的可贵资料。

民族众多,语言不同,经济生活有别,宗教信仰殊异,彼此间的矛盾、冲突,自然不会少;但同处一个地理空间,彼此共存、交流、融汇、前行,又自然是历史的趋势。从古代走到今天,在民族历史发展这一环节,从考古资料遗存可以汲取的历史文化营养,是很丰富的。

在帕米尔高原塔什库尔干河谷的山前台地上,曾发现、发掘时间为公元前 1000 年中期的香宝宝墓地,发掘的 40 座古冢,地表见石堆或石围,其下墓穴或椭圆形或圆形,土葬、火葬共见。在有随葬物的墓葬中,14 座土葬、5 座火葬。随葬陶器、串珠、铜饰片、羊骨、残铁器、耳环、铜镞、羊角形饰物等,略相类同。同一墓地中,入葬的人们,既有昆仑山中广布的羌人,也有帕米尔高原的塞人[①]。初步观察,在东帕米尔高原十分有限可以容人活动的河谷绿洲地带,历史、地理因素使羌、塞不同民族,共处在了同一个狭小的空间内。他们族源虽不同,传统文化也有别。被视为十分神圣的埋葬习俗,也迥然殊异,但又彼此认可、接纳,共处一个社会群体之中。日常生活用品、饰物、工具,彼此相同相若,说明了现实生活中不可轻忽的一种趋同心理,这使古代不同民族实际走在了一条彼此融合的道途之中。

楼兰,雄踞西域与中原大地之间。其政治中心楼兰古城(LA),西汉后期至东汉时段,成为汉王朝西域长史的驻节地。楼兰古城东郊的平台、孤台汉墓,年代在东汉前期时段。英国学者斯坦因,1914 年曾在此发掘,编号为 LC。1980 年,中国学者在这里,再次进行了清理。在平台雅丹发现汉墓 14 座,在编号为 MB1 的一座长方形竖穴墓中,入葬 8 人,共分三层:上层 2 人,男女合葬;中、下层各 3 人,分别为两男一女、两女一男。随葬物品,除土著特征之陶、木器、弓箭、铁刀外,也见汉五铢钱、汉式梳篦、多件漆器,穿着在身的多是汉式丝绢、锦绣。浓烈的汉式遗物、传统楼兰风格文化遗物,共存于一墓。墓葬主人,发掘者取三层墓葬中的 4 具人骨,经体质人类学家进行测量分析,结论是既有蒙古人种的女性,又有印欧人种地中海类型的男性。同一个居民家族,成员具有不同的种族身份,彼此交融、前行,展示了汉代楼兰子民的社会生活图景[②]。

汉晋南北朝时段的吐鲁番盆地,曾是众多民族共存共处、共同构建文明的舞台。这里最早的居民,见诸汉文史籍者为车师(姑师),具高加索人种特征;公元前 2 世纪,西汉王朝在盆地中部木头沟水尾闾,建设屯田基地;继后,中原王朝进一步在这里拓展屯田事业,设戊己校尉、高昌郡,来自中原大地的"汉魏遗黎"日众;北凉时,匈奴族系的沮渠氏以这里为基地,建立过北凉小王朝;以粟特为中心的昭武九姓胡,承商业贸易之功,也在这里定居、发展。当年居于丝绸之路贸易枢纽地位的高昌,不仅为本地各族居民带来了实际利益,而且成为北邻游牧民族王国关注的吸金场。沮渠氏为称雄的柔然屠灭,阚伯周、张孟明、马儒相继登台,但背后都不难觅见柔然、铁勒、西突厥彼此的角力。祖籍河西走廊之汉裔麴

---

① 新疆社会科学院考古研究所《帕米尔高原古墓》,《考古学报》1981 年第 2 期,199—216 页。

② 新疆考古所《楼兰城郊古墓群发掘简报》,《文物》1988 年第 7 期,23—39 页;韩康信《新疆楼兰城郊古墓人骨人类学特征的研究》,《人类学学报》1986 年第 5 卷第 3 期,227—242 页、图版 I—II。

氏，主政吐鲁番盆地 140 年，既希望依附中原王朝，又无力对抗西突厥的军事、政治影响。麹文泰敢于以高昌弹丸之地，阻抑唐王朝进一步拓展丝路、强化对西域大地统治的努力，根本点就在于西突厥的支持。这一页页的历史画面，说明盆地内虽民族众多，但 200 多年的政治风云，共同的经济利益追求，共同面对的外部军事、政治矛盾，才是他们心理文化趋同的核心因素，这一过程中地缘影响远远高于血缘。唐王朝一统吐鲁番、建置西州，不同祖源、族系的居民，无一例外，成为唐西州属下具有同等地位的编户。这一民族历史发展进程，有很多值得我们分析、思考的历史经验。

在中华民族大家庭中，回鹘是具有悠久历史文化传统的成员之一。原来雄踞蒙古高原鄂尔浑河流域，是称雄漠北的彪悍骑士；9 世纪中叶，面对无力抗拒的天灾、人祸，毅然决策西走，步入新疆及周邻地区。为适应新的形势，不断革旧图新：借承粟特字母，创制了回鹘文；适应统治利益的需要，随时调整思想文化政策，变传统摩尼教信仰，改宗佛教；对其他如景教等不同信仰，也都可以容忍。

9 世纪中叶，回鹘主体进入新疆，建立回鹘王朝时，面对的是塔里木盆地内不同族体、不同语言的诸多沙漠绿洲王国。在一个语言不同、传统文化殊异的地理空间内，求得统一、安定，消除排异心理、增进认同观念，关键当在语言一环。没有语言交流，隔阂、歧异、矛盾，甚至进一步的冲突，断难避免。回鹘王朝，在这一环上采取了十分有力的措施，以回鹘语及回鹘文，逐步取代了印欧语系东伊朗语支的和田塞语、疏勒语、龟兹语、焉耆语以及吐鲁番地区通行的主体语言汉语等。以回鹘语、回鹘文为中心的语言、文字，成为西域大地的主体语言、文字工具。考古资料中，汉语文逐步向回鹘语文转化的文物，在吐鲁番就多有所见。这就为建设统一的回鹘政治、思想文化架起了一个必需的、不可或缺的桥梁。它给我们的教益是：在多民族杂居的地区，以主体民族文化为核心，在语言、文字、科技、文化诸领域，构建共同的思想文化殿堂，是形成共同民族心理的有力武器。它在推进不同绿洲地区间政治、经济、文化联系、认同，构建新的统一的回鹘民族文化心理进程中，取得的成就怎样估量也不过分，曾发挥的积极影响，十分深远。

文化古今能相益，认识新疆地区的民族发展史，可以汲取许多有用的历史教益。而考古文化素材，于此无疑也能提供既丰富又极富说服力的资料。

（原刊《西域研究》2015 年第 4 期，1—5 页）

西域考古中所见佛教遗存

佛教文化思想，十分可能在公元前 1 世纪已传入新疆。如是，则影响新疆各族人民精神世界，少说也有一千五六百年；加之借新疆之媒介，更向敦煌、河西走廊、北部中国大地传播。影响中国传统文化之深远，绝难轻估。

伊斯兰教，在公元 10—11 世纪进入新疆西部。初涉喀什，继向和田。迄 16 世纪，黄幡高悬、梵音缭绕的新疆东部哈密绿洲，也化成了伊斯兰的世界。佛教，作为曾经长时期影响新疆的主体文化思想，基本退出了西域政治舞台。

这一页西域佛教史，掩卷沉思，却还是值得进一步分析、研究的文化工程。作为佛学外行，自知浅陋，于此并无置喙之资；但工作际遇，四五十年中，又得机缘跋涉在西域荒山大漠之中，亲历、目验之断垣、佛迹，当年灵魂深处之震撼，至今难忘。故不避班门之嫌，在梳理佛教考古新获资料之余，也结合个人经历之实，聊抒二三门外之见，或可稍稍弥补佛学大德们因困于书斋而无法亲履西域戈壁荒漠之憾！

一、佛教初入西域及东汉以后大发展

关注新疆佛教的学者，一般都认为，公元前 1 世纪，佛教当已进入新疆。揆其论据，总在：

（1）公元前 1 世纪后期，张骞西使东归，新疆与大月氏、大夏往来逐渐步入新境。

（2）沙漠绿洲小国，环境寒苦，居民面对着社会、自然的灾难，在佛教思想中，无论上层、平民均可获得寄托、安慰。

（3）公元前 1 世纪末（汉哀帝元寿元年），已有大月氏使者至汉朝向博士景卢口授佛经。大月氏东走，自然途经西域。

但迄止于今，从考古一环，并未发现早于公元 2—3 世纪之佛教遗存。

目前，大量获见的佛教寺、塔、塑、绘，均在东汉晚期以后；公元 3—4 世纪已多见；南北朝、隋唐时期大盛，唐末回鹘入新疆后，佛教继续发展。

这一考古文化现象，或可启示：新疆佛教，在东汉末大兴，与贵霜王国崇佛、贵霜与西域关系密切，存在重要关联。贵霜王国主体——大月氏人，曾在此中发挥过关键性影响。

贵霜王朝，尤其迦腻色伽王朝时期，佛教兴盛。此时铜币上已见佛像。佛教思想与希腊、罗马艺术结合，适应了宣传之需要，相关绘、塑，应运而生。新疆汉代精绝、扞弥故址，安迪尔、米兰佛寺、佛像，安琪儿扛花环，画家"TiTus"之佉卢文签名，无不透显浓烈的犍陀罗佛教艺术的韵味，佛教文化艺术"突现"的感觉相当强烈。这清楚说明，贵霜王朝、贵霜主体——大月氏民族的佛教情怀，对新疆曾有的强大影响。

大月氏民族，故土在中国西部。西迁过程，与新疆关联。故国之思、故土之情，大月氏民族在佛教文化东传过程中的巨大贡献，无法估量（和田出土佉卢文"法句经"；早期佛经翻译家如支娄迦谶、支曜、支谦，均大月氏人；史载汉明帝"夜梦金人"，遣使"大月氏写佛经四十二章归"；汉时精绝王国，用汉文、佉卢文；仅有3000多居民的绿洲王国，遗址中存3区以上佛寺、塔，绘佛像、木雕菩萨像，大显贵霜影响）。这些东汉（最晚到晋）塔克拉玛干南缘佛教文化遗痕，既显佛教已在新疆南部立足，且显相当规模，又说明大月氏民族在其中不可轻估的贡献。

二、西域考古中所见佛教遗存

对新疆大地的佛教遗存，因19世纪末20世纪初西方学者在新疆大地上不寻常的考察活动，已早为世人所知。他们曾大量报道过和田、库车、吐鲁番等地区的佛寺、石窟，被切割、捆载而去的不同时代的佛像、壁画，至今仍是伦敦、柏林、东京、彼得堡等处博物馆中吸引人们眼球的珍藏。西方学者们的掠取、劫夺，在20世纪30年代被中国人民阻断。此后，自50年代迄今，中国学者又持续做过大量工作，迄至第三次全国文物普查，在佛教遗存一环，又有不少新收获、新认识。大量考古遗址生动揭示，自汉晋至隋唐，迄回鹘高昌时期（当宋、元时段），佛教文化确曾在西域大地上影响十分普遍、十分深远，它不仅在和田、龟兹、高昌这些西域重要绿洲王国（当之无愧的西域政治、经济中心），是具有重大影响的思想力量；远及穷乡僻壤、山沟深谷，凡有居民生存、活动处，都无不见佛教因素的存在。

新疆佛教文化，自汉迄宋、元，长盛不衰，佛教寺院遍及各处大、小绿洲。塔克拉玛干沙漠周缘、罗布淖尔荒原、吐鲁番—哈密盆地、天山北麓北庭故城遗址区，无不见佛教寺院的存在。这些资料，既有个人踏查发现，也参考了近数十年之文物考古调查收获，简单梳理，概略介绍。

1. 帕米尔高原东麓喀什噶尔地区

《大唐西域记》说，佉沙国"淳信佛法，勤营福利，伽蓝数百所，僧徒万余人"。但近一百年考古工作，却只见斯坦因所记之"莫尔佛塔"一处遗存，实令人费解。这自然难说是一个准确的考古文化报道。

为破此疑团，在"革命"炽烈的1972年，笔者至达喀什噶尔作考古调查。搜求、踏查古代疏勒（佉沙）之佛教遗踪，实为重要目的之一。

　　为此,在喀什工作期间,曾在乌帕尔工作一个多月。那时少有经费,借住在乌帕尔乡政府,以毛驴代步或徒步来去。心有所寄,确还真有所获。

　　喀什大地,古代是佛教盛行的地区,但它又是伊斯兰文化东入西域的首要之区。伊斯兰锋芒所及,佛教成"异端",难有存身之处。被严重摧残后,应还有痕迹残留。残痕、鳞爪,虽难显辉煌,但总能揭示一点佛教历史的存在。

　　疏附县:

　　① 乌帕尔艾斯热提·毛拉山佛寺遗址。喀什噶尔,是帕米尔东麓重要绿洲。乌帕尔,又是这区绿洲内的桂冠。在喀什地区疏附县境,它环境绝佳,泉水喷涌,人文荟萃,向为喀什经济发展、文化昌盛之处。加之地扼自疏勒通向帕米尔的径道,交通方便。这样一个尽得山川形胜之区,又是交通要隘之处,在佛教思想弥漫的中古时期,不在这里兴建佛寺、弘扬佛法,是绝难理解的。

　　乌帕尔绿洲,背依艾斯热提·毛拉山,面向疏勒王国所在的喀什噶尔。艾斯热提·毛拉山,相对高程不足 200 米,林木葱郁。踏查中,首先关注处,就是这区形势非同寻常的山峦。自山脚拾级而上,直至山顶,认真观察一路,真找到了古代废墟遗迹。仔细检视,在一些废墟内,仍有佛像残留,如手指、衣褶等。全面分析乌帕尔绿洲艾斯热提·毛拉山上的古代佛寺遗迹、星星点点的遗存,可以推定,自山脚向上直至山顶,这里当年实际存在过疏勒王国境内规模最为宏大的佛教寺院。它们自山脚拾级而上,掩映在绿树丛中,气概非凡。只是在伊斯兰东进过程中才灰飞烟灭,成了废墟。

　　本文之所以对乌帕尔艾斯热提·毛拉山佛教遗存进行如此细致的介绍,其原因在于这一现象颇具典型性。

　　② 穆罕默德·喀什噶里玛扎下的佛教遗存。艾斯热提·毛拉山山脚下的浓荫深处,是《突厥语大词典》作者穆罕默德·喀什噶里的玛扎,为伊斯兰教圣地。这是今天乌帕尔乡最重要的文化遗址点。其墓园所在,进行玛扎维修时,曾发现古代遗址,出土了大量梵文贝叶经。资料清楚表明:在营造公元 11 世纪的穆罕默德·喀什噶里陵墓前,这里曾是一区佛教寺院。后来的玛扎就奠基、叠压在此前的佛寺废墟上,表现了征服者破灭佛教痕迹的热望、消除佛教影响的决心、确立伊斯兰教文化统治秩序的努力。在新疆不少地点,均可见到伊斯兰教圣地,其下往往就深压着早期佛教的遗存。

　　③ 亚吾鲁克佛寺。喀什市北郊卡克玛克河谷南岸,目前是一片荒漠。卡克玛克河谷,是通达安集延的要道。佛寺遗址范围很大,但同样被破坏得面目全非。它西与佛教洞窟"三仙洞"毗连。踏步这片荒漠,地表也曾觅见佛像残块以及石膏质的眼睛、手指、衣褶等。在亚吾鲁克遗址东部,目前公路线东侧,绿化植树时,发现过早期梵文贝叶经。绿化工程,以推土机开道。推土过程中,保存完好、字迹十分规整、清晰的贝叶经,立成碎片。遗址区内还见一件保存完好的三耳陶罐(收存在喀什市博物馆),贴塑婆罗门像,也是佛教文物。

　　④ 莫尔佛塔、佛寺。近测,面积达 5000 平方米(南北 100 米、东西 50 米),存佛塔(残高 12 米,底边正方形,边长 12 米,覆钵式顶),佛寺址面积 24.7 米×24.4 米。

⑤ 三仙洞。近亚吾鲁克佛寺,是背依戈壁断岩、面向卡克玛克河的三间佛窟,佛像、壁画稍见残迹。中间洞窟见一座结跏趺坐佛像石胎,泥塑已剥落。东窟残存少量壁画。从造像、壁画残迹分析,洞窟开凿比较早,香火延续时间长,现存壁画可能已晚至唐代。

叶城县:

① 菩萨河谷佛寺。除曾见报道之棋盘石窟外,南向阿里、西南向帕米尔,均可觅见佛寺残迹。有小河名"菩萨河"。沿河可觅依山开凿之石窟废址。其中大窟 1 区,可容百人活动。

② 布朗村南佛寺。居乌夏巴什镇南、乌鲁克乌斯塘河南岸岩壁,残存 5 区石窟。距地高 5 米,东西延展 60 米。存浮雕佛像、莲花座及狮、象浮雕。

乌什县:

沙衣拉木石窟。见石窟 14 区,佛寺 1 处。

2. 昆仑山北麓一线(塔克拉玛干沙漠南缘,古和田、鄯善王国境)

和田地区,与克什米尔近。佛教进入早,佛教遗迹多,向称"佛国于阗"。早年多有报道。近年相关考古发掘工作稍多。本文择新见、报道不多之遗址,略予介绍。

墨玉县:

① 库木拉巴特遗址。居喀拉喀什河谷(黑玉河),为传称之"牛头山"遗址所在。在玄奘笔下,敦煌石窟壁画中,遐迩闻名的"牛头山",目前已难觅佛教文化痕迹。现存名胜为伊斯兰圣地"库木拉巴特帕德夏依姆麻扎",说帕德夏依姆与和田佛教徒圣战,在此殉难。深 11 米、高可 2—3 米的石洞,目前也是伊斯兰圣徒的住地。但在这区石洞西北 1.5 公里处,曾经发现过佛教寺院遗迹,面积可达 10000 平方米,出过石膏佛像、彩绘千佛像、立佛像、佛头、象头、石磨、陶垺及铁箭镞、铁刀等物。近河谷,还存两层石洞,已破败不堪。还有一点,与遗址相去不远,有村居名"朗如"。而"朗如"者,在藏语中,有"牛头"之意,这是应予关注的历史地名遗留。

② 扎瓦佛寺。已入沙漠,地近喀拉喀什河。残存塑像(石膏为料)、壁画,壁画同样绘于石膏层上,主要为千佛。

和田县:

① 布托洛克佛寺遗址。和田县北部一片荒漠地带。远观,在黄色沙土地上,红色、白色相间。近观,碎陶一片,聚集成红色,白色一片则是破坏得十分残碎的石膏质佛像碎块,有手指、衣褶、眼睛、躯体残块等。"布托洛克"实际是"佛图洛克"之音转,意为"佛像所在地"。

② 布盖乌衣勒克。和田市北约 40 公里之沙漠中,1982 年发现的一处古遗址。东西长 200 米、南北宽 100 米,遗址区东部有一座 400 平方米的唐代方形寺院,墙垣残高 1 米以上,墙面底部残存色彩鲜艳的壁画,有佛、供养人图像。供养人衣饰、发型均具特点。

洛浦县:

热瓦克佛寺。居县城北部沙漠,目前有公路可达。斯坦因有过详细报道。他早期摄影资料,相当一部分送存其祖国匈牙利。未刊布过,少有人知。壁画、塑像,具有十分典型的犍陀罗风格。

策勒县:

① 卡哈佛寺。县城东南,近昆仑山麓,地名卡哈乡柯兹村,笔者20世纪80年代踏查,见一片废墟。建筑毁于大火,土垣、地面均在大火中烧成土红色。傍近见一土丘,上插树枝数十根,垂挂各色布条,为穆斯林礼拜处。而土丘下,实际覆埋着巨型佛像的残块。佛像躯体十分伟岸,笔者目验佛像臀部一块,面积即达40×45平方厘米,其上敷金绘彩,色泽依然鲜艳(存和田博物馆)。从佛像堆积成丘,旁侧火焚遗址规模宏大,可见这里曾是和田地区最具规模的佛寺之一,至今未有进一步的考古工作。

② 达摩沟。近年发现、发掘多处寺院:托普鲁克、喀勒卡勒干、喀拉墩、阿巴斯墩、托格拉克墩。大量废寺,显示了唐代佛教文化盛极一时的情形。已多见报道,不赘。

于田县:

① 喀孜勒克佛寺。居县属羊场附近沙漠中,1983年发现。长11米、宽8.4米,平面呈"回"字形,残存莲花座、佛像残部、帐幔纹壁画残迹等。

② 喀拉墩。于田县北克里雅河畔,已入塔克拉玛干沙漠中。这是人们熟知的遗址,一般均认为与古扜弥王国都城相关。近年来,在新疆考古所与法国科研中心315研究组合作对克里雅河考古调查、发掘工作期间,在这里发现小型佛寺两处。平面均呈"回"字四方形,中心为黏土质方形塔柱,边长2米。周环两层回廊,间隔只1.5米。外侧回廊边长8.5米。中心塔柱外壁及回廊内外均绘壁画。方法是在平整、抹光之墙面上敷施石膏,再在石膏面上绘图。使用红、橘红、黑色,内容主要为佛像,佛像或坐或立。立佛赤足立于莲花座上,面现微笑。顶部肉髻突出,耳垂修长,杏目眕张,颈部皱痕明显。坐佛均交脚趺坐于白色莲座,右脚叠于左脚之上,袈裟披于双肩,衣纹用双线条勾勒,总体风格与犍陀罗相近。时代在公元2—3世纪前后。

民丰县:

① 尼雅精绝王国废墟,见佛教遗址3处。傍N2,存佛塔,高8米左右。佛塔之北,为两区红柳沙包,沙包下为巨型佛寺遗存,沙包边,见桑树。沙包下见木梁之端头。未发掘,细况不明。

尼雅遗址N5,斯坦因曾判定为一小型佛寺,当年组织农民挖掘。但除在佛坛中留下直径一米多、深不足一米的大洞外,并未判明其形制。在新疆考古所与日本学者合作进行尼雅考古期间,进行了认真、细致的清理。20世纪初斯坦因所掘巨洞所在,实际是一座小型佛寺之中心基坛。呈回字正方形,面积为5.2米×5.3米。中心为土质坛基,周环回廊。回廊宽1.1—1.2米。回廊内壁绘画。可见出残佛像,面形宽圆,鼻直,耳垂修长,眼睛细眕,两眼间见圆形白毫。嘴唇涂红,身披方格纹通肩袈裟。

在N5之西,斯坦因《西域》一书所称之"果园"所在,经清理,实际也是一区与佛寺有关的遗存。只是当年丛丛大树倾扑在地,覆盖其上,致使斯坦因把它当成一处不小的果园。

清去巨树、积土,显露了遗存的面目。面积达 300 平方米。主室内发现可能是窣塔中心柱的木柱一根,其旁见木雕伎乐像四,主室两侧为生活、起居处,存土炕、门道。这处建筑顶部,从下坍、倾覆在地表之建筑部件观察,为木质密梁构成之顶棚,显示几何形图像。

此外,在尼雅 N12 附近,还另有一区小型佛寺。

② 安迪尔佛寺。斯坦因早年报道,无新工作。

3. 天山南麓一线

伽师县:

① 喀勒乎提佛寺。伽师县英买里乡喀吾勒村东南荒漠中,长方形,20 米×10 米,存佛塔残迹、寺院土台基,以土坯为料。佛像、壁画已无存。

② 卡玛洞佛寺。县呼勒乎提农场东北近 4 公里处。佛塔残基尚存,平面圆形,直径 12 米、残高 4 米,为夯筑结构。附近多陶片等物。

巴楚县:

① 托格拉塔格佛寺。居县城西北托格拉塔格山中。三面环山,南向为平地。依山建寺,面积达 2000 平方米。尚残存多量莲花座纹浮雕、天王像、佛说法图、菩萨像。

② 吐木秀克佛寺。佛寺多区,较集中分 3 处,经纬位置为 79°02′06″E,39°57′47″N。破坏较严重。

③ 托库孜萨来佛寺。位于唐据史德故城郊,寺院遗址尚可见僧房 30 余间,曾出土佛头像等物。

④ 克克勒玛佛寺。位于巴楚县兵团一连西北 3 公里仓拉希塔格山南端。佛寺建基于山体岩石之上,延布于山体南北两侧,地表建筑大多不存;北侧尚见围墙,少量墙垣。存陶片、壁画残片。

温宿县:

喀拉玉尔衮,新见唐代石窟一处。存洞窟 5 座。

拜城县:

① 克孜尔石窟。已多所报道。1973 年新见大型卧佛一躯(新一窟);维修中,底层积土新见 33 窟,出土龟兹文、绘塑残片。

② 滴水岩。新见石窟一处。

③ 多冈。大型寺院一区,地表见塑像;另见洞窟 4—5 座。

④ 黑英山与博者克拉格山沟间。新见禅窟 10 多处。

⑤ 温巴什乡阿瓦提村。新见石窟,编号 26 窟。少见壁画。

库车县:

① 库木吐拉石窟。尚存 112 窟。传统石窟主体之东,渭干河北岸,新获新一窟、新二窟,壁画完好如新;原窟区内,新见"第 79 窟"、"83 窟",汉、回鹘、龟兹文题铭共存,壁画亦佳。

② 森姆塞木石窟。雅哈乡北 6 公里,原编 52 窟。现石窟区更东,新见一处小型洞窟

群,编号 12 窟,多见舍利罐。

③ 玛扎伯赫石窟。库车雅哈乡,存 44 窟。

④ 克孜尔尕哈。库车道来提巴格村,存 54 窟,多龟兹文题记。

⑤ 台台尔石窟。尚存 22 窟。

⑥ 托呼拉克艾肯。可觅见一寺,20 窟,一塔龛。为 5—9 世纪遗存。

⑦ 阿艾石窟。1999 年,雀尔塔格山峡谷,新见一区石窟。地近阿艾古城,故名。唐代。方形券顶,面积 4.6 米×3.4 米。存壁画 15 平方米,正壁为"观无量寿经变"图,左右侧壁为菩萨像。几乎穷尽了中原大地唐代各派重要信仰。如大乘"卢舍那佛"、"药师琉璃光佛",西方净土派的"阿弥陀佛",以及"弥勒菩萨"、"文殊菩萨"、"地藏菩萨"、"观音菩萨"、"大势至菩萨"等,集不同流派之众佛与菩萨于一窟之中。顶部绘千佛,存汉文题记 16 处。生动展现了民间佛教信仰的真实心态。

焉耆回族自治县:

① 锡克沁佛寺。位于霍拉山南麓。分南、北寺,大小建筑至少 93 处。南北 470 米、东西 200 米。晋唐时段。出土大量泥塑、木雕、壁画、木版画、焉耆文佛经、高级金银器。规模大,是焉耆王国宗教中心、文化艺术中心。傍近,见锡克沁千佛洞,存 11 窟,塑、画被破坏严重,时代为唐。

② 霍拉山佛寺。霍拉山北麓山梁、坡地,见遗迹 18 处。依稀可觅见寺、龛、塔、禅房,也可见彩绘木构件。

尉犁县:

营盘佛寺。处天山南支库鲁克塔格山麓,居营盘古城北山梁、傍小河沟。存寺、塔遗迹 9 处。

4. 罗布淖尔地区

这里是古楼兰、鄯善王国之中心地带。佛教遗址,多在汉代至南北朝时期。

楼兰古城:

① 城中,尚见佛塔一区,佛寺已无存。

② 楼兰城西北,编号 LB,为佛寺遗存,见木雕佛像。

③ 楼兰城东北,见佛塔一区。残高 7—8 米,顶部尚存壁画残迹。塔下、周围,见方砖、陶片。

米兰佛寺:

米兰,是汉—晋时期鄯善王国屯田中心伊循之故址,存佛寺遗址 14 处,早到汉晋,晚至隋唐。佛寺见罗马式立柱,巨型佛头塑,童子扛花蔓图、天使像、菩萨像,富含犍陀罗艺术风格,为新疆早期佛教艺术之珍品。

5. 吐鲁番地区

自魏晋迄唐宋,这里为西域大地之政治中心、经济中心、交通中心。佛教寺院林立,主要分布在高昌、交河故城之中,寺院丛集。自魏晋迄回鹘时期。古城郊区、火焰山中主要沟谷地带同样见大量寺、窟分布。现存石窟总数 200 多个,存壁画者 80 个,壁画总面积有 2000 多平方米。

在交河故城维修工程中,于交河故城北部清理发掘了地下寺院一区,布局、结构独特。它深藏在地下,包括佛堂、僧房、龛室及交通地面的土阶。清理中,出土了泥塑比丘头像、力士头像、菩萨头像及壁画残块、供养人壁画残块,大量"擦擦"(模制小佛塔,塔基座模印有藏文)。寺院曾经活动过相当时间。总体看,它与交河故城中存在颇多的唐—回鹘王朝时期的佛寺比较,最大差异只是既往交河城内佛寺均在地面,规模宏大;而现在转到了地下,空间极度狭小,仅能勉强容纳信徒祈祝礼拜。从出土了喇嘛教中才有的"擦擦"及壁画、文字综合分析,时代可能晚到元代以后,为明代之遗存。这时伊斯兰教势力已成为吐鲁番地区居主导地位的信仰,得到统治阶层的支持。残存的佛教信仰,已成昔日黄花,居于一种半地下状态,虽在情理之中,却可见佛教信众不甘退出历史舞台,用"地下"手段与伊斯兰抗争之实际情形。

① 柏孜克里克。吐鲁番火焰山中,现存 83 窟,存壁画 1200 平方米,唐名"宁戎寺"。见回鹘、蒙古、汉人供养像。柏孜克里克石窟维修保护工程中,于石窟下层积土中发掘清理了石窟 12 座、佛塔 2 座、唐代连通石窟上下的砖梯一道,出土了斗拱等木构建筑部件、窟寺地画及大量汉文、回鹘文、粟特文、西夏文文书,还有塑像、壁画、僧人衣物等,深化了人们对柏孜克里克佛寺的认识。

② 雅尔湖石窟。交河城西北郊,存 7 窟。窟壁题名"西谷寺",有汉文、突厥文题记。突厥文题记正由中国、土耳其学者合作释读、研究中。石窟中见突厥文,仅此一例,保留下了突厥语系民族信仰、崇拜佛教的实迹。

③ 吐峪沟石窟。20 世纪初,这里曾出土西晋元康六年(公元 296 年)《诸佛要集经》并大量汉、胡语经籍残片。说明公元 3 世纪,佛教信仰已及吐鲁番地区。

2010 年,对依山而建的佛寺区进行保护性发掘。以河谷东岸礼拜窟为中心,周围上下为僧房、禅窟。在谷东南部,新见依山而建的佛寺一区,包括佛堂、生活设施。在谷西清理的一处窟寺,因地震复埋,回鹘王朝时期壁画色泽如新。对吐峪沟石窟的总体规模、兴衰时代、依山层楼式布局、窟前有土建塔庙,均得新的概念。在南北长 3000 米(过去均称 500 米)范围内,均见石窟分布。吐峪沟水两岸,尚见残窟 94 处。编号 46 窟,8 窟残存壁画。始建于 4 世纪,北凉—麹氏高昌时为最盛,属皇家寺院;7—12 世纪唐—回鹘亦见凿窟。存汉文、回鹘文题记。题款中见"丁谷寺",确可与《西州图经》所称"寺其(基)依山沟,揆嶮疏阤,雁塔飞空,虹梁饮汉",比照印证。

④ 胜金口石窟。可觅见上、中、下三层,共编号 8 窟,分属南北两寺。有汉文榜题,主要遗存属唐代。

⑤ 伯西哈石窟。居胜金乡、火焰山北坡小沟中。存 10 窟,5 座见壁画,回鹘风格。

⑥ 大桃儿沟石窟。居葡萄乡。尚存 10 窟,岩壁开窟与窟前建筑,融为一体。面积约 1000 平方米。

⑦ 小桃儿沟石窟。尚存 5 窟,藏式覆钵塔。回鹘高昌王国时期。

⑧ 七康湖石窟。居胜金乡、七康湖西,火焰山北麓冲沟两侧。编号 10 窟,窟、寺、塔一体。

⑨ 斯瑞克普石刻佛像。所在巨石长 4.5 米、宽 3.5 米、高 1.5 米,刻涅槃像、座佛。

⑩ 小阿萨佛寺。居鄯善县鲁克沁东南戈壁中,经纬位置为 89°38′E,42°36′N。遗址面积达 10000 平方米。佛寺、佛塔,均以土坯为料。共见 7 组遗存。残存壁画,有千佛、莲花纹,为回鹘高昌时期遗存。

6. 哈密地区

① 白杨沟佛寺。白杨沟河谷,东西两岸均见。主体在河西,寺残高 15 米、墙厚 1 米。主寺前室 9.8 米×11.6 米,后室 8.3 米×8.7 米。残存唐代弥勒佛泥塑像。

② 库木吐鲁佛寺。共 3 处遗迹点。位于白杨沟西、四堡以北。已处荒漠中。

③ 恰普小寺。四堡北,白杨沟西。残存正方形窟室,2.9 米×2.1 米。

④ 托玛佛寺。白杨沟东。共存 4 处佛寺残迹。其中一处较好:土坯为料,残高 3.7 米。长方形,2 米×1 米。穹顶,高 3.5 米。有壁画残迹。

⑤ 央打克佛寺。四堡以北,13 米×9.5 米×3 米,夯土,券顶。

⑥ 甲朗聚龙佛寺。四堡古城北,白杨沟西岸台地。存两区遗址,距 30 米。遗址一,有夯土基座,8.7 米×8.1 米×3 米;遗址二,1.75 米×12 米×3 米,夯土台基,四周回廊,宽 2 米。

⑦ 庙儿沟佛寺。天山口子村东,黄田农场内。东西长 50 米、宽 20 米、高 6—8 米,有 5 窟,土坯建。每窟圆角方形,进深 3—4 米、高 5 米,有壁画痕。1978 年,笔者调查时,尚见泥塑佛像,现已无存。

⑧ 托呼其佛寺。居柳树泉农场,托呼其村南荒漠。土坯建筑,长方形,坐西向东,8.15 米×7 米,前后室,前室 6 米×2.25 米;后室正方形,边长 2.25 米,有回廊可绕,存少量壁画痕迹。

⑨ 小南湖佛塔。花园乡小南湖村东,佛塔塔基夯筑,正方形,边长 3.8 米、高 2 米。塔身土坯,三层,高 12 米,渐收。分层处有土坯塔檐,檐宽 0.15 米。塔门南开,高 2.1 米、宽 1.6 米、厚 1 米。见壁画残痕、千佛。

综观哈密地区佛教分布,白杨沟一线是主要分布区,为唐纳职县城郊,系唐代政治、经济中心之一。庙儿沟、花园乡居次,庙儿沟系名胜,而花园乡为交通隘道。建筑用料,据一般规律,夯土早,可到汉晋。土坯晚,多见于唐或回鹘时期。破坏严重。

7. 天山北麓

昌吉回族自治州:

① 北庭城内,有佛寺,未发掘。

② 北庭西大寺。位于北庭故城西北郊,距约一公里。长期以来,人们只注意到这里存在一座特大土堆,经过发掘清理,实际是高昌回鹘时期一处规模宏大的王室寺院。佛寺遗址长方形,残长 70.15 米、残宽 43.8 米。布局前庭后殿。正殿居北,外观呈方塔形,残高

14.3 米。殿门南向,与庭院相通。庭院东西侧为配殿、僧房、库房,左右对称。正殿东、西、北墙外各有两层洞龛。洞龛及庭院配殿内残存塑像及多量壁画,内容为涅槃像、千佛、供养菩萨、护法、供养比丘、供养人,妆金贴彩,绘塑结合。回鹘文题铭,标明了高昌回鹘亦都护、公主和长史等人肖像,揭示了这一遗址的王室寺院身份。据建筑形制、塑绘风格,结合碳14测定年代数据,可以肯定佛寺的活动年代在10世纪中期至13世纪中期,最后毁于火。

③ 北庭城南入天山峡谷,有石窟寺遗存,始建于唐。屡遭火焚,清代重修。复遭破坏,再建;现存遗迹为清代、民国时期。

必须强调一点,上列佛教遗存,肯定不会是古代西域佛教寺院之全部。从笔者在喀什乌帕尔、和田"布托洛克"、策勒卡哈柯兹村踏查之体验,如果有意识探求、穷究一些伊斯兰圣迹所在;古代绿洲,今已沦为荒漠、戈壁深处;目前已少见行水的古代溪谷左右,只要认真徒步踏查,当不难有新的发现。这一推论,究竟如何,只能待之今后有志者们的探察去检验说明了。

三、外行的几点思考

佛教进入新疆,发展、衰落,它与社会政治、思想、文化的关联,对人们灵魂的塑造产生深刻的影响,均值得深入研究。作为考古人,行脚在历史废墟中,对佛教在这片土地上普遍、长期的存在,是随时、随处都能触摸、感受的。只是毕竟隔行,欠缺佛学素养,往往就只能止于皮毛的观察,而难洞悉表象背后深层的蕴涵。

近半个世纪的新疆考古生涯,曾经有意、无意与佛教遗迹相遇、相识,感触是不少的。但从未有勇气将这些浅层、皮相的感受形之于文。今得缘可以向佛学研究者们坦示浅识,求取教益,遂不畏粗陋,略予梳理。但愿这些零星碎片或能引发行家里手们进一步求索的愿望,助益于相关问题的深入研究。

(一)新疆佛教遗迹的分布

新疆大地,天山绵延于中部。天山之南,主要为绿洲农业,天山之北则为游牧民族的家园。时代相同,对人生的追求本质也一样;但面对佛教,天山南北态度却判然有别。佛教进入南疆,在农业绿洲,立即枝繁叶茂、生机盎然;而在游牧民族中,却悄无声息,似无缘立足。看来,社会经济生活、居住形态,对佛教的生存、发展,曾有过无法轻估的影响。

南疆大地,不少佛教研究者往往论说:其发展中心就在和田、龟兹、吐鲁番。粗看,不能说错,因为和田、库车、吐鲁番大地,作为特定政治、经济、文化中心,确曾是佛寺林立、梵音悠扬。但认真细想,又总感觉,这一论说或未必全面。更准确点说,是否可称:汉代以后,佛教,在新疆南部,曾是一种无远弗届的普遍性存在。只要有居民点,就不难觅得寺院的遗迹。即使规模很小,也总有一处可供人礼拜的小寺。以近几年发掘,媒体曾不少报道的策勒达摩沟为例:因为河道小、水少,达摩沟绿洲,规模是不大的。但在今天看是一处荒漠、人迹稀少的红柳沙包下,牧羊人砍柴,竟也发现了从无报道的佛寺;考古学者随即也就在托普鲁克墩、喀拉卡勒干、喀拉墩、阿巴斯墩、托格拉克墩下,发掘出来一座座小型寺院。早年虽遭严重破坏,但规制犹存,佛像、壁画残迹可觅。联系 20 世纪初大量报道过的这片地区存在哈德里克、克科吉克代、巴勒瓦斯提、老达摩沟、乌宗塔提等,可以清楚结论:沿着不大的达摩沟水系绿洲上的古代居民,确曾是虔心跪拜在身边一座座大小佛寺之中,寻求过心灵的寄托。达摩沟,只是个例。类似的情形,在新疆南部大地,自汉迄唐,实际曾是一种普遍性存在,具有典型意义。

(二) 佛教进入,路线有别;不同地区,显示不同特色

塔里木盆地,西、南向交通,粗看为昆仑山、喀喇昆仑山、帕米尔、西部天山环绕,难以逾越。但高山峡谷,循谷道前行,虽山势也突兀,越过达坂,总可以觅见另外一片洞天。从和田穿昆仑山峡谷,可以进入克什米尔、吉尔吉特;经莎车西走,进入塔什库尔干可达瓦罕走廊,抵阿姆河谷;翻天山别迭里达坂,或穿行天山峡谷,西向伊塞克湖、安集延、费尔干纳,也可抵达阿富汗斯坦。路虽有难易,但总可穿行。

这里只就喀喇昆仑山中的交通实况,引达尼教授考察为例,稍助说明。巴基斯坦知名考古学家达尼教授,在喀喇昆仑山中,曾亲见古代梵文、摩岩壁画"好几百处",壁画"最突出的题材是佛教",是"佛教窣堵波的圆形和佛陀的刻像"、"佛足印"、"文殊师利菩萨、弥勒菩萨","佛本身故事和佛传故事"[①]。喀喇昆仑崇山峻岭,算是古人类通行、穿越最为困难的地区。在这样的环境中,建寺修塔,是难以想象的。但作为佛教信徒,既建寺困难,岩刻却有可能。只要心中有佛,就不难找到另外的办法,宣示佛的存在。信仰,是可以超越一切困难的力量,交通艰难,从来也未曾断过来去。

交通路线多条,不同的佛教部派,在向西域介绍佛教思想时,自然会显现不同的特点。

一些可以注意的表象:如和田地区沿昆仑山、阿尔金山东行一线,佛寺、佛教壁画风格,与天山南麓遗存比较,明显有不同特色。以阿尔金山北麓米兰佛寺遗址为例,罗马式立柱;有翼天使、佛、菩萨绘像风格;热瓦克佛寺造型、寺院墙内外泥塑佛像等,无不可以感受到强烈的犍陀罗文化影响。天山南麓时代较早的克孜尔石窟,以菱形格表现佛本身故事、佛传故事;石窟中多见高大立佛(目前仍可见 8 座遗迹,最高立佛像可达 16.5 米)。石窟中这类大佛造型,自然可以与阿富汗巴米扬大佛造型联想。另外,克孜尔、库木吐拉洞窟中佛、菩萨,双肩多有色彩绚丽的萨珊式帔帛等等。这些差别,说明盆地南北,确实风格有别。如是差异,似应与佛教进入时,源头、具体路线不同,存在一定关联。

---

① [巴基斯坦]艾哈默德·哈桑·达尼著,赵俏译《喀喇昆仑公路沿线人类文明遗迹》,北京:中国国际广播出版社,2011 年。

（三）佛学发展，呼应着时代要求

佛教，在西域大地立足、发展，一个显著的特征是紧密联系社会，呼应时代要求。

以和田绿洲为例。于阗特别盛行毗沙门天王造像，鼠王助战神话，宣传护国、护法思想，就是呼应社会要求的产物。

从考古遗存看，于阗王国在公元 3 世纪以后，佛教已是醒目存在，但发展进程多艰。公元 5 世纪中叶，北魏世祖拓跋焘，命高凉王那进击吐谷浑部慕利延，"慕利延遂西入于阗，杀其王，死者甚众"，佛教受到重创；20 年后，拓跋弘时，又有"蠕蠕寇于阗，于阗患之"。于阗佛教又受到一次打击（《魏书·西域传》）。公元 5 世纪末、6 世纪初，嚈哒役属于阗。《洛阳伽蓝记》称：嚈哒王"性凶暴，多行杀戮；不信佛法，好祀鬼神"。一次次外族入侵，王室殒命，普通百姓、士兵，自然蒙受同样甚至更深的苦难。这社会形势，自然成为古代于阗佛教信仰中强烈的护国、护法思想的温床。在于阗佛教绘画中，盛行毗沙门天王造像、民间故事中多鼠王助战神话，地方性佛典《月藏经》、《日藏经》（《大正藏第十三册》），更借释迦牟尼之口，请诸神下凡，与毗沙门天王协力，共同卫护于阗国土，保护广大人民、僧众之安全。据研究，盛行在和田地区的毗沙门天王崇拜，大概形成在 5 世纪末 6 世纪初，正十分深刻地揭示，这是紧密呼应古代于阗王国多次面临外族入侵、民众安全难保的形势而出现的思想。它既是佛教自身安全发展的需要；也是上自王国统治层，下至普通信众希望通过佛教信仰，动员大众，在毗沙门天王的旗帜下，保家卫国的产物。相关经典、图像，响应着时代的召唤。为了更好动员信众，毗沙门天王甚至被说成是于阗王族的先祖，是毗沙门天王额上剖出的婴儿，成为于阗王族的胤嗣，神力所生的地乳，使他健康成长（玄奘《大唐西域记》）。如此强力的宣传，自然就使毗沙门天王的形象深入人心。在策勒新发现的诸多佛寺中，毗沙门天王造像，随处可见。清楚地表现了这一佛学信仰与所在王国及社会形势紧密结合、互相依托、共同发展的情形。

特定的佛学思潮，在特定环境下彰显，必然呼应着特定的时空环境、特定人群的精神需求。上述于阗 6 世纪大兴毗沙门天王崇拜，显示着这一精神；在库车县北雀尔塔格荒僻山沟中，出现的阿艾石窟同样说明、印证了这一朴素的真理。

唐代阿艾石窟，地距阿艾古城不远。这里，是唐安西都护府与西突厥、突骑施军事对峙的前线。第一线军士多是中原大地戍边的汉族健儿。安西都护府所在的龟兹王国，主要奉行小乘佛教；而阿艾石窟中，显示的则是中原大地大乘佛教的净土思想。石窟正壁绘"观无量寿经变"，其他阿弥陀佛、卢舍那佛、药师琉璃光佛及文殊师利菩萨、大势至菩萨、观音菩萨等等，无不显示中原大乘信仰。药师菩萨能"祛百病"、"致福消灾"、逃避"九横死"，可助人消灾长寿。卢舍那佛是宇宙间唯一主尊佛，十方诸佛皆其化生，法力无边；只要信众口念观世音菩萨名号，即可解脱一切苦恼，无不给纯朴、善良的佛弟子们，带来无限的期望。

他们处身在小乘风行的龟兹王国，但未影响他们将在中原汉地接受的、已经沁入灵魂的大乘一些佛、菩萨形象塑、绘于一窟之中。处身在荒僻山沟,又是与敌人对峙的前线,风险、苦难甚至死亡的阴云,自然重重笼罩在人们的心头。这环境、这难以抑止的内心祈求,终于促使他们拿出身边可能的钱财,一人无力凿窟、建寺,于是境遇相同、愿望一致的至少16名的汉地信众,联络一道,从榜题残文看,有杨、寇、傅、彭、梁、李、申、赵等汉姓信众,合力同心,共同开凿了一处面积只有14平方米(4.6米×3.4米)的小小窟寺,请不同部派的佛、菩萨共聚一堂。虽不合常规,但真情可鉴。凝集其上的只是对自身、家人平安的十分朴素的祈求。

在这里,阿艾石窟,实质上显示了佛教信仰与广大信众之间的精神关联;信众的愿望,使荒僻的山沟峭壁上,呈现出佛教的温暖人生的精神;而佛教的精神又会极大增强信众们面对艰苦环境、严酷命运时的力量、信心,可以支撑着人们平静地面对苦难。

(四) 佛教文化之强大生命力,发人深省

自公元初到回鹘高昌时期,佛教文化在西域一直受到尊崇。但在伊斯兰取得统治地位后,竟仍有佛教徒不畏政治、文化的压力,不怕人身安全的威胁,坚持信仰不变,甚至以地下活动的方式,继续宗教生活。这不能不引发进一步的思考。

这十分具体、清楚地揭示了一个精神文化的现象:在社会底层,在广大的普通信众中,佛学确已成为社会精神生活的主流。他们虔信:佛、菩萨不仅关系着现实生活的幸福,甚至会影响未来。作为一种信念,它具有难以轻估的、十分深厚的、强大的生命力。这一精神文化存在,值得深究。

佛教思想家们有"四谛"、"缘起"、"五蕴"、"无常、无我"等种种理论,是哲学的思考,追求的是人生、宇宙的真谛。既如此,难免就会部派分立,各种理论层出不穷。这是人类思想宝库中的精神财富。但是,揆诸实际,这些既深又玄的思考,与终日必须为生存、温饱而胼手胝足、劳苦不止的普通农民、手工业者、贩夫走卒,毕竟距离太远。他们对佛学的了解、认识,更多的,似乎还是在人们喜闻乐见、可以触摸、可以感受的佛本生故事、佛传故事的宣传之中。这些故事来自生活,与普通人生存、生活实践十分贴近。既易于理解,也便于遵行。从又一角度说,这类鲜活、生动的故事,与善良、纯朴的普通人性,也更易呼应:不要杀生,不能害人,不能偷盗,不要妄语,要遵行大慈大悲信念,能弃小我而利大家……认为这样做,不仅可以脱离现实生活的苦海,而且可以修得幸福、光明的来生。这些说教,极其朴素,可以与每个人具体、平凡的生活联系在一起。也是人们一般都认可的良好、优秀的品质,是芸芸众生愿意遵行、实践的原则。这种世俗化的理想看似平常,实际具有强大的生命力。与广大人民善良的愿望联系,就可能为佛学精神浸透到广大普通人的心灵深处,为大众向善,提供优质的温床与强大的动力。在库车偏僻山谷中的阿艾石窟,堪为实例。石窟高悬在距地30米以上的峭壁,出入不易。不同民族、姓氏的信徒,独立凿窟无力,就集资开凿。信众所求不同,于是请出不同部派的佛、菩萨,让他们共处于一室。在他们身上,信众各有自己的寄托:安全、消灾、灭病、多子多福,形形色色,但都是可以理解的、

现实生活中会出现的、具体的祈求。这清楚表明：信众在奉献时，内心寄托着诸多不同的现实追求，显示着人类社会不同群体虽千差万别但实质一致的愿景。

现实社会中，每一个鲜活的个体，既有物质利益的需要，也会有精神领域的追求。落地在人间的佛教，之所以强大、有力、恒久，就在于它为人类的物质、精神生活，提供了更适合于广大居民本性期求的理念，其本质特征是向善、和谐。唯其如此，才在矛盾、复杂、多灾多难的人世间，取得如此的生命力。这正是有启示意义的历史存在。

（原刊《2015 丝绸之路与泾川文化学术研讨会论文集》，2015 年，272—286 页）

西域只知有秦人

从培养考古学者而言，新疆实在可以算得上是最为合适的土壤。这里境域广阔，沙漠、戈壁纵横，气候干燥。任何偶然沉入地下的物品，包括有机质物品，甚至人类自身，都有可能不朽；这里曾是旧大陆上古代居民彼此来去、交往的关键地段，不同历史时期的人群及物质、精神文明，都在这片土地上留下痕迹；这片土地上，曾有不同种族、众多民族或长或短居住、生存，留下了或深或浅的印痕；不同文化心理的居民群体，面对异己的存在时，会经历怎样的接触、矛盾、冲突、了解，而最后走向融合，形成新的文化实体；个别的艺术、不同的信仰，如何彼此共存、共处，最后迈向新境……凡此种种，都是其他地方少见的。考古工作者都有可能在相关文物碎片中，觅得启示，获得新知。

我们习惯了从文字中寻觅、发现、认识历史，这其实是存在局限的。任何文字作品，都凝结着作者的记忆、观察、分析，以及他的理想、追求，而偶然进入地下又偶然重现在人间的考古遗存、文物碎片，它们零散、无序，不以彰显自身为目的，才是古代社会生活中存在过的细节。古代新疆，古文献记录是相对较少的。因此，考古文物在认识、揭示人类历史进程的细节时，具有更加不同一般的价值。

在新疆拜城县北境，天山博者克拉格沟口西侧岩壁，还依稀可见东汉时期一方摩崖刻石。汉隶书就的刻石，保留了时在龟兹任左将军的刘平国于东汉永寿四年（158 年）率领"秦人孟伯山、狄虎贲、赵当卑、程阿羌"等六人，在沟口建"东乌垒关城"的史迹。龟兹（今阿克苏地区东部库车、沙雅、新和、拜城一带）北向天山，穿越天山峡谷，通达伊犁河流域的乌孙，是汉代通向乌孙的重要通道。刘平国率孟伯山等六人于当年"七月二十六日发家，八月一日始斫山石，作孔，至廿日"，建成关亭，于是刻石纪念，为今人保留下了很罕见的历史细节。

文字极简，但信息丰富。汉武帝刘彻开拓西域，西汉王朝在新疆设立"西域都护"（前60 年），号令西域大地。至东汉永寿四年，新疆进入中原王朝政治版图已有 217 个年头。但居住在今库车境内的孟伯山、程阿羌等，包括基层官员刘平国，竟然还十分传统地称自己为"秦人"！

秦王朝雄立在东亚大地，短短不足 20 年。但秦国，从西周末叶起已经在祖国西部大地经营、开拓多年，文字记录中不算多，但考古中却见不少端倪。新疆大地居民在入汉两个多世纪后,仍自称为"秦人",就足显秦国曾经产生过的经济、文化影响。伊朗、印度、阿富汗至今仍称中国为"秦",这不是偶然的历史文化现象。这影响,自然不是存续不足20年的秦王朝所营造成功的,这"秦"字背后,断断少不了秦始皇以前的秦国的积累,秦人在西部世界曾经散射、留存的经济文化精神,浸透在历史的血脉中,深蕴在人们的记忆里。

秦王朝二世而亡。秦亡后,新起的汉王朝在消弭秦文化影响上,没有少下功夫。《史记》中不少地方,如《大宛列传》记中亚费尔干纳等处城邦,就称东部华夏居民为"秦人",入《汉书》,相关史文中的"秦人"就都改成了"汉人"。可见,汉代真是曾经十分努力进行过清除秦朝政治影响的文化工程。但"秦"在很长时段内已经铸就的对西部世界的影响,不是短时段内的行政努力就可以完全清除的。这是一个可以进一步思考的文化现象。

文献中的记录可以清除,但民间曾经实际存在,尤其是已经沉没在地下的文物,却不可能消失无踪。这方面的资料并不少。1976年,笔者在天山阿拉沟峡谷发掘过一批战国时期古冢,就曾出土过具有战国时段楚文化风格的刺绣、绫文罗、山字纹青铜镜和多件漆器;在伊犁河流域的乌孙墓中,出土过具有秦式风格的茧形陶壶;在阿勒泰山南麓克尔木齐古墓中,出土过具有先秦风格的素面圆形小铜镜……这些只不过是我个人在新疆考古中接触过的先秦文物,有幸入目的这些先秦文物,较之仍然沉落在地下的先秦历史碎片,逻辑推论自然只能少之又少、难成比例。

新疆以远,在俄罗斯属阿勒泰山北麓的巴泽雷克古冢中,也曾经出土过与天山阿拉沟古冢风格相类的文物,这早已是研究欧亚文明史的历史学界熟知的存在。只是巴泽雷克文物时代较阿拉沟要早,它们是与公元前5世纪的古代伊朗文物共存于一墓之中的。凡此种种,可以透见:秦王朝的先祖,僻处祖国西部的秦王国,其经济文化影响力曾远及西部世界,是一个可以肯定的历史事实。张骞"凿空",是2000多年前西汉王朝政府向世界的宣示:备历艰辛的张骞,完成了汉王朝政府联系中亚西部世界城邦、王国的使命,西汉王朝已成功开始了与西部世界的交往,揭开了历史的新页。但同样可以肯定,早在西汉以前,在秦朝、秦王国时段,秦与西部世界的交往,已是现实的存在。

作为祖国的西部边疆,自公元前60年进入祖国政治版图,迄今已经2000多个春秋。自太史公马迁以椽大笔在《史记·大宛列传》中写下这片土地,历代王朝史家,在国史著作中都会专设《西域传》,述说西部边疆的相关史实。在考古人手铲下现身的文物碎片,不仅可以与文字记录互证、互补,尤其可以多见正史甚少著录的普通社会人民的生活情状,触摸到他们的欢乐与忧伤。笔者有幸,在北大受到5年基本考古知识培训后即来到新疆考古,不知不觉间在这片土地上已经踟蹰了57个年头,这57个年头中目验、手触过的文物,无一不见证着我们的祖先筚路蓝缕开拓建设这片土地的历史。

(原刊《人民日报》2018年2月22日第24版)

新疆考古中所见萨满崇拜

　　古代新疆与北部中国、欧亚草原地带一样,曾是一个萨满崇拜弥漫的大地。而且,其余绪在今天仍见痕迹。这一历史文化现象,古文献中基本不见著录,文物考古研究中,亦少见涉及。本文以萨满崇拜特征较鲜明的文物考古遗存为切入点,对浸透其中的萨满崇拜进行讨论、分析。希望借此引起相关研究界的关注,对古代新疆大地上曾有的萨满崇拜及其影响,能有更深入的揭示、研究。

一、关于萨满的一般概念

　　新疆早期考古遗存,尤其是青铜时代或较其更早的文化遗存,保存了不少难以索解甚至可以说匪夷所思的文化现象:墓葬前竖置高入云天的立柱,墓室内满是翻腾的飞轮,鹰首鹿身、奔突向天穹的异兽,头戴兜鍪、人首三目的怪像……平常逻辑难以说明。浸透其中的,实是萨满崇拜的文化。它曾是早期人类赖以生存、求得发展的精神支柱。

　　亚欧大陆北部,包括新疆在内,曾是古代游牧民族纵横驰骋、自由来去的舞台。大量的民族、民俗调查资料充分揭示,东起白令海峡,西至斯堪的纳维亚半岛拉普兰地区,尤其是东北亚和中亚地区,生活过的古代民族,自遥远的古代起,曾普遍存在过萨满崇拜,信仰万物有灵。甚至,直到今天,在操乌拉尔—阿尔泰语系的居民集群里,在我国东北地区操满—通古斯语的少数民族中,在他们社会生活的各个方面,都还可以觅见萨满崇拜遗痕。

　　"萨满"(Shaman)在满—通古斯语中,意为"巫师"(或谓具"晓彻"意,能知道"神旨")。是"神"、人联系的中介,有能力沟通神、人与鬼魂世界。它没有什么成文经典,没有规范的组织、寺庙,也没有统一的宗教仪轨。核心观念是"万物有灵",自然界灾变、人间的祸福,均与各种神鬼作用有关。

　　在萨满崇拜中,认为宇宙可分上、中、下三"界",每界又可分三层。这是萨满宇宙观的主要核心。上界七至九层为天堂,是神之所居,最高权威的神灵居于最上层。中界是人与动物所在。下界为阴间,是鬼魂居所。以女真、满、赫哲等通古斯语族群的信仰为例:上界为天界,又称火界、光明界,分为三层,天神、日、月、星辰、风、雨、雷、电等神之居处,众多的动物神、植物神以及各氏族远古祖先英雄神,也可以高居于九天上界的金楼神堂之中;中

168

界亦分为三层,是人类、禽鸟、动物及其他弱小精灵繁衍的世界;下界为土界,又称地界或阴界,也分为三层,是地母巴那吉额母、司夜众女神及恶魔居住藏身之处。在地界中,也有人生活,有恶魔,也有好人,只是它的季节、昼夜,与人世间相反①。只有"萨满"才有能力沟通三界。

虔信"萨满"的原始民族,对自然界中的火、山、日月星辰,对不同的动物,对各自的祖先神,对各别的偶像,存在特别崇拜。

在他们的概念中,"火",来自天界,是最神圣、洁净之物,能荡涤污秽、驱赶鬼魂,而且可以卜问休咎。于是,在萨满请神作法的过程中,火,往往是不能没有的道具。"山",是祖先居处或起源地。借以生存、果腹的诸多禽兽,多为山神所赐,对"山",总有敬畏之心,故而要祭山。太阳神、月亮神、北斗星、风、彩虹,关系着自身生存、安全。子嗣后代,就是太阳神的赐予,对他们自然都要祭拜。动物崇拜,不同民族往往有不同的对象,满族对熊、乌鸦,朝鲜族对喜鹊,布里亚特人、雅库特人、通古斯人对鹰,都有特定的信仰,认为这些动物是本族的祖先。本氏族的祖神(多是氏族内亡故的曾祖父以上的男性祖先),也是崇拜的主体。人、畜患病,与鬼魂交战,都要祭神求得护佑、禳解。形形色色的偶像,也可称之为"神偶",如石、骨、木、草、兽皮、彩绘的人形,它们各有寓意,与氏族、家族的幸福、安全密切相关,也都是崇拜的对象。在这些观念的驱使下,不同的民族,处身于不同的地理环境,有基本精神相通但形式有别的多种祭祀、祈祷、禳祓仪式,进行祭祖、求人丁兴旺、送死安魂、祈求狩猎成功、求雨、止雨等等。大量的民族民俗调查资料,有限的历史文献,为此提供了丰富而生动的说明②,可以看到原始社会中人们精神世界里曾经占有统治地位的观念形态。它们对破解早期墓葬、壁画中凝积的文化精神,无疑具有重要的价值。

二、考古中所见萨满遗痕

(一) 阿勒泰山中祈求狩猎成功、子孙繁衍的洞窟彩绘

民俗调查及萨满历史资料说明,"萨满信仰盛行于亚洲北部……以贝加尔湖附近及阿尔泰山一带较为发达","西伯利亚及其附近地区是萨满中心,萨满信仰是阿尔泰语系各民族共同的文化特色"③。以萨满崇拜为切入点,分析阿勒泰地区早期精神文明遗迹,是一个不可轻忽的视角。

---

①③　庄吉发《萨满信仰的历史考察》,台北:文史哲出版社,1996 年,72—73 页。

②　有关萨满崇拜的观念,参见孟慧英《中国北方民族萨满教》,北京:社会科学文献出版社,2000 年。王宏刚《满族与萨满教》,北京:中央民族大学出版社,2002 年。王宏刚、于国华《满族萨满教》,台北:东大图书公司,2002 年。庄吉发《萨满信仰的历史考察》。乌丙安《神秘的萨满世界》,上海:三联书店,1989 年。富育光《萨满教与神话》,沈阳:辽宁大学出版社,1990 年。《中国大百科全书·宗教卷》"萨满"、"萨满教",北京:大百科全书出版社,323—328 页。

　　阿勒泰山中,近半个世纪以来,发现过多处洞窟彩绘。它们时代相当古老,最早可以追溯到旧石器时代晚期,绝对年代在去今 10000 年以前,是原始社会遗存。[①] 其中哈巴河县多尕特洞窟中祈求围猎牛、马成功;阿勒泰县唐巴尔塔斯、阿勒泰市阿克塔斯祈求女性有强大生育能力,实质为求本氏族人丁兴旺的彩绘,清楚显示了阿勒泰地区原始社会阶段居民曾经存在虔信萨满、利用萨满巫术求育、求狩猎成功的活动。

　　多尕特狩猎彩绘色泽赭红,画面达 11.25 平方米。四头牛、三匹马虽还奔突前行,但已陷于许多人及手、足印的包围之中,牛、马身上多被投枪刺中,有的已倾扑在地。清楚呈现了氏族围猎并获得成功的图景(图 1)。将希望实现的狩猎成功,图绘甚至辅以实物,由萨满祈祝,这是原始社会猎人们视为计划实现必不可少的一个步骤。现代鄂伦春人在行猎前都有相类的祈祝活动,显示着其间相通的精神。

图 1

　　阿克塔斯、唐巴尔塔斯求育、望氏族人丁兴旺的彩绘,表现得并不形象。阿克塔斯是将女阴图与繁茂的草被绘画一处,由此可以联想草原茂盛与人丁兴旺存在相通的精神。英国学者詹·乔·弗雷泽的名著《金枝》,对这类文化现象有过很生动的揭示。在信奉交感巫术可以得到神灵佑助的原始社会阶段,人的生殖与土地丰产、草被的繁荣是相通的,人们曾经虔信,在播种、植物结籽的季节,丁香花开得不旺,苹果结实不丰,夫妻就必须到地头、果园、丁香树下行房事。通过互相感应,即可使土地丰产[②]。它与阿克塔斯洞窟中彩绘草被上的女阴图像,显示着同一精神。

　　唐巴尔塔斯岩洞,宏大而诡异。幽暗的洞窟正壁,以赭红色彩图画了四个硕大无比的

---

　　①　王炳华《阿勒泰山旧石器时代洞窟彩绘》,《考古与文物》2002 年第 3 期,48—55 页。

　　②　[英]詹·乔·弗雷泽著,徐育新、汪培基、张泽石译《金枝》,北京:中国民间文艺出版社,1987 年,206—211 页。

女阴图像,旁侧有隐喻为萨满的形象:头戴尖帽、须眉齐全、面有三目。女阴、萨满图像之上方有一几何形图像(图2),与通古斯语族中的鼠星图相似。而鼠星图像,在萨满语境中是"多子"象征[①],与这彩绘中图绘多个女阴,寓意是十分统一的。岩绘中的尖帽人面形,是飞升中的萨满。

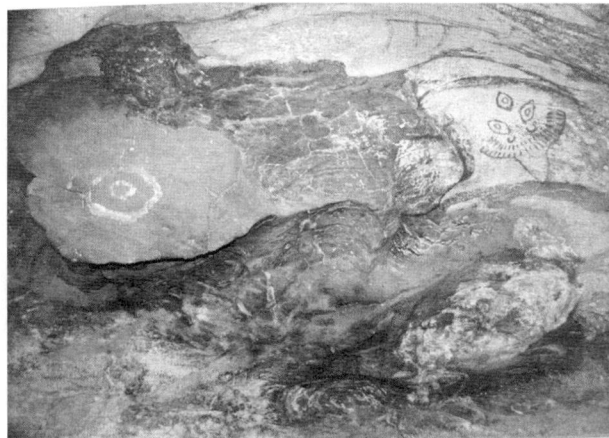

图 2

所以判定它为萨满象征,是因为可与清人方式济在《龙沙纪略》中的相关叙述相印证:"降神之巫曰萨麻(满),帽如兜鍪。缘檐垂五色缯条,长蔽目,外悬二小镜,如两目状,着绛布裙。鼓声阗然,应即而舞,其法之最异者,能舞马于室,飞镜驱祟。又能以镜治疾,遍体摩之,遇疾则陷肉内不可拔,一振荡之,骨节皆鸣,而疾去矣!"[②]"帽如兜鍪",清楚描绘了萨满的特征。唐巴尔塔斯岩洞中的尖帽面形,恰如其图绘表现。

阿勒泰山彩绘洞窟,是去今万年以前原始社会遗存。艰难的生存状态,狩猎成功方可果腹,人丁增长使氏族在与环境、异己力量的抗争中取得优势,是当年氏族生存、发展中面临的头等大事。通过巫师——萨满,在这两个关键问题上,实施一定的巫术,如在人力不可企及的诡异岩洞中图绘心灵要求、请萨满作法,进行祭祀,向神灵求助,自然是一点儿不令人奇怪,也不令人费解的。

(二)"七"、"太阳"、神居之处,古墓沟人的萨满巫术语言

罗布淖尔荒原上孔雀河下游青铜时代的古墓沟墓地,时代在去今3800年前,墓地上满溢神秘韵味的太阳形,实际是古墓沟人遵循萨满崇拜的规则,认真构筑的神居之处,是祈祝古墓沟氏族中重要人物升入天庭的图示。

---

① 王宏刚、于国华《满族萨满教》,99 页。
② (清)方式济《龙沙纪略》,《丛书集成》3186 分册,北京:中华书局,1991 年,15 页。

古墓沟墓地,全面发掘,只见 42 座墓葬,可能是一个氏族群体的公共葬地。其中,有六座墓葬,沙穴墓室四周,为七圈列木构成的圆形,更外为四向散射、由七根列木构成的射线,似若光芒[①](图 3)。参观者称其为"太阳墓"。

图 3

这六座男性葬穴为什么会有如此神奇的图案?太阳形,都是环绕着七圈列木,为什么不是六圈、八圈?这七圈中的"七",究竟有着什么寓意?"七",又为什么和太阳形图像联系在一起?这反映着古墓沟居民当年一种怎样的心态?传达着怎样一种信仰?自 1979 年发掘至今,30 年来,这些问题始终未有比较具体的说明。但清晰醒目的太阳形图像,以及一个带有神秘意味的密码——数字"七",确实是可以和萨满崇拜中的天、神、神居之处相联系:七层圆圈、光芒四射的光线,构成一目了然的太阳形。太阳神,没有疑问,是众神之中居于最重要地位的神灵,是人与生命的源头。由此可以推论:古墓沟人构筑的太阳形图像,是萨满崇拜宇宙观的表现,天界在"七"层以上,是神居之处。它可以和七层以上为天界的概念,互相阐发,互相印证。青铜时代的古墓沟人,在他们精神世界中,核心信仰确实应是萨满崇拜。

古墓沟墓地这木构的太阳形图像中,埋葬的均是男性。他们可能是精神领袖萨满,也可能是氏族的酋长,或者集二者于一身。类似人物有六个,是延续相当年月后的产物。因为只有他们才能交通人、神,才有居于这一墓穴之中的资格。

像古墓沟这样的太阳形图像,在青铜时代的孔雀河流域,迄今再未发现。与古墓沟同属一个考古文化,位置相去不远,时代已到公元前 1650—公元前 1450 年(碳 14 结论)的小河墓地,已不见七圈太阳图,但具有神秘意味的数字"七",却是无所不在,被抽象化为一种吉祥数字概念。

---

① 王炳华《孔雀河古墓沟发掘及其研究》,《新疆文物考古新收获》,乌鲁木齐:新疆人民出版社,1995 年,92—102 页。

粗略检视小河墓地发掘资料,带有神秘意味的数字"七",可以说随处可见。本文以小河墓地 M3 为例。这是一座墓地内相当醒目的墓葬。棺前立木高 187 厘米,呈多棱形。在未发掘前,是全墓地最引人注目的男根形立木。其下木棺也比较大,长 225 厘米,内葬女性。在这位地位不寻常的女性身上,宽大腰衣上缀饰七枚圆形铜片。她用以裹身的毛布斗篷,织进了七条红色条带。她的颈部,是七颗玉、石饰珠,置于她臀下的木梳,梳齿是七根。边侧一支梳齿上,刻划了七组三角纹。她使用的草篓,底部交相编结的两组经草,每组都是七根。她使用的皮囊,缝合处边缘分别切割出七个方形凸片。她的左胸部放置着一件木雕人面像,在鼻梁上横搭有七道细线绳。在其胸腹部放置的 3 支羽毛饰物,羽毛管中插入两端削尖的小木杆,在木杆上刻划有七道弦纹圈。这是一位身份不同寻常的女性。墓内处置的种种细节,还有许多可以深入剖析处。这里,只是摘取了其中与"七"数有关的一些细节。它们绝非随意,而是蕴含着不能忽略的萨满崇拜文化精神。而作为受到小河居民尊崇的女性,表现在她身上的诸多细节,包括被视为"美"、"传统"的处置原则,如随处可见的"七"这一数字,应是具有典型意义的。同样的无处不在的"七"数安排,在同一墓地的第 24 号男性墓中,也可以见到①。

(三) 小河墓地的"立木":祭天"神杆"

现代罗布淖尔土著居民,在初见这一墓地时,即曾被沙冢上丛丛列列的巨大立木所震慑,因此,他们称这一墓地为"伊比利斯守着的一千口棺材"。"伊比利斯",意为"魔鬼",实际上表现的是他们被震撼、无法理解的感情。1930 年,瑞典考古学家贝格曼在报道这一墓地时,称"这个墓地给人一种最阴惨可怕和难以置信的感觉",传达了同样的感受。2000 年12 月,笔者自库鲁克塔格山南麓,直插小河,远在四公里外一处红柳包上,即清楚捕捉到了那深深印刻在大脑中、密植于沙丘、高接天穹的立木的景象,同样受到强烈的精神震撼。在去今 3500 年前后,当小河流域居民怀着悲伤,缓缓将亲人遗体运到这处沙冢并最后插上一根立木时,其内心的虔诚、似与神灵交通的玄秘,是远远强过今天的。

给人的逻辑启示就是:这丛丛列列、高耸入天的立木,应该就是萨满崇拜中的"神杆",是人神沟通的天梯。

在虔信萨满的古代民族进行祭天仪式时,必须立神杆。以满族为例,这神杆是长九尺的直杆,顶端削尖,涂抹牺牲鲜血,以飨天神。接近杆顶处,扎谷草把,上置五谷杂粮、猪杂碎、生殖器,或于神杆顶部置锡斗,内放供品②。实例来自满族,表现的却是萨满文化。以之与小河墓地之立木相比较,多有相通之处。

小河墓地上丛丛列列之立木,并不是构建于同一时间。它们分属于多座不同的墓葬,以已见报告的 M24 为例,墓主人为男性,其木棺前有女阴立木。女阴立木后面立木杆。立

---

① 此段信息,参新疆文物考古研究所《2003 年罗布淖尔小河墓地发掘简报》,《新疆文物》2007 年第 1 期,1—54 页。

② 王宏刚、于国华《满族萨满教》,107—108 页。

木之根部,捆着由芦苇、红柳等植物组成的草束。草束中"夹有一根两端削平的粗芦苇秆"和"四支用毛绳缠绕的细长麻黄束","还有四根羊腿骨"。"草束旁放一件盖毡盖带粗毛绳提梁的大草篓"①。

立木柱下部的这些物品,都是小河墓地居民日常生活中离不开的,它们实际是萨满崇拜氏族中的神偶,代表着所在氏族崇祀神祇的灵物。以满族为例,这类神偶"有石头、树枝、树根、木料、布帛、皮革等,经过萨满挑选、神验"②。所谓神验,如布帛曾经红水泡洗,或在高山上曝晒,经过神火"熏烤",或浸染过野兽的鲜血。鄂温克人视为神灵象征的有动物皮、骨,树枝,石头等,人们认为它们内蕴某种神秘力量,拥有魔力③。将小河立木柱上存在的供品与上述满族、鄂温克人习见的神偶比较,十分相似。这样相似处置的背后,是相同的萨满文化精神。

说小河墓地满溢萨满崇拜的精神,还可以将小河男、女木棺前的生殖神立柱与传统萨满文化中生殖神比较。满族女性生殖神名为"佛赫姆",图像为椭圆形环,上立小鸟,为童子魂,这椭圆形环在小河墓地即有所见(如图4)。而男性生殖神"楚楚阔",为一圆柱,上缠一蛇。它与小河女性墓前柱形立柱、墓内蛇形刻木,从外形到思想内核,也是相当一致的④。其他如古墓沟、小河墓地多有所见木雕人面像、人人随身携带的麻黄枝等,也都可以在萨满崇拜中觅见相关的文化精神。

图 4

---

① 新疆文物考古研究所《2003 年罗布淖尔小河墓地发掘简报》,《新疆文物》2007 年第 1 期,20 页。
② 王宏刚、于国华《满族萨满教》,40 页。
③ 孟慧英《中国北方民族萨满教》,211 页。
④ 王宏刚、于国华《满族萨满教》,73 页。

（四）"鹿石"：萨满神上天的梯阶

鹿石，在高高的碑状石柱上雕刻奔鹿形象。鹿枝高扬，头部冲向石柱顶端，似乎即将脱离石柱而飞腾。在观察这类刻鹿图像时，一个不应疏忽的细节是：角枝、体态如鹿；头部则作鸟形、猛禽形象，喙部尖锐。它似鹿而兼具飞禽的特征。

鹿石，19世纪已发现于蒙古高原，至今在蒙古国境内所见鹿石已达500多通，仍为亚欧草原所见鹿石之主体。可以说明，蒙古高原曾经是鹿石崇拜最主要的中心地区。其他如西伯利亚、阿尔泰山前后广阔地带等，亦见分布。新疆境内，主要见于阿尔泰山地及其前山地带，以富蕴（可可托海）、青河两地最为集中，也比较典型。

见于青河县境的鹿石，主要分布在青河县东北阿勒泰山腹地三海子盆地，这里是由蒙古高原进入准噶尔的重要通道，主要遗址点在什巴尔库勒。此处见一巨型石堆，高20米，直径60米。石堆四周环以石圈，圈径210米，圈堤宽3米。石圈与石堆中心有四条径道相连，略如十字形，石径道宽达3米。俯视，形若车轮，也像可以帮助萨满上天入地的神鼓及鼓面花纹。在圆形石圈外，有深壕环绕，壕内积水。巨壕周围，有六通鹿石。试举其一：方柱形，地表以上高达3米，石柱面宽0.23米。右侧刻圆环纹及5只奔鹿，作鸟头、鸟喙。左侧刻6只鹿，作鸟头、鸟喙（图5）。同类风格的鹿石还见于却尔巴里库勒墓地、小青格里河山间谷地乌鲁肯达巴特墓地。

图5

富蕴县境、阿勒泰山区恰尔格尔，见鹿石一通，侧面顶部琢磨成弧形。通高 3.17 米、宽 0.4 米。上部刻圆环，如太阳，圆环下为一道链线，链线下为飞奔向天穹的 5 只鹿，鸟头、大眼、长喙。眼球之大，超越一般，显为神性之象征(图 6)。

图 6

值得注意的一点是，同在青河、富蕴县阿勒泰山地，发现过与鹿石柱上基本一致的鹿纹图像，但有两点不同之处：一是均单只鹿，刻凿在普通岩石上；二是鹿首不作鸟头形，而是基本写实的鹿头形象。

关于鹿石，国内外研究不少。其时代，一般均认同为大概在公元前 10 世纪至公元前 6 世纪。其性质，则观点不一：鹿石拟人、祭祀祖先、护卫灵魂，表现了生殖崇拜、山崇拜、太阳崇拜等等，这些观点，可以说是异彩纷呈。其中，也有学者提到与"亚欧草原居民信奉萨满教，存在自然崇拜"有关[1]，这是一个富有智慧的、敏感的结论，可惜持论者只是一笔带过，而并没有以此为切入点，展开具体分析。

笔者观点是：鹿石，是萨满崇拜的表现，祈求着墓地死者灵魂可以由此石柱进入天堂。这里的鹿石柱，如交通宇宙三界的"宇宙树"，也等同于前面提到过的"神杆"，是可以让萨满神上天入地的阶梯。其上刻画的形象，是萨满神的象征，表现了当年一些氏族部落视自身与鹰、鹿存在特殊关联，故而对鹰、鹿特别崇拜。

设置鹿石柱，或与相关祭祀活动关联。对萨满信仰作历史的考察，"萨满信仰盛行于

----

① 王博、祁小山《丝绸之路草原石人研究》，乌鲁木齐：新疆人民出版社，1996 年，273 页。

亚洲北部……以贝加尔湖附近及阿尔泰山一带较为发达","西伯利亚及其附近地区是萨满中心,萨满信仰是阿尔泰语系各民族共同的文化特色"。鹿石流行于南西伯利亚、蒙古高原、阿尔泰山地,石柱上的鸟首鹿身图像,则与萨满崇拜中的鹰、鹿神崇拜有关。"布里亚特人相传,与神鹰交配过的女子,是人类最初的萨满","萨满最早来自一只能通人语的大鹰"。通古斯人、雅库特人的传说中,他们的祖先萨满为神鹰之后裔[①]。鹿石图像,鹿身而鸟首,鸟首还有一个特别大,自然也特别明亮、锐利如鹰一样的眼睛。满族传说"在祭礼中鹰神为众野神的首神","鹰是萨满的主要守护神"。在萨满崇拜的诸多神系中,主要有"鸟神系:以鹰雕为代表";"鹿神系,鹿角的枝杈多寡,代表了萨满神权的高低"。在萨满服饰中,"神帽上多有鸟形模型……象征萨满在宇宙间自由振飞"[②]。这些与鹰、鹿相关的崇拜,可以说,正是石柱图像所以作鸟首鹿身的根据。

鸟首鹿身图像凝集着的既是鹰神,又是鹿神崇拜。与此同时,也可见单纯的对鹿或对鹰的崇拜。同在阿勒泰山地,青河县境查干郭楞喇嘛布拉克沟中的鹿像刻石、富蕴县布腊特沟中的鹿像刻石,鹿的身体与鹿石中的鹿像几乎都一样,只是脑袋完全没有鸟首痕迹,而是相当传神的鹿的脑袋(图7)。这就是从另一角度表现了单独的鹿神崇拜与鹿石中图像内涵是并不相同的。

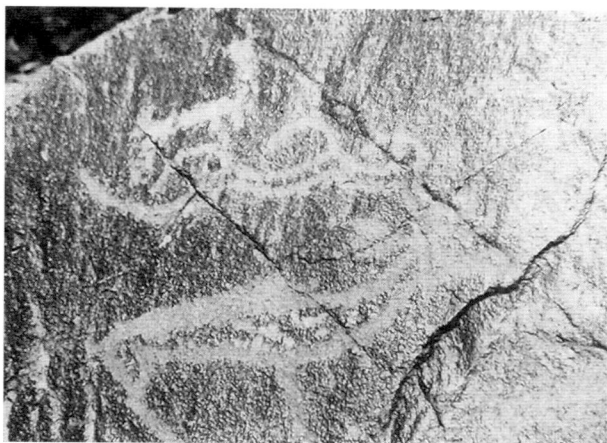

图 7

青河石冢,还有一个值得注意的细节,中心石堆与四周的石圈结合在一起,俨如神鼓,与阿勒泰萨满的法器神鼓的鼓面图案也几乎完全一样。鼓,是萨满作法的工具。借鼓,他可以遨游三界。因此,鼓,在信仰萨满的古代民族中是普遍采用的响器。石堆如是设置,更进一步宣示了萨满文化的精神。它与石柱上鹰、鹿神直冲天穹的图像,从外形到内涵,

① 庄吉发《萨满信仰的历史考察》,同前注。
② 王宏刚《满族与萨满教》,同前注。

是完全统一的。

（五）康家石门子生殖崇拜岩画前的祭祀遗存

1987年，笔者在天山腹地康家石门子发现的生殖崇拜岩刻画，气势宏大，画面达120平方米，刻画人物近300个。整个画面，以清楚明白的形象，宣示了古代天山居民祈求强大生殖能力，子嗣兴旺、发达的景象：裸女围绕对马、面对男子舞蹈，男女媾合，媾合男女下方群列欢跳的小人，刻凿年代约在公元前1000年。其求育、求人口繁衍的主题，是十分明显的[①]。本文希望着重说明的是，在实现这一求育目标时，他们选择的环境及实施巫术活动的形式。

岩刻所在的山，与周围山体判然有别，为相当典型的丹霞地貌。岩画所在山体，山势雄伟、兀然突起，山色赭红，相对高度差不多有200米。在周围一片绿色之中，陡然耸立这么一区雄伟的红色岗峦，在智识未开的古代先民心目中，认为它具有非人间的神奇力量，绝不会令人奇怪。

事情还不止于此。这样一处陡然耸立的红色岗峦，竟然被终年流水的两道溪谷环抱，涝坝湾子沟流其南，康老二沟流其东，沟谷内清水不断。整个形象，就如《大戴礼记·易本命》篇中准确表达的"丘陵为牡，谿谷为牝"的地貌。加之沟谷两岸、山前缓坡，灌木丛生、绿草如茵，显得生机盎然。在"万物有灵"信仰的古代先民心目中，这里绝对是一片有灵性的、具有特殊生殖能力的土地，是十分便于天人感应的环境。天山深处的古代先民，虽然没有留下如前引《大戴礼记》那样的文字，但他们心灵深处对这片山水的感应，却是完全一样的。正因为如此，他们才将祈求强大生育能力的岩刻画，放在了溪水环抱之中的赭红色陡立丹霞岩体下。

在常年流水且形若女阴环抱、陡立如男根的山体下，刻画了祈求男根伟岸、子女成群的画面，当然还要请萨满作法，将人间的祈求申达于上天。这也清楚留下了遗迹：在岩壁所在的峭壁下进行发掘，"自表层深达四米以下，都是一层又一层相叠相压的烧灰、炭屑，其中杂以烧骨。每层厚达约10厘米。这可以肯定是长时期内不断烧火形成的堆积"[②]。萨满崇拜中，有火祭习俗。火祭后，可以野合，认为这可以实现生殖繁衍的愿望[③]。近年，呼图壁县文管所曾继续在这片火灰中进行清理，竟发现了一躯两性石刻像。高约60厘米，花岗岩质，总体特征如男根，在一端又显示女阴图形（图8）。其祈求两性结合后具强大生殖能力，与所在环境、岩刻画面、火祭巫术，精神一致[④]。

---

① 王炳华《新疆天山生殖崇拜岩画》，北京：文物出版社，1990年。
② 王炳华《新疆天山生殖崇拜岩画》，26页。
③ 王宏刚《满族与萨满教》，73页。
④ 石刻像，笔者曾经目验。资料未见发表。文物存新疆呼图壁县文管所。

图 8

(六) 罗布淖尔 LE 墓室壁画图像

2003 年 2 月,罗布淖尔湖盆西北 LE 古城附近一高大雅丹顶部,一座重要的斜坡墓道壁画墓,遭到严重盗掘、破坏。观察劫后现场,情况是:古墓穴选择在一条东北、西南向的雅丹土丘的顶部,其上有土坯建筑的塔形遗迹。参照李文儒的报告①,结合 2005 年 10 月笔者自己的现场观察,可以明确的结论是:墓室形制是斜坡墓道、前后墓室。墓主人木棺置于后室中,前室略近方形,中心部分立土柱,前室四壁、土柱上满绘彩色壁画。前墓室北壁为一跃起的紫红色马,前室南壁(墓道西侧)为一独角兽,黑色、眼鼓突,显为獬豸。作用略如镇墓兽,在甘肃西部敦煌、嘉峪关一带,魏晋时期墓葬中,多见木作獬豸形象,其作用是完全一致的。与其相对(墓道东侧),有红衣、蓝衣人物像,稍漫漶,似为佛画供养人。如是与佛教相关图像,处于这一地位,值得思考。前室西壁,红驼、白驼互相撕咬,身后各有一人着白衣长袍、黑靴,正用木棍将驼隔开。前室东壁为两列并坐、手持不同形状酒杯的 6 人,男性 3 人,穿圆领长袍,不开襟,腰部束带,长袍分别为红、紫、白色,居于左侧;右侧 3 人为女性,短衣帔帛,下着裙。前室中心之泥质圆形立柱,柱上满绘飞轮。后室四壁也绘飞轮,墓室之中为木棺,棺上盖麻布,麻布已被盗墓者撕毁,残存部分,可见出星云纹。

两汉时期或其以前,自吐鲁番至罗布淖尔,墓葬为竖穴土坑或竖穴偏室。从墓葬形制、绘画风格分析,墓葬时代当在魏晋时期,公元 4 世纪前后。

这类斜坡墓道、前后室、前室见立柱的墓葬,在 LE 古城附近,据李文儒报道,不只是一处,而是一片。表现着同样信仰、具有同样丧葬文化的居民,与西邻的营盘墓地,存在

---

① 李文儒《楼兰"王陵"核查》,《文物天地》2003 年第 4 期,40—47 页。

差异。

从前室立柱上飞腾的轮形、后室墓壁上满布的轮形看,给人以浓烈的灵魂飞升的观念、追求的联想。问题在于,有什么根据说这种飞轮图像与萨满信仰存在着关联?

在庄吉发《萨满信仰的历史考察》一书中,附录了《尼山萨满传》(海参崴本,满译汉)。传文详述了尼山萨满为了救一个不幸早逝的孩子,上天入地,寻找他的灵魂。"走过一处大屋内,有一个大轮盘在滚动着。里面有一切牲畜、走兽、飞鸟、鱼、虫等生灵,一群一群不断地跑着、飞着出来。萨满看了这个便询问。回答说:'这是一切生灵转生的地方。'"[①]这一重要的萨满文献,清楚说明:一切生灵转生,是与一个转动的大轮盘关联在一起的。墓室内到处飞腾的大轮,毫无疑问,自然是为祈求死者转生而设置的。因此,遍画大轮,表现的应该是萨满崇拜的思想。

(七)吐鲁番洋海萨满墓

在吐鲁番盆地鄯善县境洋海,近年发掘了三区大型墓地。其中一号墓地的时代,发掘者判定在公元前 1000 年至公元前 500 年间。在这片墓地中,发现过两座别具特色的墓葬。其一,编号为 M21,椭圆形竖穴,上层葬一女性,下深 70 厘米后,为一男性。"头部前方立一木棍,木棍上套一副马辔头。男尸保存完好,身穿毛布衣裤,外披皮衣,足穿皮鞋。头束一圈用贝壳装饰的彩色毛绦带,颈下配一条穿了玛瑙、绿松石的项链,耳环一为金质(右)、一为铜质(左)。左手握木柄铜斧,右手握缠绕铜片的木棍,腰身下配二皮囊,其一装弧背铜刀,又一盛铜锥,脚下为羊头。"这是一个装饰相当特别的人物。

其二,编号为 M67,同样入葬男性,身穿"毛布圆领式开襟大衣","毛织的连裆裤",腰部为"花色艳丽的宽腰带","小腿用了 3 厘米宽的带子缠绕,带子上吊着一串铜管、铜铃,铜管共 18 支,圆筒状、长短不一,管径 0.5 厘米。下面缀附铜铃。皮靴装饰着青铜扣"。这座墓葬中,还出土过两件铜贝,出土情况未见说明,当也是一种佩戴的饰物[②]。

在洋海墓地近千座墓葬中,这是唯二墓主人装束特殊、不同于一般的墓葬。头上的贝饰、绦带,脚下的铜铃,手中的斧,饰有铜片的木棍,无一不令人想起跳跃、奔腾、驱鬼求神作法活动中的萨满。令人唯一感到不足的是没有见到萨满作法中不可或缺的皮鼓、铜镜。但即使如此,整个装束还是无法不令人与萨满、巫师产生联想。如这一推论可以成立,则当是吐鲁番地区去今 2500 年前的萨满形象,对我们认识古代新疆流行过的萨满崇拜,自不失为又一例有价值的资料。

---

① 庄吉发《萨满信仰的历史考察》,247—248 页。

② 新疆文物考古研究所、吐鲁番文物局《鄯善洋海一号墓地发掘简报》,《新疆文物》2004 第 1 期,3—24 页。

三、余　绪

萨满崇拜,在西域大地上,考古资料显示:它曾是一种浓烈的、普遍性的存在。它的影响,虽 2000 年来经受过祆教、道教、佛教、摩尼教、伊斯兰教的冲击,还有半个多世纪十分强大的唯物主义、无神论教育,却还是没有完全从民间信仰,尤其是偏远、交通相对闭塞的农村中消失。在一些地点,仍可见其余绪,宣示着它相当强大的生命力。

一位维吾尔族友人,知道我关心生殖崇拜文化现象,曾经告诉我,在塔克拉玛干沙漠西南一隅,西邻帕米尔的和田地区墨玉县农村,存在着对柳树、柳叶的崇拜。妇女不育,到一株大柳树下虔诚祈求,并取柳叶为食,即可实现怀孕、生育的愿望。这是曾在通古斯语族中流行过的柳叶崇拜,是萨满崇拜的表现。如满族,存在过柳树崇拜。方法是择高大柳树,在树下烧火、舞蹈,可以求育,因为柳叶形似女阴,因之有过柳生人类的神话[1]。满族中的富祭氏,就奉柳为女性祖先。传说是洪水滔天,一男子抓住洪水中漂来的柳树枝以求生,并随柳枝漂进一个石洞,柳枝化成了美女。结合后,繁衍了后代[2]。墨玉县农村维吾尔族农民中,竟也流行相同崇拜,存在同样的文化精神,值得关注。是早期萨满文化的浸染,还是入清以后受到满文化影响,已难判明。但这一现象与萨满崇拜相关,是可以肯定的。

1978 年底,笔者在哈密五堡发掘一处青铜时代墓地。五堡,居哈密市西南 60 公里,是一处比较封闭的沙漠绿洲小村。墓地保存相当完好,不见盗扰痕迹。奇怪的是发掘过程中一些现象:在保存完好的墓葬中人骨架不乱,但突然会不见一支臂骨,或不见一根小腿骨甚至头骨。这让人百思不得其解。相处一段时间,与工人比较熟悉后,发掘工人才悄悄说:这些丢失的骨骼,曾是他们取走的,为治病用。有"人"(这里实际是"萨满"巫师)可以帮助治疗胳膊痛、腿关节痛或头痛,原因是鬼魂作祟。只要取一根相关骨头,经他作法,将致痛恶鬼驱入这一骨骼中,远远地抛去沙碛,病痛就可以痊愈了。这一作法治病过程,实际是萨满崇拜、巫术"相似律"的表现。

在新疆作野外考察,于远离人烟的沙漠、荒漠之中,随时可以看到一处土阜上插着几根或十多根树枝,其上挂着羊皮、布条,信徒们认为这可以禳灾、祈福,实现自己的愿望。在尼雅沙漠深处的伊玛目·加法尔·萨迪克玛扎(当地老乡俗称为"大玛扎",远近知名)下的胡杨、柳树丛中,到处可见悬挂着的羊头、羊皮、各色布条(图9),这同样是萨满崇拜的表现。布条、羊皮,已是神物、神偶,可以实现信徒们的内心愿望。外人是不能随意变动、取走的。

在蒙古族的毡帐中,还可以看到穿挂在毡帐中的子孙绳。

至于新疆伊犁地区的锡伯族,其萨满崇拜,至今还是一个比较醒目的存在。

---

① 王宏刚《满族与萨满教》,77 页。
② 孟慧英《中国北方民族萨满教》,8 页。

图 9

　　随手拈来的今天新疆地区这些民俗文化景象，其上显示的是十分古老的萨满崇拜文化遗痕，清楚揭示了一点：虽经历过风风雨雨，萨满崇拜的痕迹，确实还是存在的。古代，这里曾经是萨满崇拜弥漫的处所，当可信不虚。萨满崇拜，在这片土地上的早期精神文化生活中，是值得重视、不可轻忽的存在。

（原刊《欧亚学刊》第 10 辑，2008 年，1—13 页）

高昌三题

在西域研究中,古代高昌是历史、考古界关注很多、收获也比较丰硕的一环。但收获虽丰,还是有一些曾受关注但至今并未得确解,又值得进一步思考、辨析的问题。如高昌壁设置、高昌城形制、高昌故城科学考古等,就是不少同道长期思考、期望在高昌研究中前行一步的问题。现撷取几点,形之于文,期获指教,为高昌研究添上小小的片瓦碎砖。

一　关于高昌壁

"高昌壁"之建,对吐鲁番、西域历史发展进程,影响至巨。其始建,适应特定军事形势之要求,也有合适自然地理形势之支撑。因而,一旦建成,很快就成为吐鲁番盆地内、他处难以比拟的政治、经济、文化中心。破解深蕴其中的机理,可以吸收的历史文化营养不可轻估。"高昌壁"缘何而建? 始建于何时? 据何得名? 两千多年来,虽关注者不少,但迄今并无共识。

冯承钧先生称:"高昌之建制凡三变。其始也,为戊己校尉屯驻之所。始汉初元元年(前48),迄晋咸和二年(327),是为高昌壁时代。"[1]据而推断:高昌壁之建,与西汉戊己校尉在吐鲁番地区屯田、戍守关联。王素先生同样认为:"高昌壁的设置,应与戊己校尉大致同时。戊己校尉的设置在元帝初元元年(前48)。高昌壁的设置也应在这一年或稍后。"[2]与冯承钧先生的观点基本无异。

这里需要揭明,相关观点存在一个逻辑错误:汉戊己校尉屯驻高昌,《汉书》有明确记载,自应信从。只是戊己校尉驻节高昌,与高昌壁之始建,毕竟是两码事。由戊己校尉屯驻高昌,是不能推导出高昌壁之始建就在"这一年或稍后"这一结论的。这两件事,既可以关联,也可能并不存在任何关联。将两件实际不能等同的事件混同为一体,逻辑上是不能成立的。

关于高昌壁最早出现在吐鲁番大地的时间,唐代史家李延寿在《北史》中有一个观点。

---

①　冯承钧《高昌事辑》,见氏著《西域南海史地考证论著汇辑》,北京:中华书局,1957年,48—83页。
②　王素《高昌史稿·统治编》,北京:文物出版社,1998年,74页。

他说:"昔汉武遣兵西讨,师旅顿弊,其中尤困者因住焉。地势高敞,人庶昌盛,因名高昌。"①《北史》完成在公元 659 年,距"汉武遣兵西讨"已有七百多年。《汉书》以后,诸多史籍均曾有过汉戊己校尉屯田、驻节高昌的文字,李延寿自然是了解的,却摒弃不取,而提出高昌壁始建与"汉武遣兵西讨"存在关联,值得关注②。

李延寿在《北史》"序传"中说他撰著《北史》,在主要使用了魏、齐、周、隋四书资料外,还参稽了当年他曾觅见的"杂史一千余卷","鸠聚遗逸、以广见闻"。这透示他的新见(高昌壁始建时间自属显例之一),虽未见诸官方记录,却是另有所本,是他广览博思、认真分析后的判定。

细析李延寿、冯承钧、王素的不同观点,认真检视近数十年来吐鲁番地区已获相关考古成果,深感李延寿的推断,既响应了西汉远征大军征行途中绝不能缺少据点、关系士卒生死存亡、极其紧迫的现实需要,也抓住了当年吐鲁番大地、木头沟下空旷无人、环境却十分适宜建壁的现实可能。需求与可能和谐统一,高昌壁坐落在木头沟下,顺理成章。这里说当年木头沟下空旷无人,史无记录,是笔者今天详查相关考古新收获后的结论。

在吐鲁番绿洲建高昌壁是极其紧迫的现实需要。

原始条件下从敦煌、河西走廊走向费尔干纳盆地,一般分析,出敦煌后从东天山南麓西行,具体路线虽难细说,但途中荒漠、雅丹、小沙漠相连相续,却是可以肯定的。马无草、人少粮,极度缺水。十分疲惫、伤残不断、非战斗减员、军伍丧失信心,远征大军面对的困难难以尽说。就在如是艰困的条件下,在远行大军面前却突然呈现了一片有水有草、花木丛生、几乎不见人烟的绿洲,远征军的兴奋之情难以言表。大军远征中途,择地以养伤残,垦殖以济军需,在这片土地上驻息、扎营、建塞、修垒,会是十分自然的选择,而且可以成为大军与敦煌故土联络、呼应的中间站,是不可舍弃的天赐绿洲!

说当年远征大军发现的火焰山下木头沟是人烟稀少、未见固定居民的荒野,是可以建设军事壁垒的理想地点,根据是近数十年中已获的考古成果。

公元前 2 世纪的吐鲁番盆地,主体居民为车师。他们游牧、农业兼营,地跨天山南北。车师前部王国政治、经济中心,在吐鲁番交河故城台地、交河沟西、雅尔乃孜沟下游的艾丁湖③、托克逊县的喀格恰克④、英亚依拉克等处⑤,这些地点都曾调查、发掘过车师遗址、墓葬;自

---

①　(唐)李延寿《北史》卷九七《高昌传》,北京:中华书局,1974 年,3212 页。

②　"汉武遣兵西讨",是践行刘彻反击匈奴侵凌战略的决策。购大宛马,遭遇使臣被杀、财物被劫的轻侮,这是大宛实际与匈奴合力抗汉的说明。引发了公元前 103 年"汉武遣兵西讨"的战事。长途远征,实际没有解决、必须解决的给养、伤残收容等问题,导致初战失败。前 102 年,复征调六万人,牛十万头,马三万匹,驴、驼数万,沿途绿洲小国也出食给军,汉军全胜。高昌建垒,就完成在这一远征过程中,具体时间,当在公元前 103—前 102 年内。

③　新疆博物馆、吐鲁番地区文管所《新疆吐鲁番艾丁湖古墓葬》,《考古》1982 年第 4 期,365—372 页。

④　吐鲁番地区文管所《新疆托克逊县喀格恰克古墓群》,《考古》1987 年第 7 期,597—603 页。

⑤　吐鲁番地区文管所《新疆托克逊县英亚依拉克古墓群调查》,《考古》1985 年第 5 期,478—479 页。

这片地区缘火焰山东行,空间距离近 60 公里内,直到火焰山中部的木头沟、吐峪沟、斯瑞克普沟,既有天山下泄的潜流,也有在火焰山前破土而出的明水。吐峪沟中苏贝希遗址①、吐峪沟下的洋海②,居址、墓葬不仅集中,而且规模空前,仅洋海墓地,已见墓葬达千座以上。而在苏贝希、洋海与交河、艾丁湖之间的木头沟水系,虽同样长年涌流不断,宜农宜居,却迄今没有发现车师遗存。这是一个需要进一步剖析的文化现象。交河内外,是车师的政治、经济中心;东行 60 公里后的吐峪沟绿洲,曾是车师规模比较大的又一处经济中心。中间的木头沟绿洲,是两者之间的天然隔离带。这与当年车师王国内部经济布局、行政管理需要或存在关联。在人口还不算多、活动空间也不缺的两大经济中心间,留下一片可以隔离彼此经济活动(如放牧)的地带,避免有意无意间因为牲畜擅入不应进入的牧地而引发矛盾冲突,这是古代游牧民族中曾见的管理智慧。匈奴与东胡之间存在过双方均不进入的旷地;汉代乌孙王国各分部间,也有严格分地界域,避免误入草场而引发矛盾③。

木头沟下一度空旷无人的绿地,我们今天还不能具体揭示车师王国是如何管理的,但它确实为李广利西征大军留下了一处既可以不与车师冲突,又可以建壁求存的地理空间,一处相当不小的空间。2006 年,新疆考古所工作人员曾在高昌故城北部采集到一件残破的云纹瓦当,汉风鲜明(文物现存于新疆文物考古研究所标本陈列室)。这是一个相当有意义的线索,可助益我们进一步追寻"高昌壁"故址遗存。

至于建高昌壁时,为何以"高昌"取名,虽有不同说法,但王素研究员首先揭示:据斯坦因 20 世纪初取自敦煌的西凉建初十二年文书中的《敦煌郡敦煌县西宕乡高昌里户籍卷》,李广利西征大军中,有来自敦煌县属下的"高昌里"的居民。军壁取名高昌,是高昌壁人寄托着他们深藏在内心的思念故乡的情怀。持之有故,言之成理,当可信从④。

当年的"高昌壁",虽只是一处小小的壁垒,是汉王朝孤悬西域的一块飞地,但出乎人们预料,随着时局迅猛发展,它竟很快成为古代西域大地上、河西走廊、敦煌地区居民求生存、得发展的理想之地。

三国两晋十六国时期,中原大地战乱频仍,广大普通劳动者苦难空前。曹操《蒿里行》中"白骨露于野,千里无鸡鸣",具体描述了三国两晋时期中原大地的悲凉景象。为求生存,人们南下、西走,寻求可以避祸、生存的净土。吐鲁番盆地里的"高昌壁",成了西行求存者们心目中的安全岛。不绝于途的"汉魏遗黎",相继相续,一波又一波步入了高昌绿洲。这里有水有地,可耕可牧;语言相通、心理相同,为继后的高昌郡、高昌国、唐西州提供了难以估计的人口资源。吐鲁番绿洲,在高昌壁基础上,迅捷出现了西域大地上最具生命

---

① 吐鲁番地区文管所《新疆鄯善苏巴什古墓葬》,《考古》1984 年第 1 期,41—50 页。

② 吐鲁番市文物局、新疆文物考古研究所《新疆洋海墓地》,北京:文物出版社,2019 年。

③ 参见王明哲、王炳华《乌孙研究》,乌鲁木齐:新疆人民出版社,1983 年,16—17 页。

④ 王素据斯坦因所获《建初十二年户籍长卷》,敦煌新见西汉孺子婴居摄三年四月简判定:"高昌壁最初应为敦煌县高昌里派出士卒之居地。"见《高昌史稿·统治编》,73 页。

力的政治、经济、文化中心。

二 关于高昌城"三重"

20 世纪 60 年代初，阎文儒老师在考察过新疆佛教遗存后，又挤时间考察了历史文化名城高昌，并很快在《文物》上发表了《吐鲁番的高昌故城》一文。阎先生有厚实的古代文献功底，广搜博引，对古文献中有关高昌城的历史、沿革、民间传说均有详尽介绍。1962年，在国内文物考古界对新疆文物还了解不多的情况下，其发挥过积极作用。《吐鲁番的高昌故城》以长安城与古代高昌城比较："从残存的遗址来看，高昌城可分为外城、内城和最北面的宫城三个部分"，"内城在外城的中间，宫城的南面"，"再以城的平面布置来看，宫城在北，内城在南，有大面积的高大建筑物，与唐长安城的宫城、皇城的位置相同，应是高昌城最高统治集团的驻在地。至于外城东南和西南的寺院与工商业的坊市，又与唐长安外郭城，或一般城市的布局相类似，应当是一般市民的居住区。总之，高昌故城的平面布局与唐代长安城的平面布局，是相当接近的。"①

高昌与中原大地，历史文化关系之密切，实在是有无数古籍记录、碑刻、城郊阿斯塔那古冢中出土文物可以说明的。向达先生的《古代长安与西域文明》就是一例。相类似的故实，还有很多；但以故城形制、城墙三重为例，却明显不妥。

隋唐长安城，是适应当年隋唐王朝政治、经济需要，精心规划、合理设计的产物，规划功能不同的宫廷，建构不同的行政管理机构，适应亚欧贸易往来的东、西坊市，布局并然有序的交通路线……功能有别，秩序分明。而高昌城，却是一千五六百年中，为适应不同时段的政治经济形势，从高昌壁、高昌郡、高昌国、唐西州，到最后回鹘高昌王国的都城，不断堆垒、不断增建的产物。形制有别、厚薄不同的夯层、土坯、版筑，工艺不同，凝结其中的是不同时段内各具个性的政治、经济、军事内涵。保留至今的遗迹、碎片，是不同时段的浪花，是不同时代的音响。

长安与高昌，从城市建设角度切入，可以说个性迥异。相同点只是城墙遗迹似为三重，但这只是表象。它们并未建成在同一时段，相关功能也有区别。只看残垣"三重"，并由这一现象引申，认为凝结其中的文化思想内涵存在彼此影响，是只及皮毛、不问实质的显例。

历史，可助益于精神文明建设。但有前提，其最重要核心，是历史必须是真实的存在；唯其真实，才有可能汲取到前人、先辈在社会实践中有过的经验、教训，可以借鉴补益，让后来者变得更加聪明。背离这一点，就难以获其效益了。

希望从高昌故城遗迹中吸取历史的营养，当然还是有具体案例，如阎文儒先生在《吐鲁番的高昌故城》一文中说到的"内城"，就是可以认真分析、学习、吸取历史营养的

---

① 阎文儒《吐鲁番的高昌故城》，《文物》1962 年第 7—8 期，26—34 页。

十分难得的遗迹。这内城,经实测其周长,并联系《隋书·高昌传》相关麹氏高昌王国时期都城的记录,可以充分肯定,它就是麹氏高昌王国最后阶段的都城;而保留至今的城垣,从不少细节可以反映侯君集率唐朝大军进攻高昌都城时的场景,进而引发今天人们的深入思考。

先说现存内城为麹氏高昌都城。高昌王国都城,据《隋书·高昌传》:"其都城周回一千八百四十步。"秦制,一步为六尺。隋唐一步为六尺四寸。高昌城郊外阿斯塔那墓地出土唐尺,每尺长度约为 29 厘米,唐代一步为 185.6 厘米。1840 步,则相当于 3415 米。实测现存内城为方形,在唐平高昌战事中,东、北墙为唐军主攻方向,曾遭到重大破坏;西、南城墙,保存较好。南墙长约 850 米,西墙长 980 米,共长 1830 米,依城墙形制,都城周长近 3480 米。与之前被破坏的高昌内城之周长,相差不过 65 米。联系诸多环节中可能有的小误差,可以说中城规模与《隋书》记录基本相符。因此,判定现存内城确为麹氏高昌王国都城,当可信从。

再说高昌内城东墙、北墙残损可能的历史内核。

在"汉魏遗黎"基础上成长起来的麹氏高昌王国,长期心向中原。以儒家思想为治国准则,宫廷内曾图绘"鲁灵公问政于孔子像";但面对日益兴旺的"丝路"贸易利益,在西突厥的怂恿下,试图控制丝路谋一己之私。联络西突厥,加强军事,抗阻大唐王朝正常西向进程,成为其治国的主导思想。

阻塞丝路交通,这触碰了李世民决心走向中亚西部,寻求经济、文化进一步发展的基本战略。这是符合亚欧世界物质、文化交流的进步愿望。麹氏王朝在逆流而动。李世民曾将这一矛盾,反复、直白地向麹文泰申明:希望他要明白大势,改弦更张,改变阻抑丝路交通、谋一己之私的错误行为,但均为麹文泰拒绝。

麹文泰的分析是,唐朝如军伐高昌,征途遥远,军力雄厚则后勤补给难济;军少则高昌足以对抗。而西突厥也必会增援,唐军腹背受敌,难以胜算,高昌则不会败局。为增强防卫,麹文泰动员内部"增城深堑",准备迎接唐军的进攻。试看现存高昌王都"内城",城墙高达 12 米,城墙顶部宽达 3 米,夯层厚度 8 厘米,十分密实。面对唐军,麹文泰以为可以高枕无忧。

李世民对平定高昌,是势在必行、行必制胜的。据《旧唐书》记载,战前,唐王朝即召"山东善为攻城器械者,悉从军",在伊吾北郊松树塘伐林以制造"冲车"(撞击土城)、高达十丈楼的"巢车"(可观察高昌城内动静);"抛石车"在"巢车"的指挥下,将巨石抛砸城内的重要目标,这些是鼠目寸光的麹文泰未能预见的大阵势;而战前口口声声愿做高昌军后盾的西突厥,面对唐军阵势,自料难敌,也立即将往日豪言丢弃在脑后,率军远西而走。孤军无援,"增城"难守,西突厥远遁……内外压力交集,麹文泰不及上阵,就吓得一命归西,在历史上留下了笑柄!

古今事理相通,东西心理攸同。这是镌刻在今天高昌内城破垣残壁上,可以认真汲取经验教训的历史。这类文献记录可以与历史遗存彼此呼应,彰显历史文化的精神内核,用心分析,还可以抓出不少。"文明新旧能相益",这是今天考古学家、历史学家们可以用心寄情、努力进入的节点,也是中原、西域历史进程彼此命运相连与共的实证。我坚信,我们这样做,才是阎文儒老师深藏在心、当年希望做却未来得及完成的心愿。愿阎文儒老师在天之灵一笑。

三　高昌城考古的遗憾

20 世纪 60 年代,在国家公布第一批"全国重点文物保护单位名录"时,"高昌故城"即名列其中,当之无愧。它是世界知名的历史文化名城。

但人们很难想象,因为种种客观、主观因素,高昌城竟是迄今还没有经过中国文物考古界科学发掘、具体分析、深入研究的一处国家级重点文物保护单位。这让人遗憾,也是必须尽快组织力量补上的一课。进一步详细调查、准确测图、择点发掘、更全面准确认识其历史文化内涵,是今天新疆的考古学家完全有能力进行并做好的事情。

1960 年,笔者步入新疆考古舞台,同年深秋,曾与已故吴震兄一道,领着当年新疆文化厅为加强新疆文物考古工作力量举办的"文物干部培训班"学员,至吐鲁番进行考古实习。其间,曾在高昌故城西南角、大佛寺东门外,选择一处比较平坦、地表不见古代建筑遗痕的空旷地带,布设过一区探方,展开试掘。主要目的是为不了解考古为何物的各县市抽调过来学习的干部们,展示遗址、布方、清理的方法,有利于自治区面临的文物保护工作。发掘清理结束,在探方内收获少量陶片,发现唐钱一枚,未见其他文化遗物。当年实习时间短,工作经费缺,没有展开进一步的工作。没有想到它竟是新疆考古史上中国专业考古人员在高昌的第一次考古。

高昌故城,之所以名响国内外,主要是 20 世纪初至 30 年代,不少打着探险、考察名义的外国学者,在高昌城内、城北郊区进行过相当多的发掘。其中,英国的斯坦因、德国的冯·勒柯克、日本的橘瑞超等,是活动较为频繁、历时较长、窃取文物较多的。窃取文物一经刊布,世界瞩目。可见高昌故城在人们了解古代西域文明、亚欧古代文化交流中,具有特别重要的地位。作为重点文物保护遗址,加强保护,顺理成章。

改革开放以后,新疆文物考古工作步入一个全新阶段,但高昌故城考古工作迄今仍没有提上日程,其他不少难与高昌比肩的遗址(古城),都有计划地进行了发掘研究,唯高昌故城似仍没有进入专业文物考古单位的工作视野。

为了对高昌故城有更深入的认识、了解,在当前文物考古工作的大好形势之下,将高昌故城的考古工作列入工作计划、提上工作日程,乃当务之急。理由是:

第一,高昌是土城,风蚀沙侵,虽一般不见突发的阵雨、暴雨,但它们对古城都是不可轻忽的破坏力量。高昌故城在看似今天与昨天一样,十年八年似不显变化,其实却是每天在经受着消失之苦,高昌古城目前的保护措施绝对不可能使它一直存续。

第二,自去今 2100 多年起,汉族健儿始建高昌壁,随后历经高昌郡、高昌国、唐西州、回鹘高昌王都。但它们最后在蒙古武士的进攻下毁于战火,古城化为废墟,居民远走。高昌故城,凝聚我们今天不可能尽知的西域历史文化的种种碎片,凝结着汉民族建设西域大地的努力和贡献。匈奴、鲜卑、铁勒、突厥、回鹘、蒙古等各族健儿在这片土地上曾有的贡献,在矛盾碰撞、深化了解、彼此交融中绽放出新的历史精神。这对我们是十分珍贵、文献少见或未见的财富。今天已经具备的科学保护技术,可以在古城发掘、保护全过程中提供更好的技术支持,为高昌故城的保存提供更好的保障。利用新的科技手段,全新的高昌故城考古发掘工程,有望给我们提供难以尽数的精神文化资料和重要的历史文化营养。

第三,西域大地是古代中国走向世界的重要大门,高昌是西域大地上特色地理环境下培育成长起来的交通枢纽,物质、精神文明交流的中心,有限的文献,曾经出土的不多古物,告诉我们儒学在这里显示重要影响,中原大地农业生产的智慧如水利、牛耕等技术,也曾为西域经济发展贡献了不应低估的力量。中国的育蚕、丝织、漆器制作、造纸、火药发明等技术,在推进西域以西广大世界的历史进程中发挥了不可低估的作用;西来的毛纺织技术、棉花种植、通经断纬的缂织技术、玻璃器制造工艺,以及小麦、优质黄牛、绵羊等物种,还有坎儿井水利系统……为这片土地的发展注入了新的力量。不同地理环境下成长起来的物质、精神文明,曾经使西域大地不断焕发过引领人们前行的光亮,这是人类文明交流的生命力,是人类历史进步不可违逆的力量。

第四,不同的精神文明,儒家的"共美前行"、佛家的"普度众生"、祆教的"人类在光明黑暗斗争中进步"、伊斯兰主张的"众生平等";不同的艺术表现形式,如东亚、欧亚草原、西亚、阿拉伯世界优美的音乐,都使西域大地的文化生活异彩纷呈。在高昌故城的发掘中,都有可能获取种种细节。

第五,高昌城中,为公平贸易曾货分三等,按质论价;城内巷道中,曾有牛车与小孩碰撞导致骨折,按唐律判处过相关纠纷……这些古城中曾经展开过的细节,通过考古再现,可以提供给我们有益的精神食粮。如是等等,无法尽说。

最后,值得强调,经过大半个世纪的磨炼成长,过去没有被人们充分重视的新疆考古力量,已经成长为一支在认识古代西域文明中不可忽视且无可取代的劲旅。他们长期坚守在工作比较艰苦的西域大地,任劳任怨。对古代西域尤其是西域地区吐鲁番文明的认识,已经站在了国内外相关研究的前列。由他们承担发掘并进一步保护古代高昌故城的责任,是完全可以信任并予以支持的。

我们要学习意大利同行在庞贝城考古的经验,让可以也能够在高昌故城长期驻守、细致工作的新疆考古工作者,一条又一条路、一间又一间房、一步一步前行,积以时日,使干燥环境下的高昌故城能比较完好地呈现当年的面貌,化作西域大地上最好的遗址博物馆,成为人们了解、认识古代西域文明的考古遗址公园,功莫大焉!

不论会遇到怎样的困难,面对怎样的问题,我认为从进一步认识古代西域文明计,今天,高昌故城考古应该提上工作日程了,这是时代的需要。

高昌故城考古,早做比晚做好,今天做比明天做好;更早一点发现更多的西域文明细节,这对深入认识亚欧文明早期交流、人类发展进程至关重要,因为人类其实是命运相通、祸福相倚的。这一真理有助于人类更加健康地前行。

期待高昌故城考古工作能够早日上马。

（原刊《西域研究》2024 年第 1 期,1—7 页）

考古断想

——从考古一角看历史

　　古代中国,东、南为大海,北为砾漠,西向拓展相对为坦途,且面对着诸多异质经济文化实体,可激发交往之需。因此,古代中国西向交流,是开拓极早的。去今近 4000 年前的小河墓地,可见只产自东、南海域的海菊贝珠;去今 3200 年前的商朝妇好墓,出土产自昆仑山的玉石,且数量不少;古代伊朗、印度称中国为"秦"……这些资料提供的历史信息是:早在秦、楚,甚至周、商王朝,中原大地与新疆,甚至波斯、印度、阿尔泰山以北的草原王国,已存在不少经济、文化交往。从这一角度看"张骞凿空"说,多的只是对西汉王朝举国家之力,拓展与中亚西部交往的颂扬,却并没有完整、准确地显示汉以前中原与西域间历史发展的实际。

　　笔者曾组织、实施过对克里雅河、尼雅河水系的全面调查、试掘,力图探索人类与自然搏战的历程,发现约去今 10000 年以前早期先民已在上游河谷采集、狩猎。诸多细石器可以为据。而在河川尾闾地段,见到了距今约 4000 年的早期农业遗迹。更晚,在河流中下游处,诸多古城文明开始出现。再往后,一步一步,人们的活动中心又逐渐移向河川上游,迫近今天的绿洲。

　　此外,我注意到相关古城址所在之地,几乎见不到成林大树。而离开废墟中心十公里以外,则可见葱葱郁郁的胡杨林等。这种观察带给人的联想和思考,一是沙漠古国都曾在利益的驱动下消灭了原生的自然绿洲,但同时也毁掉了宝贵的绿色屏障;二是在尾闾地段有了最早的农业生产后,随着生产发展、人口增殖,对水的需求会日益强烈,向河川上游行进就成了一个难以阻抑的趋势。

　　可以说,对水的需求是新疆历史发展中不变的基本因素,而摧毁绿洲生态系统的,往往是人类。所以,要记取的历史教训是:在非常缺乏天然降水的这片地区,源自雪山冰川的融水是一个可以计算得清楚的、有限的、恒定的量。对这股生命之源,进行科学精细管理、合理使用,最为紧迫。

　　地缘、社会、气候诸多因素交集,还使新疆成为一个古代"地球村"。这样的地点在世界上并不多见。吐鲁番出土的大量古尸,有来自中原的"汉魏遗黎",也有来自中亚两河流域,用着汉字、说着胡语,姓康、姓安、姓史的粟特人……这表明不同的族群曾杂居在西域大地,彼此接触、碰撞、矛盾、融合,慢慢形成新的共同体。从考古资料看,欧亚大陆上曾经有过的主要宗教,几乎都可以在新疆大地上觅见其活动痕迹,且仍能在今天人们的灵魂深处觅见其影响。同样,新疆的绘画、雕塑、舞蹈也非常复杂,它们多元多姿、色彩纷呈,为人类艺术史研究提供了全新的认识空间。

(原刊《中国国家地理》2013 年第 10 期,98 页)

【学人情愫】

筚路蓝缕　拓出考古新境界

——黄文弼与新疆考古

新疆考古文化，是当前研究欧亚古代文明最受关注的热点之一。思及新疆考古，难忘黄文弼先生在新疆考古舞台上的开拓之力、推进之功。新疆师范大学在黄先生诞辰120周年之际，命名新的图书馆为"黄文弼图书馆"，并开设永久性的"黄文弼特藏馆"，既彰显黄氏在新疆历史文化研究中难以取代、值得今人铭记的建树；更宣示继承、弘扬中国学界珍贵的、应予发扬的西北学术研究传统的决心。其见识之高远，可发人深省，也激人奋进。

一

新疆，虽僻处中国西北一角，却绝非中国历史文化的边隅，而是有自身独具、他处难觅的基本特点：

（一）位居中亚腹地，地处古代欧亚数大文明之间。不同环境下育成的异质文明，彼此交流，各有获益，交往成为必然。这种联系、交流，很早就已萌生，更随时代而发展。在海路开通前，可以说是欧亚大陆文明进步、发展的重要途径。新疆，自然就成为这文明古道上的冲要之地，成为古代中国与西部世界来去交往的主要门户。

（二）新疆境域辽阔，高山、沙漠、绿洲、草原毕具，宜牧宜农。交通内外，难说便利，粗看还十分封闭；但深山峡谷、高山草场，早就是游牧人纵横的舞台；沙漠中散落的绿洲，是行进中自然的驿站。作为沟通欧亚的冲要，并不存在大困难。

（三）华夏文明，生发极早。黄河、长江流域这类河湖纵横之处，去今万年前，已农业聚落棋布。稳定的生产，为物质文明进步提供了可靠的基础。稻、麦、黍、粟，猪、牛，丝、漆、冶铸，极早就已显露光芒于世。黄河、长江流域古代先民，挟其文明之资，很早就四向拓展。而西行，最得其便。西部新疆，自然很早就沐其惠泽。先秦之世，新疆山川地理，已为中原人们津津乐道；"秦人"之声名，早就在古代印度、波斯土地留下印迹。继此传统，才有张骞西走之功，班超立业之础。这绝不可轻忽、不能无视的地缘，是人类生存、发展的基础。它自然将新疆与中原紧密联系为一体，难以分割，也无法分割。

（四）作为东亚与南亚、西亚、欧洲古代交通的重要隘口，新疆大地、天山南北，自然很早就成为欧亚大陆上众多不同种族迁徙、交往的处所。只以见之于汉文记录的资料为据：塞人、月氏、乌孙、匈奴、汉人、车师、嚈哒、鲜卑、铁勒、突厥、回鹘、黠戛斯、契丹、蒙古、满、达斡尔、锡伯等，都曾为这片土地的开发、建设作出过贡献。其中古代汉人、匈奴、鲜卑、突厥、回鹘、契丹、蒙古、满族等，更都曾在这片土地上扮演过重要的角色，成为不同时段、不同区块、不同政权的主体。这是我国其他地区少见的。很早就有学者称这片土地为"人种博物馆"，正是这一历史的遗痕。

（五）新疆地理位置重要，历史地位冲要，文献记录虽见涉及，但重在政治、军事梗概，少及经济、民生，难显历史全貌；但天眷地顾，这片地区气候特别干燥，尤其在塔克拉玛干沙漠内外，几乎终年无雨。古代遗址、文物保存极好，甚至人体发肤仍存、体貌如生。这自然成为文物考古的宝地。千、万年前的遗存，潮湿多雨之处都会消失无痕的一切有机、无机物，在这里还都有可能保存完好如新。轰动世界的文物考古珍闻，会常在新疆大地爆出，是并不偶然的。

这些新疆独具、特显的地理、历史、文化特点，既关乎人类文明进步、欧亚大陆历史进程的重大问题，也及于中国各族人民共同缔造、建设华夏祖国的种种故实。这片土地上的文物考古资料，其科学价值，自然就会独显辉光于世界文物考古之林。黄文弼先生有厚重的历史文化素养，有广阔的欧亚文化视野，更有爱国情怀，有不畏艰难、奉献个人于民族振兴大业的志向，他将自己的生命与新疆文物考古事业融合在了一起，这是新疆文物考古事业的幸事，也是黄文弼先生个人的幸事。

二

文物考古，事涉古远的历史文化。表面看，它与现实的政治、经济少有关联；其实，却同样也与现实政治、经济利益密切联系在一起，受其驱动，为其服务。一百多年来的新疆文物考古，就紧密呼应着时代的脉动。新疆考古的第一页，就与西方列强对华殖民扩张息息相关。黄文弼的新疆考古历程，也清楚显示着这一精神实质。看来，这是一个历史的真理，古今中外，概莫能外。

自18世纪以来，世界资本主义发展，社会物质文明进步，人们的视野也日益开阔，一变中古时期普遍的封闭、狭隘。沙皇俄国，从僻居欧洲一隅，向远东、中亚强力扩张；英、法等国，也将触角向中亚、南亚伸展。拓展市场，掠取廉价原料，成为欧洲资本主义进一步发展的需要；它的解决，也会为资本主义列强注入难以估量的新鲜活力。久被世界遗忘的沙漠一角——新疆大地，在海路开通后、由早期繁荣沦入相对荒寂后，又日渐成为资本主义列强关注的热土。十分令人遗憾的是：这严酷的形势变化，却丝毫也没有被统治这片土地的大清帝国所感知。他们还沉醉在自酿的美酒之中，认自己为"天朝"；域外均蛮夷，绝未见一丝隐忧。在他们的视野中，西域山河不过是荒漠之地，是一块可供排除异己、流放精英的边裔。

拓展、掠夺，得从了解、认识开始。19世纪至20世纪初叶，沙俄、英、印开始注意到这里散见的文物、古城、胡语文献，对这片土地曾是中国与波斯、印度文明交汇之处已开始有了模糊感知。一拨又一拨，不同学科的调查者往往打着"考古"的旗帜步入新疆高山大漠。一批又一批珍贵文物，被搜掠而去，"中国文明西来"说、"中国人种西来"说呼应殖民扩张之需要，也渐渐成为殖民扩张的舆论，而见诸西方报端、杂志。统治者虽混沌不觉，却已逐渐吸引了一批又一批游学东、西方世界的先进学子们关注的目光，亡国灭种之忧油然而呈现在他们心头，他们开始有了反思、抗争的热情。这反思、抗争，较之实际展开的事变，虽然晚了不少节拍，但文化知识界终还是觉醒，并决心要用自己的努力唤起国人，以挽救国家、民族面临的危亡。

正是在这一中国人民灾难深重、长夜难明的年代，黄文弼步上了西域考古舞台，并十分努力用自己的工作，或明或暗地与西方考古学者针锋相对，进行抗争。他努力开拓当年中国学术界还无人问津的新疆考古事业，通过文物考古资料论述古代中国人、中国文化在西域大地上的各种贡献，对国家、对西域历史文化建设事业的贡献，仅凭这一点，就值得我们今天为之大书，为之歌颂！

不论起步初始曾是怎样的幼稚，今天看去是如何不够成熟、不够深刻，但这恰如新生、刚离母体的婴儿，其筚路蓝缕之功，努力奋斗之实，实际展示了一个新疆考古新时代的开始，可以说是其功厥伟。其点滴建树，放在那样一个时代，价值均不应轻估。

现代新疆考古事业，其第一页是西方列强以西域考古之名义揭开的。自19世纪中期开始，止于黄文弼进入新疆的1927年，粗略统计，西方各国学者已数十次步入新疆。他们大都打着"考古"大旗，行山川地理、气候水文、交通路线、矿产资源、民族民俗、历史文化调查之实。这数十年中，沙皇俄国前后有24次，英国有15次，德国有9次，瑞典有7次，法国有5次，日本有3次，其他如芬兰、美国、奥地利等，也都有过活动。面对一块似乎理想的殖民空间，谁都不想落后于人。沙俄、英印与新疆邻境，有地利，因而动作早、规模大。沙俄视天山以北为其后院，英国人斯坦因将天山以南的塔里木盆地，称之为"Serindia"。这是一个新造的词，用的是西方古代称中国为"Seris"、与英国殖民地印度"India"并合在一起而成的新词，意喻"中印之间"。塔里木盆地不再是新疆的一部分，而变成了"Serindia"。当年英印下一步会对南疆大地如何下手，于此是清楚可见的。为此，斯坦因们自然也是利用所获文物考古资料做足了文章。最显明一点，就是尽力少说这片土地作为中原王朝辖地曾经实施过的种种政治、经济制度，少说或不说这片土地上原生的土著文化的个性；而大讲、多讲它是古代印度、波斯与中国中原文化会聚的地点。新疆大地文物中，确实不少见印度文化、古波斯文化的存在。但只强调这一点，就成另一种文化意涵了。在文化思想领域与这种舆论、导向相抗争，阐明它和祖国大地更久远、浓烈、血肉相连的关系，是当年文化知识界面对的十分严峻的社会责任。自1928年4月起，黄氏作为中瑞西北科学考查团一员，单枪匹马，风餐露宿，带领雇用的几位助手，包括当地的维吾尔族农民，在吐鲁番盆地、塔里木盆地、罗布淖尔地区进行了两年多的调查、考察以及少量发掘活动，并以此为基础，先后完成了《高昌砖集》《高昌陶集》《吐鲁番考古记》《罗布淖尔考古记》《塔里木盆地考古记》等重要著述。这些成果，最本质的意义，恰如蒋梦麟先生在为其《高昌陶集》序文中画龙点睛的一句话：它们的核心，最关键的一点，就在于"对吾国文化西渐多所注意"！关注这一点，强调揭示这一点，平常情况下似乎可有可无，但在面对当年甚嚣尘上"中国文化西来说"的形势前，严正与之对应，就显示了一种文化责任，一种社会担当，一种关心家国命运的情怀，其深刻的爱国主义思想内涵，是绝对不应也不能低估的。

罗布淖尔地区，20 世纪初，是西方学者重点工作的场所。斯文·赫定作为地理学家，面对老师李希霍芬与沙俄普尔热瓦尔斯基之争论，探求罗布淖尔湖准确位置所在，成为他当年自觉的责任。他不避艰难，一次又一次在荒原上穿行，寻求的就是德国地理学界在中亚地理研究中的荣誉。在这一考察过程中，1900 年他十分偶然发现了古楼兰城，成果轰动欧洲学术界；斯坦因对楼兰埋藏的文物，内心强烈追求。先后两次在楼兰城内外大肆挖宝。割剥而去的米兰出土的佛教壁画，展示了希腊化文化进入过新疆东部的历史事实，更是令西方学界惊喜有加；还有橘瑞超所获"李柏文书"，如是种种，无不是黄文弼步入楼兰前回环在脑际的重大事件。楼兰，作为汉、晋王朝交通西域的咽喉，统治西域大地的军、政重镇，在斯坦因等人的楼兰考古著述中，是基本不见或少有论说的。有的，只是对出土文物资料的具体说明，这自然更增强了黄氏急迫进入罗布淖尔、进入楼兰的愿望。但考察为大水所阻，黄氏并没能踏上楼兰古城的土地，只能在罗布淖尔湖北岸踏查。他在那里发现并少量发掘了土垠遗址，获取了西汉前期木简 70 多支，其中有汉宣帝黄龙元年（前 49 年）、元帝初元四年（前 45 年）、永光五年（前 39 年）至汉成帝河平年间（前 28—前 25 年）、元延五年（前 8 年）等纪年残简，清楚显示了土垠遗址是公元前 1 世纪中西汉王朝宣、元、成帝时，汉廷交通西域的要站，政治、军事活动频繁。罗布淖尔北岸孔雀河下游，楼兰统治时期为原楼兰王国领地之中心地带。楼兰破灭后，楼兰王国南迁扜泥（今若羌河畔）。曾是楼兰王直接统治的中心地域，因史籍失录而形势晦暗难明，如今，因土垠的发现，可以明确，这片土地当时已经成为西汉王朝驻军、屯田的地点，官员来去、邮传东西、移民种植、收储粮食供驿路之需……诸多细节、信息，均可见于土垠汉简残文之中。公元前 1 世纪中西汉王朝在这片土地上展开的政治、经济活动，可助益准确认识罗布淖尔地区汉晋王朝楼兰王国、鄯善王国历史发展、变化的轨迹，填补了记录的空白，其贡献是并不在发现楼兰古城之下的。

在黄文弼新疆考古生涯中，1928 年至 1931 年这两年半左右的时间，是十分重要的一段。此后，1934 年，受当年教育部之派，曾再至新疆，又到了他难以忘情的罗布淖尔地区。1943 年，黄氏执教于西北大学，受学校派遣，第三次进入西域，进行考古调查。中华人民共和国成立后，1957 年，受中国社会科学院考古研究所派遣，第四次进入新疆考古，但时间都比较短暂。在 1928—1931 年间的考古调查，虽因受诸多条件制约，并不顺利，没有可能进行比较深入的工作，发掘也受限制。但在这一基础上，完成并先后刊布的吐鲁番、楼兰、塔里木盆地考古资料、文物标本,却是当年国内关于西域大地仅有的标本,弥足珍贵。他据而对遗址所在地区生态环境之变化,提出"既有自然环境(如水)变化的因素,也与人的社会活动相关";同时根据大量资料,揭示古代新疆农业生产中的灌溉技术受中原大地影响;新疆佛教艺术,是受了"两个不同方面的文化影响,前期接近于西方,后期接近于内地",等等。这些观点,验之于近数十年中新疆文物考古工作之收获,确是相当深刻的见解。

古代新疆,一直是种族多源、众多民族迁徙往来的舞台。相关文物考古工作中,对此自然不能忽视。黄氏在相关考古报告中,既注意到汉代以来作为中国主体民族之一的汉民族在这片地区尤其是吐鲁番盆地中的存在,对其他各地各处所见不同时代相关遗迹遗物,也给予了关注,适当说明。与此同时,他对不同类型的各少数民族遗存,同样十分关心、充分揭示。在《塔里木盆地考古记》中收录的梵文、龟兹文、回鹘文献、契丹文物,包括一些不知其名的所谓"少数民族文字"(其中,不少可能是文物贩子们伪造、骗人的东西)、钱币等,都注意认真收集、保存,以便识者研究。渗透其中的精神,是他面对如是一个众多古代民族杂居、迁徙来去的地区,对任何非汉族的、少数民族文化遗存,都抱有尊崇的态度,珍视其存在,以助进一步历史研究,以求更好地揭示在开发、建设这片土地的历史中凝结的众多民族祖先的劳绩、智慧。对此,我们只有尊崇、继承、弘扬的义务,而绝无轻视、疏忽、不尊重的权利。20世纪50年代后,他第四次到新疆,在伊犁、阿勒泰等地,调查石人石棺,结合文献进行分析,判定为突厥民族的遗存,引发了后人的关注。如是尊重历史,关注少数民族历史遗存的态度,在他是一贯不变的初衷;我们则可从中吸取历史的营养,认真学习、继承这一传统。秉持同样的精神,黄氏在相关考古报告、历史研究文章中,对古代新疆塞人、月氏、乌孙、车师、匈奴、突厥、契丹、蒙古等,与新疆大地的关联,可能与他们相关的遗迹遗物,都曾经充分关注,并力求透彻认识其文化特色。对于我们这些从事新疆考古的人,这传统、这精神,都值得认真吸收、继承,并争取进一步发展。

三

说到黄文弼新疆考古,不能不提及中瑞西北科学考查团。

黄文弼作为中瑞西北科学考查团5位中国学者之一,步入新疆考古舞台前,在北京大学国学研究所从事研究工作有年。1927年成功组建的中瑞西北科学考查团,为他从事新疆考古提供了契机。中瑞西北科学考查团,留给中国学术界的印象是相当美好的。它是20世纪30年代以前西方以平等态度与我国学术界展开合作的科学考察团体。久受欺凌的中国学术界在此感受到了平等的尊严、喜悦。负责交涉并完成了这一文化工程的知名学者刘半农先生,曾戏称协议是"翻过来的不平等条约"。从今天看,其实,它是平等的合作:共同组队,费用(包括中方)由希望考察之瑞方负责,所获各类科学标本(包括文物)归主权国中方所有,研究成果共享。只是,这与其他西方考察者利用不平等条约在清政府手中取得的特权,肆无忌惮地实施文化侵略,掠取资料(包括文物),确不可同日而语。从这一点看,刘半农先生们当年的斗争,是空前的胜利。在长期蒙受欺凌的中国知识界,为这一合作模式感到满意、高兴,也完全可以理解。直至今天,中国学术界仍然对斯文·赫定抱持一个较好的印象,有相当肯定的、积极的评价,这也可以理解。当年英、法、俄、日等国学者,没有一个曾抱持与斯文·赫定相同的态度。如是一种合作,实事求是地评价,其对合作双方都是有利的,对相关学科发展也有利。进一步说,对推进人类文明进步也有积极意义,应该肯定。

但也应该指明一点,这只是在特定形势下,爱国的、觉醒了的中国知识分子团结、奋起抗争、维护国家主权,由深谙西方学术界合作理念的学者出面,展开有理、有力的谈判,取得的合理结果;它绝不是如有人反复强调宣传的:这是因为斯文·赫定有不同于一般的善良、对中国人民怀有特别友好的感情,才出现的奇迹。事情其实并非如此美好。在国际合作领域,包括文化领域的合作,不同的国家、不同的学术团体甚至相关的学者个人,都会有不同的、对各自特定利益的追求,这才是事物的实质。没有自己的利益追求,只为对手着想,这样的事情是不存在的。

1927年初,在我国西北已经有过多次活动并取得过多方面收获的斯文·赫定,再一次率领一支主要由瑞典、德国学界学者组成的“远征队”,来到北京,准备进入我国内蒙古、新疆一带开展考察活动。北洋政府出于自身考虑,也已准备同意他们如过去一样,无条件实施考察。但这受到中国学术界爱国知识分子的激烈反对。他们组成了中国学术团体协会,奋起抗争,维护国家主权与民族前途。他们一方面诉诸舆论,号召群众;一方面也权衡形势,寻求对策,确定了有条件与斯文·赫定实施联合考察的方针。经过十分艰难、反复的谈判,最后才达成双方都可接受的协议:中方派学者5人、学生5人,参加考察;中外团长共同负责考察团的工作。斯文·赫定最后接受这样一种安排,是因为只有如此,才可以实现他希望的、已经设定的考察目标。因为有过这一协议,使英、法等国再不能随意进入新疆活动后,他曾面对西方同行的攻讦,申说过自己的无奈,因为形势已经改变了。

在中瑞西北科学考查团中,西方成员是瑞典5人、芬兰1人、德国11人(其中8人是与德国空军有关的高级军职人员)。考察经费,自然很大一部分是来自德国。德国,当年曾十分希望能开通一条从欧洲经过中亚进入中国的空中走廊,这自然是有重大政治、军事利益追求的。

斯文·赫定,是优秀的地理学家,多才多艺,散文优美。考察途中,保留至今的许多素描,还显示着他不凡的艺术天赋。在第一次世界大战中,他同情、支持德意志帝国;第二次世界大战中,通过演讲、文章支持纳粹,这也使他为欧洲学界所诟病,曾被英国驱逐。他与德国政界、军界的关系是十分深厚的。而在种族主义思想指导下,认为日耳曼人是所谓优等民族“雅利安”之后,而雅利安人又曾在迁徙中到了中亚、南亚。这一观念,对德国希望借之与英、俄抗衡,在中亚、南亚的殖民扩张中得到自己的一杯羹,是德国统治层内心深处不时会有的心灵悸动。中国知识分子在中瑞西北科学考查团中,面对国家可能丧失的空中航权,自然也是心怀高度警惕,这决定了实际工作中会有的不和谐。

黄文弼在 1928 年 7 月 17 日的日记中,曾以大篇文字叙说了这一心态:"刘春舫来坐,谈及团中德国团员均是德国旧党……均抱军国主义。前日外国团员文学会,所唱者均是战歌","彼等此次旅行目的完全在飞行……余以为此项绝对不能承认,因为天空航路权,有关国防极巨……","此次测候、气象、绘画地图,由新疆北部至南部,其用意颇为深远。余意凡关于军事要枢,均当禁止"。

在 1929 年 3 月 12 日的日记中,黄氏又提及"余饭后,又至樊处往拜,谈论关于本团外国人拟在新疆飞行事甚久",这里的"樊",是当年杨增新手下负责外事的署长樊耀南。

同年 3 月 28 日,"归至徐先生处(徐先生,为当时中方团长徐旭生),惊悉德人活动进行飞行事甚力,杨将军意颇动摇,意料于中牵线者为包尔汉。为系铃解铃之计,乃同徐先生至包处,借考人种为名,便谈及飞行事。渠态度亦佳,并云德人贿赂各事。归已夜 2 时半矣"!

4 月 7 日,继续记述有关飞行事"樊署长派差官来,十一时前有空接谈。乃即与丁往拜……关于飞行事,谈颇久"。

4 月 11 日的日记,叙 4 月 8 日至 11 日间事。"8 日,徐先生同赫定见将军,进说飞行事,被拒绝。甚快。""连日德人声浪颇高,然不足以吓吾辈也。徐先生有电致理事会报告,而将军亦有电至外交部矣。星期一樊署长亦为此事据余与徐一同谈话,借报告外人飞行事件商谈经过。"

至 4 月 15 日的日记,说包尔汉来访,谈的内容已是"盖德人回国,须清查彼等笼箱也"。至此,所谓要求取道新疆的飞行权一事,告了一个段落。

这是中瑞西北科学考查团考查活动中,曾经发生的一件事。通过黄氏日记,不仅可以了解其原委、进展过程;通过这件事,也可以得到启示:在看似美好和谐的中瑞合作西北考察活动中,其实,并不是那么和谐、大家都满意的。这显示着一个朴素的道理:一切现实展开的事物,都有它出现的充分理由;在国际舞台,包括学术研究,最本质的驱动力是利益,是国家、民族利益的追求,而且无不全力追求这一利益的最大化。不同国家之间合作项目之实现,只能是彼此利益得到协调、各方妥协的产物。在考古文化考察、调查、发掘及继后的分析、研究中,同样会受此制约,并无例外。

四

认真回想黄文弼先生的新疆考古生涯,以及他近乎悲凉的离世前的生活;面对新疆师范大学文学院首倡并得以实现的"黄文弼图书馆"、"黄文弼特藏馆",感慨良多。再说几点与黄先生学术事业看似没有直接关联,实际也体现了黄先生新疆考古事业精神的几件小事。它少为人知,但不该被忘却。

新疆考古,长时段中,其实是少有人关注、相当寂寞的。大概是 1963 年,我与王明哲兄,有感于新疆考古实际工作的艰难,曾联名致信黄文弼先生,请他指点迷津。很快,就收到了他十分认真的回信,密密麻麻满是小楷字的 3 张纸,除温暖的鼓励外,还叙说了他的感受;告诉我们要认真读的书,开出了一长串、相当详细的书单;还告诉我们民族地区考古工作应特别关注的民族历史文化研究。让人至今印象很深。黄先生对新疆地区考古深厚的感情,浸透在纸内纸外。这信,当时是注意收藏的;今天再找,几经搬家后,竟然无着。是遗失在了随后不久就如火如荼展开的"革命"之中,还是至今还在什么箱角、书页之间,难以说清。但这件事,是难以忘怀的。也就在这件事过后不几年,"革命"的浪潮卷走了黄文弼先生的病弱之躯。自此,新疆考古本已十分寂寞的舞台,就又相当久地归于了更深重的沉寂之中。

工作起起落落。在20世纪最后20年中,改革开放大潮,将新疆文物考古也卷入一个新的高潮之中。那时,来去北京的机会渐多。至北京,大都住在沙滩红楼附近,距离黄先生旧居并不远。我确也不止一次想起过新疆考古开拓者之一的黄文弼先生。只是知道他早已驾鹤西去后,竟一次也没有去过黄先生家,只和黄烈先生偶有联系。也想到过应纪念、继承黄先生在新疆考古事业的奉献;当年,自己还不短一段时间主持过新疆考古所工作,但诸多实际情况,似乎还没有办法具体开展这类事。直到我被中国人民大学国学院西域历史语言研究所特聘,就想到要设法将黄文弼先生的工作资料保存到国学院的资料室,辟出一个专门空间,供大家学习、使用,也可借以纪念黄先生在新疆考古事业上的劳绩、贡献。曾将这一想法告诉过向与黄先生家联系较多的孙秉根兄,秉根告诉我:迟一步了,新疆师大的朱玉麒教授已早有此意,而且联系了黄先生家人,妥善处理好这一问题了。听后,没有遗憾,只是感动。这是一个非常好的安排。我说这件事,既是感佩于新疆师大文学院以及朱玉麒教授的见识、眼光不同于凡俗;更是感到,作为培养新疆新一代文化人的重要基地,通过各种途径,让年轻学子们知道老一辈学者曾经对西部研究有过的关心、奉献。而认真关注祖国西部这块宝地的研究,这一精神、传统十分重要,应该认真继承、发扬;做好这件事,是很要紧的。

任何事业,都有产生、成长、发展的过程。先行者的奉献,如大树之幼苗,看上去很稚嫩,没有成长为大树后那么辉煌;但其努力拼搏、奋斗成长的过程,却是应该被记住的。黄文弼先生在新疆考古事业中,曾经走过的路,就可以给我们这样的启示。没有黄文弼先生们曾经不那么矫健、不那么如意的跋涉,又怎么会有后来者今天的辉煌、光彩?

新疆师范大学领导、师大文学院老师们表现在这件事情上的态度,深刻的思想、追求,发展西部新文化、关注西部研究的情怀,一点儿不是虚夸,它具有永恒、不朽的价值。这一点,值得我们思考、学习,追随前行。

2013年3月于中国人民大学静园

(原刊荣新江、朱玉麒主编《西域考古·史地·语言研究新视野:黄文弼与中瑞西北科学考查团国际学术研讨会论文集》,北京:科学出版社,2014年,1—8页)

难忘冯其庸先生的文物情怀

看着摆在案头的《瓜饭楼藏文物录》（以下简称《藏录》），其庸先生对古代文物那种亲切、十分关注的神态，又浮现在眼前。可能他认为我是搞考古的，对于与考古密切关联的文物，会知道得很多，早先见面时，他就总会引我去书房、画室中，看他新获的藏品，说它们的情况，并问我的看法和感受。有的，我有一点儿一般的知识；大多的，真说不上具体了解，于是就不愿意多说。因为没有实实在在的了解，自然就没有深一点儿的应对。他对这一点，内心可能会有一些失望。但我自己知道，这其实真是与我的文物知识素养相当欠缺密切关联的。

战国 龙形陶水管

西汉 双鹿树木纹半瓦当

现在看他比较全面的收藏品，突然想：其庸先生当年引我看文物，可能还有着希望我从自己的专业角度随意评点、议论，可以使凝聚在相关文物上的核心精神，变得明晰一点。之所以有如此联想，是看到《藏录》中的文物，从旧石器时代的打制石器，到晚清时段的文墨，上下数万年，纵横千万里。即便一个知识面极广、精力超越常人的学者，对这些文物也难能有较深一点儿的了解、认识。其庸先生却不论行至何处，稍得可能，绝不忘广搜博采。诸多入目的文物，只要力量可及，即置之于囊。所以如是，就是他在总序中说的：任何一件文物，都有它的"史料价值"，可以助益于"认识历史"、"认识各个时代普通人民的生活真实"。

辽 白釉开光刻花牡丹龙形提梁皮囊壶　　　　　元 骑马俑

一、与其庸先生结缘相识、渐趋相知的 30 年

其庸先生作为成果丰硕的一位思想文化大家，毕生不变的情怀，就在认识、研究、弘扬祖国优秀的历史文化，虔信这也是祖国昌盛、人民精神文化素养可以不断得到提升的有用道途。因之，他对凝集着古代文化、可以助益深化认识祖国传统的文物，就有了一种发自内心、十分浓烈、无法割舍的感情。

在我与其庸先生结缘、相识、渐趋相知的近 30 年时光中，留下了太多值得回味的记忆。其中，不少就与他的历史文物情结深深联系。粗看，这一现象不好理解：他在红学、书画、艺术等诸多领域中，挥洒他的如椽大笔；我则僻处新疆，毕生踯躅在考古舞台，寻求着西域文明的精神。时空相隔，可以说是相去遥远。但真是心有灵犀，在偶然相遇、稍有接触后，立即彼此感受到了内心深处对祖国西部壮美山川、这片土地上的民族兄弟以及多彩文化的强烈关心，也为祖辈仁人志士在西域大地开发、建设过程中曾有的奉献、牺牲而难以释怀。背后都有着十分清晰、若可触摸的爱国、忧国之情，于是相见恨晚。西域文物、民族的历史、文化，成了我们内心息息相通、跨越时空的精神桥梁，联系、交流可以说相当紧密。

在我 40 年的新疆田野生涯中，以尼雅河为生息舞台的精绝城邦，曾是重点工作的地点之一。1995 年 10 月上旬，一个十分偶然的机缘，让我远远看到了沙尘掩覆下似有一座古冢稍稍显露。停下沙漠车细细观察，确实是一处保存尚好、没有后人盗扰痕迹的墓园。古冢中保存不错的小锦片，明显具有汉代特征。这是沙漠考古中难得的机遇，加之自己当时还有指挥、临机决断的权力。于是随即改变工作计划，调集主要力量，对墓地实施严谨、科学的发掘。随着墓地不断被揭开，逐渐确定它是汉代精绝城邦故主们最后的埋骨之处。

而且随葬文物在沙尘下,保存得出奇完好! 学术研究价值难以轻估。很快,发现精绝贵族墓园的消息披露在报端,立即吸引了国内外注重西域古代文明研究的学界的强烈关注。

精绝,《汉书·西域传》中有短短不足百字的记载,清楚说明它是汉代丝绸之路南道上的一个城邦,自称为"国"。户仅四百,居民不过三千多人,但在丝路南道上,却是一处不可逾越、不能被取代的重要站点。在 20 世纪 30 年代前,这里曾是英国学者斯坦因倾注主要力量,四次进入工作、搜掠过大量文物的处所。在他的相关报道中,曾不厌其烦介绍过他获取的大量"佉卢文"文书,却少见对这一绿洲城邦社会经济、文化生活实况的全面介绍。直到 20 世纪 80 年代后期,中国考古人才得以相当艰难地、一步步迈入尼雅河谷的沙漠之中。近十年的尼雅考古,对尼雅河古代城邦的前世今生,也算大概摸清了变化的轨迹。而如今,集中着精绝城邦当年物质精神文明的统治人物墓园的发现,无疑可以使相关认识极大深化。

事实也真是如此:大量实物资料清楚显示精绝城邦统治者,具有相当深厚的汉文化素养,按汉式礼仪处理丧殓(葬具有棺、椁之形,男女主人衣物置于各自的椟椷,头脸覆面衣);学习、使用汉文,《苍颉篇》是课本;公元 3 世纪后,才有了佉卢文,出现汉文、佉卢文并行;精绝王夫妇,身盖彩色斑斓、有"王侯合昏千秋万岁宜子孙"织文的全新锦被;精绝王子手臂上的"五星出东方利中国"锦护膊,同样色彩艳丽;随葬陶罐上墨书大大一个"王"字,墨迹清晰,提醒着后人不能轻忽了他曾经的地位……贵若黄金的丝锦,出土即达 10 种37 件之多;时隔 2000 多年的铜镜仍光可鉴人;西来的晕繝纹彩色毛织物,蜻蜓眼玻璃珠(应为古籍中称谓的"琅玕"),棉布,当地生产的木质用具,麦、粟等食品,葡萄、梨等果品,共存一处,彼此交辉,生动显示了当年丝路古道上曾经流淌过的物质文明。

二、其庸先生对祖国历史文物的深厚情感

发现精绝贵族墓园相关信息见之于报道后,很快就接到了其庸先生的电话,嘱"到京时,一定要和他说说细况"。年底,我赴京汇报。随后就赶紧到了当年冯先生住家所在的红庙北里。白天忙过公务,赶到冯先生家中,时已入夜。其庸先生知道我要去,在他并不宽敞的书房中等着。

看着我准备好的、相当多的放大照片,听着我近乎烦琐的具体介绍,其庸先生偶尔也提出一些问题,希望更多了解一些细节。说完、聊过,时已夜深。在稍稍思考后,他以非常认真、少见的严肃态度说:"这绝对可以说是 20 世纪尼雅考古的最重大发现","它不仅可以有力推进西域史、精绝史研究,也可以帮助深一步认识丝绸之路上的实际情形","新疆一直是多事之地,这些考古资料,对科学认识古代新疆,了解这里一直是多民族共处、共建之地,也会很有好处"。他又十分认真地提了自己的意见:"真希望你能挤出时间,介绍相关考古资料,我想尽快在艺术研究院的《中华文化画报》上刊发。画报是一份中、英文合璧,主要向国外读者介绍国家文化的刊物。资料在这里发布,可以让国际文化界的友人

们，也能很快知道我们的新成果"，"文字不一定很多，毕竟还得有一个分析、消化的过程。但图片可以多发，用图片说话，同样或者还更有力量"。其心怀国家、念及世界的感情，清楚显示在他有点激动的面庞上。我尊重他的意见，也十分理解他的情怀，很快草就了文稿；他也以十分快的速度作了处理，在1996年第一、二期合刊的《中国文化画报》上，以《本世纪尼雅考古的最大发现——沙埋汉晋精绝古国一朝见天》的通栏标题，用了画刊大八开本的九个版面，迅速报道了相关资料。

年底的交谈，在次年初就以十分精美的画面，让"精绝文明"走向了世界，这当之无愧是当年最快的刊发速度了。画报上的通栏标题，不是普通的排字，而是其庸先生以酣畅笔墨、手书完成的冯体！我不厌其详地叙说这些细节，意在说明冯先生在这组考古文物资料刊布过程中曾经倾注的情感，对祖国西部大地浓烈的、几乎可以灼人的情感。他将古代文物视若自己的生命，希望通过发掘、揭示其曾经存在的文化精神，让读者们从中汲取有益的历史营养。其庸先生，如他一样有爱国情怀、人文情怀的知识分子们，内心深处对珍贵历史文物的看法，从这件事的诸多细节中，我们是可以清楚触摸的。这才是我们应该关注并进一步思考的对待祖国历史文物的精神。

三、文物是传之永远的、民族的思想灵魂

任何一件古代文物，都可以说是一物一世界，总会带有制作、完成它的那个特定时代的诸多气息，有着那个已经永远消逝了的时代的文化追求。其庸先生珍爱文物，关注手边的文物，因为他总是多角度、多维度地审视、剖析着，希望在不断地揣摩、分析中，可以捕捉到看似已经消失、实际总会留下痕迹的古文化气息。这就常给人以他对文物有爱不释手的表象。这里，我以他曾经关注过的汉代画像砖、画像石为例，稍予申述。他面对众多画像砖、石，会注意相关砖、石的出土地，于是就看到了相关地区曾是汉代"经济比较发展，政治文化发达的地方"；形形色色的画面总合，"几乎可以反映整个汉代的社会生活面貌，甚至汉代以前的神话、故事"；将相关砖、石画面放在中国艺术史的框架下，他发现它们是"未受佛教文化影响的中华民族的本生文化"、"上承先秦及先秦以前的原始艺术"；从发展史分析，他想到了"中国绘画到汉代，已确立起绘画的民族传统和构图的基本原理了"，如"采取鸟瞰的视角来布置景物"、"用线条来表现客体"，还有"画上加题记"。看似简单的汉画像砖、石，经过这番品味、审视、不同维度的比较，为中国美术史提供了一种富有纵深的思考。

正因为其庸先生看文物，就如看先祖前辈们留下的遗教，是中华民族值得珍视、应该传之永远的思想、灵魂；是可以助益中国人民增强民族自信，提高文明素养的珍宝。因此，他会毫不犹豫地将国宝级文物战国"郏陵君王子申青铜鉴"送进南京博物院，将全国唯一的明正德皇帝的"罪己诏"送到第一历史档案馆，而且决不言钱。化个人之珍为全国人民之宝，清晰说明了其庸先生的文物情怀，后面涌动着的实际是一份每个中国人都应该具有

的家国情愫!

其庸先生驾鹤西行已经两年。他远行时,我不在国内,但一直想着要写写我亲历的、有感受的一些事。《瓜饭楼藏文物录》问世,夏师母嘱我写写先生与文物有关的一些事,于是想到这些亲历过的故事。其庸先生在面对收藏古文物时深埋内心的历史文化情怀,是值得我们记取、继承的精神。

(原刊《光明日报》2019 年 10 月 12 日第 9 版)

难忘李征

　　1989 年,李征兄西行时,曾收到他逝前丢下、嘱我处置的一个塑料包,内中有他起过笔、定过题却未及完成的文稿,不少留在小纸片上即兴的思想火花……当年,不仅因为刚刚被任命为"所长",诸多意料难及的事情,让人焦头烂额;也因为李征兄关注的诸多问题,是我无力驾驭、素养难及的。于是,放在身边,一放就是三十年。

　　退休,不能不离开乌鲁木齐;认真思考掂量后,将李征兄重托的这一任务,转托给了朱玉麒兄。让我感慨难已的是,这一印象中十分细碎、杂乱的资料团,当年压弃在塑料包中的残纸碎笺,可以拣拾出来的珠翠,多年后已经在玉麒兄精心组织、坚持不懈下,化成了《西域文史》第十六辑(科学出版社,2022 年)中的《李征的西域石刻研究》、《李征〈吉木萨尔北庭故城遗址调查报告〉整理与研究》、《李征〈吐鲁番小桃儿沟石窟遗址调查报告〉整理与研究》、《李征〈高昌古冢遗书〉未刊稿整理与研究》、《吐鲁番出土文书的整理、体例及其前后变化——李征先生遗物所存学人信札四通书后》、《李征手稿所见吐鲁番出土墓志资料考述》及《李征藏〈有宋黄公层三评事孺人方氏圹志〉拓片考释》,以及其他杂志刊登的文章如《唐北庭龙兴寺碑再考——以李征旧藏"唐金满县残碑"缀合拓片为中心》、《李征旧存照片中的〈诗经〉写本》、《一段未完成的国际学术交流往事——李征旧藏眼罩资料研究》、《李征与新疆文物考古研究所藏敦煌写本〈大乘入楞伽经〉》等①,洋洋大观。加上玉麒兄网罗资料、拓展成文的《黄文弼旧藏李征书信及相关文献笺证》②、《汉和堂藏裴岑碑旧拓考》等③,让人获益匪浅。

　　在李征兄一生不算太长的新疆文物、考古相关研究历程中,曾经关注过西域出土石刻、唐代佛教寺院、北庭故城、吐鲁番文书、吐鲁番墓志等。他对各种资料认真搜求、整理,

---

　　① 刘子凡《唐北庭龙兴寺碑再考——以李征旧藏"唐金满县残碑"缀合拓片为中心》,《首都师范大学学报》2021 年第 5 期,28—36 页;朱玉麒《李征旧存照片中的〈诗经〉写本》,《吐鲁番学研究》2021 年第 2 期,23—28 页;袁勇《一段未完成的国际学术交流往事——李征旧藏眼罩资料研究》,《丝绸之路考古》第 6 辑,北京:科学出版社,2022 年,154—167 页;袁勇《李征与新疆文物考古研究所藏敦煌写本〈大乘入楞伽经〉》,《敦煌学辑刊》2023 年第 2 期,205—215 页。

　　② 《吐鲁番学研究》2019 年第 2 期,16—33 页。

　　③ 《中国民族博览》2014 年 11—12 合期,30—41 页。

208

并予以细致的阐释、研究。这样确凿的文字成果,拂去了蒙覆在李征兄身上的沙尘,展现出他不畏艰难、奋发前行的精神,以及为后人认识、了解吐鲁番古代文明作出过的难以轻估的贡献。公道自在人心!一位早期吐鲁番文明研究中艰难前行的专家,终得以比较具体、清晰的形象站立在我们面前。内心深处,我对朱玉麒教授及他组织的团队在这一事业中作出的贡献,充满敬意!最令人欣慰处,我们还可以看到一支不忘情于西域文明研究的后来者队伍,踵李征兄遗志,坚定地走在了这一并不平坦的大路上,这让我们对西域文明的研究充满信心。

一

我是 1960 年 7 月进入新疆考古研究所的。当时,李征兄已在新疆博物馆筹备处上班几年了。考古所与博物馆业务关系密切,但彼此来往并不多。我是相信人们交往、相识,有灵犀在心这一说的。这是一种说不清楚的直感。在两个单位偶尔会有的聚会、碰面中,我和李征兄真没有过存戒心、难交流的感受。这在当年,是挺不容易的。当年的考古所,具体到我本人,在刚刚接触新疆考古工作时,有过一年多受命在吐鲁番进行工作的经历;但初碰吐鲁番,就听到相当明确的建议:考古所最好不要在吐鲁番与博物馆的工作有交集,可以在十分广阔的新疆大地上另觅舞台。所以我也很快就开始闯荡天山南北,感受这片辽阔大地上无处不见的古代文明。所以与李征兄在实际工作中的接触真是不多。即使如此,我们还真很快就有了个人间的交往,这是李征兄主动联系、邀约后的结缘。

时间就在我初到新疆不久的 1960 年,李征兄突然盛情邀我到他家小坐。刚到陌生的乌鲁木齐,对新疆这片土地上的文物、考古,毫不夸张的描述,就是“两眼一抹黑”,突然有位应属老新疆的同行屈尊招访,内心之高兴是难以言说的。我刚到乌鲁木齐,住在中国科学院新疆分院一幢小楼的斗室内,地址在乌鲁木齐南梁,是当年新疆大学西隅最贴近南北交通大道的小红楼;李征兄的家就在相去不远处,步行不到十分钟即可抵达。清楚记得,他当时的住所,是一处具有俄式风格的建筑:居室,在一处相当高的土台基上,墙很厚,相当保暖。室内一角,是相当大的包了铁皮的俄式火炉,居室十分整洁,墙上悬挂毛毯,富有民族特色。夫人,出身有蒙古郡王背景,身材魁伟,相当健谈。其家庭生活氛围,我作为局外人揣度,是相当温暖的。

到李征兄家第二次小聚,已在数年后,同样是李征兄见召。与我第一次到访的南梁小家迥然有别,这时的小家,已搬至新疆博物馆筹备处的家属院中。一座长条形的筒子楼式的土坯平房,李征夫妇新家占其中一小套,土坯墙还是很厚,室内有土坯壁炉,可以烧水、做饭、取暖,很是节能。但采光十分不好。我立刻感到李征老兄的家庭生活发生了巨变。但他从未说过原委,我自然也从来没有问起过相关内情。传闻中,似乎是说他有蒙古郡王家庭背景的前任夫人,要烧李征在吐鲁番收存的旧东西,是破四旧的余波,导致彼此感情冲突。但细情,已不甚了了。

　　这次相当认真的邀约，是由李征兄发起并嘱新任夫人执行：要为我做月老。如是大事，所以印象深刻。李征兄的概念中，有"小家不成、功业难就"之虑。而我，年届而立，这事也确是当年家人、朋友关心的一件事。但进入新疆后，闯荡天山南北，心有所系，情有所属，所以还真没有把它作为压倒一切的中心。李征兄嫂为我做月老，也未有好的结局。但他们在这件事中费过不少心力，我真还是铭记在心，感谢其好意的。这曾相当程度上增进过我与李征兄的私谊。我知道，他在完成这一重任时，想到的其实是要我不能动摇、不能放弃在新疆考古的初衷。他也认可我作为他在新疆考古路上的同行，认为我们可以相伴、相助、相扶前行，这让我感到过贴心的温暖。我真是没有察觉到，表面上他谨言慎行，十分怕事，处处小心；而内心深处，却还是火热的，同样不仅在关心工作，也关心着身边的各种人和事。表面清冷、不苟言笑，与内心的火热，粗看似不兼容，其实却那么和谐地融合在他一个人身上。

　　值得一说，算是刻骨铭心留存在记忆中的一次见面，大概是在1988年岁末的一个夜晚，李征突然敲门夜访。那时，李征也已调到了考古所。这是十分反常的一个举动：有话，白天可以说，如此悄悄的夜访，让人有些奇怪。

　　1989年，由新疆维吾尔自治区党委任命，我担任新疆考古研究所所长一职。在这以前，为这一件事，新疆文化厅党组、自治区组织部曾有过认真的考虑。但我真是完全蒙在鼓里的。为这件事，据说，考古所内外、文化厅内，还曾有过一番波澜。老所长并不同意下台，文化厅却有了新打算。并且，为了防止大权旁落，老所长还做过一种预案，要调博物馆内一位在"文革"中与他关系至密的友人进入考古所，这样可以保证不论人事如何变动，实际工作他仍然可以掌握在手。看上去从来不涉这些非业务工作活动的李征，不知从怎样的渠道，竟具体、准确知道了相关细节。夜访，是为了让我警惕，当所长，绝对不能让那位在多年"文革"中掀起过不止一次风浪的"斗士"进入考古所。我追问信息来源，他坚不说明。而且，说完随即匆匆离去。

　　我听后颇不以为意，一是还没被正式任命为所长；二是还真不相信，一些人能有如是能耐。但后来的具体进展还真如李征兄所言：厅党组正式谈话，要我承担责任，也提到为工作，要调博物馆相关人员进入考古所。最后，在我的坚持下，调人计划自然没能实现。但我对李征兄还真有了另一层认识：在重重表象下的李征兄，对博物馆内情、考古所未来关心的程度，其实很高；他完全不是我想象中那么漠然，与己无涉就不管不问。那时的李征，其实已是重病在身，还这么关注考古所的人事变动，深夜来告诫我他认为必须注意的这件事，甚至根本不惧可能招致的是非、忌恨。这是我未敢稍忘，但从未向人道及的一件事。他内心深处，我想，无非是根据他自己的体验，希望考古所未来的路，可以走得平顺点，少点折腾，展现了十分朴素的对新疆考古事业的一点关心。难忘那个深夜送李征下楼，看他步子很慢、身体微微佝偻，我的内心极难平静。

　　后来，考古所内外不少友人笑我不谙时务，"连共产党员都不是，还敢叫板厅党组的人事权"。其实，还真发生过这一要求："我绝不因私进一个人入考古所；但厅领导安排人入所,一定要征求我的意见。"这件事的缘起,就有李征夜访给我的启示在内。"文革"中,提倡"与天斗、与地斗、与人斗,其乐无穷",但还有不少普通人,只盼着可以安定工作、生活,好好去做应该踏踏实实做的具体甚至是十分精细的如保护文物之类的小事,在如是"斗争"面前,他们的具体感受是绝不一样的。

这几个在不同时段展开过的场景,是我与李征兄淡如白开水的交往中的片段。我坚信只要真实,就有可能引发有意义的思考。希望有人在深一步剖析李征兄时,可以借此深一点了解李征兄在寡言少语、不苟言笑甚至是十分拘束的外在形象背后,还有如是热情关心友人、关心事业、关心生活的另一面。他的谨言慎行,不过是他包裹自己的浅薄外壳而已。

二

虽然李征兄两岁时,其父即辞世,但家中藏书丰富,传统国学氛围浓烈,对他的影响还是相当大的。大学毕业后,他曾在吐鲁番从事过小学教育,对吐鲁番地理、人文也比一般人多一层了解。家庭环境和后天际遇,使李征对吐鲁番历史文明,有较一般西域研究者更多发自内心的追求。

20世纪50年代后、60年代中期以前,李征在吐鲁番文物保护工程中,有过他人难及的贡献。

在吐鲁番,为觅有限的可进一步垦殖的空间,高昌城北郊晋唐高昌居民的地宫,那处新疆独具、世界仅有的可供认识公元初至公元九、十世纪前古代新疆大地上华夏文明曾昌盛绽放、发展、繁荣的宝地,在"大跃进"的大潮中,绝未想到,竟成了吐鲁番地区领导人发展农业生产的一处首选地。顺地势将木头沟水引入茔地、平整封土,不费大力,可以变为收获葡萄、棉花、小麦的良田,就可以适应"大跃进"形势要求。而历史的悲鸣、吐鲁番文明的哭泣,比起发展生产的硬任务,是无足轻重的。这一时段中,与时间比赛,抢救墓冢内的遗物,是当年新疆博物馆等各处工作人员的重大任务。而李征,正是其中重要的一员,他拼尽了全力去抢救文书、壁画等一切有可能救出的文物。他没有怕苦、怕脏、怕塌方,只想着能为国家多抢救一些宝贵的凝结着祖国历史文化的瑰宝,直至远在乌鲁木齐的博物馆领导电令回馆参加"革命",才不得不离开随时可能坍塌、不断被灌水残毁的墓冢。我看过当年李征抢救工作中极具特色的记录纸片:形形色色、大大小小、不拘一格;包皮的厚土纸、草纸、残破的香烟纸盒,任何可以写字的东西都曾是他用以记录的材料。这真是在特殊时期、用特殊工作方式,完成特定文明保护使命的手段。我们从这些在博物馆库房中应该还可以觅见的材料,可以感受到李征为吐鲁番文明拼命奉献的精神,它们也是可贵的文化纪念品。

面对复杂的文物,尤其是他处难见的古籍残纸、民间契约、种种一时难以识别的古代文献碎片,困惑中的李征,曾不断违背领导指示("不外传、严保密"),向黄文弼先生请教,也希望黄先生发挥可能的影响力,向领导说明文物重要,保护好并呼吁研究界的关注是要务。但那时的黄文弼先生,大概也只是确有同感,对扭转现状,是同样无计可施、无力能用的。

因应这特定时期的特殊情况,唐长孺先生、王冶秋先生在国家文物局直接领导下组织成立了"吐鲁番出土文书整理研究小组"。李征兄作为博物馆内与吐鲁番文书关系密切的一员,列身在其中,在北京工作了 12 个年头。这是他这一生中十分重要的一段岁月,他得酬其志,与许多可以请益的专家、学者共处一堂,共同努力去完成这一历史性的任务。在文物编号、缀合等工作方面,许多当年无法做好、但因热爱还清晰记忆在心的枝枝节节,他知无不言,为整理工作作出了重要贡献。但局外人可能不知道,如是十分合理、正当的行动,李征也曾遭受过非难、体验过不能明言的委屈。

历史研究与考古中相关出土文物分析,关联密切,但一般各有所司,不会撞车。而在吐鲁番阿斯塔那、喀拉和卓晋—唐墓地,出土文物中多见 3—9 世纪间的文书残纸,却是特例。研究这些出土残纸,准确、深刻、科学揭示它们背后的社会历史文化,是考古工作者可以做的,但与熟悉这一时段相关历史文献记录的研究专家相比较,水平高下立显。考古学家要先熟悉相关文献,然后再议相关出土文物的历史内涵,肯定不是主要凭借文献认识古史面目的学者的对手。这形成矛盾。考古一线人希望慢慢消化,独享经手的新资料,这与小我利益相关;熟悉古文献的专家,则希望可以共享相关新资料,更及时为社会需求服务。李征兄,在吐鲁番出土文献整理工程中,不十分准确地说,是介乎其间的一个角色。他在自己的认识范围内,尽全力将相关文献的细节力求全面、准确地介绍给整理小组全体。从大的社会要求看,他做了该做的工作;但从工作进度较慢、与出土文书有更多直接关联的考古人看,他却是一个不明事理、"吃里扒外"的角色。这话,永远不能明说,但我知其原委。

吐鲁番文书整理期间,李征住在西四大拐棒胡同的一小间宿舍内。那段时间,我公务在身,必须经常在北京—乌鲁木齐间穿梭。工作间隙,少不了去大拐棒胡同看友人,也不会少到李征的斗室中小坐。对他的小屋留下的最强烈印象,是一打开门,进入他工作、休息兼用的小室,就感到烟雾弥漫。不开窗,烟散不出去,那股浓烈的劣质烟草味,呛得人呼吸都难。为这事,我曾毫不掩饰地说:不能这样,要开窗通气,少抽烟;一定要抽,可以去室外空旷处。但没有起过一点儿作用。这情形,往往发生于他遇到难处,不知如何处理,深感无法两全之时。而这,其实是常态。我多少也从其他方面了解到,李征总是尽全力,通过线索说明相关文书出土的细节。文书碎片近万,最后拼缀成文书三千,他是有过贡献的。这是整理小组中的不少友人对他特为感谢的根据。而他在另一角度受到的委屈,人们就难以具体了解了。

我总觉得,沉在浓浓烟雾中的李征,最后由于肺癌离世,与这一工作状态是存在关联的。十二年,真不是一个短时间啊!

李征对吐鲁番文书整理的认真、努力,无愧于他曾经在给黄文弼先生信中所说的:"我知道这些文书(原函"书"字作"物")的价值。""再作20年,我将为国家抢救多少文物啊!"

李征兄遵从了自己的愿望,践行了他要为保护吐鲁番、西域文化遗珍竭尽力量的誓言;但老天没有多多关照他的状态,真是对他有亏欠。

三

数十年的接触,我最为深刻的印象是他十分怕事,十分胆小,只求与世无争,绝不会去争什么风头,博什么眼球。看上去是一个放在什么地方都不会引发关注的老实人。

这方面的印象太多,随便捡拾几例说明。

20世纪70年代初,社科院下属的考古队,曾被整体收编进新疆博物馆,让我有过一些与李征比较近的共处时间。

我的办公室在博物馆老楼一个拐角处的小室内,邻近馆长办公室。馆长办公室是当时开大、小会议的处所。不管是什么会,从我不关门的办公室都可以看到,李征兄大概总是到得最早的一员,他穿戴得很整齐,总坐在最不被人关注的一个角落,带着一本书或是报纸,静待会议进行。那是一段各种会议、各种批判不断的时月,但李征兄没有当过典型。遇上指定发言,也会根据会议精神谈上一些还不错的心得。那是一段"早请示"迟到、在厕所中看过《参考消息》都会成为批判对象的日子,李征老兄却是一个十分规矩、驯顺得挑不出毛病的小老头。

当年,关于李征的工作,我曾有过一次相当糟糕的决定。知道李征兄早期搜集吐鲁番墓志,做过录文。当时社会形势十分需要科研成果,批判所谓"文化革命破坏文化"的言论。我想到将李征兄有关成果尽快完成,交付出版,可应形势之需。于是,成立过成员有李征、新调入馆的侯灿以及邢开鼎的墓志整理小组,希望后二位协助李征兄,加快工作进程。进入库房做这类事,群体是比较合适的形式。李征兄当时是同意的。但后来的进展不及预想。我想,李征兄内心可能会有不满,但就没有听到他一个字、一句话的抱怨,我却总难忘自己在这件事上的失误。

每次到北京,都会争取和他两个人到外面小餐,聊聊杂事。在沙滩红楼(当年国家文物局、文物出版社均在此),有一次相约到对面小饭馆中去吃炒肚丝。红楼出门过个马路就可以到炒肚丝的小店,我看有车行空当时,就急忙穿过马路进到店里去占座了,但很久不见李征来。原来,他不敢这样违规过路,而是去找有红绿灯处过街来聚首。他好像就是这样一个循规蹈矩、不越规矩一步的安分人。家教、性格、修养,任何一个角度去分析,都是过我一筹的。

在吐鲁番文书整理过程中,我听到有人说他一点也不为新疆博物馆争地位、争权益这类话,问过他,他总是先不吭气,慢慢会说出他的工作、责任,就是要为文书保护、为文书拼合尽力等等;不会针锋相对,多说一句保护自己、反驳对方有私念的话。好像不仅不怕事、不躲事,还有大局方面的思考,因此将相关攻讦放在了一边。有时他可能表现出怕事,不愿树"敌";其实,是宁愿自己受委屈,不计小节,尽力求事情顺利。这才是他谦谦君子背后的实际。

说李征兄一点儿没有脾气,遇事委屈自己、吃亏就吃亏,这自然也不全面。记得清楚,在和李征兄近30年的相处中,我们就有过一次严重的"冲突"。那时应中国敦煌吐鲁番学会成立大会、1983年全国敦煌学术讨论会的要求,完成了《吐鲁番考古研究概述》一文,论文署名"新疆社会科学院考古研究所穆舜英、王炳华、李征",获得了不错的评价。更深一层内情是,我们十分努力要争取将吐鲁番学会放在新疆,具体就是放在新疆考古所。当年,北大不少老师为此出过大力,还找过主持财政部的领导,终于争取到一笔不小的专款。有这笔钱,工作会顺利不少。

没有想到的是,兴奋之情才刚刚过去,就发生了意想之外的矛盾。提交大会的论文,上会前在新疆社科院主办的《新疆社会科学研究》(内刊)先予发布(1982年第23期,总第120期),并得到了一笔在当年好像还算不少的稿费。

今天再看这篇小文,其在20世纪80年代初,对吐鲁番地区历史沿革、古址分布、出土文献资料、相关研究成果等,介绍得是比较全面的。对大家比较陌生的国外团体、个人考察情况也有比较全面的揭示。应该说,对人们认识吐鲁番学研究有积极意义。文章是认真讨论过的,三个人也都付出过努力,但李征兄对吐鲁番地区关心早,具体工作也做得较多,对论文做出的贡献是较多的。按陋习,作者署名,领导总要在前,李征兄就屈居最后。他却没有提出过不同意见。

矛盾,爆发在对内刊支付稿费的处理上。稿费分配是由所长处理的,她是负责人,大家也都认可这一地位,没有什么争议。稿费具体数目记不清了,大概也就是百元左右。每个人平分,也就是30多元。我当年的工资是79元3角8分(工作数十年,工资未变,大学本科毕业生都是这个数,故而有"7938部队"之戏称)。平均主义已为大家认可,将稿费三人平分,应该是比较合理的办法。不知当年所长是怎样考虑,竟硬生生分了三个等次,我居次等,李征兄屈居殿军。每人绝对数,也就相差几元。没有想到,这一分配深深刺激了李征兄内心其实十分浓烈的自尊,他十分震怒,没有当面,而是给了我一张纸,相当尖锐地诉说了他的愤怒。核心是诘问:这差异,根据是什么?他在论文中的贡献,少吗?这张不规整的纸,在最近收拾、整理材料时还见过,但不经意间,又不知丢在了哪堆旧笈中。他也了解,这不可能是我共谋的结果,冲我发一顿怒火,不过是"指桑骂槐",发泄平素郁结的不平。

气,发出来总比闷在心里好。我没有将纸片他传,不希望这种矛盾升级。先暂时作棵被指责的小桑,想在有适当机会时,再纾解他的怨气。没有想到,李征兄自省、细想后很快又通过邮局寄来相当正式的一封信。录文如下:

> 炳华:你好,□家好。今天多喝了一杯,感触是很深的。
>
> 眼力虽然有点模糊,心里是明白的。
>
> 我们在新疆相处整整二十年岁月,我觉着你还是个很明白的人。于公,在事业上

你今儿女成行,为边疆考古作出了可喜的成绩。我呢?虽然虚度岁月,两鬓见霜,我想彼此是理解、也是谅解的。人民币,在对人的看法上,砝码虽然敏感,我想是微不足道的。我之所以提笔给你写信直言,我还是了解你的。

我要给老穆写信,招致的后果不是我的愿望。还是以团结为重,不多谈了。

(一)徐松最早见北庭金满县残碑,不误。(二)日本《新西域记》,有时间也看看。我买回去的书,需要哪种,希来信。

近佳

隆冬寒宵,仰天望星辰,明灭又是一年。李征。

十二月二十二日。

信不长,语不多,但渗透纸背,痛苦、委屈的情绪,若可触摸。为这事,他曾借酒浇愁,但愁绪难消。他知道我不会将泄情绪、发牢骚的信,转给他人,所以写信给我。他的内心,对考古所领导曾是抱有希望的,也因此努力从博物馆转到了考古所。但仍然没有得到他想要的理解、尊重。他为此隐忍过一辈子,已经两鬓染霜了,还得用这种方式求得理解、求得尊重。他的苦恼,无以言表。

如实说,李征兄和我 30 年相交中,这是唯一的一次矛盾、冲突,也是可以理解的。时过境迁,我没有丝毫对当时分配的责难,只是想要说明彼时李征的心路历程:李征兄计较的,自然不是几块钱的使用价值,他需要的是理解、尊重;但在如是的稿费分配中,这可以理解的愿望,却被他认为可以信任的同事击得粉碎。这种失望与由之而生的痛苦,难以平复。

四

在我与李征兄交往的 20 世纪 60 年代至 80 年代,是一段特殊的岁月,一般友人之间,不会问对方家世,不会谈形势,不会诉说个人内心的苦闷。绝对难以想象会有什么推心置腹、袒露内心愿望这类事。因此,对李征的父母、家人,家中应该会有的大量藏书,第一次婚姻之失败,在吐鲁番文物考古工作中的具体细节,他在馆内工作的状况等等,我从来都是不会主动问及的,他也从来没有这类谈吐。

但若涉及吐鲁番古代文明、新疆历史文化研究,在他力所能及、有相关知识可以助力时,他是真不吝惜自己的知识储备,而且做得让你舒服,不感到心理负担。我在初涉吐鲁番古代文明研究时,注意到阿斯塔那古冢中出土的庸调布,一些麻布上仍见墨书,清晰记录着交纳时间、地点、纳布人。我随即与老友郭平梁(新疆古史专家、北大历史系师兄、同寝室友)、李征聊及这一心得,平梁直言重要,可见唐代庸调制度实施之细节;李征兄则平静地告诉我,他也早就注意到这一现象,记录过一些资料。此后,就不时给我一片纸条,其上是相关录文。我认真学习、阅读相关唐代文献,细查、检索博物馆库房中可以见到的麻织物资料,草成《吐鲁番出土唐代庸调布研究》(初刊于《文物》1981 年第 1 期;后收入《唐史研究会论文集》,陕西人民出版社,1983 年),反响还好。郭、李二位,与我共同享受了这一小文获得成功的愉悦。

再是 20 世纪 80 年代,在天山深处发现了一处大型生殖崇拜岩刻画后,我也很快著文刊布(《雕凿在岩壁上的史页》,《新疆社会科学研究》1988 年第 1 期),新闻媒体也广为宣传,一时影响很大。我在文内曾引《大戴礼记》"丘陵为牡,溪谷为牝",根据岩刻处于一突兀高耸的花岗岩,左右又有溪流环绕,判断古代新疆民族在分析特定地理环境时与古代中原大地有相似的心理认同。这可能是不同民族在关注文化地理现象时会有的共同心理,不必局限在一个中心、四向散射的框架之下。因为引了《大戴礼记》,李征兄很快、不加修饰地递纸,嘱我注意清代学者对《大戴礼记》的整理、评价,其实是嘱我在这一文献的使用上一定要关注前贤曾有的研究。十分潦草的文字有如下几条,可见他当时也不是一次成文,是想到就写的箴言:

1. 汉代经学师传最严,唯尊一家。见引二戴书文,内有各家新掺的事实。故二戴之书早在汉代多半已佚。(引见朱自清教授《三礼常谈》)

小戴较容易些,流传稍久,但亦非原貌。

2.《大戴礼记》十三卷,汉信都王太傅戴德撰、后汉刘熙注亡。(见《隋书·经籍志第二十七》)刘向叙:合二百十四篇,戴德删后为八十五篇,谓之《大戴记》。其后,戴圣又删大戴书,剩四十六篇,谓之《小戴记》。汉时大小戴及庆普三家并立。后三家虽存并微。后汉末,郑玄传小戴之学为郑氏学(传后世康本亦残)。唯郑注立于国学。其传并多散亡。至清乾隆开馆,据汲古阁本辨伪校脱、钩阙异字,阮元称点勘四百年来阙误,定为六十三卷本(四库)。

请并参考洪业《礼记引得序》、《仪礼引得序》。

3. 清王治祥手校明代新安程荣本《大戴礼记》一册。

此为辑佚本,此本极劣(见著楼书跋)

此书清代经学大师已有论说。四库馆乾隆间未予收,是分歧大致有论。张元济集录称论明代内阁书目仅存《礼记》三册,明清内府秘藏严审伪杂不论。

铁琴铜[剑]楼瞿氏藏书中仅有两种宋刊本《礼记》,一为十六卷本,一为四卷本,亦皆宋椠残本,无《大戴礼记》。此外,《雅雨堂集》中亦见,其内容论者少亦疑辑佚。唯《夏小正戴氏传》确为大戴宋椠本。

我对《礼记》的了解,是十分不足的。就因为引了《大戴礼记》中的"丘陵为牡,溪谷为牝"一句话,李征兄在不同时段,用手边可用的不同纸张,十分认真地给我上了一次《礼记》版本课。

这里,李征兄对友人研究的关注、关心、帮助,可以说是十分认真,不吝其力。他对传统文化的了解、熟悉、认真学习的情况,可由此得窥其一二,也可看出其家学影响的深重,是我们当年远远比不上的。他认为做学问、搞研究,是社会的公器,不是个人可以独占、牟取个人私利的手段。他在庸调布研究、呼图壁岩画研究中曾经给予我的关心、助力,使我受益至多,感受深重,几句话诉说难尽。由此联想到个别同道在李征吐鲁番墓志相关研究中曾经搞的小动作,真是高低有别,令人遗憾。

五

李征兄在十分困难的条件下,对挽救吐鲁番文物、探索西域大地上的吐鲁番文明,作出过不少无可替代的贡献。在他西行 30 多年后,提笔回忆李征,我总觉得,他在吐鲁番文明研究中的贡献,自然可以写、应该提;但是,在他不长的 60 多年生涯中,表面看去还算平顺,没有受到什么特别令人扼腕的经历;但实际却有不少值得我们深思的日子,透视、认真分析相关遗痕,可以收获难以轻估的精神财富。这些方面没能特别引人关注,已被大家视为平常。但深蕴其中的实际存在过的问题,其重要价值绝难低估!

我和李征兄相处,是在 20 世纪 60 年代到 80 年代,那是一段不能被轻易忘怀的岁月。因日记不存,具体日期记不准确了,只记得在我离开北大刚到乌鲁木齐不久,在刚和李征认识后,曾有一位小领导,用看似随意、其实认真的方式提醒过我:"他家庭出身是有问题的,要注意点。"话说得客客气气,但明显可以感到严肃的味道。

"家庭出身不好",是个人做不了主的一件事:来到这世界,毕竟是任何个人都无法选择的天意,它是娘肚子中带来的存在,是普遍性的、"个人"绝对无力改变的存在。与李征兄相处,虽因领导好意提醒,曾多了一些小心,但相当时间的来往后,还真没有看到"出身不好"逻辑下会衍生出的"恶浊"。偶遇小事,需要帮助时,还往往能得到他自发伸出的援手。共处中多有感受,不少环节,有他很自然的、朴朴实实的关心。一个穷学生,初入乌垣,人地两生,学习、工作、生活,不便处是常会出现的。那时的考古所,其实只是一个空壳。我是到得最早的一个专职人员;顶着考古所名义活动的,不少是博物馆筹备处已经在岗的工作人员,因此,就不时可以得到李征兄的关照。真是一点儿也没有感受、遭遇过什么不愉快的事情,没有让人生厌的地方。于是,积以时日,小领导的提醒,也就慢慢消淡,隐没无踪了。遗憾只有一点,便是始终没有问过李征兄的家世,探一探怎么"不好";甚至是不是老新疆人,祖籍何处等等,这些不会伤人的问题,一次都没有问过。不怕其他,就是怕不经意处会碰上友人并不愿意向人道及的隐私,无意中伤害友人的感情。

今天想起来,真是懊悔,但已经无法挽回。如果当年坦然地问,他也许能坦然回应。那该多好!该多珍贵!但事情已成过往,无法挽救了。

说起来十分惭愧,我真正从核心点上认识、理解多面相的李征兄,还真是得之于玉麒兄的一些研究文字。如他的汉和堂访碑,对刘平国刻石的发现、辨识、研究,对出土在巴里坤的裴岑碑的研究等。在这些近代发现、内蕴古史的汉代刻石中,逐渐知道了清末举人李晋年曾经有过的题款,而且无巧不成书,这位李晋年,竟就是钟情于吐鲁番文明研究的李征兄的父亲。这些研究中带出来的细节,立刻在我内心驱散了在思想深处曾有过的关于李征兄的矛盾心理,他那"出身不好"的根据,不承想竟是一个真实可亲却又令人心疼、援手无力的老实人，一个在精神上行进得相当艰难的同路人。真想把这一感受具体说给李征兄，但天人两隔，诉说无门了。

对李晋年的了解，我其实都得之于玉麒兄已经刊发的大文。李晋年是清朝末年举人，曾经在新疆巴里坤、焉耆、巴楚、墨玉等多个县区主理过县政。他关心民间疾苦，热心地方教育，为了让人识字，他利用古庙宇、可以调剂的民宅来办学。这说明他深知启迪民智的重要。不识字，知识难开，发展是无望的。这说来平常，但在无钱无物可以支撑的情况下，做这类事是很难的，绝对是大功德。除办学外，在巴里坤，他大概还曾做过不少好事，有感的芸芸众生，未见留下颂言；但老百姓内心绝对存在一杆品评事物好坏的秤。在李晋年离开巴里坤后，当地曾发生过一次社会变乱，主政者平息无力，最后，还是请李晋年回到巴里坤，调解双方，才得以恢复了社会的安定。我不清楚相关事件的细节，但坚信一点：为官，能在当地普通民众中有如是影响力，说他是"好官"，应该不会错。李晋年离开县地后，还曾因其行事，被聘为"省府顾问"；因其学识，参与《新疆图志》的编修。这说明他确是有文化素养的知识人。

我从玉麒兄著文中得来的点滴，极大深化了我对李征兄的理解：他曾被视为门当户对的婚姻的破裂；他在挽救吐鲁番阿斯塔那将被水淹没的文物时的热情；他对吐鲁番出土墓志的关心、录文，给在匆忙中抢救的文书补号、拼合；处身在不同追求的同行中，他曾面对、承受的压力、委屈，只能猛吸烟草求平衡的囧态（这一点，我曾不止一次发现、劝阻，但难见效）；他工资不高，但爱书若命，愿意买书，也愿意与友人共享好书（这一点，我至今感受很深）；他总是缩在角落中，不敢与人争，不敢大声明晰地说意见、提建议，有建议也只能拐着大弯请黄文弼先生在便中进言；明显受到不公平的对待，想说理、争公道，细想后，又回到默默承受、借酒解闷的状态……这一切背后，其实就是那个"家庭出身"，它带来较千钧还重的压力，终于压迫出了李征兄的上述形象！

李征，是我们群体中太普通的一员，却有相当的代表性。今天看来十分荒谬，却确实是那段岁月中的现实。他命运跌宕起伏，但始终夹着尾巴、逆来顺受，总觉着自己有"原罪"，于是没有了个人创造性的思想，即使发现了觉得应该改变的失误（如文物保密），也不敢明言；安慰自己的办法，就是在给黄文弼先生信中表示"我们这里认识这个问题，还得一个时间过程"[①]。于是又请求黄文弼先"请暂勿外传。因领导有明确指示，不得向外传材料"[②]。

最终，任何一点创造性的思想火光，都会在这沉重、冰冷的压力下寂灭。生活平静如死水，社会相安无事，自然也没有了揭示矛盾、展开讨论、推动社会前行的动力。

这是一段可悲但真实存在过的岁月。环顾周围，今天，似乎已经翻过了篇页。李征兄地下有知，当会为此额手称庆，喝上一杯！

---

① 朱玉麒《黄文弼旧藏李征书信及相关文献笺证》，《吐鲁番学研究》2019年第2期，27页。

② 同上，24页。

可以告慰李征兄在天之灵的有两点：一是曾经重压在你身心，使你难以透气、不敢发声的"家庭出身"论，已经被推翻，即使仍有余波，也是在被完全、彻底涤荡中；二是你毕生为之奉献的吐鲁番文物保护事业，什么"不能说、要保密"的谬论，已被彻底丢在了历史的垃圾堆中。重视、珍爱、保护文物，吸纳其优秀精神，已成全民风尚，在为中华振兴的宏伟事业中，发挥着无可取代的重要作用。你若地下有知，当可敞开心怀，满满斟上一大杯了！

2024 年 1 月 4 日初稿

2024 年 1 月 18 日二稿

（原刊《吐鲁番学研究》2024 年第 1 期，1—12 页）

《瀚海零缣——西域文献研究一集》序

　　玉麒兄大作《瀚海零缣》即将付梓,嘱为序。明知玉麒之研究,与我的新疆考古相去颇远;但关注点总涉新疆,个性虽有差异,文化内核总是相通的。故不惧无自知之明,还是乐意做这件事。

　　作为祖国的西部边疆,因自然地理环境,新疆富含别具个性的历史文化遗产。它地处亚欧大陆板块腹地,在十分久长的时段内,曾有太多肤色不同、语言各异、经济生活有别、人数多少不等的民族,在这里驻足,或以之为陆桥,东走西行。他们相遇、接触、交流,不可避免存在不同利益追求,自然又会引发矛盾甚至冲突。但最后,又总会在融合之中前行,于是你中有我、我中有你。这是一。第二,东亚大地的华夏文明,其影响很早就已进抵新疆,远及南西伯利亚、中亚、西亚和南亚,虽未见于汉文文献记录,但考古遗存确已揭示过这一事实。性质类同,方向相反,西部欧亚世界古代文明走向东亚,同样可以在新疆大地的古代遗存中见到消息。托新疆大地极度干燥之福,在新疆,尤其是南部瀚海绿洲,保留了这一类他处难求的历史文化鳞爪。这类历史文化中十分残碎、难成规模、不成系统的文物,极为珍贵。千差万别的社会历史,在其流逝的过程中,进入并得以保存于地下的物质资料,只会是极少;在诸多偶然机缘下,能遇到考古学家的手铲、现身在世人面前的,更是少数中之少数。这少之又少的鳞爪,获得准确识别,呈现特定的历史文化枝叶,需要热爱这片土地相关历史文化的研究者艰苦的工作,才有可能完成一系列蜕变、演化,腐朽方可成神奇。

　　因此,研究新疆,准确认识新疆的历史文化,是一个十分宏大的文化工程。它要求研究者具有广阔的视野,有超过常人的多种语言、文字知识;要求研究者有多种相关学科的文化素养……尤其,最重要的一点,研究者对这片土地、这片土地上的人民以及他们的历史文化,得有深厚的感情,才可能在遇到各种难以想象的困难时,仍坚持前行。玉麒在新疆生活、工作的时日不算太长,但对新疆这片土地,有相当深刻的认识;对这片土地上的人民,感情很深。除了在研究工作中严谨认真、一丝不苟,他在诸多具体研究背后满溢着温暖的人文主义情怀,让人难忘。这应该是研究新疆人、事、历史文化很重要的一种素养。

　　说玉麒热爱新疆这方水土,绝不是随便的溢美之词。这方面留给我的印象不少,只说近年印象相当深刻、关于黄文弼先生的一件事。在我几十年新疆考古的生涯中,曾听到不在少数的对黄文弼先生新疆考古事业十分偏颇的评论,都是忘却黄先生当年工作的具体环境,忘却他只身孤影在沙海、戈壁中苦苦前行,与"中国文化西来说"、"中华民族西来说"等为殖民主义张目的谬论相抗争,为维护国家主权、利益而奋力拼搏的时代背景。玉麒自然也是注意到这些现象、挺身而出为其正名的一员。

20 世纪 20 年代后期,在中国大地上展开过的"中瑞西北科学考查团",是与黄文弼、中国学术界,也与新疆发生过密切关联的一件事。它的出现、展开、完成,有许多值得我们深入思考的地方。比如,认识中国的西部山川、地理、水文、气象,甚至历史、考古,当年以斯文·赫定为核心的瑞典、德国学者,竟有超过中国学界的关注度。仅仅这件事情本身,就是一个值得我们认真思考的现象。当年的中国,积贫积弱;面对西方列强之侵凌,危难重重。在风雨如晦的时代,如何应对这一涉及国家主权、民族尊严、经济文化权益的大事,当年的政府真是软弱无力。真正有力应对了这一挑战的,是以北京大学为中心的一批知识分子! 他们有国际眼光、有社会责任心,也有危机感;他们不惧挑战,敢于坚持国家、民族权益,也能睿智地因势而动、机智应对,既选拔优秀青年、借机培养国家需要的科技人才,也因势完成我们自己本该做、过去未能做、现在可以争取做一点的利国利民的事情。真可谓"铁肩担道义"! 对近百年前发生在中国西北、与新疆关联的这件事,是一件不该、不能淡忘,应该认真、深入思考的大事,是一篇应该写、也可以大写的好文章。

值得一提的是,在大家慢慢淡忘的时候,玉麒在行脚瀚海、沉思往昔时想到了! 今天已经耸立在乌鲁木齐新疆师范大学校园内的"黄文弼中心"、"黄文弼图书馆",以及由黄氏切入、在 2013 年于新疆师范大学成功召开的"黄文弼与中瑞西北科学考查团国际学术研讨会",就是与此相关、很好完成了的、书写在新疆大地上的一篇好文章。这篇文章,引发过中国及国际相关学人的关注,取得了很好的思想、文化教益。这些教益,仍然在并且将继续发挥其影响。完成这篇文章,是新时代下各方面共同努力的结果。但这篇文章的发轫、展开、完成,诸多环节,确实是与玉麒密切关联的。没有他最初的思考,认真地组织、布局,一点点细致铺展,这篇文章是难以完成的。其背后的动力,是对新疆的关心、爱心,以及对认识新疆历史文化不变的初心。

呈现在读者面前的《瀚海零缣》,是作者在近二十年里行脚戈壁、瀚海时,认真思考、完成的部分文字的结果。看似无序,实际也有内在关联。它们都是新疆历史进程中曾经存在、应该关注的一些历史的细节;一些问题,还是近年新疆历史、考古、思想文化界正在关注、讨论的问题。稍不同的,是《瀚海零缣》再次提及、剖析,有了更开阔的视野,吸纳了新出土的资料,展开了更严谨的分析。如《周书·异域·高昌传》中提到的"文字亦同华夏,兼用胡书。有《毛诗》《论语》《孝经》,置学官子弟,以相教授。虽习读之,而皆为胡语",是学习、研究高昌历史的学人都会注意到的,人人都读过不止一次,而《瀚海零缣》就觅得了"不必皆为胡语"的新意。阅读吐鲁番出土古文献,对唐代西州学童以稚拙笔法完成而又有幸留存至今的许多习字纸,是见得不少的。部分断纸残页上仅存的寥寥不足十字,却被他追寻到了李隆基《初入秦川路逢寒食》诗作的消息;又从抄纸不同、字虽稚拙却又"力求工整"，捕捉到了李唐王朝最高统治者在边裔新疆也同样被顶礼膜拜的事实，感受到了唐代文化、政治价值观在边远西州同样被深深接受的文化图景。这自然要求作者具有丰富的学科专业素养，更需要十分认真、细致深究的态度，不然，其真相是很难被捕捉并清楚揭示的。

这方面，最值得我们关注、思考的一点，是《瀚海零缣》中对"李崇之印"的考辨。它涉及的其实不只是对一方印文的考释，更是对一种浮躁学风的批评。将"李忠之印信"释为"李崇之印信"，并在20世纪50年代以后相当数量涉及新疆历史的专著、专文中引用，是应该进一步思考的现象。近百年前采集的一方汉印，印文确已比较漫漶，小篆中"崇"、"忠"字形也相近，这些都可以成为将"忠"误读为"崇"的理由。但真正导致大量重要著述、不少文章未加深究而径作"李崇之印"使用，最重要一点，还是在于"李崇"毕竟是西汉最后一任"西域都护"，史籍有文，通过"李崇"，可以在西域历史、两汉统治西域的故实中引发更多联想，于是就因循旧说，不认真细究印文。这一浮躁学风自然是必须予以批判的。此风不清，会难以走近真实的历史，背离了研究的初衷。笔者在主编《新疆历史文物》时，也有过这一错失。玉麒不为这一失误讳言，细想，更为他的认真感动。一种健康的学风，会助益研究的进步。这种既严肃又平实的分析，为历史文化研究注入新风，不仅在新疆历史研究界，而且在中国历史文化研究中，都是很需要的。

《瀚海零缣》中的文字，朴素、平实，但深一层认识、细想，却能感受到文字背后饱含炽热激情。书中涉及乾嘉以来不少与边疆相关的人士，如纪昀、松筠、徐松、魏源到王树枏等等，都是有思想、有影响、有故事的人。他们对汉碑、唐刻的访求，背后是对开拓边疆历史的关心，有着唤起人们关注边疆危殆命运的忧愁。这里，我只想着重说说李晋年，一位人们并不怎么熟悉的旧文人、小官员。他出生在清末，光绪二十八年（1902）举人，民国时期，新疆政治舞台上，还可以见到他的身影，在镇西（巴里坤）、巴楚、沙雅、墨玉等地主持过县政，参与编纂过《新疆图志》。玉麒有心，在日本访学，细察汉和堂主人陆宗润收藏之《裴岑碑》旧拓题跋，发现了李晋年的存在。继后，又在《北凉写经残卷》、《刘平国碑》拓片、《镇西厅乡土志》中觅得李晋年的消息，发现他也是一位将毕生精力奉献给了西域大地的文人。他所任官职不算高，但真办过不少实在事，如任职巴里坤时，利用龙王庙办过"官立第二简易识字学塾"，利用民房办过"官立第三简易识字学塾"；办学堂，提升民众的文化素养，这不大的好事，社会没有忘记。"辛亥革命前后，巴里坤民变，群推已经卸任的李晋年担任同知安抚大局"。民变——激烈的社会矛盾、冲突——使得现任官员已无法控制局面，要请已离任的李晋年出面收拾大局，这自然表明李晋年在当时巴里坤的口碑、在广大群众中的影响还是不错的。引了这么多大家可以在《瀚海零缣》中见到的资料，是想说明：玉麒在这里，已从碑石资料的追求中，走进了李晋年的生活、历史，倾注了他深深的感情。

不止于此，他还在继后的文字中，轻轻一笔，看似不经意地点出了"新疆文物考古研究所已故西域研究专家李征（1927—1989）即其哲嗣"，让我这个在新疆考古所工作过40年、与李征有相当过从的考古人，无法不深感其别有一番情意在心头了！在阶级斗争风高浪急的岁月里,先贤李晋年自然不能是好人,留给李征的遗产,自然也是不美妙的。带着"原罪"之身的李征,虽有家传的对新疆文物、历史的挚爱,但工作、生活是难求正常、顺利的。这是另外一件可以一说的故实。平日过从中,玉麒曾不止一次提及李征,问其生前身后事,虽可感他对李征作为我的同道、友人的关心,但应该说,直到这次拜读过《汉和堂藏〈裴岑碑〉旧拓考》后,才恍然大悟:在玉麒的这类文字背后,在他关于新疆历史、文化研究的背后,他是赋予和注入了自己的生命、感情追求的,从中可以感受到他血脉的搏动。所以,《瀚海零缣》虽然是作者从诸多细节中努力寻求的历史真实,但也处处呈现他对现实生活的浓烈感情和深切关心。新疆历史文化的研究,对他来说,是生命的意义,是人生价值的追求。这自然是真正可贵、可以做好任何事情的最根本、最有力量的前提。

认识新疆,是一件大工程。要做好、完成这件大工程,玉麒兄对这片土地的思考、著述,可以为我们提供很好的启示!

2019.3.4 凌晨,草于
沪上朱家角镇玲珑坊小居

（原刊朱玉麒《瀚海零缣——西域文献研究一集》序言,北京:中华书局,2019 年）

《瀚海天山——唐代伊、西、庭三州军政体制研究》序

子凡君博士论文即将付梓出版，坚持要我写几句话，作为序言。

特定的地理位置，使新疆、古代西域大地，向为地处亚洲东部华夏大地通向南亚、西亚、欧洲、北部非洲的径道；换句话说，这里是古代中国走向世界的要隘。因此，准确了解西域的政治、经济、文化，是深层认识古代中国历史，认识欧亚文明史，不可或缺、不能轻估的一环。而唐代西域，又是新疆历史发展进程中十分重要、十分关键的时段。这一时段中，吐蕃民族迅捷发展，跃出西藏高原，东下北上，曾在新疆历史文化中留下过浓墨重彩的篇章；塔里木盆地原来佛教文明昌盛的世界，一步步转化成了以伊斯兰教文明为主体信仰的舞台，在中亚历史文明进程中，产生了极为深远、不可轻估的影响。子凡君对唐代西域历史文化研究的浓烈兴趣，与此不无关联。

他的博士论文以伊、西、庭三州为切入点，抓住了李唐王朝统治西域的关键。伊、西、庭州，不只是唐代设在西域的三个边州。它们是唐朝进出西域的门户，也是唐朝管理西域的前沿基地，是阻遏草原游牧部族进入西域绿洲国家的关键点。唐朝在三州建立起同于内地的军政体制。三州的建立与衰落，与唐朝的西域统治相始终。子凡的论文，通过对伊、西、庭三州军政体制发展、演变的梳理、考证，为唐代西域史研究，提供了一个不错的视角。

文中，他对一些重要史料和出土文书进行了新的阐释，提出了新的观点，如关于金山都护府兴废、瀚海军的设置时间等。这些细节，无疑深化了我们对于唐代西域史的认识。

制度建设，总是呼应着时代的要求。子凡的论文对伊、西、庭三州军政体制建设发展背后的因素，唐王朝与东西突厥、吐蕃、突骑施、回纥等势力的矛盾、冲突，与安西四镇的关联，均有很好的揭示。从这一角度说，论文虽重在伊、西、庭三州军政体制的剖析，但其内容，无疑已超越了伊、西、庭三州的范围，更宏观地描绘出整个唐代治理西域的历史画卷。

西域史研究，涉及诸多民族，文献史料分散。子凡充分利用了吐鲁番等地出土文书以及内地出土的墓志、碑铭。近年出土、刊布的相关吐鲁番文书，可以说，几乎全部被吸纳进了论文之中。将这些零散资料与传统文献结合进行研究，凸显了新的视野，值得充分肯定。

子凡的研究旨趣，重点在唐。但为了更准确、深刻认识唐代新疆历史文化以及它对后

世的影响,他学习、关注的方面,又绝不止于李唐王朝这一时段。诸如青铜时代的孔雀河古代文明,以及由此引发的所谓吐火罗与龟兹、焉耆王国的关系;在泛吐火罗文化指称下的汉代精绝;西域大地出土的汉、晋简牍;后期的伊斯兰文明;清代的新疆政治、经济、文化……无不在他的学习、关注之中。任何一个地区的历史,其发展,由早至晚,是具有内在联系的。为了更深地认识、理解唐代新疆,他对唐代以前及其后的新疆历史,无不予以关注,并从这一联系、发展中,更深入认识、科学把握新疆历史发展的进程。

在子凡学习、研究唐代西域历史的进程中,作为导师,还有可以一说的体会。在学习中,他不只穷搜、苦读相关汉文文献资料,而且十分关注相关文字记录背后的空间世界。为此,他曾抓住一切机会,考察过罗布淖尔荒原、楼兰故址;考察过尼雅废墟上的精绝故国;不惮困难,环绕塔里木盆地一周,一览现代绿洲、古代城址;纵穿塔克拉玛干大沙漠,只为理解与唐代"弓月城"相关的文献资料;循天山北麓西走,自精河循古道进入天山,再循巩乃斯河步入伊犁盆地。出于同样的追求,西天山中的伊塞克湖、吉尔吉斯斯坦境内的碎叶故址、西藏高原进入西域的古道,也都留下了他的足迹。在不算太长的博士、博士后工作站修业期间,要完成这么多的考察,他为此付出的努力,实在是不小的。有过这番经历,他对古代西域历史、文化风云,自然就有了比较具体、丰富、鲜活的印象。

历史上,在新疆大地生存活动过太多古代民族。汉语、印欧语、突厥语系的诸多语言文字著录,在认识、分析、研究西域历史文明中,都是不可轻忽的资料。子凡,在可自由阅读英文后,又默默决心,要在突厥系语文中,积累一定的知识素养。目前,在现代维吾尔语的学习中,他已经有了不错的成绩。未来,察合台文、回鹘文、突厥文,大概也会陆续成为他追求的目标。这在目前,还只是我的设想;但我相信,他在突厥系语文的学习中,是不会止步的。我在这里遥祝他一步一步前行,路虽漫漫修远,但只要坚持不懈,成功终是可期的。

《瀚海天山——唐代伊、西、庭三州军政体制研究》,虽已取得可以肯定的一点成果,但在子凡的研究生涯中,这毕竟只能算是小小的一步。从他的语言学习追求以及不怕艰苦,行万里路,以求触摸、感受相关历史文献背后的空间舞台等诸多令人认可的细节,我相信,在唐代新疆历史文化甚至更广阔的西域文明史研究中,子凡未来当会不断取得新的、更大的成果。借这篇小序,期望子凡更努力前行。

2016 年元月 23 日凌晨
草于中国人民大学静园

(原刊刘子凡《瀚海天山——唐代伊、西、庭三州军政体制研究》序言,上海:中西书局,2016 年)

《中国双头鸟纹饰研究》序

　　刘政的《中国双头鸟纹饰研究》即将付梓，索我作序。认真读过全书，细想之后，确还有几点可以说的话，写在下面，与关心相关文化现象的读者交流。

　　从出版的角度掂量，这是一本不大的小书，但思想、文化内涵并不简单。它提出的问题、提供的资料，对"双头鸟"纹饰的普遍存在提出的不同分析等，都有值得进一步思考、认识的价值。值得一读。

　　内容丰富、个性不同的双头鸟纹饰，反映了早期先民关注世界、认识世界的过程，是早期先民的思维痕迹，体现了原始思维的规律和特征。原始思维，是探索、思考人类文化思想史初章的学人最关心的一个问题，一个学界还没有研究透彻、值得继续探索的课题。要准确认识人类原始思维状态，关注形形色色的早期考古遗存，关注有幸存留到今天的早期人类文明碎片，是必需的一环。《中国双头鸟纹饰研究》于此提供了有益的启示，也做出了值得肯定的贡献。

　　面对古代文明研究，刘政特别关注了文物、考古遗存中浩如烟海的古代纹饰资料。鸟纹饰，尤其是其中别具个性的双头鸟，是她这本书的切入点，不落俗套。双脚立于大地行进往来的早期人类，面对随时随地都可见到的既能踏足大地、又可展翅蓝天的飞鸟，每日东升西落的太阳和月亮，他们中的睿智者，很早就开始关注、观察、疑问、思考、探索，虽然当时绝难认识其背后的奥秘，却生发了诗意的想象。双头鸟图像，是早期先民原始思维观念的闪光点，体现了原始先民摆脱束缚的大胆想象，并努力要使这一观念为人类所用的积极精神。

　　刘政注意到，各式各样时代不同、材质各异的双头鸟文物图像，是一种世界性的存在，一种经历过时光淘洗但文化生命力久长的存在。书名中，她以"中国"为限，其实，关注的目光是及于全世界的。从去今7000多年的河姆渡直到晚近，全国各地不同时代、不同民族、不同造型的"双头鸟"，读者都可以从这本书中一览其大概；域外如欧洲、地中海周围、非洲、美洲以及太平洋小岛中的"双头鸟"图像，她也都关注到了。这看去似不难，实际做到却不容易。这些图像生动、具体地说明，"双头鸟"纹饰是一种世界性的文化符号。

　　早期人类，无论身处怎样的环境中，在观察环境以利自身生存发展这一点上，愿望、努力是近似的。于是在不同环境中，甚至是相隔十分遥远、不存在直接联系的环境中，也有相似的观念及相近的艺术创造。这是人类的共性，是共享的精神文明。人类精神文明成果一旦出现，交流，就是天然属性。文化、文明是在交流中前行、发展，不断步入新境的。交流，是文化发展的本质特征，没有在孤立状态发展的文化。既然"双头鸟"是世界性的文化符号，交流又是天然的需要，其交流发展的途径，就是一个必须认真分析、认真研究、认真回答的问题。

刘政认为，双头鸟图像的发展，有相邻、相近人类群体间相互交流、吸收，同时各自保留不同个性的可能；但更大可能是在各具个性的生存环境影响下"独立地"创造的艺术成果。如在哥伦布进入美洲前，美洲已有双头鸟图像之存在。若说它们是美索不达米亚文明的产物，既不科学，也不符合图像个性。相关观点，有特定的利益追求。涉及文化交流，浮躁、不认真研究、随意判断添乱，都不是研究者的态度。刘政的分析，是实事求是、可以吸取的。

刘政是有心人，幸运儿。供职于中国国家博物馆，虽没能步入她亟愿步入的专职研究岗位，但初心不改，在完成繁重的本职工作之余，咬定青山不放松，以不长的时日，穷搜博采，完成了最基础的资料整理工作；在研究这一环，也作出了贡献，这是值得鼓励的。

双头鸟图像，是一个值得关注、值得深入分析的世界性文化符号。刘政以她的著作，为我们推开了一扇小门，有待深入、可以深入的问题还有很多。希望刘政继续前行，打开更多的小窗，助益我们认识世界。

是为小序。

2023 年 2 月 13 日在上海澳朵花园新居

（原刊刘政《中国双头鸟纹饰研究》序言，北京：中国社会科学出版社，2023 年）

《精绝国史研究》序

俊士,对精绝文明深怀感情。他在中国人民大学国学院读博期间,虽未得机缘步入尼雅河谷,未能近距离感受精绝文明的方方面面,但他还是衷情不改,不惧诸多难处,殚精竭虑,穷搜中外文献,对一个世纪以来精绝考古的诸多著述,不放过一星半点,认真学习、分析、总结、研究,努力探讨其中值得关注、剖析的问题,汲取其中的历史文化营养,终于完成了他的博士论文《精绝国史研究》。该文对精绝历史文化作了梳理,填补了这一研究领域的空白。

精绝,在诸多西域绿洲王国中,属于比较小的:地不过二百平方公里,居民不足五百户,人口不过三千三百多人。这是《汉书·西域传》明确记录在册的基本资料。虽是一个蕞尔小国,在西汉王朝时,却一度成为西汉王朝心目中西域大地上具有领袖地位的政治实体。在甘肃悬泉置出土的相关汉简中,留有引人注目的简文:西域及西域以西的相关绿洲王国,前去长安贡献,相关使臣要先在精绝集中,经由精绝王国组织,再东向长安出发。这自然不是一般的政治荣誉,而是精绝独具的地理优势以及与西汉王朝不同一般政治关系的具体、生动的说明。

西域及西域以西的沙漠绿洲,东向长安,要先在精绝集中,这有地理方面的因素:自精绝西向扜弥,东向安迪尔,其间均有100公里左右的沙漠。东往西走,给养补充、具体路线的择定,都少不了精绝的支撑、指引。但这并不是没有被取代的可能。更重要的因素,应该是精绝王朝在西汉王朝心目中十分重要的政治影响力。这是当年其他绿洲王国无法取代的地位。

自公元前176年至公元前60年,匈奴王国与西汉王朝在西域大地争夺统治地位,彼此用尽全力。匈奴王国英主冒顿单于在前176年给西汉文帝的国书中,宣称匈奴不仅"夷灭月氏",而且"定楼兰、乌孙、呼揭及其旁二十六国,皆以为匈奴,诸引弓之民并为一家",匈奴已经控制了天山南北,西汉王朝西进的道路已经被封堵,除了与匈奴和亲,尽贡纳义务,已别无他途。这是以势霸凌、迫西汉王朝就范的政治宣言。

公元前136年,刘彻即位为汉武帝。经过文、景时代的内部整肃、建设,西汉经济实力增强,有了摆脱与匈奴"和亲"的可能;新的执政精英阶层对冒顿号称西域大地"诸引弓之民并为一家"的宣传,深入分析西域大地众多绿洲王国:"各有君长,兵众分弱,无所统一,虽属匈奴,不相亲附。"所以,西域绝不是铁板一块。因而,西汉王朝对西域绿洲,可以也应该区别对待,这就是在设置西域都护府时就明确宣布了的政策:西域都护府的任务是"有变以闻,可安辑安辑之,可击击之"。小小的精绝都尉,潜心向汉,成为丝路南道上被"安辑"的典范。

俊士在其《精绝国史研究》中,对西汉王朝"安辑"策略的贯彻、实施,有相当全面的分析。其一,汉文化的学习。精绝,原来没有文字,汉字是它开始使用的文字。文字,是思想、文化的载体,使用汉字作为工具,可见在不大的精绝王国内,上自王国领袖,下及普通小民,对汉王朝虔心向附的力量,是绝对不可轻估的。

其二,屯田。西汉王朝强化东亚与西域及西域以西的交通,避开天山南麓交通线上随时会遭遇的匈奴游骑,重点建设天山北麓的交通线。沿途去来时的粮草给养,是核心一环。不论精绝如何尽力,三千多人的小小绿洲,局限明显。汉王朝采取措施,在精绝屯田。这未见于文献记录,但在精绝出土的"司禾府印",以"司禾"为务,坐实了屯田之存在。

其三,和亲。汉与精绝和亲,史籍同样不见著录,但在精绝王廷出土的汉简,具体记录了王族高层间有赠"琅玕"、祈福安康的细节,其中"春君"、"君华"明显有汉族女性的特征,与"大王"、"王"、"太子"、"小太子九健持"等精绝王族关系极为密切;在与王廷故址相去不远,经中国学者1995年科学发掘的精绝王陵墓,出土的"王侯合昏千秋万岁宜子孙"锦被,覆盖在精绝王夫妇身上,清晰揭示汉与精绝曾经和亲、精绝受到汉王朝特别重视的故实。在专制王权统治的精绝,成功的和亲,对汉王朝与精绝政治、经济交流发挥的影响,不可轻估。

其四,珍宝赂遗。地居冲要,政治地位显赫的精绝,在汉王朝"安辑"大旗下,可以说,曾尽享当年亚欧丝路上丰赡的物质文明。1995年发掘的精绝王陵中出土各种丝锦近二十种,在中原大地,不少前所未见。铜镜,出土时仍光可鉴人。漆器,素雅如新。它们与西来的缂毛织品、晕繝纹毛罽、印花棉布,交光互影,尽显当年亚欧大陆上物质文明的光彩。这类常人难见、一般权贵难求的物质财富,曾经在当年精绝王国最高统治人物内心掀起过不可一世的荣光。这虚荣任今人放开畅想,大概都不会过分。这表明精绝国人应该一心向汉,但高处不胜寒,不是亲历全过程的人,大概也很难体会其中会有的酸苦。

俊士在《精绝国史研究》中,敏锐关注到精绝一度失国,虽仍在鄯善统治下,却进入了佉卢文所称的"凯度多州"时段。换句话说,曾满戴"花冠"的精绝,这时退出了西域历史的舞台。这在西域历史、尼雅绿洲政治变迁中,是十分值得深入研究的一段史实。

俊士敏锐地抓到了这个应该关注的问题。认为就在精绝王国被高光笼罩,不少政权都艳羡精绝国不同寻常的政治光环时,也正是其内部危机厚积的时候。其中一个重大危机就是使用佉卢文的后贵霜流亡贵族们,完全不念他们在被精绝国收容时的困窘,在阴暗角落里,悄悄集聚力量,并计划向精绝王廷发起突然的军事进攻。《精绝国史研究》揭示了这一事变。结合近年已经发现的不少考古资料,可以看到蛛丝马迹,如深获国内外学界关注的八枚汉文赠礼"琅玕"的木楬,本是值得纪念的重要文档,被不屑地遗弃在王廷建筑的垃圾箱中;王廷权贵们礼赠八枚"琅玕",与精绝王陵出土的"琅玕"可以应和;1995年的精绝王陵科学发掘,发现精绝老王死于非命,其子身着织锦("五星出东方利中国讨南羌")入葬在汉式木棺中,但王子却连头带足被裹在毛毯中,十分异常。清楚表明,精绝王应在一场血腥政变中陨亡,又被礼送入土。1992年,笔者在调查N14(精绝王廷遗址)时,在临近王廷的沙地中,曾有箭雨纷飞的现场感,立身不动,近两平方米范围内,见汉式三棱形铜镞多件,可能是保卫王廷过程中的战火遗存。

"凯度多州"有关的佉卢文木牍,斯坦因在N1一次收获700多件,可惜都是工人搜寻、挖掘、献纳求偿,交到斯坦因手中的,但仍不失为确认相关"凯度多州"性质、职能的重要资料。附近的N2,布局整齐,29座独立木构房屋,在广场上环成网形,与精绝建筑遗存分散存在形成明显差异。在N1、N2不远处,为尼雅遗址北最大的佛教中心,至今仍大部分埋在沙丘下,巨大木构柱梁可纵剖面透视。N1、N2、佛寺周围,似呈圆形环绕的断残土垣,非夯筑,为堆土、垛泥、夹红柳的工艺。

"凯度多州",主要使用佉卢文,应该是贵霜流亡贵族使用的文字。与此同时,汉字逐渐退出精绝历史舞台。还有相当多的遗迹,可资进一步深入、全面、综合分析。因为1996年的新疆考古所人事变动,尼雅考古工作计划未按规划接续,但上述诸多鲜明的现象在尼雅—精绝考古工程中,是应该也可以解决的问题。

俊士,在比较短暂与精绝历史研究接触、分析的过程中,已显示了他相当强烈的对精绝历史研究的热情、敏锐,希望他在可能条件下,继续关注精绝考古的进展,对已获近千枚佉卢文资料,多一种角度作深入剖析,能将精绝历史研究推进到一个新的境界。

《精绝国史研究》付梓在即,俊士嘱为它的新作作序,匆匆提笔,将平日仍难忘怀的有关尼雅、精绝历史、考古的一些想法,落之于此,完全不是序文的样子,但或可助益对这一研究同样关心的各方友人,作更深一些的思考。

是为序。

2024.4.26 于澳朵养老院
2024.10.2 修订

（原刊叶俊士《精绝国史研究》序言,待出版）

后　记

一

《西域鸿爪录——王炳华新疆考古历史论丛》是作为晚辈的我们，接受王炳华老师生前的嘱托，收录他最近十几年来未曾结集的文章，在他的故乡江苏，为他出版的西域研究论文集。遗憾的是，这一原本打算献给他九十寿辰的文集，却成为他一生探索西域文明的封笔之作。

今年 1 月 8 日的冬天，我去乌鲁木齐新馨美寓的新居看望炳华老师夫妇。他已经骨瘦如柴，但仍旧和我滔滔不绝说了一个多小时，谈他对于西域考古的宏观想法和今年的学术计划。那种"不知老之将至"的心理状态，让我对他的健康状况产生了误判。我们热烈地交谈，相期在乌鲁木齐的夏天举办"新疆考古七十年"学术研讨会，并庆贺他的九十寿辰。当时的馨欬，寄托着他对于学术的理想，其实透支了他生命最后的余热。

2 月 6 日，炳华老师去世的消息传来，我在微信里反复验证，直到看见新疆考古所李文瑛所长发出的消息，才敢将信将疑，谨慎小心地发了一条微信给王樾，表达吊唁之情，内心还期望那是个误传。是的，消息来得突然，让人难以接受。傍晚时分，媒体的记者朋友问我"是否有意撰文纪念"，我也只能告以"先让我缅怀一段时间吧"。如今，即使在编辑这本论文集的过程中，遇到细节问题，我也会一时恍惚，觉得他还在乌鲁木齐，会产生给他发个信息求证一下的冲动。

然而，鸿飞杳杳，徒留指爪，炳华老师在距他九十寿辰还有一个多月的冬天，在他生死以之的西域大地上，停止了学术的征途。

二

关于这本书的编辑，要从席卷全球的疫情开始之初说起。

那时，炳华老师在做了一个凶险的手术之后，于 2020 年 1 月出院。我以为此后他可能会在上海安心休养，但是到了 5 月，他已经来到北京，和我预约会面。5 月 22 日，我和刘子凡一起去北京 798 艺术区附近的金枫酒店看望他。他消瘦脱形,但仍然笑语盈盈,简单介绍其病情后,便开始谈南西伯利亚等处文物与孔雀河考古文化的关系——前者是我之前遵嘱从莫斯科的历史博物馆帮他拍摄回来的;又谈去年托我转交给黄文弼中心的李征文献,说他要写一篇文章来作纪念……"还有很多课题,值得去做。"他总结说。我听着他的规划,暗自感叹考古人生命的顽强,看来疾病真得从他那里退避三舍了,于是应和着他的写作打算,说"这篇文章给我(《西域文史》)"、"这篇也给我"。

这一年年底的 12 月 26 日,在疫情的间歇,我带队去上海博物馆参观"黑石号"沉船的"宝历风物"展览,首先就去朱家角看望了炳华老师夫妇。席间,见他依旧精神矍铄地畅谈学术,便与孟彦弘一起说到我们正在凤凰出版社张罗的"凤凰枝文丛",希望第二辑里能够请他惠赐一册。他欣然俯允,并指明由他的博士生刘子凡来编辑他近年未经结集的文章。

2021 年 1 月 3 日,炳华老师即发来微信,告诉我:

> 我拟编的文集,想叫《西域烟云梦中飞》,涉楼兰、精绝、葱岭、高昌等。未收过,想听你的意见。

看到这个题目,我十分高兴,"凤凰枝文丛"就是希望学者能够用些轻松的文字来书写西域考古的故事,炳华老师之前就出版过《沧桑楼兰》、《精绝春秋》、《解密吐鲁番》等考古著作,想来对于"轻阅读"的概念他是心领神会的。我因此告诉他:"好啊,请让子凡加紧编辑。"此后,他就不断将随时想起来的从 2010 年以来没有结集的文章题目,发给我和子凡。雷厉风行,这是炳华老师的风格,我因此想"凤凰枝文丛"中的他的这部书稿,指日可成。

但是不久,他对这部书稿又有了新的想法,写了微信,托子凡转告我:

> 关于《西域烟云梦中飞》,再想,有了一点新思考。60 多年前离开长江滨,满头白发归来。虽环境、人事已绝然不同,但故土之恋,却依然浓烈。在江苏凤凰出一本小书,总感有点向故土故人诉说游子倦体归来、漫说旧闻陈迹之意。本这一思路,想:小册之中,可收纳过去发过、还有点值得关注的文字。实在话,三四十年前,在边隅西域刊布的文字,中原文人、学者,在十分忙迫之中,也未见得有时间、精力,去看、去想西域大地曾经的风云。但,地球变得日见其小。新疆的事,正日益成为世界关注的中心之一,这一变化,许会加增不少人对新疆古代的关注? 因此,不妨将既往已刊文字中,挑出三四十万字,还值得一看、也可一留的,汇为一辑,接受社会检验。如何? 想到的内容:如新疆犁耕、农业的起源,柘橛关,葱岭,楼兰,精绝,生殖崇拜……凡个人新见、新拓之题均收入一篇。……这是昨夜梦中飞的丝絮,请你先帮我搜一下,可以加你的体会,草成一辑,再看、增减、定局。这一思路,听听玉麒的意见。

看到炳华老师的长篇微信,我突然发现自己忽略了他的江苏籍贯! 炳华老师出生在江苏南通,并在那里成长,一直到弱冠之年,才负笈北大,离开故乡,最后在遥远的新疆开始了他一生的考古征程。凤凰出版社触动了他的思乡情绪,他把"凤凰枝文丛"当作故乡的召唤,因此希望"倦体归来、漫说旧闻陈迹"之际,能够将一生研究的精粹,在晚年结集之际,奉献给父老乡亲。

这个时候,2016 年启动的"江苏文脉"也在凤凰出版社陆续出版其成果,这一地方文化建设工程,致力于全面梳理江苏历史文化发展脉络,提炼江苏历史文化精神,并通过文本整理、代表人物研究等方式,实现历史文化的创造性转化与创新性发展。我想,炳华老师所代表的一批江苏籍当代学人的自选集,正应该在那里成为一个系列。它起到的作用和影响,会是另外一层意义的呈现。我希望将来把这个建议提供给"江苏文脉"。

当时的我,还是热衷于以"凤凰枝文丛"的方式招引炳华老师在这里"诗意栖息",第二天也转请子凡回复说:

> 王老师,昨天子凡将您编辑文稿的想法发给我,我觉得很好,终于我们想到在江苏出书的意义了! 不过"凤凰枝文丛"是一个学术随笔集子,还是从未曾结集过的近作里选一些(还有 15 万字左右的规定性)内容即可。将您全部的论著编辑一个自选集可以另外从长计议,不在这个选集里出版。您觉得如何?

但是,炳华老师没有再接续这个话题,我们也因此只好放下这一工作。

三

从后来的出版情况看,他还是希望对其一生关注的西域考古的几个重大问题做出总结,无论是否曾结集、文章新与旧,都以新的专题来做汇辑。后来在三联书店出版的《瀚海行脚:西域考古 60 年手记》,在广西师范大学出版社出版的《寻找消失在沙漠深处的文明:楼兰、鄯善考古研究》,正是这种想法的结晶:前者汇总其六十年西域考古的行踪,解读其亲历的西域文明探寻过程;后者则是按照西域文化的单元,逐一结集其研究心得,提供每一个文化遗址点研究的学术里程碑,而楼兰、鄯善只是这一工作的开端。这样,他也无暇分心于这部未结集文字的出版了。

时间过得很快,2024 年 6 月 30 日,我再次收到炳华老师重启论文结集出版的微信:

> 近年不少文字(性质或不全同),似可辑为一册新书,可免散落之忧。有建议吗?

我当即表态:

> 之前凤凰枝文丛最早就约过您将未曾结集的文章做一本,您后来有新的打算(类似要编一本自选集),就没有再做。如果愿意做一本新书,我可以问一下凤凰出版社。最好有一个目录,您可以找刘子凡或者哪位同学先拉一个目录,您想一个书名,我来申报一下。

他也表示:

> 同意。我请子凡帮助。

第二天,炳华老师发给我一个目录,并微信告知即将返回乌鲁木齐小住的消息:

我后天早上飞乌鲁木齐,你暑假如返乌,可以联系。子凡搜索了一下散见的小稿,可以在凤凰丛中觅得一小枝栖止?请阁下斟酌,不要为难。

我也当即回复说:

凤凰枝文丛的随笔集,一般18万字封顶,我再请刘子凡统计一下总字数。然后应该分类编辑一下……这些我都请子凡先编吧。另外,您考虑一下起个书名。

他也当即回复:

鸿飞难计西与东,可名:不计西东。

随后又补了一句:

你赐个大名。

我依旧感到震动,这么多年来,他并没有忘记要在故乡出一本学术著作的初衷。"不计西东"寄托了他对往日崎岖和一生归宿的感慨,他要把一生漂泊的行踪在故乡留下一点纪念。

四

《西域鸿爪录》是我们根据炳华老师生前表达的意愿而定名的。其中的文章接续他之前的论文集《丝绸之路考古研究》、《西域考古历史论集》、《西域考古文存》、《寻找消失在沙漠深处的文明:楼兰、鄯善考古研究》等,搜集其2008年之后未曾结集的文章26篇,成为一个序列。论丛分为四个专题,代表了他近20年来对于西域考古、历史的深入思考。其中"孔雀河青铜时代"是对新疆地区在史前时代欧亚大陆文化交往问题上激浊扬清的个案探索,"丝路新探"则是他瀚海行脚数十年后从道路交通探索文明交流的宏观总结,"西域断想"是利用考古资源探索西域地区民族、宗教、文化交融的方法指南,"学人情愫"是西域研究学术史承前启后的回顾与前瞻。最后的三篇序言包括其在中国人民大学国学院担任特聘教授期间为其指导的博士论文出版撰写的序言,体现了作为教师这一角色的炳华老师薪火相传的精神。

阅读《西域鸿爪录》的文章,最让我感动的是:即使在疫情以来重病在身的几年中,炳华老师还是不断地发表新作。其中多篇都是他耄耋之年用生命的余温呕心沥血而成的新篇。有几篇大的作品,甚至和我有很大的关系。如《深心托豪素,倏忽六十年——记黄文弼先生一封谈新疆考古的长信》,是在他重新找到与黄文弼先生的通信之后写作的长文。本论集最终由新疆师范大学黄文弼中心列为"黄文弼中心丛刊"组织出版,并将这篇长文作为代序放在卷首,用以纪念黄文弼先生与以王炳华老师代表的新疆考古工作者的先后接力,我想这一定是符合炳华老师意愿的。

还有《难忘李征》,则是在看到我们整理研究他托付的李征遗稿之后,对浩劫之后共同为新中国新疆考古事业作出贡献的一代人留下的血泪实录；而《从孔雀河走向昆仑山》则是在完成之后，就直接寄来，发表在我主编的《西域文史》中。

"采铜于山"的学术探索，是炳华老师留在他系列论文集中最重要的本色，在《西域鸿爪录》中，可谓老而弥坚！

五

本论丛主要由炳华老师的博士弟子刘子凡、叶俊士完成编辑，由我承乏总成。荣新江老师始终关注和支持此项结集工作，发表在《唐研究》上的两篇文章，由荣老师提供了校对后的论文和图版。部分的录文、校对，则由我主持的"中国西北科学考查团文献史料整理与研究"小组成员完成。黄文弼中心的徐玉娟老师为本书核对了相关注释。

凤凰出版社的前后两任社长倪培翔先生、吴葆勤先生，都对炳华老师的著作在家乡的出版给予了全力支持。香港大学饶宗颐学术馆的高敏仪女士惠然资助了该论集的出版经费。

最后，我们更要感谢炳华老师的夫人王路力老师和哲嗣王樾先生的信任和委托。他们秉承炳华老师的遗志，在其身后，继续将有关新疆考古、历史研究的文献无偿捐赠给了黄文弼中心，以裨于学界的利用。

记得 2 月 28 日我回到乌鲁木齐的那个瞬间，在与黄文弼中心的同事接受炳华老师的遗物时，我接过王路力老师递给我的炳华老师生前的最后一个日记本，翻开扉页，遒劲的笔迹让我泪目：

　　二○二四年七月三日，返乌鲁木齐。当为最后一次与博格达相处相见了。杂记。

他把晚年西行乌鲁木齐的小住称作"返程"，返而不复，他最终也没有离开一生魂牵梦萦的新疆热土。

《西域鸿爪录》这部记录他最后岁月里的西域研究的著作，也将使他与博格达同在！

朱玉麒

2025/6/9，海德堡